庆祝中华人民共和国成立70周年

# 榆林民营经济

YULIN
MINYING JINGJI
40NIAN

40年

榆林市中小企业促进局
清华大学天津高端装备研究院　　著
榆林市非公经济发展研究会

经济管理出版社
ECONOMY & MANAGEMENT PUBLISHING HOUSE

图书在版编目（CIP）数据

榆林民营经济 40 年/ 榆林市中小企业促进局，清华大学天津高端装备研究院，榆林市非公经济发展研究会著 .—北京：经济管理出版社，2019.1

ISBN 978-7-5096-6840-5

Ⅰ．①榆…　Ⅱ．①榆…②清…③榆…　Ⅲ．①民营经济—经济发展—研究—榆林　Ⅳ．①F121.23

中国版本图书馆 CIP 数据核字（2019）第 171203 号

组稿编辑：高　娅
责任编辑：高　娅　姜玉满　梁植睿
责任印制：黄章平
责任校对：王纪慧

出版发行：经济管理出版社
　　　　　（北京市海淀区北蜂窝 8 号中雅大厦 A 座 11 层　100038）
网　　　址：www.E-mp.com.cn
电　　　话：(010) 51915602
印　　　刷：玉田县昊达印刷有限公司
经　　　销：新华书店
开　　　本：787mm×1092mm/16
印　　　张：19
字　　　数：363 千字
版　　　次：2019 年 1 月第 1 版　2019 年 1 月第 1 次印刷
书　　　号：ISBN 978-7-5096-6840-5
定　　　价：66.00 元

# 专家荐书

榆林民营经济对榆林经济发展做出了巨大的贡献。无论是在就业、经济增长、税收、社会进步等方面都留下了民营经济的卓越成就。榆林属于经济欠发达地区，人们在改革开放方面的价值理念当然远远比不上沿海发达地区，因此，榆林民营经济的发展条件远远比不上发达地区。但榆林民营经济仍然艰辛创业，付出了比其他地区民营经济更大的努力。希望榆林民营经济在40年的基础上更上一层楼。

——清华大学经济管理学院教授　魏杰

在历史长河中，民营经济实现持续发展是近三四十年的事情，这要归因于改革开放。民营企业是改革的受益者，也是体制改革的推动者。榆林民营企业家以承古创新的商业基因，砥砺奋进，敢为人先，取得了令人惊叹的发展成绩，但也曾经历野蛮生长的迷惘和阵痛。未来的民营企业家要更有全球视野，更有家国情怀，更有生态意识，更有创新担当，成为榆林新经济发展的有力推动者。

——万通集团主席、万通投资控股股份有限公司董事长　冯仑

榆林发展到今天，是坚持改革开放的成就，是广大陕北人民群众勤劳奋斗的结果，尤以榆林民营企业家为杰出代表，民营经济相伴助推、贡献重大。本书打开了解榆林民营经济发展历程的大门，通过研究有助于总结反思、发掘规律、推动实践，相信本书能够激发民营企业家和个体劳动者创新创业的热情，提升优化营商环境，推动榆林民营经济转型升级。祝愿在榆林这片热土沃土上，民营经济之花再度盛开绽放。

——中国建设银行研究院　宋效军

# 《榆林民营经济40年》
# 编委会

# 序一
## 打造民营经济发展新模式
## 推动新时代区域高质量发展

国务院发展研究中心金融研究所所长　吴振宇

　　恰逢中华人民共和国七十华诞之际，《榆林民营经济 40 年》这本书问世了。作为陕西老乡，我由衷地感到高兴。这本书记载提炼了榆林民营经济不断攀登高峰的发展历程，总结归纳了榆林民营经济发展改革的实践经验，具有重要的学术价值和实践意义。

　　"榆林现象""榆林模式""榆商精神"在广大西部地区的经济发展中具有典型性。作为西部城市，面对人才、交通等方面的困难，榆林人民经过奋斗创造了民营经济发展新模式，难能可贵。榆林民营经济发展取得辉煌成绩，是榆林历任市委市政府积极贯彻落实党中央发展民营经济方针政策的事业硕果，是榆林民营企业家拼搏奋进、敢为人先、创业创新的丰厚回报。榆林经济必将在民营经济改革发展历史中留下光辉一页。进入新时代，继续深化改革开放，推进高质量发展是全党全国经济工作的核心主题。榆林作为西部民营经济发展的典型地区，要弘扬传统，在新时代改革开放中更进一步，继续打造具有榆林地方特色、充满活力和动力的民营经济新模式，推动西部地区经济高质量发展。

　　习近平总书记在 2018 年 11 月 1 日主持召开民营企业座谈会发表重要讲话时强调，非公有制经济在我国经济社会发展中的地位和作用没有变，我们毫不动摇鼓励、支持、引导非公有制经济发展的方针政策没有变，我们致力于为非公有制经济发展营造良好环境和提供更多机会的方针政策没有变。在全面建成小康社会，进而全面建成社会主义现代化国家的新征程中，我国民营经济只能壮大、不能弱化，而且要走向更加广阔的舞台。我们要积极响应习总书记号召，进一步解放思想，支持鼓励民营企业创新创业，带活地方经济，为实体经济发展做出更大的贡献。

　　要充分发挥金融支持功能。金融是现代经济的核心，金融的本质就是服务。要进一步增强金融服务功能，将促进金融服务民营企业发展，破解民营企业融资难融资贵问题，作为金融业长期坚持的经营决策。当前，各类金融机构，尤其是银行，经营能力水平都得到长足发展。城商行、农商行、信用社等都是熟悉本地企业的金融机构，信息不对称约束较小，若能协同发力，对民营经济的支持将能更进一步。国际金融危机以来，金融科技成为全球金融发展的主线，其在降低金融服务成本、克服信息不对称、防控信用风险方面有明显优势，要注重利用金融科技最新成果加大对中小民营企业的融资支持。

要增强风险防范意识。防范化解重大风险是三大攻坚战之首。宏观上，各级政府要有产业布局安排和发展规划，继续淘汰落后产能，降低产业周期风险；微观上，要引导企业稳健经营，以长远发展为目标，突出企业成长价值，约束企业的非理性行为。从发展的角度看，形成新动能是防范化解风险最好的手段，而新动能又来源于创新驱动和产业效应。这就要求我们，要对技术、商业模式、外部环境做出科学、前瞻的判断。

要理清政府职能边界。政府掌握着重要的发展资源，与市场有着天然的联系。推动包括民营经济在内的地方经济发展，需要地方政府充分发挥作用，但又不过多干预市场。首先，政府部门要在规章制度上进一步细化和明确。尤其对以往一些模糊地带，要做到公开、透明，让企业和政府都有据可依、按章办事。其次，要在资源配置、效率优化方面大幅放开，让国有企业和民营企业拥有对等的营商环境。最后，要减少流程化、形式化的事项，提高办事效率，使政府部门从管理逐步向服务迈进。理清政府与市场关系，"道阻且长"，需要在实践中不断探索，但每进一步都会对当地经济发展效率产生深刻影响。

榆林地处西部，发展中面临人才、交通等方面的困难，但也有文化底蕴深厚、能源资源丰富等优势。在新的发展时期，只要坚持习近平新时代中国特色社会主义思想，继续发挥榆林精神，坚持"走出去、引进来"，积极引进学习东部经济发达地区先进企业管理经验，坚持大胆创新、大胆尝试，包括民营企业在内的榆林经济就一定能够取得新的进步、铸造新的辉煌。

# 序二

西北大学经济管理学院教授、中国工业经济学会
常务副理事长　白永秀

榆林是一片神奇的土地。万里长城与滚滚黄河在这里相会，草原文化与黄土文化在这里交融，勤劳勇敢的陕北人民与扬（羊）眉吐气的丰富资源在这里结合，造就了榆林雄壮的边塞风光和独特的民俗民风，流传下可歌可泣的辉煌历史和众多彪炳史册的杰出人物，更孕育着万众瞩目的世界一流高端能源化工基地。

民营经济是一股神奇的力量。从性质看，它最能反映市场经济的内在本质，是市场经济借以发展的最好形式；它最能代表人性，是调动劳动者积极性的最好机制；它最具有创新创业的冲动，是推动科学技术发展与产业转型升级的重要力量。从作用看，它在我国经济、政治、文化、科技、理念转变及其社会发展方面起着积极的促进作用。改革开放以来，民营经济在我国的发展经历了起步恢复阶段、规模扩大阶段、全面发展阶段、规范发展阶段与混合发展阶段，为解决广大群众的温饱问题与全面建成小康社会，从而为中国经济社会的繁荣富强做出了不可磨灭的历史贡献。

神奇的力量与神奇的土地一旦结合，就会落地生根，开花结果。自 20 世纪 80 年代起，乘着西部大开发和国家能源化工基地建设的强大东风，榆林人民团结拼搏、接续奋斗，在实现历史性跨越中迈向了更加开放、进步、文明、富强的新时代。在这一伟大历史进程中，榆林民营经济从破茧而出到跳起摸高，从蹒跚学步到撑起全市经济的"半边天"，先后经历了萌芽起步阶段、快速发展阶段、整顿规范阶段与转型升级阶段，已成为榆林改革开放、发展市场经济的重要推动者，工业化、城镇化、市场化与信息化的生力军，扩大就业、增加财政收入和城乡居民收入的重要渠道。一批自主创新成果、龙头支柱产业和反哺社会案例走在了全省乃至全国前列。例如，"榆林版煤制油"开辟了国内煤炭清洁综合利用的新路径，"北元模式""奥维乾元模式"开创了全省混合所有制经济的新模式，金属镁占据了全国产量的半壁江山，羊毛防寒服登上了平昌冬奥会的世界舞台，榆林民营企业设立的公益基金建设的一个个美丽新村，成为全国瞩目的"榆林现象"。榆林民营经济在波澜壮阔的发展过程中逐渐形成了"循环经济模式""生态经济模式""产业集群模式""民生慈善模式"及"府谷转型模式""北元混

改模式""南梁管理模式";涌现出一大批扎根榆林创新创业、敢闯敢拼、致富思源的本土企业家;培育了艰苦奋斗、敢为人先、勇于担当、义利兼顾的企业家精神;绘就了一幅民营经济发展壮大,促进地方经济社会发展的恢弘历史画卷。

中国特色社会主义事业进入新时代,我国经济正在由高速增长阶段转向高质量发展阶段。以习近平同志为核心的党中央高度重视民营经济发展,民营经济扮演的角色与地位将随之提升。可以预见,民营经济将成为全面深化市场经济体制改革的重要平台,成为"五位一体"中国特色社会主义建设的重要载体,成为中国梦实现的重要推动力;同时,也将成为中国新经济发展的重要领军者。

就榆林而言,推进民营经济高质量发展的基础牢固、优势突出、潜力巨大,特别是近年来,榆林市委市政府连续出台扶持民营经济发展的三个政策性文件,规定了切合榆林发展实际且具有创新性、可操作性的支持民营经济高质量发展政策措施,榆林人的不懈努力影响全市经济持续健康发展的结构性问题正在加快解决,延榆高铁、黄河引水、电力体制改革、园区管理体制改革等事关全局的大事、要事、难事全面推开,支撑高质量发展的条件不断改善,新一轮大开发、大建设的帷幕已经拉开。精细化工、装备制造、特色农业、文化旅游、乡村振兴、城市建设、现代服务业等领域将拓展前所未有的投资空间和释放前所未有的发展潜力,正是广大民营企业家大显身手、大展宏图、大有作为的好时期。

榆林民营经济要拥抱新时代,利用好时期,在地方经济发展中抢抓新机遇,始终保持敢为人先的胆识和魄力,创新创业、诚信竞争,扎根实业、做强主业,努力争当全市、全省、全国的行业"龙头老大";民营企业要提升政治站位,放眼可持续发展,尽快摆脱资源依赖意识、树立新理念、进入新领域、开创新业态,发展新产业,推动民营经济切实转向高质量发展轨道;民营企业家要心怀责任,义利兼顾,德行并重,主动承担社会责任,做济世助人、乐善好施的榜样,充分展现新一代榆商胸怀天下、造福社会的大格局状态与大担当精神。

在管理方面,榆林民营企业在经营管理中要实现10大转变,即在管理理念方面,由计划经济理念进一步向市场经济理念转变;在管理底线转型方面,由员工身体安全向身心安全转变;在管理对象方面,由管理"50后""60后"体力劳动者向管理"90后""00后"智力劳动者转变;在管理内容方面,由物本管理向人本管理转变;在管理制度方面,由正式制度管理向非正式制度管理(文化管理)转变;在管理方式方面,由粗放式管理向精细管理转变;在管理手段方面,由物质手段向信息手段(互联网)转变;在管理结果方面,由追求产品生产向追求人的成长转变;在创新管理方面,由技术创新向全方位创新转变;在学习管理方面,由学习型手段向学习型组织转变,从而以昂扬的姿态迎接新时代、奋进新时代,努力创造更加辉煌灿烂的新篇章!

# 前　言

千百年沧桑传承，四十年飞跃巨变，阅闻榆林久远的历史往事，瞩目榆林今朝的熠熠生辉，我们抑制不住探古寻今的脚步！榆林，作为一个黄土高原上普普通通的农业经济城市、生态脆弱地带、资源贫乏区域，如何一跃成为世界知名的资源富产区、陕西省非公经济总量第二的工业强市、呼包鄂榆城市群重要的经济增长极、宜居宜业的生态文明建设示范区和全国资源型城市转型升级先行军？新中国成立 70 年，尤其是改革开放 40 年以来，在众多驱动榆林发展进步的力量中，被誉为活力最强的民营经济，究竟发挥了怎样的独特作用？这就是《榆林民营经济 40 年》所要寻找的答案。

带着这样的历史使命，2018 年，根据市委市政府有关精神，在市政府领导的高度重视和大力支持下，《榆林民营经济 40 年》编委会与采编组正式成立，由榆林市中小企业促进局会同清华大学天津高端装备研究院专家团队和榆林市非公经济发展研究会共同实施编纂工作。期间，采编人员和专家团队翻阅了 1978～2018 年的大量历史文献，深入榆林市 12 个县市区和数十户民企进行现场调研，并多次组织召开企业家、经管部门负责人座谈会，先后在榆林、西安、北京组织召开了专家学者讨论评审会，反复求证，数易其稿，付出了大量的心血和热情，让党和政府为发展榆林民营经济的政策举措鲜活再现，让感人肺腑的榆林奋斗史跃然纸上！在此，我们可以深深体会到"榆林现象""榆林模式"与"榆商精神"的灿烂光芒。

"榆林现象"是广大榆林企业家在党和政府领导下，拼搏奋进、集体创富，能源经济实现全链条布局、清洁煤炭综合利用国内领先、金属镁产业占据全国半壁江山、防寒服产业蜚声国际、混合所有制改革成功落地、民营经济转型升级初显成效、非公经济总量跃居陕西第二（增加值达到 1647.55 亿元）、社会集体慈善蔚然成风；在榆林自主创新成果不断涌现、龙头支柱产业形成集群、反哺社会模式效应显著、经济发展与生态文明和谐发展、全面建成小康社会战略深入民心的发展轨迹中，民营经济功不可没。

"榆林模式"是榆林人民在改革开放发展进程中，顺应西部地区由资源型富集向资源深度转化的态势，深度挖掘榆林的商业文化传承和产业资源禀赋，充分尊重群众的首创精神，通过内生挖潜和开放包容的顶层设计所创造的产业集群模式、生态经济模式、民生慈善模式、府谷转型模式、北元混改模式、南梁管理模式等独创性和引领性的区域民营经济发展模式。"榆商精神"是榆林企业家们在波澜壮阔的创新创业过程中，用生动的市场实践塑造的艰苦奋斗、敢为人先、勇于担当、乐善好施的企业家精神，是榆林民营经济蓬勃发展的坚实精神支柱和强劲动源。

《榆林民营经济40年》涵盖了榆林印象、民营经济发展历程、发展模式、企业家精神和发展展望等五部分内容，30多万字。民营企业是地方的"草根经济"，是贡献地方财政收入和解决就业的主渠道；民营经济是富财政、富民的"双富经济"，也是民生经济、民心经济，更是弘扬地方文化特色的文化经济。在调研中，令我们赞叹的是，有的企业存续期达到了七八十年，20多年以上持续生产经营、做久做优的企业达59户，涉及10个行业，这些企业正在向"百年老店"的目标迈进。在这些企业中，有20多名企业家从艰苦创业到发展壮大，一直坚守在企业默默耕耘、奉献长达二三十年之久，正是他们挺起了榆林经济创新转型、高质量发展的脊梁。

扬帆奋进新征程，重任千钧再扬鞭。民营经济的崛起壮大是我国改革开放40多年历程中最重要的经济现象之一，以习近平同志为核心的党中央对民营经济高质量发展和民营企业家建功立业寄予殷切期望，民营经济发展正处在多重"利好"叠加的历史机遇期，榆林民营经济也迎来了新一轮蓬勃发展的春天。《榆林民营经济40年》既是对榆林民营经济改革发展40年的发展成就的总结与发展未来的展望，更是榆林为纪念新中国成立70周年的一份献礼。我们希望此书的出版，能够进一步激发民营企业家们创新创业造福社会的热情和使命感，能够进一步汇聚支持榆林民营经济再创辉煌的各方智慧和力量！

《榆林民营经济40年》的采编过程中得到了各级政府相关部门的支持、得到专家学者和采编人员的辛勤付出、得到企业家们的大力支持。在此，我们表示深深的谢意。同时，由于时间短、系统性强、时间跨度长、水平有限，本书难免存在不足和缺憾，欢迎读者们批评指正。

**本书编委会**

2019 年 1 月

# 目  录

# 第一章　榆林印象

## 榆林赋[①]

　　我见过天下许多的名城，驼城榆林是我的最爱。瞧呀，在辽阔高远的天宇下，在鄂尔多斯高原接壤处，一座气象森森的城池，倚一座山岗而筑。隔一条黄河，与山西相望，那是东边。而向北，向西，向西南，它接壤的是内蒙古北草地，是宁夏河套地区，是隔着一条子午岭的甘肃。而向正南面呢，它与高原名城延安互为犄角，呈姊妹城之势。榆林境内有名山，曰白云山，为道家圣地，千年陕北灵根，佑这一方苍生。有河三条，曰无定河，曰榆溪河，曰窟野河。境内有雄伟风景无数，如红石峡，如镇北台，如红碱淖，如古长城，如闯王行宫，如扶苏台、蒙恬墓等，不一而足。一串县城，自北向南，一路数来，曰府古，曰神木，曰榆阳，曰佳县，曰吴堡，曰横山，曰子洲，曰靖边，曰定边，曰米脂，曰绥德，曰清涧，座座历史久远，人物辈出，道不完的典故传说，说不尽的世事沧桑。榆林境内，以民歌最为张扬，饥者歌其食，劳者歌其事，偶尔发声，声震寰宇。以治沙工程最为显赫，联合国粮农组织认为，它为世界上处于同等自然条件下的国家和地区，提供了一个成功范例。适逢改革开放年月，因大煤田、大油田、大气田、大盐田，突然一夜间为世界所瞩目，被誉为中国的科威特。神木大柳塔煤矿，被称为世界第一矿。靖边的天然气，一条管道，运输北京、上海、天津、西安、银川，福荫九州。石油如同黑色金子，正给这一方带来富裕。而世界级的大盐田，正在开发利用之中。呜呼，祖先为我们留下了榆林这么一块风水宝地，每每念及至此，令人嘘唏不已。西部大开发正在进行中，21世纪的较量是能源的较量，感谢榆林，它为我们的西部大开发，为民族振兴和经济腾飞，提供了热能，提供了原动力。今天我夜不能寐，写成《榆林赋》，并诗赞曰：昨天晚上，我夜观天象，看见北斗七星，正高悬在我们头上。今天早上，我凭栏仰望，看见吉祥云彩，正偏集西北方，它的神秘，它的奇异，它

---

① 高建群. 榆林赋 [J]. 陕西文艺界，2008（3）.

的诗一般梦一般的力量。以上所述，篇幅有限，言不尽意，挂一漏万。谨向榆林这座塞外名城，中国能源化工之都，献上祝福如上。

# 第一节　陕北明珠魅力榆林

榆林市①位于陕西省最北部，是陕西省第二大城市，为黄土高原与内蒙古高原的过渡区，东临黄河与山西相望，西连宁夏、甘肃，北邻内蒙古鄂尔多斯，南接本省延安市，系陕、甘、宁、蒙、晋五省区交界地，地处陕甘宁蒙能源"金三角"和陕甘宁革命老区，自古就是兵家必争之地，也是国家历史文化名城和高端能源化工基地。榆林地域广阔，下辖1市2区9县（1市即神木市，2区即榆阳区、横山区，9县即府谷县、靖边县、定边县、绥德县、米脂县、佳县、吴堡县、清涧县、子洲县）、156个乡镇、16个街道办事处、2974个行政村，总人口380万。地域东西长385公里，南北宽263公里，总土地面积43578平方公里。

榆林位于毛乌素沙漠（Mu Us Desert 或 Maowusu Sham，亦称鄂尔多斯沙地）南缘和黄土高原北缘，全境以长城为界，大致分为风沙草滩区、黄土丘陵沟壑区、梁状低山丘陵区三大类型，南北地貌特征迥异、分区明显，各种自然因素都表现出过渡性和自然地带边缘性特征，地貌类型复杂多样，自然景观类型十分独特。

榆林是国家历史文化名城②、国家卫生城市③、中国爱心城市、国家新能源示范城市、国家生态保护与建设示范市、2017中国特色魅力城市200强④、2018中国城市产业竞争力百强市⑤，市情主要有三大特点：

一是资源优势突出。全市已发现8大类48种矿产，每平方公里土地拥有10亿元的地下财富，潜在价值超过46万亿元人民币，占全省的95%。特别是煤、气、油、盐资源富集，已探明储量分别占全国的24.7%、22.7%、10.3%和26%，且组合配置好、采掘价值高，国内外罕见，开发潜力巨大。煤炭预测储量2800亿吨，其中神府煤田是世界七大煤田之一；天然气预测储量6万亿立

① 榆林市人民政府官网，http：//www.yl.gov.cn。

② 国务院批转城乡建设环境保护部、文化部关于请公布第二批国家历史文化名城名单报告的通知［EB/OL］. 中国网，2006-08-08.

③ 榆林市创建办网站，http：//cjb.yl.gov.cn/。

④ 央广网，http：//china.cnr.cn，2017年12月24日。

⑤ 中国新闻网，http：//www.chinanews.com/，2018年11月8日。

方米，是迄今我国陆上探明最大整装气田的核心组成部分；岩盐预测储量 6 万亿吨；石油预测储量 10 亿吨，是陕甘宁油气田的核心组成部分。此外，还有比较丰富的煤层气、高岭土、铝土矿、石灰岩、石英砂等资源。目前，榆林已建成神东超亿吨煤炭生产基地、靖边亚洲最大的天然气净化装置、榆阳国内最大的甲醇生产基地，正在形成国内最大的神府火电基地，成为国家"西煤东运"的腹地、"西气东输"的源头、"西电东送"的枢纽，是 21 世纪中国重要的能源供给地。

二是人文优势独特。历史上，榆林是兵家必争之地。春秋归晋，战国属魏，秦统一六国后为上郡地，唐及五代时设夏州、银州、麟州、府州、绥州，均属关内道管辖，素有"九边重镇"之称。榆林历史悠久、底蕴厚重、河川秀美、民俗独特，历经千载沧桑的榆林古城、"天下第一台"万里长城镇北台、世界唯一的匈奴都城大夏国都统万城遗址、西北最大的道教建筑群白云山道观、陕西最大的摩崖石刻红石峡、李自成行宫、我国最大的沙漠淡水湖红碱淖、我国唯一的沙漠森林公园等风景名胜数不胜数。榆林是著名的革命老区，解放战争时期，毛泽东、周恩来等老一辈无产阶级革命家在榆林市 8 个县 30 个村庄战斗生活过。

三是区位优势明显。榆林地处中西部结合地带和陕甘宁蒙晋五省区交界之处，位于青岛—太原—中卫—河西走廊—乌鲁木齐新亚欧大陆桥中腰，包西铁路（包头—西安）、太中银铁路（太原—银川、中卫）、青银高速公路（青岛—银川）、包茂高速公路（包头—茂名）纵横贯通，居于国家正在规划的陕甘宁革命老区、呼包银榆重点经济区的核心区域，是国家"两横三纵"城镇群和青银联系大通道上的重要节点城市，也是关中—天水经济区的主要辐射区和环渤海经济圈的重要能源资源支撑区，交通便利、畅达八方，高速公路里程居陕西省首位，地理和经济区位非常重要。

中华人民共和国成立 70 年来，依托得天独厚的资源优势，榆林市实现了从农业地区向工业强市、贫困地区向富裕地区、内陆小城向区域中心城市、生态环境恶劣地区向生态治理示范区的历史性转变，成长为陕西重要的经济增长极和呼包鄂榆城市群的重要一级。榆林实现了义务教育零收费和 15 年免费教育，医改等民生保障工作走在了全省乃至全国前列，入选"中国最具幸福感城市"榜单。神木、府谷、靖边连续多年位居全省县域经济"十强县"前列，其中神木成为西北首个生产总值超过千亿元的县级市。榆林市现正紧紧围绕世界一流高端能源化工基地、陕甘宁蒙晋交界最具影响力的城市、黄土高原生态文明示范区"三大目标"和为加快全省发展做更大贡献、为陕西追赶超越作更大支撑"两个更大"要求，描绘产业兴旺、生态宜居、乡风文明、治理有效、

生活富裕的榆林新图景，不断加快全面建成小康社会步伐，奋力开创榆林新时代追赶超越新局面。

# 第二节　边塞重镇历史名城

榆林自古以来一直是区域、民族的交叉地带，朝代更替、民族间攻守进退、厮杀融合，农牧业消长变化、交替发展，构成了本市历史演进的主旋律。"誓扫匈奴不顾身，五千貂锦丧胡尘。可怜无定河边骨，犹是春闺梦里人"[1]，无定河流域曾是闻名遐迩的生死沙场，从战国到明朝几代长城横贯榆林全境，也是文明冲突的历史见证。

## 一、远古时期

榆林历史悠久，旧石器时代，榆林鱼河堡和横山油房头一带就有了人类活动，著名的"河套人"便是以靖边小桥畔和横山石马土瓜等地发现的 3.5 万年以前的古人类化石而命名的。

"石峁一出天下惊"，位于榆林市神木县高家堡镇石峁村的秃尾河北侧山峁上的石峁遗址，是已发现的中国最大的史前石城，属新石器时代晚期至夏朝早期遗存，距今 4000 多年。石峁遗址是探寻中华文明起源的窗口，据专家研究这里有可能是黄帝的都城昆仑城，是夏朝早期中国北方的中心。石峁遗址以"中国文明的前夜"入选 2012 年十大考古新发现和"世界十大田野考古发现"以及"21世纪世界重大考古发现"，为中国文明起源形成的多元性和发展过程提供了全新的研究资料，被国内专家称为"石破天惊"式的考古发现。郦道元的《水经注》中有描述："（奢延水）又东，走马水注之。水出西南长城北，阳周县故城南桥山。昔二世赐蒙恬死于此。王莽更名上陵畤，山上有黄帝冢故也。帝崩，惟弓剑存焉，故世称黄帝仙矣。"奢延水即当今榆溪河，故学者称榆林是黄帝部族的重要发祥地。

## 二、夏商至魏晋时期

夏商时期，榆林市的部分地方（神木、府谷、佳县等地）在雍翟族境内，

---

① 唐代诗人陈陶《陇西行》。

周代为雍州白翟的一部分，为游牧部族鬼方栖居地。榆林地区行政建制初见史籍者，为周襄王十七年（公元前635年）晋文侯攘狄，据赤翟、白翟于西河圆洛间。晋国是第一个进入陕北的华夏国家，在春秋后期占据了今天榆林地区的南部诸县。

战国时期，榆林为秦国上郡地，因秦代名将蒙恬率30万大军"树榆为塞"而得名。公元前221年秦统一六国，始皇分天下为三十六郡，上郡是其中一个。

汉武帝建元六年（公元前135年），境内设龟兹属国都尉治所。

三国至西晋，上郡、西河郡为匈奴占据，未设置郡县。

东晋时期，义熙三年（407年）匈奴王赫连勃勃在统万城（今靖边白城子）建立大夏国。427年，北魏灭大夏，设立统万镇，太和十二年（488年）改设夏州。

## 三、隋唐时期

隋开皇三年（583年）仍设夏（治统万）、长（治长泽，今靖边境内）、绥（治龙泉，今绥德县城）、银（治儒林，今横山境内）四州；大业元年（605年）将绥州改称上州，三年撤销州制，设立朔方、雕阴二郡。

隋末唐初，榆林为地方豪族梁师都占据，自称梁国，潜皇帝位。贞观二年（628年）师都被灭，唐复设银、绥、夏三州，均属关内道管辖。开元十二年（724年）在榆林东北部增设麟州（治所今神木杨城）。天宝元年（742年）撤州设上郡（今绥德）、银州郡（今党岔）、朔方郡（今白城子）、新秦郡（今杨城）。乾元元年（758年）撤郡，复设绥、夏、银、长四州。元和十五年（820年）宥州治所由内蒙古鄂托克旗迁到今定边境内。后唐庄宗李存勖以府谷县升州（今府谷）。

五代时期州县设有夏州（领朔方、德静、宁朔三县，均在今靖边境内）、银州（领真乡、开光、儒林三县，在今米脂、佳县境内）、麟州（领新秦、连谷、银城，在今神木境内）、府州（今府谷）、绥州（领绥德、龙泉、延福、城平、大斌五县，在今绥德、清涧、吴堡、子洲境内）。

## 四、宋元明清时期

北宋太平兴国七年（982年），银、夏、绥州归宋，隶属陕西路。宋宝元元年（1038年），李元昊在兴庆府（今银川市）称帝，建西夏国，占据绥州、宥州，榆林市仍属宋永兴军路（原陕西路）。此后，榆林被宋、西夏反复争夺，得失无常。宋高宗南渡后，榆林沦为金有，属鹿延路的一部分，设绥德州、晋宁军（佳芦砦），大定二十二年（1182年）撤军设绥德州、晋宁州（1184年改佳州）。

元代实行省、路（府）、州、县建置，榆林境内长城以南属陕西行中书省延安路绥德州和佳州，绥德州领清涧、米脂二县，佳州领神木、府谷二县；长城以北为蒙古游牧地。

明永乐六年（1408年），在今红山（雄石峡）建榆林寨，榆林之名始见于史。因当地的土壤特别适合种榆树和柳树而得名。榆林地处沙漠地带，城置其中，又似一匹行进中的骆驼，故又名"驼城"。正统二年（1437年）建榆林堡，正统七年（1442年）始为榆林城。明成化七年（公元1471年），都御史王锐在长城一带设置榆林卫。成化八年（1472年）都御史余子俊于旧城北增筑城垣，置榆林卫指挥使司，成化九年（1473年）将延绥镇治由绥德移驻于此，延绥镇因此也称"榆林镇"，管辖长城沿线36营堡，榆林遂成为明朝九边重镇之一。在余子俊的励精图治下，蒙汉之间20年无战事。孝宗弘治十八年（1505年）设立东路神木道，领佳州、府谷、神木三州县，中路榆林道领绥德、米脂、清涧、吴堡四州县，西路靖边道领保安（今志丹）、安定（今子长）、安塞三县，包括榆林市的定、靖、横三县。

清初仍沿明代旧制，境内所设卫堡及各砦塘军屯地仍隶属榆林卫、中路道。雍正年间，设有榆林府和绥德直隶州两个省辖行政区。

## 五、辛亥革命至中华人民共和国成立前

辛亥革命后，1913年废府州制度，设榆林道。后又废道，各县由省直辖。中央红军到达陕北后，1937年陕甘宁边区政府成立，榆林市除榆阳区外，各县先后解放，在原苏维埃政权的基础上建立人民政府，设置绥德、三边两个分区，分别管辖绥德、米脂、佳县、横山、清涧、吴堡和靖边、定边、安边（后撤销）。1944年1月10日从绥德、米脂、清涧、横山及延属分区的子长五个县各划出一部分成立子洲县，属绥德分区。当时，神木、府谷之东区设神府特区，归晋绥边区管辖。

## 六、中华人民共和国成立后

1949年6月1日，榆林城和平解放，撤销三边分区，设榆林分区，管辖榆林、定边、靖边、横山、神木、府谷六县。1950年5月成立绥德、榆林两个专区。1956年10月撤销绥德专区，将所辖绥德、米脂、佳县、吴堡、清涧、子洲六县并入榆林专区，子长、延川并入延安分区。

1958 年将 12 县并为榆林（横山）、神木（府谷）、靖边、定边、绥德（吴堡、清涧、子洲）、米脂（佳县）六县。1961 年所并各县恢复原制。1968 年将榆林专员公署改为榆林地区革命委员会，为一级政权机构。1979 年改为榆林地区行政公署，为省人民政府的派出机关。1988 年 9 月 2 日，榆林县改为县级榆林市。2000 年 7 月 1 日，榆林地区行政公署撤销，设立地级榆林市，原县级榆林市改为榆阳区。

2015 年 12 月 25 日，撤销横山县，设立榆林市横山区。2017 年 4 月 10 日经国务院批准，撤销神木县，设立县级神木市。

# 第三节　千年文明多彩风情

被誉为"塞上明珠"的榆林，既是资源富集、加速崛起的国家高端能源化工基地，也是独具风情、物华天宝的国家历史文化名城。这里有六千年的仰韶文化、五千年的龙山文化、三千年的边塞文化、四百年的革命文化，黄河与长城交汇，大漠草原与黄土高原交界，游牧文化与中原文明交融，造就了榆林在中国历朝历代的重要地位，荟萃了众多雄奇壮美的自然人文景观和别具一格的民俗风情。

## 一、塞上明珠历史名城

榆林，曾经是我国古代重要的疆防要塞和边陲重镇，大自然的鬼斧神工给这片热土留下了众多风光无限的独特景观，有奔腾的黄河、辽阔的大漠，也有绵延的长城、厚重的黄土地；岁月的积淀，边塞多民族的交流融合，造就了这里多姿多彩的人文景观。榆溪河、无定河两岸，水田连片，堪称"塞上江南"；长城沿线有郁郁葱葱的防护林带，牛羊成群；红碱淖和诸多沙湖鱼肥水清，景色宜人；黄河沿岸遍植枣树，盛产杂粮。这里能耕、能织、能牧、能渔，以榆树和桃花为"市树""市花"，物阜民丰，山河秀美，是黄河旅游带上最亮丽的风景线……

榆林有国家 AAAA 级景区三处，AAA 级景区七处，全国爱国主义教育基地一处，古遗迹、古城堡、古寺院建筑 100 余处，各类历史遗迹、人文景观、风景名胜、自然风光数不胜数。中华民族母亲河出河套急转直下，蜿蜒跋涉 400 余公里，铸就了黄河沿岸晋陕峡谷、荣河听涛、香炉晚照、太极远眺等壮美风情；始于秦、扩于隋、盛于明的万里长城，宛若游龙，绵延榆林境内700余公里，散布于沿线的36座赫赫有名的屯兵城堡至今雄姿依然，见证着昔日边塞烽烟。明清风貌浓郁的国家历史文化名城榆林古城、大夏国都统万城遗址、万里长城第一台镇北台、全国最大的沙漠淡水湖红碱淖、西北地区最大的明清古建群佳县白云山道观、陕西最大的摩崖石刻"露天书法艺术宝库"红石峡、壮美秀丽的龙洲丹霞地貌以及杨家沟、高西沟、李自成行宫等旅游景区在国内外享有盛誉。

榆林古城始建于明成化年间，为明朝九边重镇"延绥镇"（又称榆林镇）驻地，距今已有600多年历史。康熙皇帝赐"两守孤城，千秋忠勇"刻碑，有"南塔北台中古城，六楼骑街天下名"的美誉。1986年被国务院授予国家历史文化名城称号，在101座国家历史文化名城中列第54位。古城城池依山傍水，城墙宽厚坚实，城内以古老的商业街为轴线，从南到北依次分布着凌霄塔、文昌阁、万佛楼、新明楼、钟楼、凯歌楼、鼓楼和镇北台。建筑布局匠心独具，建筑风格精巧考究，文化价值深邃厚重。走进古城，青砖铺地，商铺林立，巷陌纵横，交错有序，方方正正的四合院点缀其间，能让人真切地感受到被老舍先生誉为"老榆林、小北京"的塞上名城古风遗韵。如此南北建筑风格兼具、布局独特的边塞古城，在中国城市建筑史上实属难得一见（见图1-1）。

图1-1　榆林古城

资料来源：《榆林日报》，下同。

统万城是世界上唯——座匈奴都城，遗址位于靖边县红墩界镇白城则村、无定河上游支流红柳河的北岸，因其城墙为白色，当地人称白城子；又因系五胡十六国时期匈奴贵族赫连勃勃所建，故又称为赫连城。统万城始建于413年，征用民夫十万，418年竣工，由汉奢延城改筑而成。北魏太武帝拓跋焘一统北方期间，统万城被攻克，从此设置为统万军镇。据《北史》记载，统万城建筑规模十分宏伟，城高十仞，基厚三十步，上广十步，城墙上建有凌云敌楼，周围数里。内修三道城，皇城内宫殿林立，台榭高大，飞阁相连。统万城是古丝绸之路的重要节点，具有极高的历史价值、文化价值、民族价值、考古价值以及军事价值，甚至可以与玛雅古城、楼兰古城、高昌古城相媲美。这座凝聚着匈奴民族"统一天下、君临万邦"豪情壮志的都城，历经1600多年的风蚀雨淋，其断垣残基至今仍挺拔屹立于茫茫无边的毛乌素沙漠中（见图1-2）。

**图1-2　统万城遗址**

镇北台始建于明万历三十五年（1607年），至今已有四百多年历史，是长城三大奇观（东有山海关、中有镇北台、西有嘉峪关）之一，有"天下第一台"之称，是万里长城遗址中最为宏大、气势最为磅礴的建筑，也是万里长城上最雄伟的军事要塞和观察所。镇北台是明朝"隆庆议和"与"和平互市"的产物，是"蒙汉一家"和开创边关和平环境的历史见证。在镇北台北面不远处有一座土城堡遗址，曾是蒙汉官方敬献贡物、赠送礼品、洽谈贸易的城池，名曰款贡城。在镇北台西侧一公里处，是当年蒙汉互市的地方，史称易马城，在北京历史博物馆内，专设"易马城"的沙盘模型。镇北台、款贡城和易马城，一台两城，既见证了各民族和谐共处、贸易融合的和平盛况，又是榆林历史文化名城的重要组成部分（见图1-3）。

红石峡位于榆林市区北郊三公里处，又名"雄石峡"，始建于宋元时期，是一处融自然景观与人文景观于一体的旅游区。红石峡谷长约350米，东崖高约11.5米，西崖高约13米，东西对峙，绝壁雄伟。波涛汹涌的榆溪河穿峡而过，奔流南下，两岸郁郁葱葱，垂柳倒影，景色宜人，宏伟的石崖壁上布满了星罗棋布的石刻

图1-3 镇北台

题匾和大大小小的洞窟,特别是西岸壁上的书法石刻颇为著名,古代的边关战将、文人墨客但凡来到榆林,就在雄山寺饮酒赋诗,历朝历代不断积累,崖上留下多幅宝贵的书法艺术作品,字大者约六米,小者寸许,篆、隶、楷、行、草齐全,笔力雄健、挺劲。题刻中有晚清名将左宗棠所题的对联,革命先烈杜斌丞题刻的"力挽狂澜",字迹苍劲,功力不凡。"红山夕照"被誉为榆林八景之一(见图1-4)。

图1-4 红石峡

红碱淖是全国最大的沙漠淡水湖,国家AAAA级景区、陕西省十大自然风景名胜区,处于黄土高原与内蒙古高原过渡地带、毛乌素沙漠与鄂尔多斯盆地交汇处,海拔高度1100米。这里水域辽阔,烟波浩渺,蓝天白云,碧水黄沙,交相辉映,景色壮观,四周自然生态良好,环境优雅,鱼类资源丰富,有50余种受国家保护的各类珍禽,还是全球最大的珍稀濒危鸟类——遗鸥的繁殖与栖息地,百鸟戏水，和乐齐鸣，蔚为壮观（见图1-5）。

图1-5　红碱淖

白云山坐落在壁立千仞的黄河之滨，建于明万历年间，是国家 AAAA 级景区，白云山庙为国家级文物保护单位，白云山道教音乐已列入国家非物质文化遗产保护名录。这里有气势宏大的明清古建筑群、国家级非物质文化遗产道教音乐以及数百年的苍松翠柏、晨钟暮鼓、讲经说道、祈福放赦，袅袅香火，飘飘道乐，宗教的神秘及道文化的博大精深每年都吸引数以百万计的游人香客朝山览胜（见图1-6）。

图1-6　白云山

吴堡古城，又名吴堡石城，全国重点文物保护单位，位于吴堡县宋家川镇北2.5公里黄河西岸山巅，是西北地区迄今保存最完整的千年古县城。它地处黄河高原之东陲，黄河中游之西滨，扼秦晋交通之要冲，东以黄河为池，西以沟壑为堑，南为通城官道下至河岸，北门外为咽喉要道连接后山，属"一夫当关，万夫莫开"之险地，兼之坐落在黄河天险之石山上，故被古人誉为"铜吴堡"（见图1-7）。

图1-7　吴堡古城

## 二、英雄辈出人杰地灵

榆林千百年来一直是民族斗争与融合的前沿，如今这里仍是一个以汉族为主的少数民族杂居地区，生活着回族、藏族、蒙古族、维吾尔族等35个少数民族，人文优势独特。

榆林民勤耕牧，忠厚善良，吃苦耐劳，待人诚恳，好客守信，坚韧不拔，敢于斗争，英勇不屈。《陕西省续通志》①云："僻近边陲，风俗淳厚，人尚气节，重质朴，衣服礼节，不事繁华。居民率以苦力度日，稍行惰慢，即衣食不给。人性多急公好义，有无常相贷，不以贫富相耀。"《大清一统志》②评价榆林"地姿边荒，劲悍善战，多将才，有气节"，豪爽豁达，果敢英武，钟灵毓秀，人文代起。

榆林是一块诞生英雄和史诗的土地，历史上曾先后涌现出大禹治水时期建立过神木石峁文化的姒禹氏族；匈奴王赫连勃勃、西夏王朝建立者李继迁；秦朝世子扶苏、大将蒙恬；汉代名将"飞将军"李广；唐朝大将尉迟敬德、郭子仪；北宋著名政治家、文学家范仲淹，满门英烈的杨家将，忠勇爱国的折家将，抗金名将韩世忠；"榆林之父"、大明股肱之臣余子俊等著名人物。

榆林是一座富有斗争传统和革命精神的传奇城市。明末，由王嘉胤、高迎

①　沈青崖，吴廷锡.陕西省续通志（第1版）[M].北京：中华书局，1969.
②　穆彰阿，潘锡恩.大清一统志 [M].上海：上海古籍出版社，2008.

祥、李自成、张献忠等率领的农民起义，推翻了明王朝的统治，闯王李自成领导的农民起义被毛泽东同志赞誉为"陕人的光荣"，为世界十五大农民起义之一。1900年8月，榆林市三边（定边、安边、靖边）爆发了义和团反天主教的斗争，一直延续到1946年三边解放，是中国历史上时间最长的反教斗争。

榆林是著名的革命老区，是陕北革命的发源地、红军长征的落脚地、八路军抗战的根据地和解放战争的转折地。在这块神奇的红色土地上，留下了毛泽东等老一辈无产阶级革命家艰苦创业的光辉足迹，杨家沟、沙家店、小河等43处转战旧址是这片土地的红色骄傲。1924年在绥德师范建立了陕北第一个中共党组织，1927年发动的清涧起义是西北地区向反动派打响的第一枪。1935年中央红军到陕北后成为抗日战争总后方，毛泽东同志等转战陕北期间在榆林市8个县30多个村庄战斗生活一年多。榆林曾涌现出习仲勋、李子洲、高岗、刘澜涛、马文瑞、张达志、阎揆要、郭洪涛、贾拓夫等一批重要老一辈革命家，为中国革命做出了巨大贡献，在近现代史上有特殊的地位。

## 三、文化底蕴厚重悠远

榆林是黄土文化的发源地，有着悠久灿烂的文化传统，是久负盛名的陕北民间艺术之乡。由于地理位置独特且受少数民族文化及儒家文明的共同熏染，其文化特色鲜明，内涵丰富，天然存留了一份原始朴拙的古风遗韵。榆林毛乌素沙漠腹地和吴堡后寨子峁等处的龙山早期文化遗存、秦直道、秦天象台、长城、汉墓出土的大批画像石和壁画、唐宋以后修凿的寺庙、石窟和摩崖石刻等，都彰显出浓厚的人文气息。

在两三千年前的《诗经》中，就收有《六月》《出车》《采薇》等流行于当时描写这一地区战争、生活的民歌。近年在绥德、米脂等地出土的汉代画像石上，有大量丰富的民间艺术活动的资料，如歌舞、百戏演奏等场面。唐杜甫诗《塞芦子》、韦庄诗《绥州》是咏榆林山川抒发情怀的佳作。宋代范仲淹镇守延绥时写下著名的《渔家傲·麟州秋词》。科学家沈括驻守绥德时写就名作《梦溪笔谈》，成为世界上第一个给石油命名的人。康熙帝巡榆林写有《出塞》诗。《大公报》主笔、榆林籍名士张季鸾系"近代陕西三杰"之一，坚持"文人论政"、以言救国，赢得国共两党领导人的一致赞赏。1936年2月毛泽东在清涧袁家沟写就了脍炙人口的名作《沁园春·雪》，李健侯著作《永昌演义》，柳青著有《种谷记》《铜墙铁壁》《创业史》，路遥创作《人生》《平凡的世界》，人民歌手李有源演绎响彻寰宇的红色第一歌《东方红》。

榆林民风淳朴，是陕北民间艺术之乡。以《赶牲灵》《三十里铺》《兰花花》

为代表的陕北信天游、榆林小曲、清涧道情、靖边跑驴、府谷二人台、白云山道教音乐、陕北秧歌、唢呐、道情、剪纸、石雕、泥塑、布艺等种类繁多的民间艺术，千百年来在这块土地上生生不息，精彩纷呈，体现着中华原初文化的博大精深。

## 四、民俗风情多彩多姿

榆林是陕北文化的核心区，中原文化和游牧文化的结合处，具有深郁的黄土风情，特色饮食、民风民情、窑洞文化、堡寨文化塑造出这片土地的独特意韵，合龙口、转九曲、祈福放赦等古老而浓郁的传统习俗历经千年不衰。"十里不同风，百里不同俗"，在"陕北榆林过大年"活动上，每年都有170多项民俗集中上演，正月初一大拜年，初五送穷鬼、迎财神，初六小年，初七"人情"，十二老鼠嫁女，十五元宵节。元宵的喜庆活动是高潮，闹秧歌、转九曲、观灯、垒火塔塔、放烟花、锣鼓鞭炮、唢呐秧歌，到处是火树银花，欢声笑语。正月十六"燎百病"，家家户户在院里燃火堆，燎衣物，大人小孩跳跃火堆，祈求吉祥。二月二龙抬头，早上吃龙眼窝窝，全家人分吃馍块叫"咬虿头"。丰富多彩的民间文化活动，表现了榆林人民对未来的祝福和对美好生活的追求。

榆林饮食在中国具有很高的地位，独特的地理位置和地域文化造就了这里丰富多元的饮食文化。榆林本地特色风味有：羊肉系列（如烤全羊、烤羊肉、炖羊肉、羊杂碎等）、荞面系列（如荞面饸饹、荞面饸饹）、小米、豆制品系列（如豆腐宴、水煮豆腐）、土豆系列（如土豆宴）、红碱淖特色水煮鱼等。榆阳传统拼三鲜、炸豆奶、府谷擦粉、果丹皮、神木粉糊糊、横山特色大锅羊肉、靖边风干羊肉剁荞面、定边羊羔肉、炉馍馍、绥德黑粉、油旋、米脂驴肉、驴板肠、佳县马蹄酥、清涧煎饼、吴堡手工空心挂面、子洲抿节等都是风味独具、远近闻名的特色美食。

由于地理原因，历史上榆林地区南北民俗风情差异明显。北六县有长城横穿其境，有毛乌素沙漠的沙丘沙地，草原文明（游牧文化）占相当比重，畜牧业素来发达，群众住柳笆庵子、砖瓦房，居住分散，院落甚大，喜食炒米、乳酪、手抓羊肉、酥油、黄米饭、猪肉熬酸菜，爱油腻、少菜蔬，喜饮白酒，爱穿皮袄皮裤，豪爽喜动；南六县皆在长城内，是黄土高原丘陵沟壑区，虽受游牧文明的影响，但以黄河文明（土地文化）为主，以农为业、勤耕不辍，群众住窑洞、穿布衣，居住集中，院落小巧考究，喜食钱钱饭、杂面、揪白面片、油糕，精干恋土、不乐迁徙、躬耕薄田、终岁辛劳仍怡然自乐。如今，随着榆林区域经济发展和城镇化建设的不断推进，南北民俗差异已经越来越小，渐渐湮没在历史烟云中……

# 第四节　砥砺奋进沧桑巨变

中华人民共和国成立 70 年来，尤其是改革开放 40 年间，榆林发生了翻天覆地的变化，创造了改革开放的"榆林成就"——地区生产总值、财政总收入①从 1978年的 3.58 亿元、1.2 亿元增长到 2018 年的 3848.62 亿元、922 亿元，分别增长了1075 倍和 768 倍，居全国地级市第 58 位、陕西省第 2 位（见图 1-8）。全市居民人均生产总值 112845 元，比 1978 年增长了 719 倍，高于全国、陕西省的 66640 元和63240 元，榆林已从一个经济落后的地区成为陕西省重要的增长极和呼包鄂榆城市群重要一极，从物资短缺的地区变为消费快速升级的地区，群众生活从贫困逐步走向全面小康，实现了经济社会的跨越式发展，陕甘宁蒙晋最具影响力城市已初具雏形。

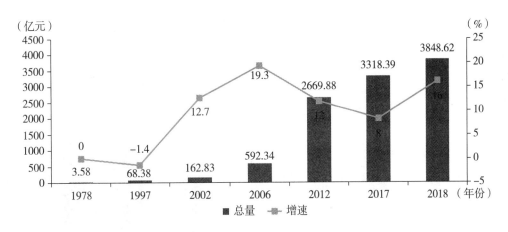

图 1-8　1978 年以来榆林市主要年份生产总值总量及增速

## 一、经济结构不断优化

从中华人民共和国成立初到改革开放前，榆林市第一产业占绝对主导地位，工业增加值不足 0.72 亿元，仅占陕西全省工业总产值的 1.4%，第三产业基本处于空白状态。改革开放 40 年来，榆林产业发展经历了三大阶段：第一阶段为1978 年到 1996 年，这 18 年间榆林一直是个农业大市，以农牧业为经济发展的主

———————————

① 榆林市统计局网站，http://tjj.yl.gov.cn。

导产业。第二阶段为 1997 年到 2005 年，实现了由农业主导向工业起步的转变，进入轻重工业并举阶段。随着全国经济快速发展，能源需求不断增加，1998 年榆林市被原国家计委批准建设国家能源重化工基地，工业化进程不断加快，第二产业占比首次超过第一产业和第三产业，形成了以煤油气盐开发为基础，电力、化工为主导的产业体系，传统的毛纺产业和新兴能源化工产业齐头并进的格局。第三阶段为 2006 年至今，榆林能源化工产业不断壮大，以能源化工为主导的产业格局基本形成，尤其是煤炭"黄金十年"期间，也就是 2002 年到 2011 年，榆林实现了前所未有的跨越式发展，全市第二产业占比不断攀升，"第二产业为主导，煤炭化工为代表"成为全市经济运行的显著特征。2007 年，榆林规模以上工业增加值首次跃居全省第一，2012 年以后第二产业占比一直保持在 60% 以上，2014 年工业增加值首次突破 2000 亿元大关。2018 年，榆林规模以上工业增加值连续 11 年位居全省第一，规模以上直报资产总额达到 5733.4 亿元，为 1978 年的 4900 倍。2018 年，全市第三产业增加值为 1199.97 亿元，是 1978 年的 1500 多倍，总量稳居全省第二，增速连续三年居全省第一，对整个国民经济的发展起到了明显的推动作用，尤其是交通运输、金融和批发零售等行业发展较为突出。1978 年以来榆林市主要年份工业总产值及增速见图 1-9。

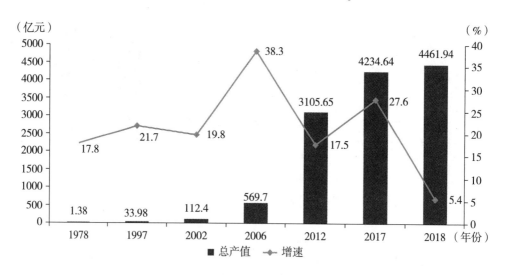

**图 1-9　1978 年以来榆林市主要年份工业总产值及增速**

改革开放 40 年来，榆林经济结构不断优化，第一、第二、第三产业占经济总量的比重由 1978 年的 58.7∶20.1∶21.2 调整为 2018 年的 6∶62.8∶31.2（见图 1-10），成为陕西省工业第一大市，经济总量在全国资源成长型城市中处于前列，完成了从农业地区向工业强市的华丽转身。

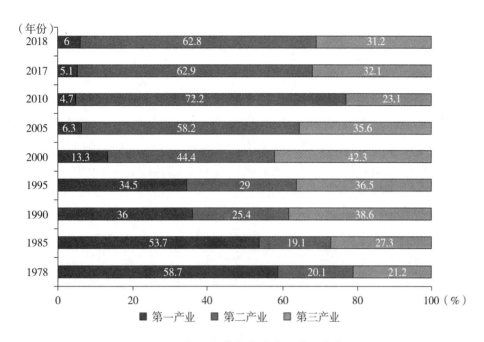

图1-10　1978年以来榆林市生产总值三次产业比重

## 二、高端能化产业引领多元化、高质量发展

榆林自然资源组合配置条件十分优越，素有"中国的科威特"之称。然而，1949年至改革开放之初，榆林经济一直以农牧业为主，资源优势并未转化为经济优势。为了实现可持续发展，榆林市不断加快经济结构调整，逐步实现由低层次资源开发向高端化资源经济转变、资源驱动式增长向创新型发展转变、单一型资源产业向多元化产业转变。1997年，榆林国家级能源化工基地获批后，能源经济开始崭露头角。2003年，省委、省政府提出了"三个转化"（煤向电转化、煤电向高载能工业品转化、煤油气盐向化工产品转化）的发展战略，拉开了榆林建设国家能源化工基地的序幕。近年来，按照"大集团引领、大项目支撑、集团化发展、园区化承载"的发展思路，榆林能化项目累计完成投资5000多亿元，累计建成重点项目170多个，构建了原煤—发电、原煤—兰炭—电石或铁合金—金属镁、原煤—兰炭—煤焦油—清洁燃料油、原煤（天然气）—甲醇—烯烃或醋酸、原盐—烧碱、聚氯乙烯等循环型产业链，形成了以煤、油、气、盐采掘为基础，电力、化工为主导的产业体系。聚乙烯、聚丙烯、精甲醇、电石、聚氯乙烯等工业产品从无到有，逐步形成了煤炭开采洗选业、石油天然气开采业、石油加工炼焦业、化学原料及化学制品制造业、电力热力生产供应业五大支柱行业，有力地支撑着全市工业产值稳步提升。

2018 年，榆林煤、油、气产业分别占全国的 11.4%、5.5% 和 11.1%，成为"西煤东运""西气东输""西电东送"的重要基地，煤制芳烃、煤油共炼综合利用等一批全球首套装置投产运营，煤间接液化、低阶煤中低温干馏、煤焦油加氢等一批国内外领先的自主技术实现产业化。榆林还是世界最大的镁产业基地、国内最大的兰炭生产基地、国内最大的甲醇生产基地、国内大型火电基地、国内煤制烯烃第一大市。2018 年，全市 849 户规模以上工业企业累计实现总产值 4461.92 亿元，比上年增长 11.8%；规模以上工业增加值增长 8.0%，增速较上年加快 2.3 个百分点。其中，能源行业增长较快。全市 2018 年规模以上能源工业企业累计完成产值 3533.42 亿元，比上年增长 12.6%，占规模以上工业总产值的 79.2%；非能源工业企业累计完成产值 928.52 亿元，增长 8.7%。能源工业中，煤炭开采和洗选业累计完成产值 2095.22 亿元，增长 11.8%，占规模以上工业总产值的 47.0%；能化产品生产也不断加快。35 类主要工业产品中，原煤、天然气、铁合金、发电量等 19 类产品产量保持正增长。其中，原煤产量累计 45572.11 万吨，比上年增长 14.4%，增速较上年增长 4.3 个百分点。历经多年以科技为核心的创新转型，榆林正在向千亿吨级国家大型煤炭基地、三千万千瓦国家大型煤电基地、千亿吨级高端煤化工基地、百亿吨级新型材料基地、千万千瓦级新能源基地迈进，世界一流高端能源化工基地已初具雏形。尤其值得浓墨重彩书写一笔的是榆林兰炭，由于性能优异、高效环保、应用领域广，已成为京津冀鲁等全国大气污染防治重点地区替代散煤的主要产品，并出口多个国家和地区，产值已超 100 亿元。

在以资源经济为主导，不断加强现代高端能化基地建设的同时，榆林还陆续规划了陕西规模特色现代农业示范基地、国家重要的有色金属材料产业基地、西部特色轻纺产业基地、区域现代服务业基地等一系列有针对性和地域性的多元化产业布局。其中，以风能、太阳能为主的新能源产业尤其引人注目。定边县全年日照时数高达 3000 余小时，素来有"一年一场风，从春刮到冬"之说，因此，因地制宜大力发展光伏电站和风电项目是最佳战略选择，经过一段时间的发展，定边不仅成为国家能源局、财政部和农业部命名的"国家首批绿色能源示范县"之一，也成为全省新能源产业增长速度最快的地区之一，更为全市提升产业发展层次、推进产业结构战略性调整提供了范例。另一个新能源示范县——靖边则于 2018 年底率先建成了陕西省第一个"太阳能光伏产业示范园区"和陕西省首个"百万千瓦风电基地"，列全国新能源百强县第五位。在此基础上，榆林逐渐成长为全国新型能源的战略高地，于 2014 年入选了国家第一批新能源示范创建城市。截至 2018 年底，榆林新能源发电装机容量已达 7230 兆瓦，上网发电量 102 亿千瓦时。其中风电装机容量 3180 兆瓦，占全省总规模的 70%；光伏发电装机容量 4050 兆瓦，占全省总规模的 62%。全市风电、光伏项目已核准装机规模约

6000 兆瓦，已开工在建约 3000 兆瓦。在加快发展风电和光伏产业的同时，榆林还致力于新能源上下游配套产业发展，目前已形成光伏级硅材料产能 1.8 万吨、电子级多晶硅产能 1000 吨，建成光电直拉单晶生产线两条，定边猛狮科技储能电站建成投运，靖边光气氢牧多能互补示范项目完成前期工作，中船重工 1000 兆瓦风电及风机制造项目达成合作协议。同时，全市正在积极推进新能源发电制氢、智能电网等新业态，开展分布式发电、分散式风电推广应用，推动"能源互联网+"等应用示范；加快创新光伏与扶贫、农牧业、旅游业、采空区治理、治沙等多产业融合发展模式，形成具有榆林特色的新能源产业发展之路。

在今后较长时期内，煤炭作为国家主体能源的地位和作用不会改变，而榆林始终把自身置于国家能源战略大局中，围绕煤炭的清洁高效利用，采取创新驱动模式，加快能源经济转型升级的步伐，打造高端化、多元化、集群化的现代能化产业基地，努力迈入全国资源型城市转型升级先行第一方队。

## 三、现代特色农业快速崛起

榆林是传统的农业地区，在能化资源经济涨潮之前，农业人口占总人口的 80% 以上。长期以来，地处毛乌素沙漠和黄土高原过渡地带的榆林由于受自然地理条件的制约，农业生产力水平很低，农民增收困难，贫困发生率很高，荒沙大漠、干旱少雨、广种薄收成为榆林农业的代名词。虽然榆林矿产资源富集，是我国重要的能源化工基地，但在工业快速发展的过程中，农业弱质特征十分明显，蓬勃发展的能源化工业和滞后的传统农业差距日益拉大。

改革开放以来，榆林农业大致经历了四个阶段：1978～1991 年为调整结构阶段。党的十一届三中全会以后，家庭联产承包责任制开始实行，极大解放和发展了农村生产力。全市着力调整改善种植业结构，各类经济作物和其他作物比重逐步增大，出现了以"横山大明绿豆""定边荞麦""三边洋芋"等为代表的优质农产品。1992～2001 年为缓慢发展阶段。社会主义市场经济体制建立，农村经济体制改革继续深化，二轮土地承包进一步稳定了农业生产局面，榆林农业生产能力明显提高。2002～2011 年是现代农业初步建立、农业经济平稳发展阶段。榆林市重新研判农业发展优劣势，把发展特色农业和开展"高产创建"活动作为主要抓手和突破口，出现了耕地多种形式的流转，"东枣、西薯、南豆、北菜"，榆林市现代特色农业呈现出区域化种植、规模化发展、专业化生产、产业化经营的良好发展势头。2012 年至今，是榆林农业由传统农业向现代农业全面转型升级阶段。榆林市提出了"稳粮、强畜、扩果、优菜"的工作思路，集中力量调优农业产业结构，农业综合生产能力明显提高，农业科技支撑能力显著增强，农业市场主体不断壮大，农产品质量安全监管切实有力，市场营销体系也已初步建立，正在实现从粗放经营向品牌引领转变。近年来，榆林粮食总产年均稳定在150万吨以上（见图1-11）、苹果年均产量17万吨、蔬菜年均产量65万吨。农民人均纯收入连续多年高于全国、全省平均增速，由"十一五"时期的6520元提高到2018年的12034元。

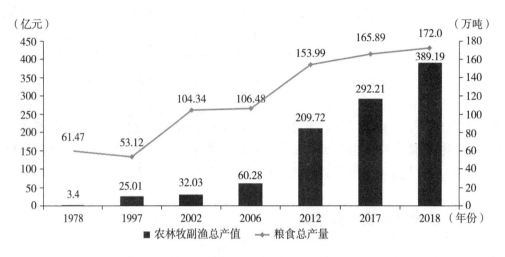

**图1-11 1978年以来榆林市主要年份农林牧副渔总产值和粮食总产量**

榆林市现有耕地1570.51万亩，其中常用耕地1063.87万亩，农作物46种，具有土地、气候、品质、规模、经济、技术六大比较优势，发展现代特色农业优势得天独厚。经过40年的发展建设，随着农业投资和财政政策的支持力度逐步提升，在总耕地面积基本保持不变的情况下，榆林市农业现代化水平和主要农产品产量有了显著提高，生产能力大大增强。2018年，全市农林牧渔业固定资产投资87.3亿元，是1978年农林牧渔业全社会固定资产投资的800倍；全市农林牧渔业实现总产值406.12亿元，是1978年的86倍，年平均增速12%；粮食总产量266.19万吨，是1978年的3.9倍，创历史新高。目前，榆林已成为全国马铃薯五大优生区之一，种植面积居全国第三，同时也是全国玉米、小杂粮优生高产区，世界最大的红花荞麦集中产区，全省蔬菜、油料优势生产基地。榆林市现有20余项特色农业产业规模、产量居全省第一，大明绿豆、三边荞麦、陕北羊绒等成为国际品牌，马铃薯、小米、红枣等闻名全国，大漠蔬菜、小杂果、种业等成为全省知名品牌，遍布大漠的蔬果大棚和生机勃勃的特色农作物，使现代农业成为榆林市的一张新名片。

今后一段时期，榆林市将以加快农业转型升级为主线，努力把榆林建设成为"全国旱作农业发展样板区""陕西省农业质量安全监管示范区""全国优质特色农产品生产基地""陕西省新型农业经营主体培育基地"，筑起榆林农业强市的希望，让优质的榆林农产品走向更广阔的舞台。

## 四、全面小康新跨越

中华人民共和国成立以来，榆林经济虽然有很大发展，但因自然环境条件差、基础设施滞后、产业发展单一，加之地下资源发现较迟，国家大的产业项目在榆林布局较晚，导致长期以来该地区一直是陕西乃至全国的重度贫困地区。改革开放初期，榆林12个县市区就有8个国家贫困县，贫困村近1000个，生产力水平低下，群众脱贫致富步履艰难，部分地区甚至连基本的温饱问题都很难解决。

全面建成小康社会是党和政府的庄严承诺，坚决打赢脱贫攻坚战是榆林市委、市政府长期聚焦的重要政治使命和经济任务。多年来，榆林市结合扶贫工作的特殊性来进行重点难点分类，因地制宜，多措并举，积极探索农村改革和产业扶贫的新模式，把大力发展现代特色农业作为贫困户脱贫致富的治本之策，形成了以产业扶贫、社会扶贫、教育扶贫、互联网+扶贫等多措并举、立体覆盖的精准扶贫模式。在精准扶贫工作中，榆林市紧紧抓住工业经济促发展的历史契机，走工业反哺农业、城市支持农村的扶贫开发之路，贫困区域面貌发生了质的飞跃，广大群众正在全面建成小康路上阔步前行。"十二五"末，榆林已累计脱贫60.1万人，贫困人口发生率下降到9.8%。2018年，全市全年脱贫11.69万人（超计划2900人），退出贫困村432个（超计划21个），贫困发生率下降至1.74%，入选首批全国脱贫攻坚优秀城市，全市脱贫攻坚战取得阶段性成果。2018年10月，榆林市委、市政府印发《榆林市打赢脱贫攻坚战三年行动实施方案》，将实施特色产业提升工程和切合榆林实际的产业、就业、搬迁、生态、教育、健康、危改、综合保障、助残、扶志等到村到户到人精准帮扶十大行动，明确提出到2020年将实现17.05万贫困人口脱贫，568个贫困村、6个贫困县摘帽，在册贫困人口全部脱贫。

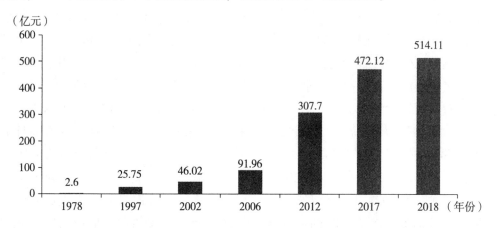

**图1-12　1978年以来榆林市主要年份社会消费品零售总额**

改革开放 40 年间，榆林充分利用成长期资源型城市的资源红利，城市发展日新月异，综合实力显著提升，人民生活水平持续改善，群众精神面貌焕然一新，幸福指数节节攀升，家家户户发生了翻天覆地的变化。2017 年榆林地区生产总值和财政收入分别突破 3000 亿元和 300 亿元大关，2018 年榆林地区财政收入 389.84 亿元，财政支出 648.96 亿元，财政收支总量均位居全省第二，收支增速均位居全省第一，成为陕西省经济重要的增长极。经济快速增长带动居民收入大幅提升，按常住人口计算，2018 年榆林城乡居民人均生产总值为 112845 元，全市全体居民人均可支配收入 22183 元，城镇和农村常住居民可支配收入分别达到 31317 元和 12034 元，已达到世界银行设定的中等偏上收入国家水平。居民收入的增长，促进了居民消费需求的变化，城乡居民消费已由生存型转向发展型和享受型。2018 年全体居民人均生活消费支出为 17443 元，消费档次不断提升。2018 年全体居民家庭恩格尔系数为 31.4%，比 1978 年下降 24.9 个百分点。食品消费已不单是城乡居民维持生存的需要，而是向营养化、休闲娱乐化发展，医疗保健、交通通信、娱乐、教育、文化等支出所占比重明显上升。2018 年榆林市社会消费品零售总额达 514.11 亿元（见图 1-12），是 1978 年的 198 倍，金融机构本外币各项存款余额 3852.76 亿元，是 1978 年的 4517 倍。居民商品购买能力和餐饮需求持续旺盛，生活质量在原先"温饱"的基础上，正向全面"小康"迈进，"美好生活"成为人民新的追求方向。

## 五、从沙漠之都到塞外江南的巨变

陕西省是中国土地荒漠化和沙化危害较为严重的省份之一，也是阻止西北风沙东越南进的重要防线，而荒漠化和沙化土地面积的 99% 都集中在位于毛乌素沙漠南缘的榆林。这里历代战乱频仍、垦荒不断，导致水土流失和风蚀沙化严重。中华人民共和国成立前，榆林北部风沙区流沙已越过长城南侵 50 多公里，全市仅存天然林 60 万亩，林木覆盖率只有 1.8%，沙区仅存的 165 万亩农田也处于沙丘包围之中；南部黄土丘陵沟壑区每年因水土流失输入黄河泥沙高达 5.3 亿吨，占中上游入黄泥沙量的 1/3。"一年一场风，从春刮到冬""濯濯万山无草木，萧萧千里少禽鸦"，贫瘠荒凉、风沙漫天向来是榆林留给世人的印象。随着榆林的资源禀赋日益展现，矿产资源的过度采掘也使水土流失和土地荒漠化愈演愈烈。

为了改变恶劣的生态环境，20 世纪 50 年代榆林就开始对沙漠进行长期不间断治理，尤其是 1978 年改革开放以后，历届市委、市政府带领全市人民开展了大规模"北治沙、南治土"的治沙造林运动，针对五大沙化土地类型区，采取不同的治理措施，走出了不断升级的科学治沙之路。通过采取人工、飞播、封育相结合，植治、水治、土治相结合，一改（改良土地）、三化（林网化、水利化、园林化）、八配套（田、渠、水、林、路、电、排、技）等一系列综合治理措施，推广樟子松"六位一体"等造林治沙实用技术，生态环境发生了翻天覆地的变化，全市林木保存面积达到 2157 万亩，林木覆盖率从 1.8% 提高到 33%，降水量由 400 毫米提高至 500~600 毫米。沙区造林保存面积 1364 万亩，860 万亩流沙全部得到固定和半固定，广袤的沙地如今成了林地、草地和良田，滩地郁郁葱葱，海子（湖泊）星罗棋布，"沙漠之都"变成了"大漠绿洲"，黄河的年输沙量足足减少了 4 亿吨，陕西的绿色版图向北推进了 400 公里，中外专家盛赞榆林治沙是人类治沙史上的奇迹。

与此同时，榆林先后启动了省级生态园林城市和国家级园林城市创建工作，大力实施"蓝天、碧水、宁静、清洁"四大工程，着力打造"三带三区"——沿黄生态城镇经济带、长城沿线绿化风景带、无定河流域防护景观带、南部丘陵林果产业发展区、北部盐碱滩地综合治理试验区、白于山灌木经济建设区，城区绿化覆盖率、人均公园绿地面积分别达到 38.34%、16.6 平方米，湿地总面积 69.05 万亩，居陕西省第二位。榆林空气质量得到明显改善，即使大风天气，也很少再发生沙尘暴，2018 年中心城区空气质量二级以上天数接近 300 天，居全省前三名，成为陕西 PM2.5 唯一达到国家二级标准的城市。未来榆林将呈现出一副绿屏相连、绿廊相通、绿环相绕、绿景相嵌的多层次绿色生态画卷，这片有着"塞上江南"之称的绿色生态之城将成为西北地区生态文明建设示范区。

## 六、社会事业全面进步

经过 70 年的建设发展，榆林城乡面貌有了翻天覆地的变化，社会事业全面进步，民生工程惠及千家万户，人民幸福指数不断攀升。

城镇化建设：中华人民共和国成立之初，榆林城镇化率不足 7%，伴随着国家能化基地的开发建设，大量农村剩余劳动力和农村资本流向城镇，城镇人口从 13.95 万人增长到 2018 年的 201.45 万人，城镇化率提升到 58.94%。与此同时，中心城区建设也逐步向纵深发展。2018 年，中心城区人口 65.45 万人，市区建成区面积由 1990 年的 14 平方公里提升到 78.4 平方公里，位居全省第四。城市道路四通八达，总长度达到 1193.35 公里。建成了榆溪河生态长廊、东沙生态公园、沙河公园、大墩梁森林公园等一大批城市园林绿化工程，建成区绿化覆盖率达到 35.39%，绿地率达到 33.87%，人均公园绿地面积达到 21.58 平方米。供热、供水、供气、排水等城市功能性基础设施长足发展，建成排水管网 771.97 公里、供水管网 635 公里、供气管网 1985.28 公里、供热管网 460 公里。先后获得了国家卫生城市、省级环保模范城市称号，顺利通过省级生态园林城市验收。2018年3月，国务院正式批复呼包鄂榆城市群发展规划，榆林成为陕西向北向西开放门户和国家级城市群的重要节点城市，实现了从内陆小城向现代化区域中心城市的历史性转变。

交通运输：在城镇化水平提升的同时，榆林基础设施建设蓬勃发展，综合交通运输网络不断完善，初步形成了连接晋蒙宁甘及关中的"三横两纵"综合交通运输通道和多元运输综合立体交通体系，包（头）西（安）、青（岛）银（川）两大通道在市内交会，成为陕西第二大交通枢纽和航空港，建成周边大城市"一日到达"和市县"六小时往返"交通圈。路网四通八达，路况畅安舒美，交通业态日益丰富，人民群众的出行变得越来越便捷。2019年底，蒙华铁路全线开通，煤运通道全长1814.5公里，这是国家能源发展规划"北煤南运"新的战略运输通道，也是世界上一次建成的最长的重载煤运铁路。靖神铁路将与国家运煤专线蒙华铁路同步开通，榆林煤炭运输大格局基本形成，对外实现与蒙华、包西、太中银、神朔、瓦日、大秦、蒙冀七条铁路互联互通，最终形成红进塔、瓦塘、神木北、神木西、红柳林、红石峡、闫庄则、杨桥畔和靖边北九大出口外运格局，融入"一带一路"，贯穿榆林能源化工基地，服务于榆林各大矿区和神府、榆神等重要工业园区，对强化北煤南运、保障国家能源安全、促进陕北能源化工基地建设和区域经济发展具有重要意义。

20世纪90年代，榆林有了到外地的个体营运卧铺车，2004年榆林至西安火车开通，2008年榆林榆阳机场成为4C民用机场，2010年7月榆林榆阳机场推出约每小时一班的"西安—榆林航空快线"。2018年，全市铁路外运能力达到19166.12万吨；公路外运能力超过28799万吨，公路总里程32493公里，其中，国省干线里程达到1800余公里，高速公路总里程1068公里，领先于全省平均水平；全市公路客运量2704万人次，客运周转量33.41亿人公里，分别是1978年的19倍、28倍。2018年12月，榆林新开通到泰国曼谷和越南芽庄的两条国际航线，成为陕西省首个对外开放的支线机场，也是省内开通的第二个对外开放航空口岸，榆阳机场目前已有24条航线、31个通航点，形成了联通北上广深，覆盖全国七大地理区域的航线网络布局，旅客年吞吐量突破200万人次，成为陕甘宁青四省区第一个跨入中型机场行列的支线机场，开启了打造"国际机场"和"陕甘宁蒙晋交界区域中心机场"的新征程。

科技教育：改革开放以来，榆林市科技创新体系逐步形成，科技实力持续增强，科创新城正在积极筹建，"星创天地榆林模式"创新推广，专利申报、技术市场交易、成果登记等工作有序开展，科技创新硕果累累，科技事业蓬勃发展。榆林市在能源化工、装备制造、现代农业、城镇化与城市发展等六个重点领域，陆续实施了 35 个重大科技专项，重点支持镁节能多联产循环经济产业化等 20 多个重大产业化项目，通过良种良法配套七类农作物，创 51 项全国高产纪录，高新技术产业产值达 130 亿元。全市组织实施兰炭清洁化、金属镁冶炼、农作物新品种选育等十多个科技重大专项和产业化项目，惠及科技型企业 160 余家，新增专利、成果 210 项，新增经济效益 81 亿元。全市已建成一个国家高新区（榆林高新区）、一个国家经济开发区、一个国家农业科技园区、五个省级农业科技园区、五个省级创新型试点县，府谷县建成全国首个以县级政府为主体的省级高新区。全市建成并与高校、科研院所共建十个研究院，建立了红枣、白绒山羊等工程技术研究中心 22 家，建立了九个产业技术创新联盟、全省首个大学产学研合作联盟。

经过多年的稳步发展，榆林教育事业突飞猛进，实现了"从读书难到有书读、从有书读到免费读、从免费读到读好书"的历史性飞跃。全市教育事业规模持续扩大，基础设施不断改善，师资队伍日益壮大。2018 年全市共有各级各类学校 1641 所，招生人数逐年攀升。2018 年全市基础教育及中等职业学校累计招生 201094 人，毕业 175431 人，在校学生 6863436 人，分别高于 1978 年 12553 人、62524 人、123892 人。学前、小学、初中入学率分别达 98.3%、100% 和99.99%。各级各类学校共有专任教师 50162 人，比 1978 年增加 23128 人，较好地满足了社会经济发展对高素质人才的要求。2006 年起，榆林市跟随全国步伐实行九年义务教育，不收学杂费。2011 年秋季，全市在所有的公办、民办幼儿园实施了学前一年免费教育。2012 年起，全市义务教育阶段学校实行"零收费"。从 2013 年上半学期起，榆林市对就读市内公办、民办全日制普通高中学生和学前三年幼儿免收学费和保教费，全市中小学、幼儿园适龄人口免费年限达15 年。截至 2018 年，通过这项政策的实施，全市共落实资金 14 亿元，受益学生超过 360 万人次。与此同时，榆林市还加大教育均衡发展创建力度，通过实施义务教育学校标准化建设、教师校长交流轮岗、学校发展共同体建设、教育信息化建设等措施推进优质教育资源均衡配置，推进城乡义务教育一体化发展，使榆林教育走向了持续健康、优质发展的道路。

医疗健康：中华人民共和国成立以来，榆林的医疗卫生事业发生了巨大变化，构筑了优质的医疗卫生体系，中医药服务能力迅速提升，医疗改革全面深化，开展了神木"全民免费医疗"、府谷"双补双管四结合"、米脂"全员聘用"等全新的医改实践，荣获"全国医改最具影响力城市"称号，群众多层次、多样化的健康服务需求不断得到满足，全民共享健康红利，老百姓有了更多的获得感和幸福感。截至 2018 年末，榆林市共有医疗卫生机构 3860 个，是 1978 的 8倍。其中，医院 104 家，社区服务中心 7 家，卫生院 229 家，村卫生室 2949 个。

共有床位 20623 张，其中医院病床 16286 张；卫生院病床 3838 张，有卫生专业技术人员 27041 人。已建成三级综合医院 4 个，二级综合医院 14 个。共有妇幼保健机构 11 个，中医医院 13 个，专科医院 20 个。2018 年，榆林市参加新型农村合作医疗 295.85 万人，参合率达 99.3%。

文化体育：榆林是一座全民尚文、底蕴厚重的古城，伴随着经济蒸蒸日上的发展，榆林文化事业也开始了从弱到强的拔节式成长。全市文化基础设施建设的稳步推进，为文化大繁荣发展提供了良好平台。全市县级文化馆、图书馆建设各达标 7 个；8 个剧场投入使用，其中 3 个为 A 类剧场；已建成 117 个乡镇（街道）文化站，1954 个村（社区）级文化服务中心；登记注册博物馆 23 座，其中文物系统博物馆 12 座；榆林市在六楼骑街基础上设立的"榆林市古城六楼民俗文化展演"已成为国家级公共文化服务体系示范项目。2018 年 8 月，榆林建筑史上规模最大、品位最高的标志性工程——"四馆两中心"举行集中开工仪式，标志着榆林城市发展跳出传统窠臼，转向挖掘城市历史底蕴、丰富城市文化内涵层面。榆林市还不断加强文化遗产保护利用，争取上亿元的文物保护专项资金，开展了明长城建安堡保护加固工程等 30 多项荣获国家级奖励的重点文物保护工程。此外，榆林市还不断加强对非物质文化遗产的保护与传承。目前，全市共有国家级非遗代表性项目 11 个，国家级非遗传承人 14 人；省级非遗代表性项目 59 个，省级非遗代表性传承人 60 人。

多年来，全市的体育事业已形成竞技体育和群众性体育活动相结合的多层次共同发展新格局，建成了一批大型体育比赛场所及设施。截至 2018 年底，全市拥有大型体育场 1 座，体育馆 5 个，游泳馆 2 个。全市人均体育场地面积 1.2 平方米，为全民健身提供了基础保障。运动员多次参加各类运动项目，并获得了良好成绩。2018 年 9 月，榆林举办了有 23 个国家、一万多名跑友参加的国际马拉松赛，这是陕北地区迄今为止规格最高的马拉松赛事，也成为了展示塞上名城形象的一张亮丽名片。

## 第五节　区域经济蓬勃发展

榆林地域辽阔，习惯上有南北六县的说法，北六县（区）为榆阳、府谷、神木、横山、靖边、定边，南六县为绥德、米脂、佳县、吴堡、清涧、子洲。由于地理条件、资源禀赋和政策布局等原因，南北六县经济发展情况差异很大。榆林工业发展的主体是能化产业，主要产业项目分布在矿产资源丰富的北六县

（区），其财政、税收均大大优于南部各县；南六县资源相对贫乏，原有地方传统工业基础薄弱，农产品深加工长期徘徊不前，在相当长的时间内，财政收入仅占全市的不到2%，人均GDP不到全市的30%。要实现榆林经济的跨越式、高质量发展，必须综合考量区域经济社会协调发展问题。为此，榆林市始终坚持创新、协调、绿色、开放、共享的发展理念，大力推动区域协同、统筹城乡发展，北部地区由初级的资源采掘加工业周边产业为主发展为高端能化为主、多种特色产业并举、由最初的资源驱动式增长逐渐向科技创新型发展转变，而南部地区从以国家和北部县帮扶为主的"扶南模式"、输血式发展到深入挖掘自身产业特色和优势的"振南模式"、造血式发展，探索出了一条具有自身特色的资源型城市转型发展之路。

榆林各区县概况如表1-1所示。

表1-1 榆林各区县概况

| 地名 | 人口（万人） | 面积（平方千米） | 2018年社会生产总值（亿元） | 特色产业集群 |
|---|---|---|---|---|
| 榆林市 | 380 | 43578 | 3848.62 | 羊毛防寒服等14个特色产业集群 |
| 榆阳区 | 55 | 6797 | 777.3 | 羊毛防寒服 |
| 神木市 | 42 | 7481 | 1298 | 能源化工 |
| 府谷县 | 24 | 3202 | 539.6 | 金属镁 |
| 横山区 | 37 | 4299 | 189.44 | 横山羊肉 |
| 靖边县 | 34 | 4975 | 373.39 | 荞麦 |
| 定边县 | 34 | 6821 | 317.28 | 蔬菜 |
| 绥德县 | 37 | 1853 | 93.97 | 石雕 |
| 米脂县 | 22 | 1168 | 52.68 | 小米、山地苹果 |
| 佳县 | 27 | 2029 | 54.9 | 木材加工 |
| 吴堡县 | 9 | 421 | 25 | 手工空心挂面 |
| 清涧县 | 22 | 1850 | 60.21 | 粉条 |
| 子洲县 | 32 | 2027 | 63.6 | 山地苹果、黄芪 |

在推动榆林县域经济协同、持续、高质量发展过程中，民营经济功不可没。随着改革开放春风沐浴神州，榆林非公经济从无到有、从小到大、从弱到强，从星星之火渐成燎原之势，并最终撑起榆林经济近半壁江山。2018年，全市民营经济增加值达1647.55亿元，占地区生产总值的比重达42.8%，创历史新高。全市非公经济实现税收收入350.5亿元，同比增收98.8%，占全市国税收入的

68.58%。民营经济已成为全市经济持续增长的重要支撑、创新创业的主要战场、壮大县域经济的关键支柱、吸纳就业的主要渠道和创造社会财富的主要来源，全面建成小康社会的中坚力量、中小企业改革发展的先锋模范和基层党建的全新力量，并涌现出一批各具特色、潜力巨大的优秀企业和敢为人先、勇于担当、吃苦耐劳、热心慈善的优秀企业家代表。

## 一、北六县（区）——创新引领异彩纷呈

北部地区凭借丰富的资源和良好的区位优势，以煤炭、石油、天然气等为主的国家级能化基地已经初步形成，高端化资源经济框架日益清晰，民营企业逐步形成了以原煤为主的五大产业链条，在能源化工、新型建材、新能源、能源装备制造、文化旅游、设施农业等领域，构建起了多元化的民营经济发展格局，特别是一些特色产业在全省乃至全国都具有较强的竞争力和影响力。

榆阳区：榆阳区是市政府所在地，矿藏资源储量丰富，历史文化底蕴深厚，2018年，全年实现地区生产总值777.3亿元，总量稳居全市第二；实现社会消费品零售总额139.97亿元，总量居全市第一；地方财政收入42.8亿元。2018年度中国中小城市科学发展指数研究成果①显示，榆阳区已连续四年跻身全国综合实力百强区。

当前，榆阳区在能源、化工、电力等主要工业领域，已形成了较大的生产规模，民营经济不断向更多领域纵深扩展。2018年，区内神树畔煤矿、隆盛煤业、千树塔矿业、白鹭煤矿、林源煤炭、海鑫洗选煤、新荣威煤业、圆恒能源等20余家能化相关民营企业及文昌房地产、西北舜天建设、长盛路桥、怀远房地产等建筑相关企业进入全市民企主营业务收入百强榜。区内的非公战略性新兴企业从无到有，聚少成多，涉及纺织、有色、制药、清洁能源、有机化工等工业领域。榆阳区有全国最大的羊毛防寒服生产基地，羊老大、神华制衣、七只羊、红柳制衣、冬韵制衣等都是蜚声国内外的知名品牌。榆阳区还有红安公司、云化绿能等循环经济领域的代表性民企，"陕西省优秀民营企业"东方集团，广济堂医药集团、得福康制药等全国知名药企，被评为专注能化领域一线人才培养的知名全日制民营陕西正大技术学院、号称"东有蓝翔，西有益友"的益友能源化工职业技术学校，榆林市首个"榆林慈善医院"高新医院等各具特色的民营企业，非公经济发展非常迅速。

榆阳区是榆林特色农业大区和陕西第一畜牧大区，全区农业工作在追赶超越

---

① 人民网.2018年中国中小城市科学发展指数研究成果发布（一）[EB/OL].http://www.people.com.cn/。

中推进农业提质增效、农民持续增收，围绕"粮薯菜羊猪杏"六大农业主导产业，建成国家级农业园区1个，省市级农业园区32个，华西牧业、大地种业、明杰农业、中稷农业、毛乌素绿洲农业等民营农业产业化明星企业成为现代特色农业发展的领头雁。

随着供给侧结构性改革深入推进，榆阳区经济结构出现重大变革，服务业比重越来越大，以大数据、智能化、物联网、移动互联网为代表的新一代信息技术改变着服务业的发展格局，榆林卡卡网络科技有限公司、中国网库榆林分公司等一批规模以上互联网信息服务业、信息技术咨询服务业企业快速成长，战略性新兴服务业、高技术服务业、科技服务业发展势头强劲，榆林电商创业孵化园初具规模，中国网库榆林电商谷产业基地投入运营，成为全市扩大就业、创新创业的新兴力量。

神木县：神木县是陕西历史文化名城、国家级卫生县城、全国科普示范县、全国政务公开示范县、全国生态文明建设先进县、中国金融生态县和中国十大最关爱民生县之一，2018年，神木社会生产总值达到1298亿元，入选全国综合实力百强县（市）和中国工业百强县（市），位列西部百强县（市）首位。

多年来，神木依托资源优势，立足技术创新，实施"围绕煤、延伸煤、超越煤"的"三煤"战略，形成"煤炭、兰炭、电力、化工、载能、建材"六大支柱产业，铸就了县域经济的坚实脊梁，金融、物流、加工制造、现代特色农牧业等非煤产业方兴未艾。在"民营为主体、国进民不退"的理念指导下，神木民营经济快速发展壮大，成为名副其实的县域经济主体，对市财政的贡献率超过70%。全市引进神华、陕煤、陕投、延长等大型国有企业，建设了一大批重大能源化工项目，开创了国有资本和民营资本合作共赢的混合所有制模式。以民营企业为主导的地方特色工业体系日益完善，煤—电—载能—聚氯乙烯、煤—兰炭—载能（金属镁）—化工（建材）、煤—煤焦油—燃料油、煤—甲醇—醇醚产品四大循环产业链不断延伸，科学发展之路愈走愈宽。诞生于神木的特色地标产业—兰炭，2008年成功列入国家产业目录，国家工信部根据神木的实践创设了行业准入标准。锦界、柠条塔、石窑店、神木新村等"八区六园"，成为全省具有区域特色和竞争力的循环经济产业聚集区。天元化工、北元集团、富油能源、恒升煤化、双翼煤化、亿通煤化、同利得煤化、惠宝煤业、瓷窑塔矿业、三江能源、大砭窑气化煤公司、恒源电化、东源能科、恒源焦化等能化领域重点龙头企业成为神木经济发展的坚强基石。今日的神木，已成为中国第一产煤大县（亿吨级）、全国最大的兰炭基地（千万吨级）、全国最大的聚氯乙烯基地（百万吨级）、西部最大的火电基地（600万千瓦）、西部最大的浮法玻璃基地（600万重量箱）、西部最大的电石基地（百万吨级），在国家能源安全体系中占有重要地位。

此外，神木还涌现出瑞成玻璃、新大通专用车、德林荣泽能源运输、神柳贸易等一大批进入全市民营经济主营收入百强的知名企业。通海绒业是陕西省农业产业化重点龙头企业，中国羊绒行业三十强企业，陕西省羊绒纺织行业重点骨干企业，也是榆林市第一家新三板挂牌企业。

府谷县：府谷县位于陕西省最北端，秦晋蒙三省区交汇的黄河"金三角"地带，境内煤、水等优势资源蜚声中外；海红果、黄米等农特产品誉满全国，尿素、金属镁等化工产品名扬四海，是中国最大的金属镁生产基地，是国家西煤东运、西电东送、西气东输的重要枢纽，是国家规划的陕北高端能源化工基地的重要组成部分，是省级民营经济转型升级试验区和省直管县试点，也是全国文明县城、全国卫生县城、全国百强县之一，是陕西乃至全国民营经济最具活力的地区之一。

2018年，府谷GDP达到539.6亿元，全县地区生产总值、财政总收入、地方一般预算收入分别首次突破500亿元、100亿元、30亿元大关，创历史新高。府谷经济的腾飞与民营经济的迅速崛起密不可分，2011年以来，民营经济占GDP比重、财政贡献率均达到60%以上，形成了"三分天下有其二"的格局。经过40年来的发展，府谷民营经济已经形成以煤炭、电力、化工、冶金、建材为主的工业体系，并涉足交通、房地产、商贸服务、养殖业、农副产品加工等多个领域，呈现出门类全、数量多、增长快的特点。府谷规划建设了清水川、皇甫川、郭家湾、庙沟门四个工业集中区、八个兰炭产业园区和三个工业小区，构建了煤转电、煤化工、煤电载能产业链等高度关联的新型工业化体系，并先后组建了府谷煤业集团、镁业集团、煤化工集团、特种合金集团和煤电冶化集团五大民营企业集团，其中涌现出奥维乾元、京府煤化、黄河集团、天桥化工集团、三源集团、万源集团、泰达煤化、国能矿业、金万通镁业、亚博兰炭镁电、新田镁合金、顾河镁业、鸿泰镁合金、三忻实业、聚金邦等为典型代表的一大批优秀民营企业，真正实现了从以煤为主向多业并举发展转变、从传统要素驱动为主向科技创新驱动转变，并以自身的成功实践引领全县民营经济的整体转型升级。

横山区：横山是距榆林城市最近的县区，资源富集，历史悠久，是著名的古边塞重镇、风景名胜区和革命老区。榆林发现的八大类40多种矿产资源，横山样样都有，被誉为"榆林的缩影"，尤其是煤炭、石油、天然气、岩盐、高岭土五种资源储量大、品质高，具有重大开发价值。区内土地面积广阔，农业生产条件优越，农畜产品种类多、品质好。全区机械化水稻种植4.5万亩，年产量1.8万吨，被誉为"塞上小江南"。横山羊肉肉质细腻、味美无膻，深受广大消费者青睐；横山大明绿豆，粒大饱满，驰名中外，远销东南亚等地区，年出口创汇达1800多万美元，横山羊肉和横山大明绿豆均已被国家质检总局公布为国家地理标志保护产品。

改革开放 40 年来，横山从一个典型的传统农业经济小县变成工业大县，并逐步走向服务业强区的道路，经济增长方式在经济结构调整中正发生着根本性转变。全县生产总值从 1978 年的 0.3 亿元提升至 2018 年的 189.44 亿元，增长了631 倍；全区居民人均可支配收入 19433 元，城镇常住居民人均可支配收入28514 元，农村常住居民人均可支配收入 11794 元，三个收入增速均为北六县（区）第一。工业经济逐步壮大，在国民经济中的占比逐年提高，1978 年工业增加值占生产总值的 9.7%，2018 年达到 55.7%，提高了 45 个百分点，主导地位明显，逐步形成了以重工业煤、油为主导产业，煤化工产品为支柱产业，与电力、服饰、食品等共同构成较为成熟的工业体系。民营经济发展迅速，大明绿豆、横山杂粮、羊毛羊绒产业基地、镁合金产业基地的知名度不断提升，涌现了省级农业产业化重点龙头企业宏驼集团、香草羊肉公司、羊中王服饰、双城羊肉、宏达生态养殖、通远公司、香丰、永丰、妙谷粮油等一批具有典型示范意义的民营企业。

靖边县：靖边县位于榆林市西南部，无定河上游，跨长城南北，历史名胜众多，人文风情独特，煤油气盐四大资源富集于一地，风能、太阳能、水、林、草等资源禀赋优异，是以太阳能光伏和风电产业著称的 2018 年度"中国新能源示范县""中国新能源之都"。2003 年起靖边连续 14 年荣登"陕西省县域经济发展十强县"榜单，2009~2010 年连续两年跻身"全国县域经济百强县（市）"行列，还有"中国最美宜居宜业宜游名县""国家生态原产地保护示范县""全国农产品质量安全控制体系示范县"等不断增加的"国字号""省字号"荣誉。

改革开放 40 年来，靖边经济发生了深刻变化，全县地区生产总值由 1978 年的 2330 万元跃升至 2018 年的 373.39 亿元，提高了 1603 倍，县域综合实力稳居省市第一方阵。通过"两基地、两中心、一枢纽"（新型能源化工基地、现代特色农业基地、陕北第三大中心城市、区域商贸物流中心和区域交通枢纽）建设的积极推进，靖边经济结构从传统农业"一业独大"到油气资源工业异军突起，农业中畜、草、薯、菜四大产业形成规模，再到工业与服务业双轮驱动、传统经济与新兴产业联动发展，形成了多个支柱产业并举、多种经济成分互竞的格局，县域经济实力显著增强，成为榆林乃至全省最具活力的经济增长极。全县培育了新田源集团、王贵集团、红荞坊酒业、芦河酒业、远特沙漠泉水、华伟塑业、鼎宏绒业、宇丰公司等一批龙头骨干企业和聚劲电子商务公司、黄土之恋公司、正丰联合社等知名民营电商企业，民营经济规模不断壮大，对县域经济社会发展做出了巨大贡献。

定边县：定边县位于榆林市最西端，陕甘宁蒙四省（区）七县（旗）交界处，自古商贾云集，素有"旱码头"之称。定边县石油、天然气、煤炭、原盐、芒硝、硫酸镁、氯化镁等矿产资源颇具优势，开发潜力巨大，是全国石油产能第一大县、陕西唯一的湖盐产地；风能、太阳能等可再生资源优势明显，是全省新能源产业第一大县。定边入选"中国新能源产业百强县""国家首批绿色能源示范县""全国绿色环保节能示范县"，并享有"世界红花荞之乡""中国马铃薯特产之乡""中国马铃薯美食之乡""中国民间剪纸艺术之乡""陕西省现代农业示范基地"等美誉。

改革开放以来，定边主动融入"一带一路"，追赶超越争上游，建起了能源化工、特色农业、现代服务业三大产业集群，2018年GDP达到317.28亿元，从一个寂寂无名的陕北小城发展到经济总量位列陕西省第13名，成绩令人瞩目。定边县坚持特色农业发展，立足马铃薯、玉米、特色蔬菜、名优小杂粮、优质油料五大特色主导产业，创建国家地理标志证明商标三个，打造六大农产品优势产业带，即北滩特色辣椒、中滩特色西甜瓜、东滩地膜玉米、南部浅山区优质马铃薯和优质红花荞麦、西南部山区优质油料、南部深山区优质杂豆，培育了"定边马铃薯""一定"牌辣椒、"定之荞"名优小杂粮等一批特色农产品和科发马铃薯良种有限责任公司、沃野农业等优秀民营企业。定边县先后被授予"中国农业发展百强县""全国粮食生产先进县""全国优质高产马铃薯生产大县""全国春玉米高产创建示范县"，陕西省"一村一品先进县""陕西省现代农业示范基地县""国家马铃薯主食化科技示范县"等称号，正由传统农业大县向现代化农业强县快速转变。与此同时，定边县积极发展林草业和畜牧业，推动生态经济建设，走出了一条"以草定畜、草畜平衡"的路子，形成畜牧销供一体化的新局面，涌现出了诸如"三边"奶制品、"绿洲"草产业、"定边羊子"等优势特色畜产品品牌，畜牧业日益成为农民增收的主要渠道之一。

定边工业发展也十分迅猛，工业总产值从1978年的0.20亿元提升至2018年的201.88亿元，工业增加值占GDP比重从1978年的25.7%提升至2018年的61.9%，从"油气独大"时代跨入新能源产业和油气产业"多极驱动"时代。改革开放后，随着世界级油气田的开发利用，"盐化、油化"产业发展迅猛，定边工业迎来质的飞跃，已成为全国第一产油大县。近年来，定边县大力发展以园区为载体的工业经济，工业新区已入驻企业50多家，涌现出了诸如定边县乳品实业有限公司、定边县热宝锅炉机械制造有限责任公司、众源绿能天然气等一批著名的民营企业。

## 二、南六县——因地制宜内生挖潜

20世纪80年代以前，榆林南北六县经济总量差异不大，但随着资源经济的兴起，由于资源分布北多南少，南北差异逐渐拉大。煤、油、气资源丰富的神木、府谷、靖边、定边、榆阳、横山经济实力较强，神木、府谷、靖边名列陕西的十强县，但是"南六县"由于资源贫乏，财政收入仅占全市的2%，人均GDP不到全市的30%，吴堡、佳县的县财政收入甚至不及北部县的一个乡镇。随着"扶南"和"振南"战略的全面推进，市委、市政府南北统筹、科学规划，投入专项帮扶资金两百余亿元，并牢牢抓住沿黄生态经济带建设这个千载难逢的大好机遇，围绕南部县的资源特色，深入深挖自身潜能，草、羊、枣、薯、杂、药、桑、果等特色产业和文化旅游业不断壮大，县域经济蓬勃发展，南北差距逐步缩小。

绥德县：绥德县位于榆林市东南部，素有"秦汉名邦""天下名州""西北旱码头"之美誉。历史上秦太子扶苏、大将蒙恬、汉代名将李广曾率部驻守此处，著名的昭君出塞、文姬归汉、汉武巡边都由此经过。民国时期和20世纪50年代前，这里曾是行政专员公署所在地，也是近现代许多重大历史事件的发生地和毛泽东、周恩来、朱德、刘少奇、高岗、习仲勋等老一辈无产阶级革命家工作战斗过的地方，在陕北政治、经济、军事、交通等方面具有重要地位。绥德位于陕北石盐矿床的中心地带，岩盐资源十分丰富，氯化钠含量和厚度属全国之最，是全国最适合发展盐化工的地区。悠久的历史文化和独特的自然环境，造就了绥德厚重的文化底蕴、众多的文物古迹、丰富多彩的民俗文化和个性鲜明的民间艺术，使绥德成为举世公认的陕北民间艺术荟萃之地和代表性区域、陕北文化的主要发源地，是享有文化部命名的全国民歌、秧歌、唢呐、石雕和剪纸之乡五项殊荣的全国文化先进县和中国民间艺术之乡，文化旅游资源非常丰富而独特。

绥德县是国家吕梁山集中连片特困地区县，也是国家扶贫开发工作重点县。改革开放40年，是绥德经济社会快速发展的40年，2018年，绥德县生产总值达到93.97亿元，比1978年增长了204倍，并于2018年底实现全县高质量脱贫摘帽。绥德已从传统的农业社会加速转变成为了一个工业和第三产业日益发达的现代社会，经济社会发展迎来新的腾飞，实现了历史性跨越，昔日的贫困县区已逐渐变成一座幸福新城。绥德县积极发展现代农业，建起了72个现代农业园区，形成了以省级园区为支撑，市、县园区为依托的三级园区集群发展格局，以及种、养、加、销一体化的经营体系。在优质农产品品牌打造上，绥德县还成功创建了国家生态原产地产品保护示范县；"绥德范·臻陕北"已成为县域公用品牌；"强盛科技牌"黄芪等五个品牌，获国家生态原产地产品保护认证；启动实施万亩远志、黄芪、黄芩、柴胡"四大绥药"种植基地建设。绥德县已形成了以农副产品加工传统产业为支撑，镁合金材料、中草药加工等新兴产业快速发展的现代工业体系，以及以商贸、流通、住餐服务等为代表的第三产业，培育了臻梦镁业、天鹏畜禽有限公司、老闫家炒货食品、绥德汉食品、精品薯业、志强枣业、武文石业、绥德县陕北文化旅游传媒有限公司、绥德县黄土风情文化旅游传媒有限公司、联丰百货等各类重点民营企业30余家。

米脂县：米脂古称"银州"，因当地盛产小米，"米汁渐之如脂"而得名。米脂资源富集、前景广阔，尤以质优和量丰的岩盐资源著称。米脂历史悠久，底蕴厚重，黄土风情浓郁，名胜古迹荟萃，曾涌现出貂蝉、李继迁、李自成、杜斌丞、李鼎铭、杜聿明、刘澜涛、郭洪涛等一大批历史名人，有全国重点文物保护单位杨家沟革命旧址（包括马氏庄园和毛主席转战陕北纪念馆）、李自成行宫、姜氏庄园；陕西省重点文物保护单位李鼎铭陵园与故居，驰名中外的东汉画像石刻和古老神秘的貂蝉洞、万佛洞等，以及体现独特民俗文化的信天游、秧歌、唢呐、说书、剪纸等，素有"文化县""英雄县""美人县"之美誉。

改革开放以来，米脂持续优化产业结构，加快推进城乡统筹发展，不断提升人民生活水平，全县生产总值由1978年的2707万元增长为2018年的52.68亿元，经济社会发展取得巨大成就。多年来，米脂县逐渐将"米脂山地苹果""米脂小米"这"一红一黄"两大产业作为全县农业发展的主导产业，投入山地苹果领域的资金累计达到三亿元，石沟官道山村荣泰苹果示范园和桥河岔五儿洼村金红源苹果标准化果园被农业部相继认定为国家级标准园，并建成集谷子种植、加工、销售、研发为一体的市级现代农业园区两个，启动了米脂小米酵素生态工业园建设，培育益康公司、闯府酒业、王成商贸、米脂婆姨农产品等农产品加工销售龙头企业十余家，专业合作社38家，认证无公害生产基地十万亩，绿色小米生产基地1.5万亩，形成了生产基地、农产品加工、精装出售等成熟产业链。在工业方面，米脂县全面启动盐化工业循环经济集中区建设，积极开发氯碱项目配套产业和后续资源，加快了地方资源开发和经济发展的步伐。在盐化工工业的引领和城市大开发、大发展的强势带动下，以建筑建材、小杂粮加工、服装加工、汽车营销和运输、餐饮业、铸造业为主的产业迅速崛起，涌现了一大批优秀民营企业，如国瑞、金盛、银泰、绿源天然气等能化相关企业，米王集团等防寒服相关企业，锦强铸造、兴农机械等农机制造企业，以金地源、雄雁为代表的房地产开发企业和以三里楼水泥构件为代表的建材企业，以富泰百货、金龙酒店为龙头的商贸流通餐饮企业，以黄河集团、米王集团为代表的纺织服装企业，以伟华集团、银州工贸、昌泰运输为龙头的汽车运输企业，等等。米脂县还大力发展"互联网+"新业态、新技术、新模式，促进电商产业与实体经济深度融合，支持物流企业运营、电商产品上线和农村电商网点建设，陆续涌现出青创联盟电子商务有限公司、米乡电子商务有限公司、姬小米电子商务有限公司等优秀电商企业。这些新兴电商企业充分利用天时、地利、人和的优势，积极销售本地农特产品，打造出"米脂小米""桃花峁小米""米脂红桃""米脂驴肉"等20余个特色农产品品牌。

佳县：佳县古称葭州，因境内佳芦河两岸芦苇丛生而得名，这里是典型的贫困山区，自然资源贫乏，立地条件差，但农副土特产品十分丰富，特别是红枣、薯类、豆类、羊子具有一定的规模优势。佳县为 2018 年全国农村产业融合发展先导区，农业生产以杂粮为主，所产大明绿豆、黄豆、洋芋等产品在市场上享有较高的声誉。佳县沿黄河地区是中国北方红枣的最佳适生区，有"中国红枣名乡"的美誉。佳县历史悠久，是革命老区，颂歌《东方红》的故乡，省级历史文化名城。佳县白云山是西北地区最大的道教建筑群和宗教旅游胜地，是有"西部神山"之称的道教圣地。

中华人民共和国成立以来尤其是改革开放 40 年来，佳县经济蓬勃发展，地区生产总值由 1978 年的 0.28 亿元迅速跃升至 2018 年的 54.9 亿元，经济总量翻了 8.29 番。全县呈现出工业经济强势崛起、农业产业集群发展、文旅事业蒸蒸日上、经济社会发展全面进步的喜人局面，获得省级卫生县城、省级旅游示范县、全省双拥模范县等荣誉称号。全省初步形成了以红枣种植产业为主体、油用牡丹和文冠果、中草药种植、羊子养殖为侧翼的特色农业体系，以农产品加工、盐化工、新能源产业为主的工业体系，重点打造的榆佳工业园区已列入陕西省新型工业化产业示范基地，将着力打造光伏材料、LNG、盐化工三大产业集群，秦晋峡谷黄河西岸"一路两带"（沿黄路，旅游经济带、生态产业带）建设迅速推进，东奥牧业、益民现代农业开发有限公司、枣缘红生物科技有限公司、新云海生态食品公司等众多明星民营企业。

吴堡县：吴堡县位于榆林市东南部，区位优势十分明显，扼秦晋交通要冲，自古就是兵家必争的战略要地，是陕西通往华东、华北的桥头堡。1948 年，毛主席、周总理就是率领中央机关从吴堡的川口东渡黄河离开陕北，前往河北西柏坡指挥战略大反攻，最终建立中华人民共和国。吴堡的交通优势亦十分明显。307 国道和青银高速穿境而过，是横亘我国东西的太中银铁路进入陕北的第一站，商贸流通非常活跃。吴堡拥有显著的资源优势，开发价值极高。一是境内探明储有全国少有、陕西唯一的优质主焦煤达 15 亿吨；二是探明岩盐储量在 200 亿吨以上；三是煤层气贮量 1000 米以浅为 160 亿立方米。吴堡还拥有黄河、石城、温泉、毛主席东渡黄河纪念点和柳青故居等诸多宝贵而独特的旅游资源，发展旅游产业的前景十分广阔。

改革开放的 40 年，是吴堡实现经济蓬勃发展，经济总量连上新台阶的 40 年。由改革开放初期的基础薄弱、结构单一开始，规模逐步扩大，结构不断优化，综合实力显著增强。生产总值由 1988 年的 0.43 亿元迅速跃升至 2018 年的 25 亿元。40 年来，吴堡非公经济取得有目共睹的巨大成就，非公经济户数达到企业总数的 90% 以上，增加值占 GDP 比重超过 60%，从业人员占企业从业人员总数的95%以上，税收贡献占税收总额比重突破60%。非公经济企业在农产品加工、蚕桑业、建材产业、旅游服务业、餐饮业等领域均有出众表现，涌现了天星实业、黄河红枣业、天娇实业、张爷爷挂面、山圪坨农产品公司、老霍家手工挂面合作社、张彦斌手工挂面公司、武荣蚕桑公司、丰润现代农业有限公司等一大批明星企业，有力地推动了农民增收致富和县域经济的发展。

清涧县：清涧县位于榆林市最南端，古名宽州，是著名的革命老区，是闻名全国的"红枣之乡""粉条之乡""石板之乡""道情之乡"。清涧境内地下资源与资源丰富的榆林北六县相比明显匮乏，以石板为当地特有资源。

中华人民共和国成立70年来尤其是改革开放的40年间，是清涧经济跨越式高质量发展的时期，2018年全年地区生产总值达到60.21亿元，是1978年0.16亿元的376倍，综合实力显著提升。清涧是全国食品加工强县，全县紧紧围绕"做大做优清涧红枣和文化旅游产业，做精做强绿色养殖和现代农业，做细做实石材粉条和苹果核桃产业"的发展思路，因地制宜构建县域特色产业发展格局，把红枣产业摆在头等重要的战略位置，形成了以红枣加工为主体，石材、粉条加工为两翼的工业体系。重点构建了以红枣、粉条、石板、木雕等农副产品加工产业园区，涌现出巨鹰、宏祥、人和仙、枣生堂、红旗沟粉条、火星石材、京风果仙、沁园春薯业等省级农产品加工龙头企业。在文化旅游方面，该县依托黄土文化、红色文化、民俗文化等人文地理历史资源优势，全力打造高家圪北国风光景区、王家堡路遥纪念馆、王宿里民俗文化村等，串连成东西两条精品旅游线路，带动沿线群众发展乡村旅游、农家乐、果蔬采摘、土地劳作、商业贸易等服务业。

子洲县：子洲县位于陕北黄土高原丘陵沟壑区腹地、榆林市南缘，1944年从绥德、米脂、清涧、横山等县划地建县，为纪念革命烈士李子洲而命名。子洲境内地下资源丰富，子洲气田天然气控制储量3000亿多立方米，石油储量1300多万吨，岩盐预测储量4000亿吨以上，煤炭预测储量5.4亿吨。此外，铁、磷、石英、黏土、墨玉等矿产资源开发潜力较大。大理河、淮宁河从西、南部穿境而过，两川道素有"米粮川"之称。佛殿堂生态建设示范园、"四大名山"、南丰寨、黄土洼淤滩等景观奇美怡人。子洲秧歌、剪纸、民歌、说书、雕刻等民间艺术在陕北很有代表性。

近年来，子洲经济蓬勃发展，为高质量全面建成小康社会奠定了坚实基础。全县生产总值由1978年的2911万元跃升至2018年的63.6亿元，年均增长14.76%，人均生产总值从1978年的145元增加到2018年的36727元，实现了经济总量和人均生产总值跨越式发展。全县以农民增收、农业增效为核心，大力实施山区农业现代化战略，不断调整产业结构，逐步形成了以核桃、苹果为主的林果业，以羊子饲养为主的畜牧业，以黄芪、黄芩种植为主的中药材业，农业综合生产能力显著增强。非公经济在子洲县域经济发展中功不可没，覆盖了能源产业、农副产品生产加工、建筑建材、餐饮住宿、百货批发、文化娱乐、电子商务等各个行业、各个领域。特别是在 2013 年，子洲县率先启动了"大众创业、万众创新"工程，出台了一系列促进全民创业、加快民营经济发展的政策措施，其中包括每年安排 1000 万元财政专项资金，整合部门各类资金 5000 万元，专门用于民营经济的扶持奖励。到 2018 年，全县非公有制经济实现增加值 38 亿元，占全县生产总值的 59.74%，对促进全县经济社会发展、劳动力就业安置、居民收入增加等发挥了无可替代的作用，并产生了全国农业产业化重点龙头企业富华油脂、三丰粮油、金源天然气、天赐中药材、正泰饲料等众多具有典型示范意义的民营企业。

# 第二章  榆林民营经济发展历程

中华人民共和国成立初期，榆林跟中国其他地方一样，民营经济一片空白。榆林作为全国知名的穷困老区，经济上可以说是"一穷二白"，1978年3月陕北建设委员会召开第一次全体会议，确定生产建设方针仍是"农林牧并举，力争在短时期内将陕北建设成为粮食自给有余的林牧业生产基地"。随着改革开放春风沐浴神州，榆林民营经济才从无到有，以社队企业为起点，逐步发展壮大，并最终撑起榆林经济近半壁江山。

改革开放40年来，榆林民营经济取得了具有历史性意义的辉煌成就，可概括为"3456789"："3"即民营经济全面发展，覆盖榆林的第一、第二、第三产业；"4"即民营经济增加值占到全市GDP的42.8%，达1647.55亿元，总量跃居陕西省第二；"5"即民营经济纳税占到全市地方企业纳税的50%以上；"6"即民营经济制造加工企业发展循环经济，原材料循环利用率达到60%以上；"7"即民营企业专利发明、科技成果转化等达到全市企业的70%以上；"8"即民营经济就业人数占全市就业总量的80%以上；"9"即民营经济市场主体占到全市企业总户数的90%以上。这些亮丽的数字展示出榆林民营经济骄人的成绩，更是380万榆林人民戮力同心、艰苦奋斗，不断创新进取换来的。

40年弹指一挥间，榆林大地旧貌换新颜，改革成就天翻地覆，令人瞩目，按民营经济发展特点，可将其划分为"萌芽起步""快速发展""整顿规范"和"转型升级"四个阶段：

(1) 萌芽起步时期（1978~1991年）：榆林人民本着自古传承的较为浓厚的商品经济意识，借助政策的东风以及初步的资本积累，使民营经济得以萌芽及发展，社队企业从无到有，成为民营企业发展的胚体，绥德、靖边等地区民营经济发展尤为迅速。1982年末，陕北侏罗纪煤田探明640亿吨煤炭，1987年大柳塔煤矿开始建设，中央和地方集中力量在榆阳、神木、府谷等榆北地区开展大规模的煤、气、油勘探和开采，雄厚的资源优势成为榆林经济快速发展的助燃剂，相伴而生的配套服务业得以起步发展。

(2) 快速发展时期（1992~1999年）：1992年，在邓小平"南方谈话"

鼓舞下，神州大地各行各业改革"忽如一夜春风来"，榆林民营经济也进入发展的快车道。这一时期，榆林民营经济行业门类逐步齐全、企业数量不断增多，特别是榆北地区呈现出"村村点火、处处冒烟"的火热场面，小煤矿、小石化、小老板纷纷涌现，以电石、硅铁、碳化硅为主的高耗能产业项目成为民企投资主体。借助国家逐步宽松的金融政策，一批触角敏锐、意识超前的企业家捷足先登，利用国家贷款扶持，成为榆林民营经济发展的先行军和领头雁。但是经济快速发展过程中，由于缺乏法制观念、环保观念和可持续发展理念而导致榆林经济出现严重问题，人们不得不为高污染高能耗的粗放发展和畸形的经济结构买单，牺牲了"蓝天白云"，更谈不上"绿水青山"，一切朝"钱"看，榆林民营经济一时间乱象丛生、危机重重。

（3）整顿规范时期（2000~2011年）：进入21世纪，随着国家产业政策的调整和治污力度的加大，榆林北部因污染严重被媒体称为晋陕蒙宁"黑三角"，列为国家环保总局、监察部挂牌督办的重点。民营企业发展面临巨大挑战，一度在政策约束中艰难求生存，在困难环境中求发展，经历了企业"关小上大"、产业"改造转型"的严峻考验。2005年开始榆林"以市场为取向"的经济体制改革进一步深入，以股份制为主的产权制度改革启动，非公有制经济步入规范发展轨道。伴随国务院"非公经济36条"和党的十七大报告关于民营经济"两个平等"等里程碑式文件发布，榆林民营经济迎来发展的春天。但2008年国际金融危机爆发后，中国经济随之遭受冲击，榆林经济也遇到了前所未有的困难。榆林市委、市政府贯彻落实科学发展观，克难奋进，出台了《关于加快发展民营经济的实施意见》等文件，加之同期国际国内能源价格暴涨，全市中小企业、乡镇企业、非公企业实现了经济总量和质量效益双跃升。2011年榆林市民营经济完成增加值占全市生产总值的36.14%，民营经济实现增加值795亿元，位居全省第一，改革开放在榆林创造了奇迹。

（4）转型升级时期（2012~2018年）：这一时期全球经济在金融危机的深层次影响下复苏缓慢，经济低迷加快了全球产业调整和转移，民营经济面临转型升级的巨大压力。面对能源价格持续下跌、银行信贷收紧和全国金融严监管、治理"金融乱象"，榆林经济遭受到前所未有的冲击。党的十八大和十九大后，榆林民营经济迈入转型升级新的发展时期。党的十八大报告明确提出经济发展方针，为民营经济转型升级、科学发展指明了方向。党的十九大开启了改革开放新时代，习近平同志多次发表讲话支持和鼓励民营经济发展，号召企业家积极为经济发展贡献力量。党和政府发布一系列重要文件和政策措施，不断完善政策制度环境，民营经济展现出生机活力。为助推民营经济新一轮发展，榆林市委、市政府积极贯彻中央和省市精神，结合实际出台一系列配套政策文件，并集中力量抓落实，有力地促进了本地民营经济发展。这期间榆林地区生产总值年均增长9.8%，总量连续五年位居全省第二；人均GDP突破1万美元，位居全省第一。民营经济组织达20.31万户，从业人员约110万人，实现"翻番"。非公经济税收收入326.92亿元，税收占比68.58%。通海绒业等成功登陆"新三板"，68户民营企业在区域股权交易中心挂牌。到2018年末，榆林实现非公经济增加值超过1600亿元，非公经济总量居陕西省第二。

站在新的历史起点，榆林经济发展机遇和挑战并存，需要大格局大思路大智慧。民营经济是就业经济、富民经济，也是强市经济。推进民营经济加快发展，是全面深化改革、转变经济发展方式的现实要求，是打造经济增长极、实现跨越赶超的重要途径，是促进转型升级、实现绿色崛起的根本出路，也是全面建成小康社会的基本战略。

# 第一节  萌芽起步时期（1978～1991年）

自1949年中华人民共和国成立到1956年，三大改造完成后，私有企业在中国几乎全部被消灭，只在偏远地区还存活着九万多的个体户。其后，中国民营经济几乎完全空白，到1978年，全国个体工商户从高峰时期1963年的231万户锐减到15万户，而且大部分是诸如修自行车、修鞋、倒卖服装、运煤球、卖走私手表和录音机之类在夹缝中生存的小摊贩，几乎没有什么工业产值。从1979年到1982年，随着家庭联产承包责任制的推行，一些农业大户开始自己跑运输搞副业，而城市里大批返城知青急需解决就业问题，我国民营经济在城乡以集体经济、个体经济形式开始萌芽。

1978～1991年是全国也是榆林民营经济的萌芽与起步阶段。从国家层面来看，民营经济在理论上被定义为国民经济的"有益补充"，并在实践中取得了初步发展。从1978年邓小平提出"要允许一部分地区、一部分企业、一部分工人农民，由于辛勤努力成绩大而收入先多一些，生活先好起来"，到1982年党的十二大提出"鼓励和支持劳动者个体经济作为公有制经济的必要的、有益的补充"，再到1987年党的十三大提出"私营经济也是公有制经济必要和有益的补充"，标志着我国开始逐步认识到市场因素对调节经济利益进而促进经济发展的作用，政府对民营经济发展采取了稳妥的、有限度的政策支持。确立了以公有制为主体，多种所有制经济成分共同发展的方针，民间交易行为被解禁，周期性集市贸易活动恢复，涌现了不少个体工商户和社队企业，成为乡镇企业的发展胚体。这一时期"草根创业"开始兴起，在全国范围内，柳传志、鲁冠球、年广久等中国第一代民营企业家群体正式诞生。全国个体经济从业人员从1978年的14万人快速增加到1992年的2467.7万人，私营企业第一次被纳入官方统计数据，达到13.9万户。

在广大的农村地区，改革开放打破了"一大二公"的僵化体制，以包干到户为主的家庭联产承包责任制逐步推行，农民获得生产自主权，生产积极性高涨，农业生产恢复性增长很快，群众温饱问题得到初步解决。一部分农村剩余劳动力得到解放，村镇里出现了走街串巷的小商贩、摆摊设点的小摊贩，个体和私营经济伴着初级的商品经济星火燎原般发展起来。

在这一时期，榆林民营经济也借助政策的放开、人们较为浓厚的商品经济意识以及传统的皮毛加工、手工业等轻工业基础和丰富的资源优势，得以萌芽并逐步发展。

## 一、宏观环境与政策

### （一）中央启动经济改革，民营经济复苏发展

1978年十一届三中全会确立了以公有制为主体，多种所有制共同发展的方针，为中国经济注入了强劲的发展动力，揭开了党和国家历史的新篇章，成为中华人民共和国成立以来我党历史上最具深远意义的伟大转折之一。从此全国拉开了非公有制经济发展的序幕，极大地激发了社会生产力的发展。

1979年初，随着上山下乡知识青年陆续返城，国务院批转了全国工商局长会议的报告，提出"为了方便群众生活，允许一部分有正式户口的闲散劳动力从事修理、服务等个体手工劳动，但不准雇工"。为此，各地积极号召广大待业人员从事工商个体生产自谋出路，大批城乡个体工商户如雨后春笋般涌现，数量迅速增长。同时，全国各地包括陕西省在内的各企业单位和行政机关成立了一大批劳动服务公司，创办集体企业，安置下乡知识青年和留城待业青年。在这种条件下，私营经济开始复苏，对活跃市场、促进就业起到了很好的补充作用。当年6月，邓小平在全国政协五届二次会议的开幕词中说，我国的资本家阶级"他们中有劳动能力的绝大多数人已经改造成为社会主义社会中的自食其力的劳动者"，为民族资本家正名。此后，中央历次会议重视经济改革，多次就个体经济、集体经济和私营经济的地位、发展、保护和支持等问题发表重要指导性意见。

1981年6月，中共中央《关于建国以来党的若干历史问题的决议》明确指

出:"一定范围的劳动者个体经济是公有制经济的必要的补充。"

1982年党的十二大指出:"由于我国生产力水平总的来说还比较低,又很不平衡,在很长时期内需要多种经济形式同时并存";"在农村和城市,都要鼓励劳动者个体经济在国家规定的范围内和工商行政管理下适当发展";"坚持国营经济的主导地位和发展多种经济形式"。同年12月,五届人大第五次会议把发展和保护个体经济写入《宪法》:"在法律规定范围内的城乡劳动者个体经济,是社会主义公有制经济的补充。国家保护个体经济的合法的权利和利益。"民营经济的发展有了法律上的重要保障。

1983年1月,党中央第二个关于农村问题的"一号文件"《当前农村经济政策的若干问题》颁布,全面肯定了联产承包责任制,允许农村剩余劳动力从事个体工商业经营,允许有条件的个体工商户雇请帮手、带学徒,鼓励城乡个体经济发展,为私营经济的恢复和发展奠定了基础。此后,党中央、国务院相继颁布了《国务院关于城镇非农业个体经济若干政策性规定的补充规定》《国务院关于农村个体工商业的若干规定》《中共中央关于经济体制改革的决定》等文件,这在民营经济发展史上非常重要,因为在此前很长一段时间,中央对私营企业采用的是"不宜提倡,不要公开宣传,也不要急于取缔"的三不政策。

随后,我国对民营经济重要性的认识不断深化。1984年,中共十二届三中全会指出:"社会主义经济是公有制基础上的有计划的商品经济""要积极发展多种经济形式"。1987年10月,中共十三大提出:在共同富裕的目标下鼓励一部分人通过诚实劳动和合法经营先富起来,中国财富阶层开始出现。1987年,中央第一次对民营经济明确提出"允许存在,加强管理,兴利抑弊,逐步引导"的十六字方针。同年,中共十三大首次提到:"在公有制为主体的前提下继续发展多种所有制经济""私营经济一定程度的发展,有利于促进生产、活跃市场、扩大就业,更好地满足人民多方面的生活需求,是公有制经济必要的和有益的补充""必须尽快制订有关私营经济政策和法律,保护他们的合法权益,加强对他们的引导、监督和管理""对于城乡合作经济和私营经济,都要鼓励他们发展,在不同的经济领域,各种所有制经济所占的比重应当有所不同。"

1988年4月,七届人大一次会议通过宪法修正案,规定"国家允许私营经济在法律规定的范围内存在和发展。私营经济是社会主义公有制经济的补充。国家保护私营经济的合法权利和利益,对私营经济实行引导、监督和管理"。同年7月1日施行的《中华人民共和国私营企业暂行条例》则明文规定,雇工八人以上的企业为私营企业。这些重要文件充分显示出,我国对民营经济从认识、立法、政策等方面都开始逐渐完善,认识逐步深化,并给予诸多支持、鼓励,促进其产生、发展。

这一时期，我国民营经济改革发展经历了从无到有—高速增长—受创—逐渐恢复的过程，国家的多数政策仍围绕民营经济的性质而制定。

1979年温州出现了全国第一个个体工商户。20世纪80年代初，改革开放后第一次下海潮出现，一批科技人员走出科研院校，在中关村创办民营高科技企业。1984年，柳传志创办联想、段永基创办四通，"中关村电子一条街"声名鹊起，此后神州大地到处涌动着科技人员创办民企的热潮，这也被称为"中关村"现象。1986年，费孝通在温州调研时提出"温州模式"，这种以家庭工业和专业化市场的方式发展非农产业，从而形成小商品、大市场的发展格局和温州人"敢为人先，特别能创业"的精神开始闻名全国。乘着政策的东风，在众多敢为天下先的优秀民营企业和个体工商户的引领和带动下，民营经济的内在活力和创造力被充分激发，出现了持续快速发展的良好局面。

在经过一段时期的高速增长后，自1988年下半年开始，国民经济出现过热现象，通货膨胀率较高，当年国内生产总值（GDP）增速和消费者价格指数（CPI）分别为11.23%、18.8%，社会上出现了抢购风潮，囤积居奇、倒买倒卖使部分商品紧缺严重，经济秩序较为混乱。为此，1988年党的十三届三中全会提出"治理经济环境、整顿经济秩序"的改革方针，并通过压缩投资规模、调整投资结构、提高存款利率、限制购买力、彻查在建项目、严控物价上涨等方式加强对宏观经济的监督管理。由于民营经济发展的外部环境受到影响，人们对民营经济的认识也出现了波动，而"傻子瓜子"等企业主的贪污、挪用公款等现象更加重了人们对发展民营经济的担忧，"不能吸收私营企业主入党，加强城乡个体工商户和私营企业税收征管"等措施使得民营经济发展受到一定不良影响。私营经济一度出现一献、二靠、三减、四停的现象，即主动把自己的企业献给集体；主动挂靠公有制企业、集体或单位；减少雇工并缩小规模；有意退照停业……到1989年底，全国登记注册的个体工商户减少了205.6万户，从业人员减少了363.5万人。针对这一问题，党和国家领导人多次在重要场合肯定民营经济发展所取得的成就，提出民营经济是"社会主义有益的、必要的补充"，并指出国家继续发展民营经济的政策"在相当长的时期内是不会变的"。1991年，全国经济体制改革工作会议明确提出，要围绕20世纪90年代经济体制改革的总目标"建立以社会主义公有制为主体、多种经济成分共同发展的所有制结构"，民营经济发展得以逐步回升。

陕西省的情况与全国基本一致，民营经济经历了由快渐慢的发展过程。1983年前后，随着个体私营经济的发展条件和环境不断改善，在个体经营基础上产生了一批雇工超过八人的个体大户，这是最早的私营企业。1981年到1985年，是陕西省个体工商户的高速发展期，从1980年底的1.36万户发展到27.24万户，年均增长率为 86.4%。1986 年以后增长速度放慢，至 1990 年的平均增长速度仅为 3.92%。

**（二）榆林出台多项政策助力个体、集体经济发展**

跟随全国和陕西省民营经济的发展步伐，榆林市也针对个体、集体经济出台了一系列的配套推进政策：1979 年 1 月 8 日，中共榆林地委在榆林剧院召开地直机关单位干部大会。要求认真贯彻党的十一届三中全会精神，坚决把工作重点转移到现代化建设上来。同年 2 月，榆林地区各集市、贸易市场全面开放。1980 年 10 月 27 日，中共榆林地委召开地、县负责同志座谈会，要求各级党政组织坚决贯彻中央〔1980〕75 号文件精神，因地制宜地加强和完善生产责任制。"提倡推广专业承包、联产计酬责任制。""以解决'大锅饭'问题为重点，完善综合作业组和大包干作业组。"1981 年 6 月，中共榆林地委、地区行署联合发出指示，要求各级领导认真学习、深刻领会党中央、国务院的指示和省委、省政府通知精神，大力发展农村多种经营，并强调要重点发展种植业、养殖业和加工业，做到长、中、短期性项目相结合，逐步形成农、林、牧、副、渔业全面发展，农工商综合经营的经济结构。1982 年 3 月，中共榆林地委批转地委农工部、政策研究室《关于当前完善农业生产责任制的几项具体要求》的文件，要求各地进一步完善农业生产责任制，做好补课工作。

1984 年，中共榆林地委、地区行署批转《全区"两户一体"座谈会议纪要》，要求"各级各部门要像抓生产责任制那样抓专业户、重点户和经济联合体，真正做到政治上关心，精神上鼓励，政策上扶持，效益上保护"。1985 年，榆林召开乡镇企业、个体户先进代表会议，落实中央有关文件精神，为乡镇集体经济和个体经济发展扫除障碍。地委副书记、行署领导作了题为《解放思想，加强领导，开创我区城镇集体和个体经济新局面》的报告，谈到关于促进榆林集体经济和个体经济发展的十条规定，提出："凡有一定技艺、生产能力和经营能力，不论本地、外地，不论集体、联户、个体，只要提出申请，经审查合格者，都给办理营业执照，允许在城镇乡村从事工业、运输、建筑和商业服务业等经营活动"；"允许集体企业和个体户跨地区经营，还可以搞产供销'一条龙'的购销活动"；"允许联办企业、个体户雇请一定数量的工人或请帮手、带徒弟"；"广泛集资，可以采取个人投资，按人带资、带设备、带厂房，合资联营、入股经营等办法筹集资金，保息分红"；"欢迎外商、华侨和外省、区前来榆林投资办厂、开店，独资或联合经营各类企业，给予优惠待遇"；"银行要克服过去春放秋收冬不贷的做法，从信贷资金上积极支持城乡集体经济和个体经济的发展"。

1988 年，中共榆林地委、地区行署先后出台了多个针对民营经济的扶持政策：

一是 2 月发布的《关于加快发展乡镇企业的十条规定》提出，新办的乡镇工业企业除按规定不准减免产品税、增值税的 14 种产品外，其他产品免征产品税、增值税和所得税三年；通过合资经营、补偿贸易等形式引进外地资金、技术开办的工业企业，免征产品税、增值税和所得税三年后，再减半征收所得税两年；每年由地方财政总预算中拿出百分之一扶持乡镇企业；从陕建资金中拿一定比例作为有偿投资扶持乡镇企业的发展；农业银行和信贷部门要积极筹措资金支持乡镇企业发展，对生产周期较长的企业可延长还款期限；对生产名、优、特产品的企业，实行流动资金定额贷款；科研单位、高等院校、机关团体和大中型国营企业的专业技术人员或干部职工，自愿到乡镇承包、租赁、领办、创办企业的，给予薪酬待遇方面的诸多支持。

二是 5 月发布的《关于鼓励工业、企业推行承包经营责任制进一步提高经济效益的若干规定》，针对经济效益好，人均实现税利增长显著，达到省、地区级先进企业标准的企业，对其厂长、职工均给予丰厚经济奖励；对技改、基建项目达到计划税利目标的企业，其新增固定资产的机器设备，可提高折旧率，所提高的折旧基金全部用于还贷；对亏损企业和利润在五万元以下的微利企业，实行扭亏包干和利润包干减亏或超收部分全部留给企业；对符合规定的产品，企业可自行定价。

三是 9 月发布的《关于大力发展个体经济和私营企业的试行规定》，鼓励有经营能力的城镇无业人员，农村村民，辞职、退职人员，停薪留职人员等从事个体经营或开办私营工商企业，各级政府和有关部门要积极为发展个体经济和私营企业搞好各项服务，放开私营企业雇工人数限制，对从事开发自然资源的手工业、养殖业、农副产品简单加工业和直接为群众生产生活服务的修理业、科技咨询服务业，以及研制新产品、开发新技术的个体户和私营企业实现税收减免政策。

一系列的政策组合拳，极大地鼓励了企业以多种形式开展承包经营和发展生产、提质增效的积极性，打开了榆林集体经济、个体经济发展的新局面。

## 二、地区概况及特色

### （一）榆林民营经济由集体经济、个体经济起步并快速发展

随着党的十一届三中全会对非公经济政策禁锢的解除，从 1978 年到 1982 年，榆林私营经济逐步开始恢复。榆林民营经济脱胎于城市手工业、个体工商户和乡镇企业，其中，传统的皮毛加工、手工业等轻工业历史悠久、积淀深厚，为了切实推进轻工业发展，榆林地区于 1978 年撤销手工业管理局，在地区经委领

导下成立轻工业管理局，业务管理范围由过去按企业性质（国营、集体）管理，改为按纺织、一轻、二轻划分，实行行业归口管理。各县也先后成立了轻工业局，理顺了从中央到省、地、县的管理通道，对国有、民营经济一视同仁，为推进轻工业发展创造了良好条件。

榆林民营经济的萌芽发展是以商贸活动的复苏为开端，由于中央对民间交易的解禁，榆林地区各集市、贸易市场全面开放，周期性的集市贸易活动开始悄然恢复。在榆林的几条主要街道，各种私营店铺挨门挨户地开张营业，经营范围大都以缝纫制衣、饮食服务、百货零售、五金化工、美容美发、家电和车辆维修等为主。1980年10月23~30日，榆林地区"破天荒"地举办了物资交流大会。来自内蒙古、山西、河北等周边6个省（区）、20多个县的20余家工厂企业和社队企业前来摆摊设点，上百个国营、集体、个体设饮食服务摊，参加交易的各类工农业产品和生活日用品多达一万多种，签订购销合同258份，成交额达180余万元。1982年7月19日，榆林地区最大的百货商店、建筑面积达3000平方米的三层综合性营业大楼——榆林百货大楼正式开门营业，囊括了五金家电、化工建材、日用百货、体育文具等数千种商品、信托服务和综合修理等多种业务，沉寂已久的榆林商贸活动呈现出欣欣向荣的局面。1983年12月15日至17日，榆林县工商行政管理局召开了首次全县个体劳动者代表大会，表彰奖励了十名先进代表，并成立了榆林县个体劳动者协会。

与此同时，榆林地区的商业体制改革也取得了新的进展，过去国家商业"一统天下"的局面被打破，全地区积极支持城乡集体和个体商业等多种经济形式并存发展，形成了多家经营、互相竞争、百花齐放的局面，繁荣了经济、方便了群众。1984年，全地区中68个批发企业中有51个企业实行了各种形式的经营责任制，144个国营小型企业中有64个改为国家所有、集体经营，16个租赁给个人经营，打破了"大锅饭"，优化了库存结构，扩大了购销渠道，利润明显增加。神木玻璃厂工人杨正国用不到一千元的底本成立了一家经销五金交电等零星百货的"精华实业公司"，成为榆林放弃国家"铁饭碗"、下海经商的第一人。20世纪80年代中期以后，随着《个体工商户条例》和《私营企业条例》的颁布，榆林城乡兴起了开办市场的热潮，本地人和外地客商纷纷注册了私营企业，各类批发、零售市场不断涌现。

在工业领域，跟随全国加快社会主义现代化建设的步伐，榆林轻工业局于1979年制定了产品质量超越规划，域内的地毯加工、制鞋、日用工业品、白酒、服装企业分别对标省内外先进地市，兴起"大干快干""学习赶超"之风，为榆林轻工业发展注入了新的活力：纯毛提花毯赶超银川，精纺毛线赶超咸阳，榆林、神木两个国营地毯厂赶超天津地毯三厂，府谷、麟州、长城地毯厂学赶榆林、神木地毯厂，半胶鞋学赶宝鸡，白酒学赶太白，皮鞋学赶西安，菜刀学赶白水，铁锅学赶西安，蚕丝学赶安康，黑粗瓷学赶山西。服装方面，米脂、榆林、绥德、定边、神木学赶西安，其他七县学赶榆林、米脂……榆林轻工业发展方兴未艾，但也出现了畸形发展、盲目扩张的现象。一方面，部分企业生产迅速发展、成绩斐然。地区制革厂各项经济指标稳步上升，产品远销南斯拉夫、瑞典等国，制鞋厂产品大批量投放市场，深受消费者欢迎，上述两厂先后被陕西省政府命名为"大庆式企业"。地毯厂、皮毛厂的发展也态势喜人，产品打入国际市场并受好评。另一方面，盲目投资扩大生产也带来严重影响。造纸厂、玻璃厂等由于盲目扩建导致原料短缺、质量低下、环境污染问题严重而被停产，损失高达数百万元，榆林县化工厂、东风煤矿等也相继转产或停产。

经过几年的探索，1983年榆林地区的国营企业已普遍实行了经济承包责任制，从过去的生产型向生产经营型转变。由生产决定经营改为由销售决定生产，逐步探索打破"大锅饭"、砸烂"铁饭碗"的管理体制，搞活了企业、发展了生产。全地区轻工业企业已达到160个，业务范围涉及纺织、食品、五金制品、家具、机械、日用杂品、文教体育用品等20多个门类。其中，纺织行业5个、一轻行业24个、二轻行业131个，国营企业占比19%、集体企业占比81%。

在榆林农村，家庭联产承包责任制迅速推广普及，极大地解放了生产力。榆林地委在贯彻家庭联产承包责任制时开展了三类重点工作：

一是划小核算单位，直至小到作业组。到1980年，80%的核算单位建立了各种形式的生产责任制，其中67%的队实行了联产计酬责任制，打破了生产和分配上的平均主义、"大锅饭"，广大农村，全地区粮食总产量达到12.33亿斤。到1981年7月底，全地区25689个基本核算单位已有98.6%建立了各种不同形式的生产责任制，还为将近一半的农户划拨了自留山（沙），大大提升了社员自主植树造林的积极性，社员个人在自留山（沙）上造林37.74万亩，占已划地的55%。

二是划小大队生产队，变"大锅饭"为"小锅饭"，摸索出专业承包、联产计酬，专业分工、联产到劳，综合分组联产，大包干，包产到户五种责任制方式。农垦系统通过采取改革计酬办法，实行专业承包、联产计酬制度；实行财务大包干，自负盈亏等一系列措施，终于甩掉了多年亏损的帽子。1981年9月28日的《人民日报》发表了以《千斤重担大家挑，众人关心共同富》为题的长篇调查报告，详细介绍了米脂县朱兴庄大队孟家坪生产队实行专业分工、包产到劳责任制的经验，并配发了题为《一种大有发展前途的责任制》的评论员文章，成为全国农业实行包产责任制的典型。

三是榆林地委因地制宜，大力扶持专业户和重点户，作为科技兴农的辐射中心，引导农民积极探索具有自身特色的致富之路。1982年初春，榆林地区出现了 100 多个以一业为主的"蔬菜村""养羊村""养兔村",各种类型的饲养畜禽专业户、重点户发展到 2.3 万户,占总农户的 4.5%,这些畜禽专业户、重点户多数年收入在千元以上,最高达两千元。1983 年 2 月,榆林地委向陕西省委报告:榆林地区推行包干到户责任制两年来,全地区农村有十万贫困户基本解决温饱问题,出现了 3.5 万多个专业户、重点户,4000 多个经济联合体,呈现出经济活跃、人心安定的大好局面。1984 年 2 月 11 日的《榆林报》详尽报道了当时热火朝天的场面:"全地区 4 万专业户重点户中,有 8000 多名有文化、懂技术、热心为群众办事的人,被群众选为村(队)干部,成为农民致富的带头户和引路人。7670 多户专业户、重点户,指导 6 万多户想富无路、经营无门的农民开辟了 40~50 种经营项目……9000 多户专业户和重点户与 3 万多个想增产缺技术的社员建立了联系,向这些社员传授科学技术知识和管理经验,有 3000 多个专业户和重点户主动给 3 万多贫困户借钱 40 多万元、粮食 5 万多斤。"1984 年 9 月,中共榆林地委、地区行署按照中央"种草种树,发展畜牧,改造山河,治穷致富"的指示精神,要求各级领导"思想上来一个大解放、大转变、大集中,行动上来一个'反弹琵琶'抓林草,从当年起每年种草 200 万亩,造林 250 万亩"。在统一规划下,全区把适合社员经营的荒山、荒坡、荒沟、荒沙、荒滩和小流域划给个户或联户,签订合同,承包治理,规定标准,限期种草种树,谁种谁有,子孙可以继承。榆林农民植树治沙的积极性被充分激发,涌现了一大批治沙英雄和劳动模范。

1984 年,中央一号和四号文件提出的各项政策和措施,使得乡办、村办、队办、联办和农民家庭企业"五驾马车"共同奋进,开创了农民在农村就地就近就业的新路子,乡镇企业(此前称为社队企业)出现了突破性发展,掀起了大办个体、私营企业的热潮。榆林地区坚持群众集资、贷款扶助,仅当年就兴办企业 2593 家,全地区乡镇企业总收入达 2986.6 万元,超过当年计划的 42%,实现利润 1255.1 万元,比上年增长 87.6%。在省、地专项贷款、贴息贷款和有偿补助款的扶持下,全地区兴建乡、村小煤矿 66 个,并改造了一批旧煤矿,使煤炭产量增加到 70 多万吨,总产值达 1473 万元。地区和各县还狠抓建筑,定边、横山、佳县、吴堡、米脂都成立了乡镇建筑公司和工程队,除承担榆林城区大量建筑外,还到外省区搞建筑,绥德县建筑公司打入全国八个省区,年收入达 1000 多万元。

这一时期,除了工业、农业在国家大布局下蓬勃发展外,榆林还迎来了经济生活中的重大标志性事件——重大资源的发现改变了榆林的发展轨迹。当时,我国老煤炭基地资源日趋枯竭,煤炭能源供需矛盾突出,一些沿海地区因燃煤供应不足,工厂一周内"停三开四"的情况时常发生。为解决煤炭供需矛盾,寻找能源接续地上升为国家级战略任务。1982 年,陕西 185 煤田地质勘探队的报告提到，在神木、府谷、榆阳7894平方公里的土地上，蕴藏着877亿吨煤。神府煤田的发现被称为我国能源工业"六五"期间最重要的发现，创造了中国煤田地质勘探新发现资源量的最高纪录，改变了中国已探明煤炭资源的区域布局，确立了陕西的煤炭资源大省地位，为我国煤炭工业战略西移奠定了基础，也让当时贫困的榆林人看到了方向和希望。1984年，新华社发出电讯："陕北有煤海，质优易开采。"偏僻落后的榆林成了令世界瞩目的财富热土，开始从传统的农牧业区域转型为以矿产资源为基础的现代城市，国营企业、民营企业、个人纷纷参与到资源开发的大军中来。煤矿资源丰富的神木、府谷、榆阳、横山等县区，涌现出了一批靠开采煤矿赚钱的个体老板。但在20世纪90年代末之前，资源经济的价值并未得到充分发掘，煤不值钱，价格最低的时候一吨煤只卖到五元钱，煤老板远没有现在这么风光。开采煤矿在当时并不是暴利行业，买煤的人说只要块儿煤不要面儿煤，煤老板就得亲自下井去给人家挑块儿煤，挑出一车还要负责装好。"那个时候谁开煤矿谁赔钱。"当时乡镇管理矿权的干部，公章就在包里背着，沿着黄土高坡的沟坎，求着人来开煤矿，只要有人同意，立马掏出一张纸，划个范围，盖个章就是采矿证了，然后再去申请工商局的营业执照，不像现在是"先照后证"的规范审批。

1985年1月5日，榆林地区乡（镇）集体企业、个体户先进代表会议召开，清"左"破旧，为乡（镇）集体经济和个体经济的发展扫除障碍。1月12日，榆林地区行署召开全地区商业、供销经济体制改革经验交流会。会议要求全地区商业、供销体制改革要抓住重点，加快企业改革的步伐。4月6日，榆林地区多种经营、乡（镇）企业会议在府谷召开。会议指出：发展多种经营和乡镇企业，要坚持乡（镇）和村联办，个体和企业一齐上的方针，四个轮子一起转，重点是农民集资联办和办家庭企业；必须下决心、花本钱，狠抓农副产品的粗加工、精加工，不断开拓新市场。由于各级领导重视，积极开展横向经济联合，努力把本地资源优势转变为商品优势，乡镇企业迅速发展壮大，全地区乡镇企业总数当年底已经发展到17700多个，比1984年翻了两番；从业人员达到11.9万人，占到全地区农村劳动力的13%。

1986年初，榆林地区行署召开了全地区工业企业经济体制改革汇报会议，提出工业企业改革的指导思想：以搞活企业为中心，以推行厂长负责制和任期目标制为突破口，带动工业体制改革深入发展。这一年全地区乡镇企业总产值首次突破两亿元，达到2.15亿元，比上年增长56%，采煤业、建筑建材业和农副产品加工业渐成地区经济发展三大支柱，农民纯收入明显提升。

此后，在深化企业改革过程中，榆林各地大胆探索，积极创新，民营经济发展出现了新趋向和新特点：一是积极引入招标等竞争机制和风险机制，解放思想，革旧鼎新，承包基数和方案更加先进合理，创造了人才辈出的良好环境，出现了党政机关干部和科技人员积极投标承包企业的良好态势。二是实行包、租、股、卖等多样化的企业出让形式。除了承包和租赁经营责任制外，还出现了股份制企业、企业承包企业、租赁加拍卖和承包加拍卖等多种形式，非公经济的比重不断攀升。榆林县服装公司承包了县轻工业系统的皮毛厂和轻工业供销公司，吴堡县运输公司对窑房、修理器械、配件门市及其场地采取了租赁的形式，对易于进行掠夺性经营而又难以控制的车辆全部拍卖。三是包租企业的经济效益明显提升，产值和利润都比过去有了大幅增长。四是企业的承包经营推动了事业单位的改革。到1988年8月，全地区有65个事业单位实现企业化管理，开展了承包经营。其中，榆林报社印刷厂实行抵押承包经营，成为全地区事业单位中实行抵押承包经营和企业化管理的第一家。地区中心医院试行院长负责制和承包经营制，提高了医疗水平，改进了服务质量，取得了明显的社会效益和经济效益。

1988年，经国务院批准，榆林县改设为县级榆林市，作为神府煤田的重要组成部分和近期开发的后方基地，担负着粮食、蔬菜、日用品等的供应，以及煤田开发、人才培训的繁重任务。随着神府煤田开发的逐步推进，榆林经济开始从单一的农业经济向综合型经济转变，具有地方特色的经济发展体系初见雏形。同年，榆林地区进一步推进了企业改革。年初召开的全地区深化企业领导工资制度改革会议提出了企业内部改革的重点——改革用工制度，打破"铁饭碗"，把以固定工制度为主体的用工制度，逐步改变为多种用工形式并存的劳动合同制；改革分配制度，打破"大锅饭"，积极推行计件工资制和定额工资制，极大地激发了企业人员的劳动积极性，对企业效益提升起到了明显的促进作用。

这一年，物价改革闯关引发了改革开放以来首轮经济过热，国家开始着手治理经济环境，整顿经济秩序。榆林经济受全国经济大环境影响，也出现了严重的财政困难问题，大多数县都出现了发不出工资的现象，只有少数企业保持稳定增长的态势。这一阶段，榆林皮革厂、制药厂利税超百万元，市毛纺厂、水泥制品厂、装潢公司、面粉厂等企业效益稳定向好，而传统的手工业受到市场经济浪潮的较大冲击，加之自身技术水平低，科技含量不足，经营管理不善，产品积压严重，不少企业相继停产。尽管如此，改革开放十年来，榆林民营经济仍然有了很大发展，呈现出一派欣欣向荣的喜人景象。到1988年底，榆林私营企业（包括个体工商户）达到24240户，从业人员139186人，总收入38846万元，总产值39102万元，上缴国家税金1476万元。全地区农民摆脱了土地的束缚，依托20世纪50年代后期建立并几经坎坷保存下来的社队企业，榆林乡镇企业经过十年的拼搏，终于发展和壮大起来。其规模之大、速度之快、效益之好，超过了以往任何经济类型和产业，成为一支突起的异军。到1988年底，全地区乡镇企业已成为拥有 12651 万元固定资产、3220 万元流动资金、14 万名职工、2.424 万个企业、总产值达 3.91 亿元的朝气蓬勃的新型企业。同 1978 年相比，十年来全地区乡镇企业总收入增长了 13 倍，总产值增长了 11 倍，其中工业产值增长了 6 倍，实现利税增长了 4 倍，全地区农业人口人均乡镇企业收入增长了 11 倍，乡镇企业在全地区政治和经济生活中发挥着越来越重要的作用。

1989 年 6 月，榆林地区召开县委书记和县长会议，提出要坚定不移地抓改革开放治理整顿，发展经济，切实搞好以经济工作为中心的各项工作。在这场治理整顿中，榆林地委按照年初提出的"南烟果、北牧粮、中杂豆、西创汇"农村商品生产格局和"农村改革的中心仍然是进一步稳定和完善家庭联产承包责任制"的总体思路，三次组织力量深入乡村调研，为定边、靖边、横山等县先后选派了多名政治素质好、年纪轻、文化程度高、干劲大、有开拓精神的乡镇党员干部到后进村担任党支部书记，立下责任状，限期做好转化工作，收到了良好效果。全地区当年工业总产值完成 7.54 亿元，比上年增长 17.7%。个体工商户 2651 户，从业人员 6060 人，占全地区总人口的 1.6%，私营企业达到 78 户，从业人员 1414 人。

1990 年，榆林地区按照陕西省有关要求，制定了坚持一个基本（粮食生产）、建设两大工程（北部治沙、南部治土）、加快三大发展（种植业、养殖业和以加工业为主的乡镇企业）、开发五大商品支柱产业（羊、烟、果、薯、豆）、建设十个商品生产基地的农业经济发展总体思路，为榆林特色农业的进一步发展奠定了基础。

在榆林民营经济萌芽起步期的最后几年（1988~1991 年），尽管国内市场疲软，资金紧张，但榆林全地区乡镇企业在各级党委、政府的领导下，凭着自身灵活的市场机制和"草根工业"的顽强生命力，很快渡过了难关，继续高歌猛进。

**（二）县域特色**

1. 榆林县充分发挥煤炭资源优势，努力繁荣个体商贸

榆林县的青云、古塔等 13 个乡地下煤炭资源丰富，农民群众具有一定办矿经验。中共十一届三中全会以后，县委、县政府做出了发展社队企业的十条规定，鼓励农民群众发挥一技之长，开发煤炭资源，发展农村经济。县社队企业局坚持乡、村和个人办矿相结合的方针，在统一领导和规划的前提下，充分利用资源和劳动力优势，在技术上给予指导，在经济上给予扶持，较好地调动了农民群众办矿的积极性，出现了个人与集体、集体与集体联营办矿多种形式并存的局面。1984 年，青云、古塔等乡镇的近 300 名农民群众集资四万多元，兴建小煤矿 20 个。青云乡集体和个人联办小煤矿 15 个，年产煤 6 万多吨，产值 90 多万元。1985 年以来，该县乡村和个人办的小煤矿由 1980 年前的 15 个猛增到 64 个，原

煤产量翻了三番，安排剩余劳动力 4000 多人。此外，榆林县还利用当地资源优势大力发展乡镇企业，取得显著成效。到 1987 年各类乡镇企业发展到 4577 个，产值达 4500 万元，超过国营工业产值；乡镇企业出口创汇形势大好，草编、柳编、畜产品等 30 多个品类的商品打入国际市场，为国家创汇 600 多万美元，出口销售总额累计超过 3000 万元，成为全县的一大经济支柱。

此外，榆林地区个体商贸活动也开展得如火如荼，地处横山、米脂、榆林交通枢纽上的镇川镇，自明末清初以来，就是陕北著名的皮毛集散地和晋陕蒙地区的商贸集镇，改革开放唤醒了人们沉睡的商品意识，不少人怀揣以各种方式积攒下来的几十元、上百元，远赴西安、石家庄等地采购各种各样的日用品，然后坐车到内蒙古、宁夏、山西等地农村走乡串户叫卖商品，这支俗称"跑山的"商贩队伍一度曾超过两三千人。经过几年的滚动发展和资金积累，这支商贸队伍逐渐社会化、专业化、规模化，有的在镇川老街租赁迎街铺面，从事采购活动，有的变成了商业运输户，有的专门从事推销活动。镇川镇由此被人们称为"黄土高原的小香港""旱码头"。1991 年 7 月，镇川百货批发市场破土动工，占地总面积 1 万多平方米，共有商品房 158 间，摊点 103 个，吸引了浙江、山西、河南、甘肃等省及陕西省其他县市的 45 家个体户进场经营。经营的品种有服装、鞋袜、针纺织品、日用小百货、钟表、烟酒等，以批发为主，批零兼营。市场货源主要来自河北、广东、上海等省市，主要销往山西、内蒙古、宁夏等地，日成交额达 20 万元，正式启动当年即收回税款 50 万元。该市场的建成，使镇川这一商品集散地货如轮转，更加繁荣，并有力地促进了镇川经济的腾飞。数十年后，这里发展成为陕北、内蒙古、晋西、冀中、宁东、陇东六省市共计 50 多个县（市）的工农业商品集散中心，摘取了陕北商贸第一镇的桂冠。

2. 子洲县因地制宜，广开门路发展农村副业

子洲县地处大理河下游，山川纵横，自然资源比较丰富。但是，过去在极"左"路线影响下，光抓粮不抓钱，致使广大农村长期贫困。1979 年，在贯彻中央文件中，县委提出，要充分利用本地资源，发动群众大力开展多种经营，壮大集体经济，尽快让农民富起来。县委组织力量对全县 22 个公社全面作了调查摸底，逐一落实了多种经营规划和措施。根据不同的地理、气候条件，山区重点发展养殖业，川区重点发展编织业，一些有煤炭、食盐等资源的社队重点挖掘煤炭、食盐等，做到有什么资源，发展什么副业生产。全县广大农村除了大种桑、枣、苹果、核桃、药材等，养殖蚕、猪、羊、牛等外，还建立了林场、炭厂、瓷厂、纸厂、石灰厂、骨粉厂，办起了食堂、照相、缝纫服务等 137 个社队企业和多种经营基地，专门从事副业生产的劳动力达 2370 多人。各社队在抓副业生产中，坚持以农为主，农副并举，农忙小搞，农闲为主，见缝插针，因时制宜。那

一年全县洋芋大丰收，总产量达两亿多斤，除食用外，有一半被加工成粉条、粉面。广大社员群众白天搞农田基建，晚上和其他空余时间制作洋芋粉条，大搞冬季副业生产。其中最典型的是洋芋产量较大的杜家湾公社，几乎家家户户搞粉面、粉条加工，全社向国家交售粉条30万斤，收入现金16万元。当年全县农村副业收入达到955万元。

### 3. 绥德县大力增强乡镇企业发展后劲，积极开展多种经营

在全国大办乡镇企业的浪潮中，绥德迎来了乡镇企业发展的春天。1989年，绥德县乡镇企业总产值已发展到1688个，从业人员2.7万人，首次超过农业总产值，达到6463万元，比上年增长12.45%；总收入达5172万元，比上年增长46.6%。绥德县并未止步于乡镇企业数量的增长，而是率先开始了增强企业发展后劲的探索。县上专门成立了乡镇企业协调小组，确立了抓整顿、上管理，抓改造、上技术，抓发展、上水平的指导思想，组织有关部门的同志，协助重点乡镇和工程建筑队，强化企业管理，充实和发展了一大批"短、平、快"企业，80余个各类工匠队分赴全国10个省市的60个地、县施工，收入达2461万元。在巩固和提高原有企业的基础上，全县新上了铸造、针织、食品、木器、皮革等七个企业。对存在问题的企业，比如乡镇企业综合服务公司和供销公司，逐个进行全面整顿，经过调整领导班子，强化管理，使企业面貌焕然一新，当年扭亏为盈。为全面提高职工的技术素质，县里专门拿出12万元，选送了70名农村高中毕业生去西北建筑工程学院和西安唐城振华自修大学学习，还举办了厂长、经理、会计、统计、工长、技术员、锅炉工等培训班八期，培训各种专业技术人员372名，使大部分企业有了自己的专业技术人员，提高了经营管理水平。县上还帮助各企业建立健全产品检测、管理制度，并对各企业产品分别进行投产鉴定。全县乡镇企业产品有11种获得合格证书，居全地区之首。

田庄公社田庄大队是绥德县发展集体经济，促进社员致富增收的典型。田庄大队有280多户，1000多口人。1978年以前，受极"左"路线的影响，这里片面强调粮食生产，不注意发展多种经营，路子越走越窄。改革开放后，"一条腿走路"的严重教训，使人们的头脑开始清醒，懂得了要致富还需要多种经营。于是，队里因地制宜地开设了粉坊、木厂、机修厂、水泥杆制造厂、火药厂、缝纫社和工程建筑队，从业人员113人，拥有大、中、小型生产设备14台，动力设备11台，全年总产值11.6万余元。多种经营为田庄大队积累资金22367元，提高了扩大再生产的能力，使粮食生产在逐年退耕和遭遇旱灾的情况下，总产稳定在了80多万斤的水平。1980年除决分时提留了一万元以外，人均分配收入100元，社员存款1300多元，很多人有了手表、缝纫机、自行车，生活水平大为提升。

### 4. 神木县解放思想转变观念，变资源为财源

神木县资源丰富，劳动力充足，发展乡镇企业条件较好。过去，各级干部由

于观念陈旧，致使丰富的资源得不到充分利用。1984年起，县委、县政府先后多次派出有县、乡、村三级干部参加的考察组到江苏、上海、浙江等十多个省市参观考察，开阔眼界，遴选项目，找到了不少抓经济工作的新门路。太和寨乡等南部山区，因地制宜办起了红枣加工厂、煤矿、砖瓦、饮食服务业，使乡镇企业蓬勃发展，出现了县、乡财政增收，农民生财有路的喜人景象。同时，神木以优惠政策、热情接待，迎来了全国各地对神府煤田开发的浓厚兴趣，引进外省市、外地区的资金290多万元、各类先进技术30多项、技术人才43个，联办各种企业50多个，横向联合对神府煤田的建设起到了重要的促进作用。

神木县发展乡镇企业的另一个显著特点是，在大力兴办内向型经济，眼睛盯紧国内市场的同时，大力发展外向型经济，把产品打入国际市场，使乡镇企业不仅上速度，而且上水平、上质量，为国家出口创汇多做贡献。地毯是神木的传统出口商品，在国际市场上享有较高声誉。神木积极开展县外贸等多部门协作，调动各方面积极因素，兴办了十多个地毯加工厂，近百个地毯加工个体户，根据国外顾客的要求，不断更新技术，增加花色品种，提高产品质量，使地毯在国际市场上销路很好。与此同时，县上还狠抓精煤、柳编出口，煤炭资源丰富的地区成立了煤炭公司，各乡镇都积极兴办煤矿，有相当一部分乡镇还成立了外贸站；有沙柳的地方，村村办起柳编厂，柳编企业发展到600多个。神木县还把出口商品扩大到农副产品加工企业，红枣、粉丝等也都纷纷打入国际市场，成为全地区乡镇企业出口创汇最好的县。

5. 府谷县乡镇企业异军突起，成绩斐然

府谷县是榆林乡镇企业发展最快的地区，改革开放十年后，乡镇企业总产值达3500多万元，占农村社会总产值的45%；乡镇工业总产值已达2200多万元，占全县工业总产值的54%；全县23个乡镇中，有7个乡镇企业总产值超过百万元。高速增长源自县里的几大布局：一是根据全县自然资源的分布状况，对乡镇企业的发展作出科学合理的总体规划：西部为产煤区，东部为化工、建材工业和运输业区，北部为地毯、果品加工区，南部为农副产品加工和劳务输出区，对四个区实行分类指导、统筹管理，使乡镇企业遍地开花，调整发展。二是狠抓骨干企业，将尽可能多的资金投入骨干企业，以骨干带动全局。三是制定优惠政策，鼓励西、南部农民到矿产资源丰富的东、北部办企业。四是把发展乡镇企业与扶贫结合起来。县上抽出2/3的扶贫资金用于兴办乡镇企业，把扶贫资金指标下发到贫困乡、贫困户，款到富裕乡、富裕户，作为贫困乡、贫困户的股份，两方合股办企业，既促进了乡镇企业的发展，又走出了扶贫致富的新路子。五是注重开展横向经济联合，大量引进资金、技术、人才、设备。府谷城周围的府谷镇灯线厂、秦晋水泥厂、前石畔机砖厂、天桥电石厂、高石崖碳素厂、泡花碱厂等22

个乡镇企业，与天津、江苏、河南、河北、山西、内蒙古、黑龙江、宁波、秦皇岛等全国十多个省、市、自治区建立了横向经济联系。到 1991 年底，全县共有乡镇企业 1809 个，产值达 20697 万元，其中工业企业 17477 万元，占到全县工业总产值的 70.8%，乡镇企业年上缴国家利税 1952 万元，其中工业企业上缴利税 1321 万元，全县人均纯收入由 1985 年的 182 元上升到目前的 401 元。大批乡镇企业的崛起，不仅解决了农村剩余劳动力的问题，也大大增加了广大农民的收入，繁荣了市场，同时上缴的国家利税也逐年增加。

高石崖是府谷发展乡镇企业带动全镇经济全面发展的一个先进典型：这里资源丰富，地下有煤、石灰石、铝矾土和黏土等矿产资源；有通往山西、内蒙古、榆林等地的干线公路，交通方便；天桥电站近在咫尺，电力供应比较充足，具有发展工业的优越条件。可长期以来，农民被困守在封闭的土地上，守着宝山受穷。党的开放、搞活政策使高石崖乡的农民迅速行动起来，乡党委和乡政府组织乡村经济骨干数十次赴山西、下江南、上内蒙古实地考察，开阔眼界，拓宽思路。根据本地的资源优势，乡里选择了发展建材、化工、煤炭、运输等行业为振兴农村经济的主攻方向，着重抓好黑（原煤、焦炭）、白（电石、水泥、白灰、轻质碳酸钙）、蓝（泡花碱）、黄（机砖、耐火材料）等拳头产品。中共十一届三中全会以后的十年间，高石崖乡农民已办起乡村企业 248 个，主要工业产品煤炭已打入国际市场，每年出口约 15 万吨，占全县出口煤炭的 40%；焦炭、电石、电极弧、泡花碱、轻质碳酸钙等产品销往内蒙古、河北、天津等十多个省、市、自治区。十年来乡村企业向农业反哺资金 20 多万元，给农业生产增添了新的活力。全乡迅速办起了以小煤窑为主的一大批工业企业。高石崖乡解决乡村企业资金不足的办法是多渠道集资，全乡 248 个企业中，联办企业占 145 个，这些联办企业的资金都是靠入股各方筹集的。为了集中闲散的资金，他们还采取大股借小股的办法，由有经济头脑又可信赖的人投入一定的资金为联办者，再由联办者根据自己信赖的人缘关系联络投资不等、数量不限的小股，从而保证了企业营运资金的充足。

1978~1991 年，榆林民营经济借助政策允许和初步的资本积累得以萌芽及发展，从无到有，取得了可喜的进展，在全地区生产总值的占比达到近 1/3，纳税占到全地区财政的 10%。不过，民营企业主要在农副产品加工、冶金化工、建筑建材、饮食服务等行业中优势明显，而在数量、资产规模、从业人员、对国民经济和当地财政收入的贡献等方面都还亟待提升，体制上的不完善和改革上的不配套、人们的认识不到位、技术人员匮乏等问题的存在都不同程度地影响并制约着民营经济的发展。

# 第二节　快速发展时期（1992～1999年）

1992年到1999年，民营经济在理论上被定义为社会主义经济的"重要组成部分"，国家更加重视对非公有制经济的保障和引导，多措并举为民营经济的健康发展保驾护航。1992年初，邓小平"南方谈话"后，三个"是否有利于"成为人们评判一切工作是非得失的根本标准，全国上下开始以一种全新的观念和标准来衡量各项工作，在改革开放中放开手脚，大胆试验。1992年起，全国掀起了一场以体制内人群下海经商为特征的创业浪潮，被称为"92派"的大批官员、学者辞职创办企业，中国民营经济进入高速发展期，现代企业制度开始真正建立起来。全国个体工商户增长了54%，从业人员增长了92%；私营企业达到243.5万户，增长了16.5倍；税收贡献976亿元，增长了243倍。

这一时期，榆林民营经济进入快车道，发展势头强劲。尤其是国务院中西部乡镇企业工作会议后，榆林地委、行署先后出台了一系列扶持乡镇企业发展的优惠政策，每年召开全区性会议，专题研究民营经济发展问题，形成了全党动员、全民行动、全社会重视，积极支持发展乡镇企业的良好局面。神府煤矿出现了联村、联户办矿热，靖边、定边油区开始合资打油井、办"三产"，绥德、米脂等地的建筑业、石雕业和农副产品加工业迅速发展，榆林乡镇企业总产值年平均增长48.5%，工业总产值平均增长52%，增速最高的1994年达到76%，主要经济指标增幅从全省落后跃居前列。

## 一、宏观环境与政策

### （一）中央立法鼓励民营经济发展

1992年3月，七届人大五次会议做出中国经济"治理整顿的主要任务已经基本完成"，下一阶段要"把改革开放的步子迈得更大一些"的论断。同年，中共十四大报告明确把建立社会主义市场经济体制作为中国经济体制改革的目标，确立以公有制为主体、多种经济成分共同发展的基本经济制度，指出"国外的资金、资源、技术、人才以及作为有益补充的私营经济，都应当而且能够为社会主义所利用；在所有制经济结构上，以公有制包括全民所有制和集体所有制经济为主，个体经济、私营经济、外资经济为补充，多种经济成分长期共同发展，不同经济成分还可以自愿实行多种形式的联合经营；国家要为各种所有制经济平等参与市场竞争创造条件，对各类企业一视同仁。"

1993年，中共十四届三中全会指出："在积极促进国有经济和集体经济成分发展的同时，鼓励个体、私营、外贸经济发展，并依法加强管理"。同年，国家工商行政管理局发布了《关于进一步促进个体私营经济发展的若干意见》，强调依法保护个体、私营企业的合法权益，从登记注册、市场准入、参股方式、业务扩展等方面提出了相关措施以鼓励个体私营经济的发展，各地也相继出台各种有利于私营经济发展的具体措施和办法，全国私营企业迅速迈入全面、快速发展阶段。在这一年举行的全国政协八届一次会议上，有23名私营企业主首次当上全国政协委员，私企企业主开始登上政治舞台。

1994年4月23日，在七届人大二次常委会闭幕会上，方小文、王力、王命兴、刘永好等十位民营企业家常委向全国民营企业家发出"让我们投身到扶贫的光彩事业中来"，"光彩事业"由此开启，民营企业家们积极投身扶贫攻坚和慈善公益事业，体现出了强烈的社会责任感。

1995年9月，中共十四届五中全会通过的《中共中央关于制定国民经济和社会发展"九五"计划和2010年远景目标的建议》，对国有企业改革提出了"抓大放小"的改革战略。国务院决定抓好1000户重点企业，并选择企业进行试点，国企改制催生了大批民营企业，1996年中国民生银行股份公司成立，这是中国第一家由民间资本设立的全国性商业银行。主要大股东包括刘永好的新希望集团、张宏伟的东方集团、卢志强的中国泛海控股集团、王玉贵代表的中国船东互保协会、中国人寿保险股份公司、史玉柱等。

进入"九五"时期以后，党和国家对乡镇企业采取了一系列重要措施，出台了《关于鼓励支持和引导个体私营等非公有制经济发展的若干意见》《中小企业促进法》，大大推动了民营经济发展。1997年，中共十五大报告指出："非公有制经济是我国社会主义市场经济的重要组成部分。对个体、私营等非公有制经济要继续鼓励、引导使之健康发展"，把"公有制为主体、多种所有制经济共同发展"确立为我国社会主义初级阶段的一项基本经济制度，第一次明确提出"非公有制经济是社会主义市场经济的重要组成部分"，从根本上解决了社会主义发展过程中困扰人们的认识问题。此后，国家陆续出台了《股份有限公司规范意见》等一系列改革举措，为民营经济蓬勃发展注入了巨大活力。同年，张朝阳、丁磊、王志东等开始创办互联网企业，互联网元年开启，从新经济到"互联网+"，一大批民营企业家在苗壮成长。

1999年3月，九届全国人大二次会议通过的宪法修正案，把个体经济和私营经济由"公有制经济的补充"地位从国家立法层面提升到了"社会主义市场经济的重要组成部分"，民营经济有了真正的法律保障，中国民营企业家的创业热情被进一步激发，在各自领域中大展拳脚：农民企业家陈金义一举收购了上海六家国有商店，成为改革大潮中第一位收购国有企业的民营企业家；万向钱潮股票上市，成为中国首家上市的乡镇企业，民营企业走向资本市场的大戏由此拉开……

1992～1999年，党和国家针对非公有制经济出台了一系列重要的方针政策，逐步提高并确定民营经济在整个国民经济中的重要地位，为民营经济的蓬勃发展提供了强有力的制度保障，中国民营企业家敢为天下先的首创精神被充分激发，国内民营经济也呈现出欣欣向荣的发展局面。

**（二）陕西配套系列政策，鼓励非公有制发展**

陕西民营经济的发展与国家宏观经济运行状态息息相关，1992年邓小平"南方谈话"和党的十四大召开后，长期束缚民营经济发展的一些陈旧观念得到有效清除，形成了连续几年陕西民营企业发展持续向好的局势，1992～1994年全省民营经济增加值分别为27.57亿元、52.31亿元和64.58亿元，对全省增长的贡献率分别为30.10%、42.53%和41.62%，[①] 但随后全国经济出现过热，国家对乡镇企业发展执行"调整、整顿、改革、提高"的宏观调控政策，陕西省召开会议部署了"治理经济环境，整顿经济秩序"工作，压缩了固定资产投资规模，对各类公司进行清理整顿，停、缓建了一批不符合产业政策的项目，全省非公有制经济遇到了资金不足、原材料紧张、货源没保障等实际困难，经济在逐步回落中趋于适度增长。1995年，陕西民营企业对经济的贡献率降为1.19%。适度的总量紧缩政策，解决了一度存在的经济过热问题，改善了宏观环境，资源约束矛盾明显缓解，1996年陕西民营企业对经济贡献又回到高位的7.21%。

1997年党的十五大后，陕西省委、省政府抓住国家发展战略西移的历史机遇，发布了《关于大力发展非公有制经济的决定》《关于放开搞活国有中小企业的决定》，并相继出台了14个配套政策，鼓励非公有制企业参股、控股、兼并、租赁、承包、收购国有小企业，对支持引导全省非公有制经济发展起到了积极的推动作用。同年，《陕西省民营科技企业条例》颁布实施，强调鼓励大、中专毕业生和经所在的国家机关、社会团体、企事业单位批准的科技人员到民营科技企业工作；支持民营科技企业与科研单位、高等专业学校、国有企业、乡镇企业联合进行资源开发和技术开发，对进一步发展民营科技企业，保障民营科技企业的合法权益，促进科技与经济相结合起到了积极的促进作用。但由于当年的金融危机使整个国民经济整体平稳回落，陕西民营企业对全省经济的贡献有所回落。

1998年，陕西省委、省政府出台《大力发展个体经济的决定》和《大力发

---

① 《陕西统计年鉴》。

展私营企业的决定》，1999 年，制定实施《关于进一步加快非公有制经济发展的决定》，把加快非公有制经济发展作为兴陕富民的"第二战场"，从政策、资金、技术、人才、信息等方面大力扶持，个体私营经济进入快速发展时期，对地方经济、地方财政、国家财政做出的贡献逐步增大，民营经济"大户"明显增多，注册资本千万元以上的企业达 500 余户，上市民营企业三家，涌现了海星、开元、金花等一大批知名民营企业集团。

**（三）榆林抓住机遇把民营企业推向新的发展阶段**

1992 年 2 月，全地区经济工作会议在榆林召开，行署领导在会议上作了题为《加大改革力度，转换经营机制，推动全地区经济发展》的报告。与会同志就"破三铁、变机制、调结构、增效益，开创全地区经济工作新局面"进行了认真讨论。同年 11 月，为推动私营企业更多地从事开发性生产，增加社会财富，促进地区经济建设，中共榆林地委、地区行署颁布了《关于鼓励发展私营开发性生产企业的试行规定》，提出：凡从事各种种植、养殖、编织的私营企业，从事国家明文限制的生产经营项目外的机械电子工业、消费品工业、原材料工业、建筑业、房地产业、手工业和科技开发等直接增加社会财富的私营企业，以及一业为主、多种经营的私营企业所经营的开发性生产的项目均属于私营开发性生产企业，各级管理机关、相关服务部门、金融投资单位都应给予积极扶持；对私营开发性生产企业给予简化审批手续、免税和技术、人才等方面的诸多政策支持。

1993 年 4 月，榆林地区乡镇企业工作会议在榆林召开，地区领导作了《抓住机遇，真抓实干，把乡镇企业推向新的发展阶段》和《进一步推进乡镇企业高速高效健康发展，为实现全地区人民奔小康目标而奋斗》的讲话，并与各县（市）委书记、县（市）长签订了发展乡镇企业的多种经营责任书，细化任务、明确责任。

1994 年，榆林行署出台了《榆林地区民营科技型企业管理试行办法》，鼓励党政部门、事业单位科技人员和大学毕业生等其他人员走向社会，领办、创办民营科技型企业，要求各级有关部门要根据各自的业务职能，对民营科技企业进行指导、服务和监督，其在注册登记、基建技改立项、贷款审批、税金审定、职称评定、劳动保险管理、物资供应等方面与国有企业和科研单位享有同等的权利，并对民营科技企业的技术性收入减免营业税、所得税等作了专门规定。

1996 年，在全区经济工作会议上，榆林地委、行署制定了《关于进一步放手发展个体私营经济的决定》（以下简称《决定》），把发展个体私营经济列入了区国民经济发展"九五"计划，从开业条件、经营范围、鼓励政策、法律保障、扶持服务等方面都作出具体规定，为放手发展个体私营企业创造了宽松的外部环境，解除了后顾之忧。《决定》提出了以"三个有利于"为标准，不限制所有制看发展，不限制产业看市场，不限制规模看水平，不限制速度看效益，不限制收入看贡献，放手、放胆、放活，加快个体私营经济的发展步伐。

1998年2月，中共榆林地委、地区行署召开全地区贯彻省委、省政府《关于放手搞活国有小企业的决定》和《关于大力发展非公有制经济的决定》的工作会议，按照本地区经济社会发展特点，发布了《关于贯彻省委省政府〈关于放手搞活国有小企业的决定〉的实施意见》和《关于贯彻省委、省政府〈关于大力发展非公有制经济的决定〉的实施意见》，部署榆林地区放开搞活国有小企业，大力发展非公有制经济工作。

1999年5月下旬和12月初，中共榆林地委、行署相继发布《关于加强产权制度改革的决定》和《榆林地区国有企业产权制度改革实施意见》，全面加大国企产权制度改革力度。

总体来看，这一时期榆林地区民营经济在这些政策带动下，已经从最初的"集体企业"承包经营，"个体户"小打小闹，行业零星分布于手工业、轻工业、畜牧业和养殖业，转向"轻工业能源业并重、重工业起步"，按照自身的区域特点和资金实力，民营企业呈现出欣欣向荣的发展局面。

## 二、地区概况及县域特色

### （一）地区概况

1992年，邓小平"南方谈话"和党的十四大关于社会主义市场经济体制改革目标模式的确立，进一步扫清了个体和私营经济发展的障碍，也为榆林民营经济注入了新的生机和活力，榆林民营经济进入快速发展的新阶段，乡镇企业总产值年平均增长48.5%，工业总产值年平均增长52%，赶上和超过了全省平均发展速度，增长速度最高的1994年达到76%。快速发展时期的榆林民营经济主要出现了以下几个方面的特点：

1. 党政干部积极"下海"兴办企业，成为榆林个体集体经济发展的引领者

1992年开始，榆林全区开始实行干部分流管理制度，党政事业单位逐步转变职能，事业单位实行与财政脱钩自养、开源分流，供销、外贸、粮食等单位与财政完全脱钩，计量所、文管会等单位由全额改为差额管理，规划办、统筹办等单位改为自收自支管理，房地产开发公司、自来水公司等单位改为企业化管理，财政支出大为减少，人才利用更加灵活高效。办好乡镇企业，必须有人才。一大批从土地上走出来的农民企业家，是发展壮大乡镇企业的希望。榆林对承办、领办企业的干部职工，特别是副科级以上党政领导干部给予了很多优惠政策，极大地调动了党政干部"下海"的积极性，一批有能力、有作为的党政干部纷纷主

动走出机关大院，承办、领办或协办企业，并涌现了一大批典型代表：榆林地区当时最大的乡镇企业府谷县天桥电石厂是由西山村党支部书记、全国劳模、省优秀农民企业家石掌雄联合20多家农户共同创办的，拥有固定资产1000多万元，年生产电石1.15万吨，创产值1725万元，上缴税金122万元；全国治沙英雄、劳动模范、定边县海子梁公社干部石光银通过"公司+农户+基地"的模式，将治沙与致富相结合，承包3000亩沙地，35年先后治理荒沙碱地达25万亩，染绿了毛乌素沙漠；被国家农业部授予"全国乡镇企业家"称号的府谷县前石畔村村主任张侯华带领群众走共同富裕的道路，大办乡村集体企业，先后办起水泥厂、砖瓦厂、水泥制品厂等18个企业，产值突破550万元，实现利税90多万元，全村企业固定资产发展到1550多万元，户均近12万元，人均纯收入近3000元；米脂县房管所所长贺俊强走出机关，办了县最大的私营企业华南服装厂，安置100多名城乡青年就业，年实现产值100多万元；定边县贺圈乡在任已20年的一位乡长辞去公职办经济实体，搞个体经营……

1992年共785名党政事业单位人员辞职下海，占到实体从业总人数的82%，对党政机关干部转变观念、积极投身改革事业起到了很好的引领和示范作用。当年底全地区已兴办工业生产、农业服务、物资流通、信息咨询等经济实体145个，实现利润达15.47万元。1996年开始，榆林市相关部门才开始对私营经济的发展状况进行统计。1996年榆林市私营企业登记在册的机构仅有35户，从业人员443人，到1999年，私营企业机构发展为2810户，从业人员达7015人。全市注册资金1000万元以上的私营企业有50多户，注册资金在5000万以上的私营企业有30多户。

2. 乡镇企业异军突起，对全市经济社会发展的影响日益加深

1992~1999年，榆林乡镇企业异军突起，迅猛发展，一跃成为全市工业经济的主力军，由于确立了适合市情、具有超前意识的乡镇企业发展思路和指导思想，重奖重罚的管理办法出台，提供了良好的民营经济发展环境，全市乡镇企业出现了前所未有的跨越式发展，增长速度超过全省平均水平。

1996年7月，全区乡镇企业工作会议在府谷召开，着重研究了乡镇企业的认识问题、指导思想问题、投入问题、机制问题和加强领导问题，会议认为，"八五"期间，全区乡镇企业跨越了大的台阶，取得了十分显著的成效，已成为农村经济的主要支柱和国民经济最具活力的新增长点。1995年，全区乡镇企业完成总产值达38.65亿元，占农村社会总产值的57.3%，年平均增长48.5%。工业总产值平均增长52%，赶上和超过了全省平均发展速度，增长速度最高的1994年达到76%。乡镇企业从业人员达20.14万人，占农村劳动力的17.5%。农民纯收入的26%来自乡镇企业，全区地方财政收入的21.30%来自乡镇企业。五年中，

乡镇企业利润用于以工补农和公益事业的资金达 1.04 亿元。全区建起"三资"乡镇企业六户，实现了零的突破；全区共建立乡镇企业开发小区 29 个，其中神木燕家塔、西沟等五个小区和府谷高石崖乡八个小区已初具规模，乡镇企业跃上了一个新台阶。

其后，榆林践行"以开放促开发，以开发求发展"乡镇企业发展战略，以"一带一线"（长城沿线煤、气、皮毛产业开发带和西包公路沿线）为轴心，以优势资源开发为依托，以小区建设为着力点，逐步形成了以煤炭、农副产品加工、化工冶炼、建筑建材和第三产业五大行业为主的乡镇企业经济体系。1999年，全市乡镇工业企业发展到 1400 余个，乡镇企业工业总产值超过五亿元，占全市工业总产值的近 80%，乡镇企业已成为全区农村经济的主要支柱、工业的主体力量和国民经济新的增长点。

3. 不断推进国有企业改革，发展成绩斐然

1994 年，榆林深入落实地委、行署工作会议有关产权制度改革的部署，遴选出 62 户产权制度改革试点企业先行一步，层层落实改革任务，定时间、定目标、定企业，采取灵活多样的方式付诸实施。为在全区掀起产权制度改革热潮，行署领导亲自带领地区经体改委和各县有关单位负责人，到皖、浙等先进省份深入考察产权制度改革情况，形成了有榆林特色的推进方式。榆阳、绥德、佳县、靖边、横山、米脂、吴堡等县（市）都向试点企业派出了多个由主要负责领导亲自挂帅的精干工作组，与企业共同分析探讨改制方案，分别实行股份有限公司、有限责任公司、股份合作制和推行公有民营、划小核算、嫁接引进、破产、兼并租赁、联营等形式，帮助企业加快产权制度改革步伐。

榆林于 1994 年在集体企业中首先组建了五金制品有限责任公司之后，又于1997 年将国有造纸厂通过跨部门、跨行业联合，吸引林业局林产品加工资金转向，组建了林业造纸有限责任公司，同年筹建了地毯集团公司，为地毯加工形成专业化生产、社会化协作、集团化经营的格局奠定了基础。同时，榆林还在流通企业中实行"公有民营"改革和实践，效果很好，起到了积极的示范效应。榆林企业"公有民营"改革最初是在市百货大楼进行的，取得了成功。1994 年榆林市 42 个商业零售门店全部实行"公有民营"，通过引入竞争和激励机制，打破了企业的"大锅饭"，实现了所有权与经营权的分离，调动了企业职工的积极性，使企业的经营大为改观。随后榆林全域的流通企业在改制时，多选择公有民营形式，至 1997 年 7 月，商、粮、供系统的 63 个企业以及 1230 个商业、饮食、服务零售门店和基层供销社实行了公有民营。1998 年，市皮革总厂、地毯厂进行了资产量化重组、股份合作运营机制的战略性改组。制刷厂、附件厂、油画厂也按城镇集体企业条例完成了企业终止清算分配工作。

榆林有 440 多户国有企业，绝大部分是小企业，在市场经济的风吹浪打中，多数举步维艰。1998 年，榆林全区国有企业改制全部完成，突出强调了明晰产权，搞活了资本，促进了生产要素的优化配置。据不完全统计，全区已改制企业共盘活存量资产 1.5 亿元，通过职工入股等形式新增资本 2000 多万元，在改制形式上，各地因地制宜，因企施策，灵活多样地选择了适合全区区情的改制形式。股份合作制由于适应了相当一部分企业的实际而成为首选形式。

4. 民营经济发展迅速，亮点频出，对地方财政贡献巨大

这一时期，榆林以"服务、引导、保护"的工作方针，为民营经济发展提供良好环境，并从各地实际出发，确定各自民营经济发展的方向、目标和重点领域，抓好龙头企业、支柱产业建设，使民营经济活力明显增强，不断发展壮大，涌现了一批初具规模、有一定影响力的明星企业和专业户，比如黄瑜的房地产开发公司、张晓玲的凌园股份有限公司、张冰的惠民公司、李瑜的普惠酒业公司、李峰的新型制衣企业、高增芳的养殖场、镇川杜永新养鸡专业户等。金鸡滩大漠蔬菜公司、榆林宏英制衣公司，不仅全市闻名，在省内外也小有名气。到 1995 年底，全地区非公有制经济总产值为 38.65 亿元，营业收入 30.4 亿元，分别比 1990 年增长了 4.9 倍和 5.7 倍，五年翻了近三番，发展势头迅猛。1999 年底，全地区新增个体工商户 11939 户、私营企业 452 户，分别比上年增长 124% 和 113%。个体私营经济完成工业总产值超过六亿元，平均每年以 22% 的速度增长，神木、府谷、靖边、榆阳等县（区）每年对地方财政的贡献都超过 50%，其中，府谷民营经济上缴的税收占地方财政收入的 73%，神木占到 60%。煤炭、轻纺、食品、建材、医药"五大主导"产业初具规模，形成了一批具有一定规模、科技含量较高、基础管理扎实的民营骨干企业。

**（二）县域特色**

1. 府谷县：非公有制经济撑起"半边天"，1998 年乡镇企业利税突破亿元

府谷县立足实际大力发展非公有制经济，使全县经济发生了结构性变化。截至 1999 年底，非公有制企业已发展到 5230 户，其中产值达百万元企业就有 165 户，有 13 户企业的产值在 500 万元以上，"天化"等四家企业已形成了产值超过千万元的集团化企业。全县非公有制经济固定资产达 7.8 亿元，占全县国民生产总值的 46%。

府谷县大力发展非公有制经济经验有三：一是给政策，放手发展。县委、县政府先后出台了《大力发展个体私营经济的决定》和《贯彻两个"决定"实施意见》等鼓励发展私营经济的优惠政策，制订了对非公有制经济发展"不限形式、人员、规模及发展速度"的"四不限"政策，确立"先放开、后疏导，先创办、后规范，先繁荣、后管理"的指导思想，并在审批办证、土地征

用等方面为其"大开绿灯",同时提供相应的免税等优惠政策。二是给资金,大力扶持。除了鼓励非公有企业采取自我积累、社会集资等多渠道筹集投入资金外,特别在用足用活专项资金上给政策倾斜,大胆扶持。仅陕建专项资金就向非公有制企业投入近三亿元,1998年、1999年两年就争取农行向非公有制企业贷款达1.2亿多元。三是给服务,保护发展。对非公有制企业实行归口管理,实行跟踪服务制度,尤其加大了市场、信息等方面的服务力度。严禁乱收费、乱集资、乱摊派的"三乱"现象发生,坚决实行收费项目、内容、标准、程序"四公开"制度。非公有经济的大力发展,使府谷县经济发展驶入了快车道,同时拓宽了就业渠道,在非公有制企业内再就业的下岗职工达230人,有力地促进了社会稳定。1998年,全县乡镇企业共创总产值150087万元,实现纯利润8418万元,上缴税金2157万元,利税突破亿元大关,创历史最高水平。乡镇企业发展尤为亮眼,1999年,乡镇企业发展到2658户,产值17.9亿元,占到全县生产总值的77.9%,上缴税金3286万元,对财政的贡献率达59.60%,从业人员达到19977人,成为榆林地区第一个乡镇企业产值、收入超过亿元的县。

2. 绥德县:坚持鼓励发展个体私营经济

为促进个体私营经济的发展,绥德县成立了领导小组,制定了一系列行之有效的优惠政策。一是发展个体私营经济坚持"四不限"政策,即发展比例不限,经营规模不限,从业人员不限,经营方式不限。二是鼓励个体私营经济采取多种形式,跨行业、跨区域、跨所有制开展横向经济联合,规定个体户私营企业可以承包、租赁、购买国有集体企业。三是信贷政策上予以倾斜。各专业银行、陕建资金和老区扶贫贴息贷款以及财源建设资金向农村养殖业、种植业和个体私营经济倾斜。四是成立了招商引资办公室,制定了招商引资九条优惠政策。五是放宽私营用地政策,将个体私营用地列入城市建设的整体规划。这些政策的制定,激发了干部群众发展个体私营经济的热情。到1999年底,全县共新发展个体户1871户,新登记私营企业46户。

3. 靖边县:着力加强龙头企业建设

靖边县在推动农业产业化进程中,大力发展龙头企业,取得良好成效。该县把加强龙头企业建设作为农业产业化发展的重要措施来抓,先后在省、地多方协助下,筹资5600多万元,建成风华集团公司、新潮毛皮厂、北方进出口贸易公司、综合养殖场、北方牧业开发公司等多个龙头企业。并按照产供销一条龙、种养加工一体化、农工贸相结合的发展思路,实行区域化布局、专业化生产、企业化管理、社会化服务,基本上形成了市场牵龙头、龙头带基地、基地联农户的产业化新格局。

靖边县的主要做法有：

一是面向市场、重点突破。共同抓住资源大开发、经济大发展这个机遇，把发展牧业、保障肉食品供应和提高畜产品效益作为全县农业产业化突破口，建成以种羊、种牛引进、繁殖、推广为主，以草地畜牧综合开发为目的的北方牧业开发公司；以种鸡、种猪引进、繁殖、推广为主，以养殖业综合开发为目的的综合养殖场；以羊绒毛加工为主，集科研、生产、销售为一体的跨地区、跨行业综合生产经营的风华集团公司；以羊剪绒加工为主的新潮毛皮制革厂等多家龙头企业，全面带动全县畜牧业的蓬勃发展，畜牧业年总产值均超过五千万元。经过几年的发展，全县牛年存栏4940头，出栏400多头；羊年存栏38.15万只，出栏11.05万只；猪年存栏8万头，出栏5.9万头；鸡年存栏38万只。1995年全县肉类产量6564.9吨，蛋产量8050吨，羊毛5085.5吨，羊绒35623公斤，皮11万张。

二是政策倾斜，加大投入。对新办企业，县市全力协助解决资金、人才、土地等困难，并积极疏通各种关系，传递有利信息，减免税收。同时利用扶贫贴息贷款、股份集资、闲散资金加大对企业的投入，1995年全县乡镇企业投入达3000多万元。

三是强化管理、注重效益。针对乡镇企业制度不健全，管理手段落后的现状，利用社教、整建协助企业建立党支部、工会等各类组织，完善工作、生活、工资、考勤等各项规章制度，强化企业管理力度。

4. 横山县乡镇企业高速发展

横山县乡镇企业高速发展。1996年以来，横山狠抓乡镇企业的发展管理工作，形成了全县大办乡镇企业的好势头。仅1996年上半年就有30个项目投工建设，完成投工3080万元，较1995年同期增长三倍。横山县针对乡镇企业发展规模小，效益低的实际，确立了"经营上规模，管理上水平，产品上档次，发展外向型"的指导思想。立足本地优势，新上了一批潜力大，科技含量高的骨干项目。首先利用本地电力资源充足的优势，发展碳化硅厂和硅铁；其次利用当地农业优势，大力发展养殖业。全县养鸡总规模已达3.6万只，党岔养牛场建成运行；此外还与榆林地区第一医院联合创办了石湾制剂厂等。1996年上半年建设的30个项目中，100万元以上的就有14个。在抓新项目的同时，该县加强了对乡镇企业的引导和管理，促进了经济效益的提升。1996年上半年，全县共完成乡镇企业产值16351万元，实现利税724万元，分别比1995年同期增长38%和22%，促使该县乡镇企业发展步入快车道。

5. 子洲县各类专业村、专业大户蓬勃兴起

这一时期，子洲县养殖专业户、雕刻专业户蓬勃兴起、粉丝加工、马路工厂

星火燎原，庭院经济热火朝天。自1997年以来，马岔乡把发展养殖业作为农民脱贫致富的"短平快"工程常抓不懈，先后建成50头以上的养猪场21个，200头以上的养猪场6个，目前全乡猪存栏8600多头，一批诸如林茂、富民、丰盛等规模较大、具有辐射示范作用和规模效益的养殖专业大户蓬勃兴起。农民续海友兴办养猪场，两年纯收入14万元。吴岔、续家湾、师坪等村在发展种养业的过程中，400多户群众自发搞起了丙纶编织业，人人练就一身好手艺，户均纯收入3000余元。马岔乡农村经济得到稳步发展，成为全县闻名的富裕乡。周家硷镇双庙湾村"马路工厂"星火燎原，村公路两旁农民家家户户有粉房。每年8月以后，全村80%的农户就开始收购洋芋加工粉条，一直忙到第二年的4月。村里粉条加工年产值达540万元，户均纯收入一万多元。党的富民政策，使农民如鱼得水，日子越过越红火。周家硷赵场、营盘等七村则是石雕石刻专业村，500多人利用冬闲季节，坐在家里搞雕刻，干劲十足。据石雕厂厂长周世海介绍，他们一家姐妹弟兄12人办起的周家镇青年石雕厂，由于工艺精湛，造型独特，产品远销全国许多地方，深受客户青睐。让人欣喜的是师庄村37户农民科学发展"四位一体"的庭院经济，被县上列为示范村。镇党委书记对此作总结说："搞好农村工作，首当其冲要发展农村经济，周硷镇现已形成一村一品一业的经济格局，大大促进了农村各项工作的顺利开展。"

# 第三节　整顿规范时期（2000～2011年）

1999年，党中央启动了西部大开发战略，榆林撤地设市，经济社会发展迈向新的历史阶段。2003年，随着中国加入世界贸易组织（WTO），民营经济改革开启新篇章，榆林市民营经济发展也步入了规范发展期。伴随国务院"非公经济36条"和党的十七大报告关于民营经济"两个平等"等里程碑式的重要文件发布，民营经济迎来新一轮发展的春天。这一时期，中国经历了国际金融危机冲击，榆林经济也遇到了前所未有的困难，但是通过不断加大以工哺农、以城带乡力度，全面铺开社会主义新农村建设，榆林民营经济有序稳定发展，进而有力地促进了地区经济发展，2011年，榆林市非公有制经济完成增加值占全市生产总值的36.14%，中小企业增加值占生产总值比重达49.7%，非公经济实现增加值795亿元，位居全省第一。榆林城镇居民人均可支配收入12197元，农民人均纯收入3402元，超全省平均水平，改革开放在榆林创造了巨大财富。

## 一、宏观环境与政策

### （一）国家出台里程碑式文件鼓励、引导民营经济健康发展

2000 年，江泽民总书记在全国统战会议上指出，要"鼓励、引导"非公有制经济健康发展。同年 9 月，中组部下发《关于在个体和私营等非公有制经济组织中加强党的建设工作的意见（试行）》，标志着非公经济党建工作作为组织部门的难点，进入党的基层组织建设的重点领域，非公党建工作得到有力的推进。

2001 年 7 月，在中国共产党成立 80 周年大会上，江泽民总书记的"七一"讲话中重申了民营经济在国民经济发展中的重要地位和作用，对发展民营经济中的若干重大理论问题作了深刻的阐述，确立了民营经济的政治地位，并把非公有制经济人士等新的社会阶层定义为"中国特色社会主义事业的建设者"。

2001 年 12 月，国家计委发布了《关于促进和引导民间投资的若干意见》，国务院办公厅转发了国家计委《关于"十五"期间加快发展服务业若干政策措施的意见》。这些文件要求：凡鼓励和允许外商投资进入的领域，都应鼓励和允许民间投资进入，在实行优惠政策的投资领域，其优惠政策对民间投资同样适用，国有商业银行要对民间投资者的贷款申请一视同仁，对目前国有经济比重较高的对外贸易、公用事业、电信、金融、保险等行业，要逐步放宽对非国有经济的准入限制等。这些对民营经济实行国民待遇的新的重大举措，标志着国家针对民营经济的改革正在不断深化。同年，全国工商联完成了中国民间商会的注册登记工作，这对推动各地民间商会和同业公会的注册登记工作产生了积极的影响。

2002 年，党的十六大报告中就民营经济发展中存在的认识问题、体制问题、政策问题做出了明确的解答：①多种所有制经济共同发展是国家的一项"基本经济制度"。②个体、私营经济人士的政治地位以及其政治状况如何的评价标准。③改善民营经济的生存发展环境。④按生产要素进行分配的原则。⑤完善国家对私有财产的保护。以中共十六大报告为标志，中国共产党关于民营经济发展的认识已经形成了一个比较完整和成熟的理论框架，民营经济发展正在逐步形成一整套比较完善的接近市场经济本质要求的制度安排。江苏远东集团董事长蒋锡培以非公代表人士身份成为中共十六大代表，这是私营企业家首次当选全国党代表，也是民营企业家政治地位提升的标志性事件。

2003 年，党的十六届三中全会通过《中共中央关于完善社会主义市场经济体制若干问题的决定》，在非公有制经济理论和政策法律方面都有重大突破：在指导思想上非常明确地提出要"大力发展"非公有制经济；在生产力标准上，提出个体私营等非公有制经济是促进社会生产力发展的重要力量；在立法思路

上，提出在法律上为非公有制经济扫除体制障碍，建立健全现代产权制度，保护私有财产，促进非公有制经济发展；在改革开放理论上，提出要全面对内资开放，提出放宽市场准入限制，允许非公有资本进入法律法规未禁止的基础设施、公用事业及其他行业和领域；在市场主体地位上突出了地位平等，指出非公有制企业在投融资、税收、土地使用和对外贸易等方面，与其他企业享受同等待遇。把非公有制经济发展作为其中一条来写，这在党的文件中还是首次。

2004年3月十届人大二次会议通过《中华人民共和国宪法修正案》，将宪法第十一条第二款修改为"国家保护个体经济、私营经济等非公有制经济的合法权利和利益。国家鼓励、支持和引导非公有制经济的发展，并对非公有制经济依法实行监督和管理"，进一步扩大了财产保护的范围。伴随认识的深化，在放宽市场准入、投融资、税收、土地使用等的政策措施方面，民营经济逐步获得与其他经济成分相同的待遇，羁绊民营经济健康发展的不利因素正在逐步消除。

2005~2011年，国际国内宏观经济形势跌宕起伏，从2005年"十五"计划收官、2006年开启"十一五"规划，到党的十七大召开，中国经济出现难得的机遇期，两个"36条"为民营经济撑腰鼓劲，党的十七大报告提出民营经济"两个平等"，为民营经济发展提供了良好的政策环境。

2005年2月24日，新华社全文播发《国务院关于鼓励支持和引导个体私营等非公有制经济发展的若干意见》（即"非公经济36条"），这是中华人民共和国成立后第一次以中央政府的名义发布的鼓励、支持和引导非公有制经济发展的政策性文件。"非公经济36条"的近1/3集中在放宽非公有制经济市场准入和加大对非公有制经济的财税金融支持上，其着重点则在于"消除影响非公有制经济发展的体制性障碍，确立平等的市场主体地位"。"非公经济36条"的颁布是中国市场经济改革的又一个里程碑，它不仅为非公经济发展提供了更为广阔的发展空间，同时也为进一步完善市场经济机制、广泛化解经济快速增长时期面临的各种不平衡等问题，确保中国经济可持续增长、构建和谐社会奠定了坚实的基石。"非公经济36条"颁布后，中央各部委纷纷响应，银监会、国家外汇管理局、国家发改委等也出台了多项相应政策。

2007年10月，中共十七大再次为民营经济发展保驾护航，指出："坚持和完善公有制为主体、多种所有制经济共同发展的基本经济制度，毫不动摇地巩固和发展公有制经济，毫不动摇地鼓励、支持、引导非公有制经济发展，坚持平等保护物权，形成各种所有制经济平等竞争、相互促进新格局。"这里出现了"两个平等"。一个是法律上的"平等"保护，另一个是经济上的"平等"竞争。"两个平等"是中共十七大报告有关所有制理论论述的亮点，是非公有制经济理论的又一次飞跃，为民营经济的发展创造了更加广阔的空间。由"两个毫不动摇"到"两个平等",不仅一脉相承,而且更具有现实指导意义。

随后几年,一系列支持促进民营经济的法律法规和政策制度相继颁布。2007年《物权法》、2008年《企业所得税法》的正式施行,对于用法律保护私有财产、调整所有制结构、加快民营经济发展起到了重要的推动作用。2009年国务院颁布《关于进一步促进中小企业发展的若干意见》。2010年5月,国务院颁发《国务院关于鼓励和引导民间投资健康发展的若干意见》(简称"民间投资36条")。同年9月,发布《中共中央国务院关于加强和改进新形势下工商联工作的意见》。2011年国家发展改革委编发《关于印发鼓励和引导民营企业发展战略性新兴产业的实施意见的通知》《关于加快推进民营企业研发机构建设的实施意见的通知》《关于铁路产业投资基金筹备的批复》,科技部发布《关于进一步促进科技型中小企业创新发展的若干意见》,财政部工业和信息化部颁布《关于印发〈政府采购促进中小企业发展暂行办法〉的通知》,财政部国家税务总局颁布《关于小型微利企业所得税优惠政策有关问题的通知》,这些文件落实细化了"非公经济36条",为助推民营经济迈入更广泛领域发展提供了坚实的政策基础。

在一系列政策利好支持下,我国民营经济进入了超常规发展的历史时期。经过几年的快速发展,民营企业数量已达1085.72万户,占全国实有企业总数的近80%;从业人员1.13亿人,增长3倍多;注册资本31.1万亿元,增长近12.6倍;个体工商户突破4000万户。这一时期,民营经济呈现四个显著特征。一是地位作用显著提升,占全国GDP比重超过60%,民间投资占比突破60%,就业占比约80%。2011年8月,全国工商联在京召开了"2011中国民营企业500强发布会",入围门槛首次跨越50亿元大关,产生了巨大的社会影响。500强企业营业收入总额69849.32亿元,户均139.70亿元;资产总额达到58824.80亿元,户均117.65亿元;有4家企业营业收入总额超过1000亿元,营业收入在100亿元以上的企业增至220家;有8家企业资产总额突破1000亿元,资产规模在100亿~1000亿元的有143家;华为、沙钢、苏宁、联想、万达等名企熠熠生辉。二是转型升级初见成效,开始从价值链低端向中高端升级,从传统产业向新兴产业拓展,从生产制造领域迈入生产性服务业等领域,从主要从事代工生产向注重培育自主品牌提升。三是积极实施国际化战略,越来越多的民营企业走出国门,积极融入全球产业链,在国际舞台大显身手。万向集团于2001年8月收购美国NASDAQ上市公司UAI;"华立"在泰国罗勇建工业园区;"康奈"将工厂"搬"到了俄罗斯乌苏里斯克;新洲集团把目光瞄准了俄罗斯的森林和石油资源……此后,民营企业并购国外企业呈现井喷态势,民营经济破茧成蝶,从"作坊时代"迈入"跨国时代",成为"走出去"生力军。四是民营企业家队伍呈现高学历、高技术、年轻化特点,大学生、留学归国人员形成了第三次创业潮,民营企业二代开始接班，表现出较宽的国际视野和较强的创新精神。海归创业的企业特别是互联网公司在这一时期奠定了发展的基础，并在日后涌现出一批互联网行业的领军者。

**（二）陕西省两个"决定"载入史册，出台扶持民营经济发展的系列政策**

在促进陕西民营经济发展方面，应该载入史册的大事是1997年12月中共陕西省委和陕西省人民政府推出的《关于放开搞活国有小企业的决定》和《关于大力发展非公有制经济的决定》，2000~2011年，省级全部职能部门都围绕两个"决定"，在分管领域做出了贯彻实施的具体规定。

2000年春，陕西省政府召开全省个体私营经济工作会议，总结、归纳和提炼了各个市县的实践创造，并以"讨论稿"的形式，推出了四份文件，即《陕西省个体私营经济产业指导意见》（由省计委制定）、《关于治理向个体私营企业乱收费乱罚款和各种摊派等问题的通知》（由省工商局、财政厅、物价局联合制定）、《陕西省个体私营企业劳动和社会保障管理暂行规定》（由省劳动厅制定）、《陕西省构筑中小企业社会服务体系的安排意见》（由省发展非公有制经济领导小组办公室制定），切实减轻非公有制企业负担，提供政府有效服务，有力地推动了全省非公有制经济全方位大发展。

2001年，中共陕西省委、陕西省人民政府认真研究分析了实施西部大开发战略和我国即将加入世贸组织带来的机遇和挑战，颁布了《关于改善投资环境进一步扩大开放的决定》。

2003年，在认真总结陕西省自1997年做出大力发展非公有制经济的决定以来经验的基础上，中共陕西省委、陕西省人民政府下发《关于进一步加快非公有制经济发展的若干意见》，旨在以公平待遇、调整结构、强化服务、优化环境、提高素质为重点，努力实现陕西省非公有制经济数量规模和质量效益的双跨越。

2005年，陕西出台了《陕西省关于鼓励支持和引导个体私营等非公有制经济发展的实施意见》和《中小企业促进法》实施办法，非公有制经济进入提质增效发展阶段。

2007年，陕西省积极贯彻中央"非公经济36条"精神，发布了陕西省《关于加快发展非公有制经济的指导意见》，落实非禁即入的政策，拓展民营经济发展空间，鼓励非公有资本按有关规定参与电力、电信、民航、公路、铁路等垄断行业开发，逐步取消个体工商户管理费，非公有制经济进入了蓬勃壮大的新阶段。陕西省放手发展壮大一批劳动密集型和服务型民营企业或企业集团，鼓励和支持民营经济发展与农业产业化、县域经济发展、城镇建设、能源化工基地建设相结合，努力在农产品加工、能源原材料工业转化升级、第三产业发展方面取得新突破。同时，还开展"千村帮扶"和"一县一业"工程，鼓励和引导先富起来的民营企业

"结对子"帮助贫困落后乡村，结合各县特点发展地域经济。尤其值得一提的是，这一时期陕西省委、省政府对榆林的发展高度关注，研究出台了《关于进一步促进榆林跨越发展的若干意见》（简称"27条"），举陕西省之力支持榆林跨越发展，制定了推动榆林高质量发展的10大类27条优惠措施和工作保障机制，帮助榆林驶入经济发展的快车道，在与其他资源型城市的竞跑中迎头赶上。

在一系列政策、措施推动下，陕西非公有制经济呈现出速度加快、结构优化、质量提升的良好发展态势，成为全省国民经济持续、快速、健康发展的重要力量。到2011年底，全省非公有制各类市场主体超过100万个，民营经济增加值占GDP的比重提升到50.5%，民间投资占全社会固定资产总投资的50%以上，非公有制企业上缴地方财政的税收占全省地方经济各项税收的66.2%，2010年，私营企业上缴地方的税收就达到113.91亿元，占全省税收收入的20%以上，非公有制经济成为陕西地方财政收入的重要来源，正迅速成长为支撑陕西经济的参天大树。

**（三）榆林践行科学发展观助推民营经济可持续发展**

这一时期，榆林市委、市政府把加快发展非公有制经济作为实现科学发展及增强综合经济实力的重大战略举措，狠抓工作落实，强化发展措施，优化发展环境。一方面，榆林提出建设中国经济强市、西部文化大市、塞上生态名市三大目标，全力推进"四大经济"，加快"两基地、一中心"建设，相继出台了《关于进一步加快非公有制经济的决定》《关于加快发展民营经济的实施意见》等一系列制度文件，建立了中小企业发展专项资金，进一步加大了扶持力度，乡镇企业、非公有制经济发展的步伐明显加快。另一方面，市委、市政府加快了结构调整步伐，坚持民营经济以结构调整为主线，坚决关停并转一批不符合国家产业政策的"五小"企业，按照积极促动第一产业、优化提升第二产业、大力发展第三产业的总体思路，把煤炭产业、农副产品加工业、第三产业确立为产业结构调整的三大主攻方向，使民营经济走出危机的阴霾，重新迈上产业定位准确、节约能源、重视环境保护、技术先进、工艺管理规范、降低能耗的全新的良性发展之路。

2001年3月和11月，榆林市先后发布《榆林市人民政府鼓励外商投资的规定》和《关于改善投资环境进一步扩大开放的决定》，在对外资投资方向与领域、土地优惠、税费优惠、金融优惠、优质服务、保护措施、引资奖励等方面都做出了明确的规定，以扩大榆林市利用外资的规模和水平，促进地方经济快速发展。同年10月，为了进一步鼓励和扶持榆林市非公有制经济的发展，加快所有制结构调整步伐，培育新的经济增长点，榆林市政府发布《关于进一步加快发展非公有制经济的决定》，提出要充分认识加快非公有制经济发展的意义，全面加强对非公有制经济的组织领导、依法管理，优化和建构非公有经济发展环境，多方筹措非公有制经济发展资金，切实解决非公有制经济发展的各种问题。会后，市委、市政府办公室发布《关于市委、市政府领导实行联系非公有制企业制度的通知》和《关于进一步改进工作作风，实行领导干部联系农村"三无户"制度的通知》，以加强干部队伍作风建设，促进榆林市非公有制经济的发展。从此，榆林开启了民营经济发展的黄金十年。

2007年6月，榆林市促进非公有制经济发展座谈会召开，进一步明确和落实了全市针对非公有制企业的制度和措施，并希望民营企业家要勇于创业、创新、创优，不断提高素质，坚持守法经营，讲诚信、讲奉献，多为社会和人民群众办善事、办好事，努力为家乡做贡献。同年7月，榆林民营经济发展中具有里程碑意义的全市民营经济工作会议召开。会议认为，榆林正处于新一轮发展的关键时期，加快发展民营经济，对于培育新的经济增长点、创新发展模式、优化所有制结构、提高发展质量、统筹城乡经济发展、扩大社会就业、提高人民生活水平具有十分重要的意义，并强调要把发展民营经济作为关乎全市经济社会又好又快跨越发展的重大举措来抓，加强和改善对民营企业的服务，鼓励全民创业，创造良好投资环境，强力推进民营经济大发展。

2009年8月，榆林市中小企业促进局召开全市中小企业局长会议，贯彻落实市委、市政府部署的"三增两减"（增大固定资产投资规模、增加民营经济所占比重、增强民生工程建设力度，减少污染物排放、减少万元GDP能耗）活动，努力为全市经济社会实现又好又快发展做出新的更大贡献。同年11月20日，《榆林日报》发表致全市非公有制经济代表人士的一封信，号召非公经济人士勇于实践、大胆创新，共同探索，创造性地开展活动，把开展活动同企业生产经营结合起来，采取多种措施解决工学矛盾，确保学习生产两不误、两促进，努力培养一支政治素质高、经济实力强、社会影响好的非公有制经济代表人士队伍，并通过他们的示范带动作用，促进全市非公有制经济健康发展。

2011年是全国"中小企业服务年"，全市中小企业会议提出要深入实施《榆林市中小企业服务体系建设规划》，进一步强化服务意识，优化企业发展环境，加快科技创新，重点从四个方面加强中小企业服务平台建设，切实推动中小企业转变发展方式。这一系列政策措施促使榆林迎来了民营经济最辉煌的发展，达到阶段性高潮，也正是国家、省市政策及时调整和大力支持，使榆林民营经济抵抗住了金融危机的影响，克难奋进、稳步发展。

## 二、地区概况及县域特色

在良好宏观形势、政策环境和自身加快调整规范步伐的情况下，这一阶段榆林民营经济有序稳定发展，到 2011 年全市民营经济的财政贡献率达到 41%，成为榆林经济的重要组成部分，并在快速的发展过程中实现了"五大突破"。

**（一）整顿规范时期榆林民营经济整体发展情况**

一是综合实力日益增强，规模总量有了新突破。这一时期榆林民营经济蓬勃发展，通过强化政策支持，突出园区承载，实现了民营经济在总量规模和质量效益上的"双跨越"，民营企业成为榆林经济最具活力的增长点。进入 21 世纪以后，榆林乡镇企业所有制形式发生了巨大变化。2001 年，全市防寒服企业已近千家，从业人员十多万人，年产量高达 1000 多万件，年销售收入达十亿元，榆林防寒服声名鹊起，成为我国最大的羊毛防寒服产销基地。2002 年，全市乡镇企业基本都转化为个体、私营企业，非公有制经济占到国民经济总量的 38%。随着榆林资源大开发和西部大开发战略的推进，群众脱贫致富的渴望日益增长，纷纷加入投资兴办企业的大军。截至 2011 年底，全市民营经济组织达到 12.6 万户，其中民营企业 7600 多户，占全市企业总户数的 90% 以上，其中规模以上企业 526 户；注册资本过亿元的民营企业达到 23 户，5000 万至 1 亿元的 46 户，1000 万至 5000 万元的 459 户；民营经济从业人员达到 52 万，占全市企业总人数的 60% 以上；民营经济资产总额超过千亿元，达到 1043 亿元；实现增加值 828.4 亿元，占全市生产总值的 36.14%；全市民营经济税收达到 180 亿元，财政贡献率达到 51%。

民营企业在神木、府谷两县尤为密集，民营经济占 GDP 的比重均在 50% 以上，神木煤焦电集团公司、府谷恒源煤焦电化有限公司等一大批骨干企业利用当地煤炭、电力等资源优势，走能源综合利用、企业内部优势互补的发展之路，有效提高了企业的抗风险和竞争能力。神木经济开发区下辖的四个工业园区，160 多户非公有制企业正迅速崛起，涉及煤炭、电力、建筑等众多领域，恒源集团、北元化工、亚华集团等一大批规模大、前景好、发展后劲足的企业，已成为区内的龙头企业，形成了规模效益经济。

二是投资方向、投资领域有了新突破，民间投资的作用日益显现。随着榆林经济的快速发展，民间融资逐渐升温，活跃了金融市场，推动了金融竞争，完善了金融体系，对榆林经济的跨越发展特别是中小企业的发展起到了积极的推动作用。全市民营经济在市委、市政府的统一领导下，充分利用地方优惠政策，通过自筹资金、股份合作、招商引资、融资贷款等多种渠道和方式，筹建新项目，不断壮大企业规模。以 2003 年 11 月为例，榆林市代表团随陕西省政府代表团赴长江三角洲开展招商引资活动，仅十天时间就与江苏省、上海市、浙江省等地签约项目 30 个、总投资 129.5 亿元，引进国内资金 106.6 亿元、引进国外资金 19100 万美元，成为榆林市改革开放二十多年来，跨省区招商引资规模最大、签约项目最多、引资额度最高的招商引资活动，位居全省 11 个地市之首，充分显示了各方资本对榆林经济发展前景的肯定。与此同时，榆林还利用国家鼓励支持引导经济发展政策和逐步放宽市场准入条件，不断引导民间资本流向新的领域。除煤炭、建筑、运输、农副产品深加工等传统产业外，民营企业逐步向化工、电力、科技、文化、医疗卫生、建材、中介机构等领域发展，截至 2011 年底，榆林市经省金融办批准成立的小额贷款公司共 67 家，注册资本金 73 亿元。全市小额信贷公司累计发放贷款 66.77 亿元（10210 笔），民营高科技企业已发展超过百户，初步形成了多业并举、共同发展的局面。然而，民间资本也存在许多需要解决的问题，部分小额贷款公司、融资性担保公司、典当行、投资公司发展过快，未得到规范引导，甚至野蛮生长，导致榆林经济出现问题，乱象丛生。

三是民营企业管理理念和水平有了新突破。随着榆林民营经济的飞速发展，不少企业的经营理念不断更新，管理水平日益提升，逐步形成了一支有眼光、懂经营、会管理的优秀企业家队伍。一部分起步较早、规模较大、实力较强的企业已经率先走出了传统管理模式，在企业生产经营实践中建立起现代企业制度，重视人本管理、信用管理、安全管理、财务控制等科学管理方法，以企业文化建设推行民主管理，成立了党群和工会组织。全市建立党组织的民营企业达 400 多个，占应建党组织企业的 90% 以上，拥有党员 5000 多名，有 200 多户规模以上的民营企业建立了工会、青年团和妇女组织。

四是产业结构调整和优化有了新突破。全市民营经济依托地方资源，积极发展特色经济，逐步形成四大产业集群：中部以榆林城区为中心，形成以建筑、餐饮、化工、电力、轻纺、服装、旅游、文化娱乐、医药卫生为主导产业的经济格局。北部以神木、府谷、神府经济开发区为中心，依托煤炭资源优势，形成煤焦电及煤炭深加工、化工、金融冶炼、建材等资源的重工业产业链群。西部以定边、靖边、横山三县为中心，充分利用土地、饲草等自然资源，大力发展养殖、畜牧、乳品等，形成以农畜产品为主的产业集群。南部以绥德、米脂、子洲为中心，大力发展商贸交通运输业，并依托盐业、油气等地下资源发展化工产业；同时以佳县、清涧、吴堡为区域，形成红枣、土豆为主的农副产品深加工产业链。

五是民营经济管理机制有了新突破。这一时期，榆林党委、政府在对民营经济的"放管服"方面不断解放思想、更新观念，积极开展制度创新，抓环境优化、抓载体建设、抓招商引资、抓改组改制、抓体系建设，为民营经济发展营造了良好的环境。2003 年，市委、市政府出台了《关于整治和优化投资环境的决定》，开展了治理投资环境行动，深入进行了"四清理""五整顿"，推行"六项制度"，各级政府均设立了专门领导机构和投资环境 110 办公室，在全市构筑投资环境监管网络，规范整顿破坏投资环境的不法行为。在不断优化投资环境的良好态势下，榆林把园区建设和小城镇建设相结合，作为加快民营经济发展的有效载体，围绕建设"国际知名、国内一流"和具有国际竞争力的能源化工基地的目标定位，规划建设了一批经济园区，吸引了众多优秀民营企业，以榆林经济开发区、神府经济开发区和榆神、榆横、府谷、绥米佳、吴堡、定靖六个工业园区为主的"两园六区"开发格局基本形成，大大提高了民营企业的集聚效应。市委、市政府还着力抓担保体系、重点民营企业帮扶体系、民营企业激励体系、考核体系四大体系建设，解决民营经济发展疑难问题，增强民营经济发展活力。

这一阶段，榆林经济社会发展中也存在不少问题。尤其是 2008 年全球金融危机爆发之后，作为能化大市的榆林经济受到严重冲击，GDP 增速同比下降近 20%，规模以上工业企业停产超过 60%，煤矿停产超过 90%，能源工业经济利润下降、开工不足，产品价格大幅下跌、市场萎缩，消费需求低迷、投资和消费信心不足，长期积累的经济结构方面的固有矛盾浮出水面，为榆林市持续健康发展敲响了警钟。对此，榆林市委、市政府伸出"有形之手"积极应对，在"科教引领，创新转型"战略引领和"五促三保"措施的及时推动下，先后制定出台了下浮电价、资金贷款贴息、煤炭源头管理、让利扶持兰炭企业、加强重点工业企业运行管理等一系列政策措施，最终实现了保增长、扩内需与调结构"三赢"，使经济逐步企稳回升。

此次危机暴露出榆林经济社会发展中存在的问题和矛盾：一是发展方式粗放，自主创新能力不强，经济结构优化升级和转变发展方式任务艰巨；二是随着国家宏观经济政策的调整，土地控制、环境容量和节能减排压力进一步增大，项目建设环境更加严格；三是城乡居民收入特别是农民收入偏低，促进农民增收的长效机制尚未建立；四是社会保障体系不够完善，公共服务水平有待进一步提升，特别是就业再就业形势严峻；五是经济和社会管理体制机制障碍突出，干部作风和政府自身建设有待进一步加强。这些问题都不同程度地制约着榆林民营经济的健康、快速发展，加之榆林民营经济本身存在的转型升级步伐缓慢、在榆林市国民生产总值中所占比重低（低于全国、全省甚至是陕南、关中地区）、自身素质不强等问题，导致榆林经济即使处在发展的"黄金十年"也必须面对"资源诅咒"、可持续发展难以为继的问题，而不得不进行调整和规范，在提高管理水平、培养战略思维、加速产业技术升级和产品结构优化上下大功夫。

## （二）县域特色

大河有水小河满。榆林民营经济在这一时期克难奋进取得的成绩，依靠的是用好政策抓住机遇，更依靠的是南北各区县因地制宜，充分挖掘自身特色，探寻发展方向。迈入 21 世纪，榆林市南部六县特色产业发展已经初见规模，具备了把枣业、小杂粮、畜牧业、旅游业做大做强的有利条件。各县形成了独具特色的经济产业发展方向，也取得了可喜的发展成绩：佳县的红枣、旅游，吴堡的红枣、桑蚕，清涧的红枣、粉条、石材，绥德的饲料、大棚蔬菜，米脂的小米、杂粮，子洲的黄芪、畜牧产业等在省内外均享有盛誉；佳县、清涧红枣种植面积超过50万亩，红枣年产量达到十万吨，产值两亿元；绥德的"三十里铺"小杂粮走入了人民大会堂，大棚蔬菜发展到1500多棚；米脂的小米、小杂粮也走入北上广深许多大城市的超市；子洲县围绕"薯、豆、芪"等农副产品，涌现了三丰油脂有限公司、天赐公司等20多家农副产品加工企业，产品远销日本、韩国以及中国港、澳地区。榆林北部六区县则凭借先天的资源禀赋和地理环境，在开发能力提升、能源价格暴涨的背景下，围绕国家能化基地建设，大力发展资源经济，民营企业迅速上规模、见效益。

1. 因地制宜发展养殖在子洲

相比榆林其他资源优势地区，子洲可谓"一穷二白"，但是子洲人因地制宜，讲好自己的"养殖经"，独辟蹊径，走出一条畜牧致富之路，宏康乳业有限公司就是其中的一个典型。这是马蹄沟镇张家砭村的一个民营股份制企业，占地80亩，固定资产450万元，流动资金118万元。公司于2005年9月开工建设，先后建成占地680平方米的全自动现代化中心，建成占地700平方米的饲料加工、储存库八间。宏康乳业坚持走"集团+基地+公司+农户"的发展路子，建立了以公司为"龙头"，以规模化养殖户为基地，通过合同结成优势互补、利益共享的经济共同体，辐射带动周边广大养牛农户发家致富。公司制定优势入区政策，凡是自愿进入养殖小区的奶农，公司无偿提供养殖场所，并对日产25公斤的奶牛，无偿提供补贴资金2000元，极大地提高了奶农入区的积极性。公司保证每日两次上站吸奶，每月1日结上月奶账，既解放了奶农的劳动力，又解决了奶农资金回收难问题。公司还与蒙牛集团签订了八年的供鲜奶合同，每公斤1.7元，蒙牛集团给奶站每公斤补贴0.32元，解决了奶农卖奶难的后顾之忧。此外，公司每年消化当地玉米120吨，涉及农村耕地300亩，带动了100户的种植产业发展。收购饲草和各类秸秆1500吨，使张家砭村及周边20公里范围内退耕还草的饲草和农作物秸秆全部就地消化，增加了种植户的收入。公司还将有机肥返还给种植农户，大大提高了粮食单产，初步形成生态农业发展的良性循环体系。公司的发展壮大带动了周边的加工、运输、服务等相关行业的发展。

2. 佳县引进外资壮大主导产业

佳县发展民营经济的主要策略是积极引进外资，壮大该县主导产业，取得了丰硕的成果。以2003年为例，全年主导产业开发累计引进外资达到2592.8万元，涉及旅游业、生态农业、农副产品加工业三个方面的七个项目。外资引进的热点主要集中在旅游开发方面，共达成三个招商引资项目，引进外资 2085 万元。白云山北线三级旅游公路，全长 3.3 公里，总投资 485 万元；白云山民俗文化村项目总投资 1280 万元；白云山黄河漂流项目总投资 620 万元。在外资的大力推动下，白云山旅游开发不断深入，2011 年，白云山景区被批准为国家 AAAA 级旅游景区，成为榆林市第一个国家 AAAA 级旅游景区，填补了榆林无 AAAA 级景区的空白。此外，佳县在生态农业和产品加工方面的招商引资工作也成绩斐然，共引进包括亚洲开发银行日本扶贫赠款项目和国际计划扶贫项目外资 194.8 万元，涉及木头峪、螅镇两个乡镇的 2000 个农户，累计栽植红枣 790 亩，改造低产枣园 1035 亩，种草 480 亩，养羊 210 万只；引进产品加工方面外资 313 万元。

3. 栽"梧桐"引"凤凰"，全面扩大非公投资看绥德

这一阶段，绥德县以产业项目建设为核心，尽心竭力为投资商服务，为招商引资工作提供强有力的组织保障。县里制定了《招商引资优惠政策》，组建了专门的招商机构，一个窗口对外，凡是外来投资项目，一事一策对待，实行挂牌保护，形成全程跟踪、高效优质的服务机制。同时，坚决制止对外来投资项目乱罚款、乱收费、乱干扰现象，形成了招商、重商、亲商、安商的投资氛围，同时还积极参加"西洽会"等大型招商活动引进项目，出现了以商招商的良性循环新势头。

绥德县对民营企业放宽股权比例限制，与国有企业实行同等待遇，彻底清理现有规章和规范性文件中限制民营经济发展的规定，修订完善鼓励、引导和支持个体、私营等非公有制经济发展的法规、规章和政策。县里鼓励支持民间资本参与市政公用事业投资、建设与运营，对已建成并投入运营的城镇供水、供气、供热、公共交通、污水垃圾处理等公用事业项目，可向民营企业转让部分产权或以附加条件形式转让经营权。同时，鼓励民企通过参股等方式参与市政公用事业、事业单位的产权制度和经营方式改革。县里实行了县级领导联系、部门帮扶和重点企业挂牌保护等制度，在为提供企业服务的同时，积极推动民营企业二次创业，努力促进县域经济健康快速发展。截至 2011 年，全县民营企业总量达 5971 户，非公有制企业从业人员 2.91 万多人，拥有固定资产原值 23232 万元。民营企业在县域经济的发展过程中发挥着日益重要的支撑作用，已经成为绥德发展县域经济的重要组成部分。

4. "内外兼修"激活民营经济数清涧

地处榆林南部的清涧县并无资源优势，但是清涧以《关于进一步加快非公有制经济发展的实施意见》为指导，做到"内因激活，外因推动"，民营经济得到突飞猛进式的发展。到 2011 年底，全县民营企业完成总产值 26 亿元，增长 20%；民营经济增加值占 GDP 的比重达到 46%；民营经济对全县 GDP 贡献率由

2006 年的 17% 上升到 52%，财政收入贡献率由 38% 上升到 61%。

清涧县"内因激活"主要采取了四大举措：一是激活创业主体。以实施全民创业、家庭创业、自主创业为重点，充分调动广大群众的致富热情和创业干劲，通过"百户培育、十户成长"工程，年均新增私营企业 50 户，个体工商户 200 户。二是激活龙头企业，支持和鼓励民营企业向红枣、粉条、石材等优势产业聚集。大力实施民营企业规模化、多元化发展战略，通过增资扩股、兼并联合、资产重组等方式发展大企业、大集团，壮大产业规模，扩张生产能力，扶持一批规模以上企业、亿元企业和大型农副产品包装公司及贸易公司。三是激活企业核心竞争力。引导民营企业树立创新意识，不断进行技术、管理、产品、质量创新，加快产业升级换代，延长产业链，实现规模化、专业化、集约化。引导企业树立诚信意识，遵循市场规则和行业规范，守法经营，塑造良好的知名度和美誉度。引导企业树立社会责任意识，积极为政府分忧，为群众解难。四是激活招商引资。要把非公有制企业作为招商的主体力量，主动引进资金、技术、人才，以扩大非公有制发展规模。

清涧县的"外因推动"主要体现在四方面：一是推动融资担保，努力解决民企资金短缺问题。县里建起了政府、银行、企业三方长效合作机制，增进相互间的信息交流；建立了企业融资需求信息库，向金融机构推荐项目，协助民企融资；积极推进担保机构建设，建立了贷款担保公司，为 2012 年设立中小企业贷款银行打下基础。二是推动人才引进战略实施和人才引进培训，搭建人才引进平台，疏通人才引进渠道，鼓励企业大力引进各类专业技术人才，解决民营企业人才欠缺的难题。县里搭建起县、乡、企业三级培训平台，利用清华远程教育网、红枣科研中心、食品检测中心等培训资源有计划地开展多层次的人才培训，年培训量达到 2000 人次以上。三是推动经营环境建设，努力解决市场杂乱的问题。全县努力健全市场体系，完善市场竞争机制，严厉打击制假售假和欺行霸市、坑蒙拐骗等扰乱市场秩序的行为，市场环境不断优化。四是推动服务引导，努力解决行政效率低下的问题。县里把改革政府审批程序作为优化政务环境的重点，进一步推行政务公开，精简审批事项，减少审批环节，努力改进服务方式，提高服务效能。

5. 争先进位后来居上说吴堡

吴堡县牢牢把握"着力促进经济突破发展"主题，加大重点项目投资力度，重点从打造工业强县、发展特色农业、壮大民营经济上破解发展难题，县域经济社会实现又好又快发展，已经成为全省的"排头兵"。在陕西省政府公布的 2010 年度"陕西县域经济社会发展争先进位奖"名单上，吴堡位列受表彰"争先进位奖"十个县之首，整体排名从 2009 年的第 72 名跃升到 2010 年的第 46 名。

2010 年，吴堡完成生产总值 9.64 亿元，同比增长 18.8%；完成财政收入 4306 万元，增长 20.1%；城镇居民人均可支配收入达到 16135 元，同比增长 22%；农民人均纯收入达到 4403 元，同比增长 25.3%。吴堡民营经济发展后来居上的喜人局面，主要源自政府正确的战略举措：

一是发挥资源优势，打造工业强县。吴堡境内储有 15 亿吨全国少有、陕西唯一的优质主焦煤、200 亿吨岩盐以及 160 亿立方米煤层气。全县立足资源，把矿区园区建设作为重中之重，县域经济实现突破性发展。县里组织专家深入调研考察，编制完成了《柳壕沟矿井可行性研究报告》《吴堡县工业发展规划》等一系列规划及报告，明确了"一区三园"的工业发展布局和总投资近 160 亿元的 25 个重点建设项目；柳壕沟矿区完成工业场地的征地拆迁，正式破土动工；吴堡煤田开发拉开大幕；王家山工业园区选址全面完成；西部能源产业有限公司 60 万吨特种盐项目快速推进，煤层气六孔试验井全部出气，并点火完成试抽试采；建成横沟三号水源示范井取水工程；矿区园区铁路支线完成编制，铁路货运集装站建设加紧编制；307 国道与火车站连接线完成规划设计。

二是调整产业结构，发展特色农业。吴堡位于黄河沿岸丘陵沟壑区，是传统农业县，但农业生产条件差，产业化程度不高，农民收入水平低。全县把农业产业化建设以及发展特色农业作为主攻方向来抓，以工业的理念抓农业，农业产业化经营水平有了很大提高。2010 年全县农业总产值达 2.5 亿元，同比增长 47.1%。张家山红枣生态示范园完成 620 亩苗木种植，贾家山现代农业科技示范园完成土地平整，杨家店、柏树坪设施农业示范园杨家店片区建成日光温室 20 座、塑料大棚 30 座，柏树坪片区通过劈山填沟完成 800 亩土地平整。与此同时，县里 500 万元专项资金扶持农业产业化继续深入推进，全县红枣、养殖及农副产品加工业快速发展，红枣种植面积达到 16.8 万亩，农产品加工企业达到 91 户，其中规模以上 7 户。光大、四海等红枣加工企业和山蛋蛋粉条、老霍家手工挂面等农副产品加工企业规模日益扩大，典型示范和辐射带动作用不断增强。全县重点推进的"11116"养殖倍增工程形成了以生猪、羊子、蚕桑、肉牛、蛋鸡、蜜蜂为主的六大特色养殖产业，畜牧业总产值达到 8500 万元，占农业总产值的 34%，成为推动农民增收致富的重要力量。

三是开展全民创业，壮大民营经济。吴堡大力开展全民创业，并将发展民营经济提升到壮大县域经济的战略地位，从政策、资金、管理、服务、环境五个方面大力扶持民营经济发展。2010 年全县个体工商户达到 3626 户，非公有制企业 184 户，其中规模以上 4 户，占全县经济总量的比重达到 52.4%，全县中小企业和非公有制经济从业人员达到 1.48 万人。中小企业创业园区被确定为全省重点建设的 100 个县域工业园区之一，为引导企业聚集发展、形成产业集群奠定了良好基础。同时，全县加大招商引资力度，优化投资服务环境，提高对外开放水平，在西洽会上成功引进了总投资 8000 多万元的陕西鼎昌旅游开发有限公司横沟温泉旅游度假区项目，成为招商引资工作的一大亮点。

6. 靖边以农民增收为目标，促进传统农业向市场农业转变

2000 年以来，靖边县不断推动农业产业结构调整优化，打"特色牌"，唱"反季节戏"，有力地促进了传统农业向市场农业的转变，逐步形成以蔬菜为主导产业的特色经济，大棚菜已成为农民增收的主要来源。靖边地处毛乌素大沙漠南缘，北部风沙滩区地势平坦，水资源丰富。近年来无公害蔬菜走俏市场，靖边人看到了潜在商机：大漠边缘特有的水源正是生产优质蔬菜的首选"血脉"。为此，靖边县按照"县上抓产业，乡村建基地，农户齐参与"的方式，组织大面积连片蔬菜生产开发，瓜菜已形成规模化、基地化的生产新格局，一跃成为县域经济的主导产业。县里采取了多种举措扶持蔬菜产业壮大：一是加大资金倾斜力度，县农行为每个温棚户提供扶贫贷款 5000 元；二是组织经常性的技术指导让菜农变成种植"行家"；三是鼓励"菜贩子"为靖边蔬菜走俏市场推波助澜——"菜贩子"一头连市场，一头牵菜农，既搞批发又搞零售，既传播着蔬菜市场信息，又吸引来外地客商。被誉为"辣椒第一镇"的梁镇街头随处可见蔬菜商贩采购红椒，一车车皮厚、味美、质优的辣椒远销北京、西安、长沙、深圳、苏杭等地，一度曾有"梁镇辣椒红江南"之美誉，为当地菜农增收数千万元。

7. 横山县政府当"伙计"，企业做"老板"

横山县委、县政府解放思想、转变职能，全心全意为民营企业当"伙计"，迎来了民营经济发展的"艳阳天"。全县大刀阔斧简化行政审批手续，废除文件 28 个，撤销合并经济部门 19 个，启动政务大厅，扎实开展县级领导帮困活动。同时，县里积极引导民营经济在政治上追求进步，成立了多个非公有制企业党组织，评选多位民营企业家为省、市、县劳模，光荣出席人代、政协会，给他们提供更多参政议政和扩大知名度的机会。截至 2011 年底，全县私营企业超过 600 户，个体工商户突破 3500 个，实现产值接近 20 亿元。

政府先行调研，开放新兴行业，引导民营企业积极投身农业产业结构调整主战场，是横山县发展民营经济的又一大特色。全县采取拍卖"五荒地"等形式，主动支持民营公司——"治沙有限责任公司"在白于山区的艾好峁乡承包万亩荒山，经过大规模科学治理，千亩大扁杏硕果累累，沙地豆科作物沙打旺、柠条布满了黄土坡的沟沟坎坎，仅草籽一项收入就突破 3 万元。县里还引导金富横对外贸易公司主动与外商联系，抓质量、树品牌、拓市场，成功地将大明绿豆打入北美、日本等数个国家和地区，创汇数百万美元。

8. 定边县因地制宜，积极发展非公有制林业

定边县根据本县实际情况及特点，积极引导和调动民间力量参加植树造林，

为全县林业发展注入了新的活力。县里在稳定土地所有权的基础上，实行"两权"分离政策，放开国有、集体荒山、荒沙的使用权，搞活经营权，按照"谁造谁有、谁经营、谁受益、允许继承、允许转让"的原则，多措并举鼓励民间力量通过承包等方式取得土地使用权，进行沙地、荒地治理开发：一是对宜林荒山（沙）已承包到户的，优先安排工程建设任务；二是对田林网建设积极创造条件，实行合同制、招投标造林；三是打破乡、村界限以及建设者的身份界限，把造林者的责、权、利与造林质量、成效结合起来；四是对兴办绿色企业给予各类优惠政策；五是在林业重点工程实施中，积极推行造林合同制管理试点，用合同的形式明确各方责、权、利，变职能管理为合同，变大包大揽为监督指导，给造林者以充分的自主权。由于措施得当、保障有力，截至 2011 年，全县形成较大规模的民营绿色企业 20 余家，涌现出 2069 户非公有制生态建设示范户，累计完成荒山造林 78.46 万亩。

9. 资源经济助推神木民营经济跨越式发展

神木得名于该地远古传说中的三棵"神松"，得天独厚的资源禀赋为神木的跨越式发展提供了坚实基础，使神木在短时间内由贫困县变成全国百强县，连续多年位居陕西县域经济综合竞争力第一名。在能源紧俏、飞速发展的黄金十年，神木以煤炭开采为契机，围绕能化周边产业涌现出一批民营大企业。但进入整顿规范阶段，不少企业却因经济危机、资源红利的优势弱化、民间借贷风波等种种原因陷入发展困局。为此，神木把发展民营经济作为强县富民、建成小康社会的第一要务，充分发挥交通便捷、资源富集等优势，努力打造良好营商环境，创新民营经济体制机制，使民营经济焕发出勃勃生机，总量逐年迅速增长，产业结构日趋优化，呈现出多轮驱动、多轮运行、多业并举的多元化经济结构新格局：

一是在发展企业联盟上实现大的突破。神木县委、县政府鼓励引导民营企业加强联合联盟，扩展产业规模，提升产业层次和经营管理水平，增强产业带动能力和抗御市场风险能力，扩大对外影响。北元化工与陕煤集团合作，资本金由 10 亿元扩大到 16.8 亿元，成功扩建了 100 万吨聚氯乙烯项目，开创了混合所有制先河，实现了两者的优势互补，对神木县、榆林市、陕西省区域经济的协调发展具有积极的推动作用，对西部氯碱化工产业发展产生了深远影响，对陕北能源化工基地建设意义重大。此外，联众、来喜、东源、五洲四户兰炭企业与陕煤组建成立神木能源发展公司，重点实施循环经济一体化项目，在扩大了经营领域的同时，也使企业自身达产率、资源综合利用率和生产效益明显提升；龙华、天元、富油等民企与陕煤集团合并重组，四海、精原等六户民营企业与延长集团合作，使民营企业资本实力、管理水平、技术力量得到有效提升。

二是依托矿产资源优势，积极开展涉煤产业优化升级工作。神木严格控制产能低水平扩张，鼓励企业实施产业整合，并沿现有产业链纵向向前沿、高端和高附加值的大型化工合成材料、有机化学品、精细化学品和硅铝镁下游产业发展，持续提高资源转化率，提升产业整体竞争力。神木原有煤炭企业经过整合，主体企业减少到22户，但生产规模扩大了六倍多，达到7865万吨/年，采煤技术和安全生产水平明显提高；兰炭产业经过"关小上大"、技改升级，23户环保现代的大型兰炭企业全部建成投产，成功进入国家产业目录，年产值达110亿元；电石产业整合提升步伐加快，一批年产30万吨以上的规模电石企业建成；全国最大的聚氯乙烯项目稳定运行，并形成了"煤、电、电石、聚氯乙烯、水泥"一体化的循环生产模式，年产值达45.9亿元；融和集团聚四氢呋喃、鑫义化工15万吨石脑油、延长安源100万吨煤焦油加氢等一批民营重大精细化工项目建成。

三是创新产业引导机制，让民营经济成为结构优化调整的主力军。神木深入实施"围绕煤、延伸煤、超越煤"的"三煤"战略，既注重整合重组传统产业，又注重发展壮大新兴产业；既注重大企业大集团培育，又注重中小企业发展；既注重发挥民营企业的市场主体功能，又注重加强民营经济发展的载体建设，努力探索出一条"资源型城市民营企业转型升级"的发展新路。"十一五"期间，神木累计发展农畜产品加工企业50多户、规模养殖企业450多户，带动农业总产值从9.1亿元增长到16亿元，年均递增12%；加工制造业蓬勃发展，年产值可达9亿多元；高端餐饮、商贸物流、休闲娱乐、文化旅游等产业加快发展，特别是金融业有了明显突破，长安银行、招商银行等大型商业银行落户神木，小额贷款公司发展到22户，注册资本总额达27亿多元；第三产业增加值占GDP的比重稳定在30%左右。

四是创新投融资支撑机制，多元化、多维度破解企业融资难题。早在2003年，神木就成立了注册资本十亿元的国有资产运营公司，通过盘活国有经营性资产、激活社会闲散资金、带动银行授信，扶持了十余家销售额过亿元的民营企业，累计为各类企业提供贷款16.5亿元。县里还设立中小企业发展专项扶持资金1000多万元，每年举办一届政府、企业、银行联动的县域民营企业博览会，为民营经济发展起到重要推动作用。

五是不断创新政府服务机制，创造"安心发展"的社会环境。民营经济是典型的"洼地经济"，其发展与政策环境息息相关。神木县重视民营经济的战略地位，努力为民营经济发展营造"政治上认同、社会上尊重、政策上支持、法治上保障"的良好氛围，先后实施了干部挂职、白领派遣、民营经济县长联络员、培训民营企业家等一系列鼓励民营经济发展的优惠政策，为企业的发展提供了强大引擎。

2011年底，神木民营企业总产值达到455亿元、占全县GDP近60%的比重，增加值 251 亿元；个体工商户 20884 户、民营企业 2424 户，其中规模以上企业达到 176 家，年产值超过亿元的有 75 家，超过 10 亿元的有 2 家，已形成一批实力强大的民营领军企业，组建了兰炭、电石、镁业、建材、装备制造等大型企业集团，民营集团公司从 7 户增加到 35 户。民营经济积累的丰富发展经验和积蓄的强力发展后劲，撑起了神木县域经济的半壁江山。

10. 资源资本集聚效应富府谷

府谷地处晋陕蒙三省区交界，是陕北民营经济起步最早、发展最快的县之一。县委、县政府坚持科学发展，对民营经济高度重视，充分引导民营企业在发展规模、科技进步、融资扩张等方面不断创新，支持民营资本进军大项目建设，推动民营企业上规模、上档次、上水平，资源和资本的集聚效应日渐凸显。

一是大手笔规划建设了总面积 57.39 平方公里的清水川、黄甫川、庙沟门、郭家湾四大工业园区以及八个兰炭产业园，完成了黄河、恒源、东山三个工业小区规划，形成了"七区八园"的工业发展格局，成为民营经济项目建设和产业发展的主要依托。以工业园区为依托，产生了"筑巢引凤、项目带动"的催化效应，吸引大批民营企业和民间资本集中园区，一批"国字号"大型企业到园区落户，较好地推动了企业集群化、产业集群化发展。

二是创新管理机制，引导民营资本向大项目倾斜，推进民营经济资源整合，以集团力量形成竞争优势。在县委、县政府主导下，400 多户民营企业共同出资组建了煤业、镁业、煤化工、煤电冶化、特种合金五大民企集团，新上了一批资源综合利用项目，煤转电、煤化工、煤电载能并驾齐驱的能源经济发展格局初步形成。府谷煤业集团从 2011 年开始投入 66.57 亿元在庙沟门工业集中区和清水川工业集中区开工建设 3×80 万吨/年兰炭、20 万吨/年甲醇、2 万吨/年金属镁、200 万吨/年电石、100 万吨/年聚氯乙烯、200 万吨/年电石等大型项目；投资 3 亿元开工建设煤业大厦。煤化工集团投资 50 亿元，新建 12 条年产 60 万吨以上的兰炭综合利用项目，配套电石、硅铁、煤气发电、金属镁、镁合金、水泥、焦油等产品，可实现年产值 100 亿元，创利税 30 亿元。镁业集团已形成一条集金属镁、煤炭、兰炭、煤焦油、硅铁的产业链，年产金属镁 15 万~18 万吨（占全国产能的 30%）、兰炭 300 万吨、煤焦油 30 万吨，生产工艺居全国领先水平，产品远销美国、加拿大、韩国、日本等国家。这些大项目的建设有力地推动了府谷煤电化载能基地的建设步伐，提升了县域经济整体实力。

三是鼓励和引导民营企业发展非煤产业，进一步优化投资结构，改变单业独大的产业格局。府谷县充分利用煤炭产业积累的雄厚资本，引导民营企业多元化发展：鼓励和支持民营企业投资基础设施建设、房地产、商贸物流、金融、服务业、现代农业等非煤领域；民营资本入股府谷交建集团，投资 48 亿元建设大石一级公路；煤业集团投资 30 亿元，依托准朔铁路建设 42 公里煤炭铁路专用线和集装站；民营资本通过购买产权、资产重组、投资入股等形式，参与国有企业股份制改造，盘活了国有资产，优化了产权结构。当地政府还按照"1+2"的转型发展模式，在发展转型项目的同时，积极领办或扶持一个农业项目，使民营经济在多元发展中有效规避了市场风险，开辟了新的发展领域。

四是以项目为抓手强化政府服务职能，为民营经济创造良好发展环境。府谷县强力推行"五个一"工作机制（一个项目、一名领导牵头、一个班子服务、一个部门负责、一套方案管理），把项目推进和环境保障作为年度考核的重要内容，层层落实责任，为民营经济健康可持续发展创造良好环境。全县实行了领导包抓制度、挂牌保护制度和联席会议制度，定期研究、协调解决民营经济发展中的重要事项和重大问题。所有民营经济相关重点项目用地由政府牵头实行统征、统一规划和投资建设水、电、路等基础设施，实现供水管线、供电线路、通行道路到园区、到项目，提高配套承载能力。此外，县财政每年还安排 1000 万元就业培训资金，帮助企业开展轮岗培训，提高企业员工的劳动技能。

民营经济的快速发展推动了府谷富民强县进程，在发展壮大县域经济、开辟地方财税来源、安排劳动就业、增加城乡居民收入、促进城乡一体化发展和助推社会事业发展等方面，府谷民营经济做出了巨大的贡献。2011 年底，全县地区生产总值达到 407.95 亿元，财政总收入 85.22 亿元，城乡居民两项收入分别达到 25312 元和 9927 元，民营经济占全县经济总量的 67.4%，对财政的贡献率达到 74.3%。在民营经济的强力支撑下，2009 年至 2011 年，府谷连续三次位居陕西省县域经济社会发展十强县之首，还先后被评为全国文明县城、全国科技进步先进县、全国生态文明先进县和中国产业百强县、中国新能源产业百强县、中国金融生态县、全省最佳投资环境县、全省非公有制经济工作先进县。

2000～2011 年是榆林民营经济跌宕起伏、在整顿规范中克难奋进的时期，榆林遭遇过金融危机带来的萧条和衰落，也经历了黄金十年伴资源而富的繁荣。榆林上下紧紧抓住了西部大开发和建设国家能源化工基地的历史机遇，遵循"调结构、上水平、促改革"的发展思路，全面落实科学发展观，充分发挥资源和区位的天然优势，加速壮大民营经济，推动单一经济结构向多元结构转变，扶植了一大批机制新、辐射面广、示范性强，具有创新性、开拓性、知识性、科技性、高成长性的优秀民营企业，不断推进转变，取得了骄人的成绩："十一五"期间，榆林市 GDP 年均增长 18%，财政收入年均增长 42.95%，固定资产投资年均增长39%，各项主要经济增长指标均好于全国、西部、全省水平，踏上了"资源榆林"向"速度榆林""效益榆林"迈进、全面决胜建成小康社会的新征程。

# 第四节　转型升级时期（2012~2018年）

　　党的十八大明确提出支持发展民营经济的政策举措，为民营经济转型升级、科学发展指出了一条具有中国特色的发展道路。党的十九大开启了改革开放新时代，习近平同志多次发表讲话支持和鼓励民营经济发展，号召企业家奋勇争先再建功业；党和政府发布一系列政策措施，进一步完善民营经济的制度环境和发展生态。这一时期全球经济在金融危机的深层次影响下复苏缓慢，经济低迷加快了全球产业调整和转移，我国民营经济面临转型升级的巨大压力。从中央到地方均在千方百计促进民营经济发展，帮助民营企业走出融资难、销售难、用地审批难、引进人才难、政策落实难等"五难"困境，保持良好的发展态势。榆林经济在能源价格持续下滑、能化产业跌宕起伏的局面下也遭遇前所未有的冲击，榆林市委、市政府主动迎接挑战、攻坚克难、综合施策，积极贯彻中央和省市精神，聚焦关键环节精准发力，打出一系列政策组合拳，经济社会保持了稳健发展态势。这期间榆林加快发展风电、光伏、新材料等战略性新兴产业，大力发展现代特色农业和推动传统能化产业高端化、高质量发展，积极发展金融、物流、文化旅游、大数据、电子商务等现代服务业，调结构、稳增长、促升级，榆林民营经济逆风飞扬、成绩斐然……

## 一、宏观环境与政策

　　2012年至2018年，党的十八大、十九大召开，提出了"习近平中国特色社会主义"新的思想、路线、目标，中央强调打好防范化解重大风险、精准脱贫、污染防治"三大攻坚战"，推出"供给侧改革、强监管、去杠杆"等政策，党和国家推出一系列关于非公有制经济发展的改革举措，形成了鼓励、支持、引导民营经济发展的政策体系，给民营经济发展带来巨大机遇。

### （一）党和国家高度肯定民营经济，营造宽松政策环境

　　2012年受欧美经济疲软影响，中国经济增速明显放缓，加之劳动力成本大幅上升，民营企业面临巨大的经营压力，盈利能力呈现下降趋势。面对复杂的国内外经济形势，在重重挑战下，中国民营经济如何继续保持生机和活力，保持各项主要经济指标的良好发展态势，是摆在各级党委政府面前的严峻问题。党的十八大全面阐述了新的历史条件下党关于坚持和完善基本经济制度的理论观点和政

策主张，科学回答了非公有制经济领域最紧要、最现实的重大理论和实践问题，"毫不动摇鼓励、支持、引导非公有制经济发展，保证各种所有制经济依法平等使用生产要素、公平参与市场竞争、同等受到法律保护"，为新时期非公有制经济健康发展提供了根本依据、指明了前进方向。政府各部委做出了多方面政策扶持，先后出台数十份支持民营经济发展的政策法规，国家发展改革委发布了《关于印发利用价格杠杆鼓励和引导民间投资发展的实施意见的通知》，国家发展改革委、公安部、财政部等11部门发布《关于鼓励和引导民间投资进入物流领域的实施意见》，住房和城乡建设部、发展改革委、中国银监会等联合出台了《关于鼓励民间资本参与保障性安居工程建设有关问题的通知》，中国银监会《关于鼓励和引导民间资本进入银行业的实施意见》等，从各个方面鼓励和引导民营经济进入新领域，为民营经济培育了更加肥沃的生存土壤。

2013年在我国民营经济发展历程中意义重大，党和政府陆续出台了一系列发展民营经济相关政策，为民营经济高质量发展创造了良好的制度环境。当年11月底召开的中共十八届三中全会也释放出诸多利好政策信息，民营经济迎来一个新的春天。此前，中国不同所有制主体在经济活动中的地位存在着一定差异：资源占有、资金要素使用不平等；部分领域由国企垄断，民营中小微企业则过度竞争；竞争性行业存在市场准入和行政审批"两道门槛"等。中共十八届三中全会通过的《中共中央关于全面深化改革若干重大问题的决定》一针见血地指出"经济体制改革是全面深化改革的重点，核心问题是处理好政府和市场的关系，使市场在资源配置中起决定性作用和更好发挥政府作用"。首次提出"两个都是"："公有制经济和非公有制经济都是社会主义市场经济的重要组成部分，都是我国经济社会发展的重要基础"；"两个不可侵犯"："公有制经济财产权不可侵犯，非公有制经济财产权同样不可侵犯"；"三个平等"：强调"保证各种所有制经济依法平等使用生产要素、公开公平公正参与市场竞争、同等受到法律保护"，"坚持权利平等、机会平等、规则平等"；还强调"废除对非公有制经济各种形式的不合理规定，消除各种隐性壁垒"，等等。诸多新提法，纠正了过去长期以来模糊甚至错误的认识，为中国民营经济发展提供了前所未有的理论支持、政策支持和根本性的肯定，对民企而言是尤为难得的历史机遇。

机遇推动着民营企业在市场大潮乘风破浪、高歌猛进。2013年，上海自贸区设立、金融改革启动、"营改增"扩至全国，新一届政府大力推动市场准入的改革和简政放权，取消和下放334项行政审批等事项，并进一步推进金融、石油、电力、铁路、电信、能源开发、公用事业、服务业等领域放宽市场准入，给民营经济带来更多机遇，不少敏锐的民营企业家把握时代脉搏顺势成功转型，在各自领域崭露头角。

2014 年后国家出台了一系列深化经济体制改革、统筹产业布局、促进经济发展的政策，为新时代民营经济发展提供了坚实的政策保障。2016 年 3 月，在民建、工商联界委员联组会上，习近平就干部与民营企业建立"亲、清"关系发表了重要讲话：对领导干部而言，"亲"就是坦荡真诚同民营企业接触交往，帮助解决实际困难；"清"就是清白纯洁，不搞权钱交易。对民营企业家来说，就是讲真话、说实情、建净言、遵纪守法办企业、光明正大搞经营。

2016 年 9 月出台的《慈善法》、11 月出台的《中共中央国务院关于完善产权保护制度依法保护产权的意见》，从十个方面对完善产权保护制度、推进产权保护法治化有关工作进行了全面部署。同年，国务院也印发《国务院关于推进简政放权放管结合优化服务改革工作要点的通知》《国务院关于印发降低实体经济企业成本工作方案的通知》《国务院关于促进创业投资持续健康发展的若干意见》，转发《发展改革委卫生部等部门关于进一步鼓励和引导社会资本举办医疗机构意见的通知》，全方位、多角度地为民营经济发展营造良好的制度环境。这一年，在中国房地产价格不断攀升、中产阶级发展壮大、商品价格回升、互联网金融发展迅猛的背景下，我国一批领军型民营企业家的财富迅速积累，富豪人数再创新高，富豪资产增长迅猛，海外并购狂热持续升温。

2017 年 9 月，《中共中央国务院关于营造企业家健康成长环境弘扬优秀企业家精神更好发挥企业家作用的意见》公布，该意见用 36 个字对弘扬优秀企业家精神提出要求，即弘扬企业家爱国敬业遵纪守法艰苦奋斗的精神、创新发展专注品质追求卓越的精神、履行责任敢于担当服务社会的精神，并提出加快建立依法平等保护各种所有制经济产权的长效机制，对企业家合法经营中出现的失误失败给予更多理解、宽容、帮助，加大党校、行政学院等机构对企业家的培训力度等一系列实质性措施。这是中央首次以专门文件明确企业家精神的地位和价值，对于把中国企业进一步做强做大，激励企业家们更好地为实现中华民族伟大复兴的中国梦发挥作用意义非常重大。2017 年 10 月召开的党的十九大上，习近平同志在报告中强调"全面实施市场准入负面清单制度，清理废除妨碍统一市场和公平竞争的各种规定和做法，支持民营企业发展，激发各类市场主体活力"。此外，随着《慈善法》《境外非政府组织境内活动管理法》的公布及实施，2017 年中国慈善事业步入法制化阶段，慈善捐助、互联网募捐、境外非政府组织在中国境内的活动等均有了相应较为透明的法律规范，对于民营企业家投身社会公益事业起到了积极的促进作用。

2017 年我国民营企业在继续高速增长的同时，也出现了一些问题，主要集中在融资方面和新兴领域。非法吸收公众存款、集资诈骗等融资类犯罪涉及众多企业，尤其是借助互联网技术发展创新的金融平台和互联网新兴产业，在野蛮生长后出现了大范围的倒闭潮。由于 2016 年底监管层对对外投资的资金监管和外汇兑换收紧，2017 年民企跨国并购日渐趋冷，"走出去"渐渐回归理性，跨境并购交易数量和交易额有所下降，但民营企业仍然是海外并购主力。

2018 年以来，受国内外经济形势复杂多变等多重因素的综合影响，在强监管、去杠杆、去库存压力下，民企债券违约现象蔓延，八九月，随着股票质押平仓危机升级，部分民营企业、小微企业经营和融资困难日益突出，引起了党和国家高层的重视。9 月，习近平同志在辽宁、广东考察时相继强调，要"毫不动摇地发展公有制经济，毫不动摇地鼓励、支持、引导、保护民营经济发展"，"党中央始终关心支持爱护民营企业并一直在想办法促进中小企业发展"。10 月，习总书记给"万企帮万村"行动中受表彰的民营企业家回信时指出：改革开放 40 年来，民营企业蓬勃发展，民营经济在稳定增长、促进创新、增加就业、改善民生等方面发挥了重要作用，成为推动经济社会发展的重要力量。民营经济的历史贡献不可磨灭，民营经济的地位作用不容置疑，他希望广大民营企业家把握时代大势，坚定发展信心，心无旁骛创新创造，踏踏实实办好企业，合力开创民营经济更加美好的明天，为实现中华民族伟大复兴的中国梦做出新的更大贡献。10 月底，中央政治局会议专题研究民营经济。11 月，习总书记主持召开民营企业座谈会并发表重要讲话，强调了"三个没有变"，即非公有制经济在我国经济社会发展中的地位和作用没有变，毫不动摇鼓励、支持、引导非公有制经济发展的方针政策没有变，致力于为非公有制经济发展营造良好环境和提供更多机会的方针政策没有变。这让所有民营企业和民营企业家吃下了一颗定心丸，也为未来民营经济的发展指明了方向。习近平同志提出解决民营企业融资难、融资贵问题，营造公平竞争环境等六项措施，因变施策、务实到位，极大地疏解了民营企业经营管理中的困难和问题。高层发声力挺民营经济，这无疑坚定了广大民营企业家的发展信心。在政策层面，党中央和国务院陆续出台了多项政策措施，直指民营经济发展的几大制约因素——市场冰山、融资高山、转型火山，"卷帘门""玻璃门"和"旋转门"，下大力气建设服务型政府，为民营经济发展创造良好条件。中国银保监会提出"1235"计划，鼓励大型商业银行将新增贷款一半投向民营企业，股份制、中小银行这一比例要不低于 2/3，三年内商业银行支持民营企业的贷款不低于 50%。国家税务总局印发《关于进一步支持和服务民营经济发展若干措施的通知》，从五个方面推出 26 条扶持措施。中国人民银行发布公告引导设立民营企业债券融资支持工具，稳定和促进民企融资……大批配套政策纷纷出台，民企营商环境出现"V 形"反转，民营企业迎来发展的"政策金秋"。

**（二）陕西省探索民营经济发展新举措**

民营经济是陕西经济社会发展的重要支撑力量，也是陕西实现追赶超越的重要着力点。这一时期，陕西省民营经济呈现快速增长、稳中有进、结构趋优的良好发展态势，但也存在着总量偏小、产业层次偏低、活力不强等问题。为此陕西省从强化引导、政策扶持、营造氛围等方面入手，在支持创新发展、降低企业成本、缓解融资难融资贵等方面多点发力，先后推出了《关于金融支持民营经济持续健康发展的意见》《省促进中小企业（非公经济）发展工作领导小组成员单位联系服务重点民营企业制度》《关于进一步促进个体私营经济发展的意见》《关于促进民营经济加快发展的若干意见》《陕西省中小企业和非公经济追赶超越工作实施方案》《关于依法保障和促进民营经济健康发展的意见》《关于推动民营经济高质量发展的若干意见》等一系列政策组合拳，优化民营经济发展环境，放宽市场准入条件，降低创业门槛，不断加大对民营经济的扶持力度。截至 2018 年，全省非公经济增加值为 13238.62 亿元，占全省 GDP 的比重为 54.2%，对全省经济增长的贡献率达 53.4%，拉动全省经济增长 4.4 个百分点，成为全省经济发展的重要力量和有力增长点；全省民间投资增长 22.3%，达到近五年以来最好水平，高于全国 13.6 个百分点；民营企业全年进出口实现 789.90 亿元，占全省进出口总值的 22.5%，成为进出口的主力军之一；地区非公经济蓬勃发展，呈多点支撑格局，但与其他发达省份相比，在总量、占比、科技含量、信贷和营商环境等方面还存在差距，非公经济发展遇到的"三座大山"也有不同程度表现。

榆林是陕西省非公经济增加值总量在 1000 亿元以上的四个市（区）之一，省委、省政府对榆林民营经济的发展十分关注。2012 年 5 月，陕西省级民营经济转型试验升级工作动员大会在府谷召开，决定设立民营经济转型升级试验管委会，探索民营经济发展新经验新举措。省领导提出要大胆探索资源型区域可持续发展的新路径，探索民营经济规模发展、创新发展、多元发展的新经验，探索促进民营经济发展体制机制的新举措。被列为全国首个省级民营经济转型升级试验区的府谷县是陕北能源化工基地的"桥头堡"，从 2009 年开始，连续多年蝉联陕西十强县之首，其民营经济实力强劲、极具活力和代表性，能够更好地为加快陕西省民营经济转型升级步伐探索路径、创造经验、提供示范。

2013 年，全球性经济下行给榆林这个资源型城市带来了极大冲击，当年 6 月，内容涵盖土地、财政、投资、财税和金融等一系列推动榆林加快发展的《中共陕西省委陕西省人民政府关于进一步支持榆林持续发展的意见》，即"新 27 条"适时出炉，再次为榆林发展注入了新的动力。该意见将推动民营经济转型升级作为主要任务提了出来，提出大力发展民营经济、推动民营经济转型跨越，支持民营企业与国有企业进行深度合作，省级中小企业发展专项资金每年对榆林的支持比例高于全省地市平均水平，省市按照比例设立三亿元榆林民营经济发展专项资金。

2014 年 12 月，陕西省政府办公厅发布《促进神府民营经济转型升级的若干意见》，从公共管理、产业转型、金融财税管理等十个方面，赋予神府民营经济试验区更多、更加宽泛的自主权和先试先行的决策权。这是省委、省政府继出台支持神府民营经济转型升级《十大行动计划》之后，深入贯彻中共十八届三中全会精神，主动适应经济发展新常态，推出的又一重大利好政策意见。

2018 年 2 月，陕西省人民政府《关于支持榆林高质量发展的意见》出台，为榆林"量身定制"发展思路和提供全方位支持。该意见从尊重顺应和保护自然，提升抵御自然灾害能力；深化能源供给侧结构性改革，构建现代化能源化工经济体系；加快创新发展，推动动力变革；加速区域融合，实现协调发展；树立绿色发展理念，保障改善民生；提升辐射能力，有效带动其他地区发展六个方面，为榆林加快建设世界一流高端能源化工基地、陕甘宁蒙晋交界最具影响力城市、黄土高原生态文明建设示范区，有效发挥带动作用，实现高质量发展指明了方向，充分体现了陕西省对榆林发展的高度重视及榆林在中央和省市发展版图中的地位全方位提升。

**（三）榆林市抓落实解难题出台系列措施**

这一时期，随着中国经济进入新常态，由于能源价格持续下跌，经济下行压力不断加大等因素，榆林民营经济发展遭遇了从未有过的"严冬"，生产经营状况大幅下滑，外部经济环境陷入窘境，企业发展信心受到重创。"信心比黄金更重要"，面对突如其来的困境，市委、市政府主动应对、积极作为，制定出台了一系列鼓励民营经济发展的政策和措施，为推动民营经济尽快走出困境、加快转型升级、实现健康持续发展注入了强劲动力……

2013 年，榆林市政府出台了《关于鼓励和引导民间投资健康发展的实施意见》《关于进一步促进中小企业健康发展的实施意见》《关于支持小型微型企业健康发展的实施意见》《榆林市中小企业专项资金管理办法》等多个重要文件，从营造发展环境、拓展民间投资领域、加大财税扶持力度、缓解融资困难、推动结构调整和产业升级、支持市场开拓和改进服务等方面，提出对民营经济发展的具体举措。全市民营经济按照国家能源化工基地建设总体要求，进入健康快速发展阶段，实现了经济总量和质量效益双跨越。榆林市委围绕十大问题研究，开展"解放思想，更新观念，优化环境"大讨论，针对诸多困扰当地民营企业发展的问题统筹规划、综合施策。

2014 年榆林下发《榆林市全面支持民营经济发展的实施方案》，从强化资金支持、人才和智力支持、技术支持、破解发展瓶颈、助推转型升级、发展工业集中区和完善服务体系 7 个方面提出 36 条支持民营经济发展的措施和办法，为民营企业的发展提供了很好的政策支持和保障。全市小型微利企业所得税优惠政策继续延长四年，国税系统管辖企业中，除原有小型微利企业外又新增千余户企业可以享受此项优惠政策；凡年应纳税所得额低于六万元（含六万元）的小型微利企业，其所得按50%计入应纳税所得额，按20%的税率缴纳所得税。上述举措对于发挥小企业在促进经济发展、增加就业等方面的作用，进一步扶持中小企业发展，缓解中小企业融资难问题有重要意义。

2017年，榆林市委、市政府出台《关于加快非公有制经济发展的实施意见》（以下简称《意见》），提出加强非公有制经济产业引导、市场培育、加大财政支持力度、解决融资问题、推动非公有制经济创业创新、加强非公有制经济人才队伍建设、推销"榆林好产品"、加强服务体系建设、全面优化发展环境、政策落实与评估十个方面的政策措施，鼓励、支持和引导全市非公经济发展壮大。为了让《意见》真正落到实处，有关部门专门制定了《意见》落实的各项保障措施，为加快非公经济发展壮大的各项措施、各项政策以及做出的成果保驾护航。首先是加强组织领导。市委、市政府相关部门和各县区应当自《意见》发布之日起两个月内，从各自的职能职责出发，制定相应的落实措施，明确具体政策申请条件和操作流程，确保各项政策措施落实到位。当年底，榆林市委办公室、市政府办公室下发《关于优化营商环境加快民营经济发展的十五条政策措施》，内容涉及加强政务诚信建设、推进行政许可事项便捷化审批、完善企业信用约束机制、强化重点行业监管、切实降低企业制度性成本、完善民企国企长效合作机制、设立民营经济发展专项基金、依法保护民营企业和企业家合法权益、营造民营企业良好创业创新环境、提升民营企业对外开放水平、完善中小微企业公共服务平台、支持民营企业人才队伍建设、大力弘扬和传承"榆商精神"、建立党政企专题会商机制、督促民营经济政策落地生根15个方面。其中既有对提高政府效率和诚信的要求，也有对民企加强和完善自身治理结构与能力的期望；既有对宏观政策的再安排、再部署，也有对困扰民企发展具体问题的针对性措施；既有直接支持，也有间接推动。同时，对每一项措施都明确指定了牵头部门和配合单位，确保项项有回音。此外，市里还先后出台了《关于鼓励和引导民间投资健康发展的实施意见》《关于进一步促进中小企业健康发展的实施意见》《关于支持小型微型企业健康发展的实施意见》三个文件，从营造良好发展环境、积极拓展民间投资领域、加大财税扶持力度、缓解融资困难、推动结构调整和产业升级、支持市场开拓和改进对中小企业服务等方面，提出了具体的扶持措施。

2018年，《呼包鄂榆城市群发展规划》获得国务院批复，省政府支持榆林高质量发展的意见出台，榆林市再次进入中央和省市战略层面。《榆林市优化提升营商环境工作三年行动计划（2018~2020年）》和《榆林市优化提升营商环境2018年工作要点》、榆林市优化提升营商环境《十大行动方案》出台，就简化企业开办和注销程序、简化施工许可证办理程序、方便企业获得水电气暖、降低企业运行成本、方便群众和企业办理不动产登记、降低企业获得信贷难度和成本、优化企业纳税服务、提升企业跨境贸易和投资便利化、县域营商环境监测评价、优化提升营商环境专项督查等问题作出了规定，对于营造更具吸引力的法治化、国际化、便利化营商环境，全面推动榆林新一轮改革开放，提高政府为企业服务的能力和水平起到了有力的促进作用。

2019年1月22日，榆林市举行促进民营经济高质量发展暨表彰大会，正式发布《关于加快民营经济高质量发展的实施意见》该意见共25条，针对民营经济发展中存在的"交心难、减负难、融资难、担保难、准入难、升级难、拓展难、审批难、规范难、落实难"十大难题，给出了具体解决措施和办法，并明确了榆林市民营经济发展的目标任务，即到2025年，全市非公经济增加值占GDP比重达50%左右，非公经济市场主体达到30万户，营商环境评价指标位列全省第一方阵。市委、市政府明确要求，各级、各部门应以更加宽阔的视野、更加务实的作风、更加扎实的举措，全力推动民营经济再创新辉煌、再攀新高峰，为榆林加快转型升级、高质量发展做出新的更大贡献。

## 二、整体发展与特点

这一时期，在榆林能源价格持续下跌、全市经济遭受到前所未有的冲击的背景下，榆林市委、市政府系统推进稳增长、调结构、促改革、惠民生、防风险各项工作，全力推动一系列补短板、利长远的重大举措、重大工作，主动迎接挑战、攻坚克难、综合施策，先后召开了榆林籍在外民营企业家座谈会、民营经济发展大会、全市深化"放管服"改革优化营商环境推进大会、首届榆商回归创业大会等涉企重要会议，出台了一系列支持民营经济发展的政策措施，其规格之高、规模之大、影响之广之深为多年之最，非常有效地调动了民营企业家参与榆林建设、共赴榆林发展的积极性。榆林民营经济经受住了投资增长放缓和民间借贷危机等一系列前所未有的严峻考验，克难奋进，积极探索，努力实现产业转型升级，不仅保持了自身的稳健发展态势，也推动榆林经济社会跨越超越、高质量发展呈现新局面。

### （一）攻坚克难，榆林民营经济稳步提升

这一时期的榆林处于一个全新的历史临界点：一方面，榆林经济规模总量、质量，经济活力与社会环境、人文环境、发展环境均达到历史最高水平，由此而展示的发展优势与成长潜力，引起了社会普遍关注；另一方面，原有的发展理念、发展模式、发展态势已很难支撑榆林持续实现更快、更强、更高的发展，其

优势性作用和力量在不远的将来会逐渐丧失，甚至转变为负面的滞后因素。新常态下的榆林民营经济在克难奋进、大胆探索的过程中，实施了政策落实、非公经济转型升级、中小企业成长与持续发展、产业突破、品牌铸造、节能降耗减排、信息化建设、民资引导八大工程，逐步摸索出了一条适合自身资源型城市特点的健康持续增长的创新之路。

2012 年起受金融危机深化、经济下行压力加大的影响，榆林民营经济运行困难、各类风险不断加大，全市上下认真贯彻落实中央和省市关于稳增长的一系列决策部署，沉着应对、顺势而为，紧紧围绕"中小企业服务年"活动开展助推民营经济克难奋进的各项工作：一是放宽非公经济市场准入条件。按照"非禁即入、平等待遇"的原则，鼓励民营资本进入交通、水利、金融、市政、教育、医疗等领域，凡法律法规未明确禁止的所有行业和领域，一律对中小企业和民间资本开放。二是不断加大财政扶持力度，持续增加信贷支持规模，落实各项税费优惠政策，切实减轻企业负担。三是建立健全创业辅导、融资担保、市场开拓、信息服务、科技支撑、教育培训、法律咨询和信用评价八方面的服务平台，积极引导各类专业机构以及行业协会、中介组织等社会机构为民企服务，全面满足中小企业服务需求。四是在项目建设用地上给予民营资本投资项目与其他所有制项目同等待遇。五是继续实施中小企业"千家培育百户成长工程"，加快产业集群建设，优化民营经济发展结构。多措并举、综合施策，对全市民营经济缓解经营困难、实现跨越发展起到了良好的推动作用。截至 2012 年底，全市有 11 个县域工业园区被省政府确认为全省重点建设县域工业集中区，非公经济组织总数达137505 个，其中法人企业 8854 个，劳动者报酬实现 187.63 亿元，从业人数达到583995 人，非公经济增加值达到 1042.15 亿元，占全市 GDP（2769.22）亿元的比重为 37.63%。

2013 年，是进入 21 世纪以来榆林经济发展最为困难的一年。面对煤炭价格下滑、投资增长放缓和民间借贷危机等一系列前所未有的严峻考验，市政府全面贯彻落实中央和市委的决策部署，政企同心、迎难而上，通过设立两亿元专项企业扶持资金，鼓励民间资本发起设立或参股村镇银行、贷款公司、农村资金互助社等新型组织，召开银企对接会，推动民企与国企深度合作，大力解决民企用地难问题，成立"中小企业服务平台"和"非公企业维权投诉中心"等措施，帮助非公企业渡过难关。综合施策、多措并举下，榆林非公经济实现持续增长，增加值达到 1107 亿元，占全市生产总值比重达到 38.9%；完成固定资产投资 226亿元；实现营业收入 2047 亿元，民营经济组织达到 145985 户，企业户数 7982户，从业人员达到 59.38 万人；上缴税金完成 210 亿元，支付劳动者报酬 215 亿元。2013 年 4 月，府谷县被陕西省政府确定为"省级民营经济转型升级示范区"，为府谷乃至榆林市的民营经济转型升级、再次发力带来前所未有的发展机遇。

2014年，受煤炭、兰炭等能源初级产品市场需求及价格持续下滑影响，榆林民营经济经营举步维艰，全市企业停产面、规模以上企业亏损面均接近1/3，亏损额超过4.8亿元，兰炭企业60%以上处于减产或停产状态。全市把加快民营经济发展作为富民强市的重要支撑，及时研究出台《榆林市2014年工业稳增长十条意见》和"民营经济36条"，深入实施神府省级民营经济转型升级试验区十大行动计划等政策，聚焦"释放工业产能、减轻企业负担、拓宽产品销路、加大金融支持"等关键环节，着力围绕煤炭做转化、围绕转化做规模、围绕规模深加工，在创新转型、技术革新、资源深度转化、延长产业链条上下功夫，加快培育具有榆林特色的现代产业体系，打造能源化工基地升级版，切实推进民营企业转型发展、永续经营。市县财政投入两亿元实施"助保贷"业务，撬动银行20亿元为中小企业贷款。组织政、银、企对接活动五次，促成银行与企业签订合同或意向贷款476.8亿元，落实资金441.6亿元；矿权抵押贷款政策取得突破，部分涉煤民营企业融资难问题进一步缓解，民营企业家的发展信心逐步恢复。针对新常态下民营企业人才短缺的问题，市里专门出台了《关于进一步加强人才队伍建设的意见》，提出用五年时间，引进50名具有国际国内领先水平的创新创业领军人才、2000名高层次紧缺人才，培养提升两万名高层次高技能实用型人才；市工商联也启动实施了非公企业"316培训工程"年度计划，计划用三年时间培训100个企业的600名中高管，为民营经济发展提供全方位的人才支撑。这一年，全市实现非公经济增加值1214亿元，增长6.9%，占全市GDP比重达40.4%。中小企业达到14万多户，从业人员达62.1万人，税金195亿元。

2015年，我国经济发展进入新常态，呈现速度变化、结构优化、动力转换的特征，榆林发展也进入极为艰难的一年，面临着过去经济发展井喷式增长到经济增速回落及波动带来的压力，资源依赖和投资拉动粗放式发展带来的结构调整压力，以及多年来经济高速发展积累的隐性风险显性化带来的压力。在能化产品价格持续下跌、固定资产投资放缓、民间借贷危机发酵等空前的困难环境下，榆林民营企业也遭遇了市场萎缩、融资困难、生产下滑、效益降低的严冬。全市上下狠抓中央和省市各项扶持政策的贯彻落实，把提高经济增长的质量和效益放在首位，把科技创新作为加快发展的主动力，把转型升级作为结构调整的主抓手，加快推进神府民营经济转型升级试验区建设，积极推动重点民营企业上市融资，鼓励支持民企、国企深度合作，实现混合所有制经济发展新突破，千方百计帮助民营企业尽快走出困境、转型发展。针对经济增速一度出现的"断崖式"下跌局面，市里及时实施新增库存储备贴息、清理涉企收费、企业降本增效等一系列稳增长政策措施，加强政银企对接，积极破解中小微企业融资难题，组织多场政银企对接会，落实各类贷款 293 亿元。市委、市政府探索推广政府和社会资本合作（PPP）模式，引导民营企业进入重大能化、基础设施和社会事业领域，全年完成 100 个重点项目投资共 382.3 亿元，签约 PPP 项目协议 13 个，引进社会资本 10.4 亿元。在"十二五"计划的收官之年，全市民营企业迎难而上、顽强拼搏，保持了稳中有进的发展态势，非公经济实现增加值 1074.8 亿元，占全市GDP 比重达 41%，从业人数也达到 62.91 万人，通海绒业、德林荣泽两家企业在新三板挂牌，实现了榆林市企业上市零的突破。"十二五"期间，中小企业科技创新能力持续提升，较好地促进了全市经济结构调整和增长方式转变，为实现持续、转型发展提供了强有力的支撑。以民营企业为主的中小企业获得市级重大科技成果 175 项，申请专利 3335 件，技术市场总交易额突破 20 亿元；全市共成立产业技术创新联盟九个，其中兰炭产业技术联盟被批准为国家级产业技术联盟，红枣、羊子、金属镁产业技术联盟被批准为省级产业技术联盟；建设了榆林国家级高新技术产业开发区、榆林国家农业科技园区、府谷省级高新技术产业园区、神木省级生态农业科技园区等重要创新创业示范基地；中小科技企业牵头参与，联合高校院所成立了红枣、白绒山羊、马铃薯、兰炭、金属镁、氯碱等工程技术研究中心 22 家，组织实施了兰炭清洁化、金属镁冶炼、白绒山羊繁育、长柄扁桃示范推广等十多个科技重大专项和产业化项目，惠及科技型企业 60 多家，新增专利、成果 210 项，新增经济效益 81 亿元。

2016 年，是榆林直面挑战、"越冬迎春"、加快追赶超越步伐的一年。面对实体经济运行困难、市场信心普遍不足、财政收支矛盾凸显、各类风险增多交织等不利局面，榆林出台促进经济平稳增长若干意见、深入推进神府民营经济转型升级试验区建设，深入实施中小企业提升行动计划和"抓大育小"工程，鼓励民营企业与中央和省市驻榆国有企业开展协作配套，引导民营企业完善现代企业制度，用好中小企业发展资金和"助保贷"，支持开展小微企业票据贴现业务，继续选聘优秀高校毕业生到民营企业工作，加快个转企、企转规步伐，全市掀起了"大众创业，万众创新"的新高潮。到 2016 年底，榆林市非公经济组织（不含个体）增长到 17 万户，非公经济增加值 1164.66 亿元，占地区生产总值的比重增长到 42%，总量位居全省第三；规模以上非公工业企业增长到 576 户，认定省级"三星企业"190 户；组建民营小额贷款公司 66 户、融资性担保机构 6 户；个体工商户 15.65 万户，子洲县光源综合门市部负责人王世鹏、神木县大柳塔信誉商店负责人高光军被评为全国先进个体工商户。

2017 年，是榆林发展史上极不平凡的一年，全市抢抓宏观经济回暖机遇，加强重点领域运行调度，深入贯彻实施促投资稳增长"新 19 条"、支持民营经济

发展 "15 条"等政策措施，大力开展项目建设年活动，推动一系列补短板、利长远的重大举措、重大工作，全面推动全市经济社会追赶超越、转型发展的新局面。403 个重点项目完成投资 714 亿元，民间投资增速由负转正。全市经济继2014 年 GDP 达到 2920.58 亿元后首次实现逆势上涨，突破 3000 亿元大关，民营经济也随之得到巨大发展。2017 年，全市民营经济实现增加值 1125 亿元，占全市 GDP 比重为 38.8%。全市已有的 814 户规模以上工业企业中，有非公工业企业 670 户，占规模以上工业企业总数的 84%。民营经济在推动全市经济持续快速增长、创新创业、壮大县域经济、全面建成小康社会、转型发展、党建等方面都取得了令人惊叹的成绩。

2018 年，是榆林全面贯彻党的十九大精神的开局之年，全市主要经济指标创 "十三五"以来最好水平，高端能化基地建设驶入快车道，优化发展环境成绩斐然，全市非公经济呈现 "蓬勃发展、稳中有升"的良好发展态势。全市上下始终将民营经济作为振兴实体经济的关键，不折不扣落实支持民营经济发展的各项政策措施，设立三亿元民营经济发展基金，推行财政补贴民企聘请职业经理人、技术带头人和财务总监制度，继续选聘优秀高校毕业生到民企工作，创造条件支持民企国企协作配套，全年新培育 "五上"企业 80 户。榆林市召开了大规模的深化 "放管服"改革、优化营商环境大会，为民营企业营造了越来越好的发展环境。全市上下以 "放管服"改革为契机，进一步解放思想，放下局部利益和个人利益，从榆林改革发展的长远利益和全局利益出发，同心协力、攻坚克难，从根本上优化榆林营商环境，并根据民营企业存在的 "三座大山"，结合具体实际，深入思考、研究，解决民营企业融资难融资贵等问题，为企业减轻税费负担。榆林深入推进府谷省级民营经济转型升级试验区建设，鼓励和引导民营企业延伸产业链，投资新兴产业；鼓励支持有条件的民营企业建立现代企业制度，并加大财政支持力度，通过 "股权投资"，开辟支持民营企业发展新途径；大力发展混合所有制经济，力争陕煤化、延长石油、陕有色等国企与榆林市重点民营企业合作取得实质性进展，从而提振民营企业发展信心，实现 "二次创业"。全市民营经济大会达成了新共识："民营经济是榆林经济发展的生力军，是榆林转型升级、推动高质量发展的 '必然选择''重要支撑'和 '基本途径'"，为促进民营经济转型发展注入了 "强心剂"。2018 年，榆林市民营企业达到 6.2 万户，占企业总数的 90%，其中，省级成长梯队企业 357 户；民营企业税收占全市税收达 50%，占全部税收的 45%；从业人员 115 万人，占就业总人数的 85%，全市每 10 个 "上班族"中，至少有 8 个人参与民营经济发展，而神木、府谷、榆阳、横山等县区这一比例已经达到了 90%；实现非公经济增加值 1647.5 亿元，总量居全省第二；民营企业对地方财政收入贡献近 50%。

回望这一时期，新常态下，全市民营经济与时俱进，异军突起，基本形成了以原煤、原盐为主的五大产业链条，在新型建材产业、土特产加工产业、文化旅游产业等方面，构建了多元化的非公经济发展新格局，榆林民营企业家以裂变思维、科技驱动、高站位推动民营经济创新发展，民营经济逐步向科技含量高的高新技术和战略性新兴产业领域挺进，对于榆林决胜全面小康、实现转型升级、高质量发展的作用与地位更加凸显。

**（二）县域特色**

面对地域经济发展中的种种困难，榆林"见招拆招"，做好政策应对，坚定依靠党的领导和人民群众，吃苦耐劳，攻坚克难，在转型升级中积极探寻持续健康发展之策，在保持稳定下大胆创新，最终度过了最艰难的几年，迎来了新的发展期，各区县民营经济发展也亮点纷呈，别具特色。

1. 全民创业推开子洲富民大门

2014年，子洲县着眼于富民富县有机统一，提出了全民创业的战略举措，把全民创业作为县域经济发展的战略抓手，出台了《关于开展全民创业的实施意见》《子洲县全民创业实施方案》《子洲县全民创业专项资金管理使用暂行办法》等一系列扶持、服务政策，鼓励"大众创业""草根创业""能人引领创业""精英返乡创业"。

2015年，子洲籍企业家、北京中同有机农业股份有限公司董事长李青山回到他的家乡——子洲县淮宁湾镇李家庄，投资4000万元创办了有机农业示范园，流转土地2500亩，按照国际标准建立了一个可持续发展的、封闭的、循环式的生产模式，并配套发展物流、加工、包装、仓储等多项产业，成为了子洲县现代农业发展的典范。

在推进全民创业的过程中，子洲县按照责权相匹、绩效挂钩、赏罚分明的原则，把一项项任务落实到人、把一个个项目落实到人，确保每一个项目按计划建成、每一个企业正常运行。县财政每年投入创业专项资金1000万元，按照"统筹谋划、整合项目、各司其职、各计其功"的原则，每年整合部门资金6000万元，扶持自主创业和返乡创业。

2014年6月，县里创办了"全民创业服务中心"，无偿为创业户提供会计、办证、文秘、广告策划、企业宣传等代理代办服务。截至目前，共代理企业财务87家、文秘42家、广告策划42家、形象宣传49家，为创业企业办理各类证照1325个。

穿行在子洲县淮宁湾镇麻塔村的万亩核桃种植基地，一层层梯田错落有致，核桃树布满一个又一个山头。由返乡创客李长明投资建设的这处核桃基地，规划面积20000亩，涉及麻塔及周边5个村806户村民。目前，已栽植香玲、中林等新品种核桃 8000 亩，累计投资达 2000 多万元。

为了让创业户创好业、创大业，子洲县通过政策驱动，把创业户吸引到现代山区农业的发展轨道上，集中发展以核桃、苹果为主的林果业，以羊子饲养为主的畜牧业，以黄芩、黄芪为主的中药材业，推动生态产业化、产业生态化。截至目前，该县核桃、苹果保存面积分别达到 17 万亩和 16.1 万亩，建成千亩以上标准化示范园 31 个，万亩核桃示范乡镇 4 个，中药材和黄豆种植面积分别达到 15 万亩，"子洲黄豆""子洲黄芪"两大地理标志保护品牌得到广泛推广。子洲的全民创业正在从注重满足"量"的需求，到注重提升"质"的目标进行华丽转身。几年来，该县全民创业推动全县新增实体经济 2676 个，新增就业人员 6500 多人，撬动社会投资 10 亿元，子洲县因此被陕西省确定为全省"创业基地县"。

2. 清涧粉条的品牌腾飞之路

清涧县地处陕北北部，农作物主要以小麦、谷子、高粱、马铃薯等为主。农民几乎家家户户都种马铃薯，这也就为当地粉条生产提供了原料。清涧粉条加工历史悠久，且久负盛名，与红枣、石板一起被称为"吉祥三宝"。

改革开放以来，农民们对粉条加工方法进行了大胆革新，粉条加工朝着产业化方向发展，逐步实现了半机械化生产，劳动条件明显改善，生产效率显著提升，加工期突破季节限制，产业规模快速扩大，出现了大量的粉条专业村和专门贩卖土淀粉、销售粉条的经营群体，使清涧粉条产品在市场上得到快速发展。目前，全县共有十余家企业、二十余个专业合作社和三百余名个体户从事粉条加工，拥有 QS 认证 12 张，年加工总量三万余吨，产值超五亿元，受益人口达两万多人，产品市场由本地逐步拓展到东北、南方等地。

粉条产业虽然取得了长足发展，但受地理气候、劳动力外流、外地薯业兴起等因素的影响，当地马铃薯种植面积从 20 世纪 90 年代初起开始锐减，导致粉条加工原料由自给自足逐渐转变为重点依靠外源供给，大部分原料来自定边、宁夏、内蒙古等地，再加上物流不便利，大大增加了生产成本。2013 年国家卫生计生委发布《关于调整含铝食品添加剂使用规定的公告》，在干湿粉条、土豆粉、粉皮、东北大拉皮等各类淀粉制品中禁止使用明矾，实现粉条无铝化生产也成为当地企业必须突破的一大难题。

清涧粉条虽然享有盛名，但没有一个响亮的品牌，产品质量良莠不齐，不利于提高产品知名度和市场竞争力。清涧粉条要发展壮大，就必须走品牌化发展之路。在清涧县工商业联合会粉条协会的大力争取下，"清涧粉条"地理标志经相关部门审核已获批，相关产品统一质量检测标准，不合格产品一律不准使用此商标。不仅可以抵御伪劣产品对粉条加工业的冲击，还能提高产品的知名度，拓展销售市场，维护生产者和消费者的合法权益。在品牌意识不断强化的基础上，清润粉条正在走向更广阔的领域。

3. 特色产业发展助推吴堡民营经济发展

吴堡县委、县政府因地制宜，针对性地扶持引导特色产业，强力助推民营经济发展。

针对当地的红枣生产优势，县里积极培育壮大红枣加工龙头企业，先后出台了《红枣加工企业扶持方案》《吴堡县鼓励红枣加工企业扩产能促销售补贴方案》等引导政策，以慕家塬至刘家塬头为主的红枣加工企业集聚带逐步形成，促进了全县红枣加工企业的稳步发展。针对当地手工空心挂面品牌杂乱、质量参差不齐的问题，制定了《吴堡县手工空心挂面家庭工业密集区建设实施方案》，先后建设了以高家楞、宽马家石、张温家湾等村为中心的 3 个手工空心挂面密集区，建成挂面加工基地七个，挂面销售电商户 20 多家，加快推进家庭工业产业化和核心企业引领、小微企业聚集、产销经营协作、创新驱动发展的村镇家庭工业产业集群，形成了空心手工挂面及配套企业集聚发展的良好态势。针对玉石这一新型产业，吴堡努力规范玉石产业行业管理，提升玉石产业对外形象，强化对外宣传，营造浓厚的发展氛围，2016 年吴堡县启动建设了玉石产业集聚区，集玉石雕刻加工、销售展示、日常生活为一体，发展后劲十足。针对当地丰富的旅游资源，吴堡县大力推动沿黄经济旅游带吴堡段黄河二碛、毛主席东渡、横沟温泉、古石城等项目建设有序推进，逐步形成全民创业沿黄产业发展示范走廊，有力地增强了县域经济发展的后劲。

4. 靖边民营经济内涵式发展成转型升级新亮点

靖边县作为资源大县，长期以来，以石油资源为代表的工业企业是地方经济发展的主力军和重要支柱，民营企业发展相对不协调。2012 年以来，靖边县民营经济在追求效益的同时，注重企业内涵式发展，从管理模式到技术升级，从人力资源到品牌和企业文化建设，都得到了较大提升。

全县依托"特色农业、油气资源"等优势产业打造陕北商贸强区，不断拓展发展领域，扩大经营规模，提高管理水平，形成了以商贸流通、餐饮服务、建筑建材、乳制品、肉制品、制革、酿造及特色农产品加工等为主的优势产业。一大批企业开始由产品初加工向精深加工迈进，如华伟塑业公司地膜、滴灌带生产项目、鼎宏绒业公司的羊绒分梳项目、三友木业套装家具生产项目、宇丰公司蔬菜脱水加工项目等科技型、环保型、综合型企业在逐年增加。电子商务业蓬勃发展，全县累计注册 1000 多家网上店铺，聚劲电子商务公司、黄土之恋公司、正丰联合社等民营企业线上销售已经成为公司产品重要的销售渠道。目前，靖边县民营经济占 GDP 比重将近 30%，近三年年均增长率超过 15%。全县民营经济从业人员达到八万人，占全县人口总数逾 20%，成为扩大城乡就业的主渠道，增加

居民收入的重要来源，转移农村劳动力的重要途径和助力脱贫攻坚的重要力量。

5. 绥德民营经济逆风飞扬

2015年，在全国经济下行形势下，榆林经济遭遇严重困难，绥德县非公经济却逆势而上，各项指标实现了小幅增长。全县完成非公有制经济增加值31.79亿元，占全县GDP的54.42%。中小企业个数达到399个，比上年同期增加35个；实现营业收入75.32亿元，同比增长9.90%；从业人员达到3.29万人，增加1338人。

由于地域、资源、水利等条件的限制，绥德县大部分民营企业都是依托当地丰富的农业资源，围绕农产品做文章。农副产品加工业产值占到了绥德县工业企业的74.66%，是全县工业的重要组成部分，带动了农村富余劳动力增收，推动了县域经济发展，也是绥德民营经济在榆林其他地区民营经济发展困难的情况下，依然逆风飞扬、稳中有进的关键所在。

近年来，绥德县借助省、市及农业园区（基地）建设的有利政策，在该县"五园区一基地"及16个乡镇农业产业示范园区的引领带动下，农副产品企业及个体工商户数量占到全县中小企业及个体工商户的8.24%，涌现出了绥德县绿源绿化种苗、绥德汉养殖、金鑫养殖、大自然生态科技等规模较大、带动能力强的农业企业，农业产业化发展也初显成效。尤其是2014年以来，以兰花花、老闫家为代表的农副产品加工企业在产品营销方面采取了一系列去礼品化举措，进一步拓宽销售渠道。同时，通过购买物流园区土地和长期租用土地的方式实现或启动了企业的扩大再生产，厂区占地面积平均达到了20亩以上。

为了壮大全县非公经济，让产业结构更加合理，绥德县支持现有农产品加工企业集中入驻物流园区、农业创新园区等园区建厂，中央和省市技改资金、振南资金、企业贷款扶持资金也优先向入园企业倾斜，并为这些企业开通办理各种手续的绿色通道，绝不因为手续问题影响企业建设进度。

绥德县积极落实省、市、县对规模以上工业企业的奖励扶持政策，对新增的规模以上企业，每户一次性奖励30万元；对规模以上企业销售收入和实现税金同比增长30%以上的奖励30万元，增长20%以上的奖励20万元，增长10%以上的奖励10万元。2014年，绥德县益康杂粮有限公司、绥德县老闫家炒货食品有限公司等九家企业获得5万~20万元不等的奖励。绥德县中小企业局还提早摸查，确定了绥德县兴盛食品有限责任公司等三个企业为2015年度拟新增规模以上企业，并安排局领导班子成员分别联系这些企业，及时帮助企业协调解决其在生产经营和申报工作中遇到的问题，确保这些企业成功申报。为了提高企业管理和创新水平，县里向全县80余个重点企业发放榆林市"非公经济网络学院"免费学习卡400余张，为这些企业提供了自主学习和自我提升的平台。

全县企业充分发挥"公司+农户"经营模式的优势，充分发挥出民营经济促进就业主渠道的作用。榆林市天鹏畜禽有限公司通过回收鲜蛋、送料到户、送药品到户、送技术服务到户等措施，解除了养殖户的后顾之忧，增强了其抵御市场风险的能力，调动了他们的养殖积极性。目前，该公司带动养殖户4000户以上，户均增收5万元左右，带动的养殖业年创社会产值约20亿元，可为农户创收2亿元左右，为推动当地及周边地区养殖业发展、促进农民增收致富做出了积极贡献。除了天鹏公司，老闫家、兰花花、百姓厨房等企业也通过"公司+农户"的经营模式，既保障了原料生产，又带动了农民致富。绥德汉食品公司的120多名员工中，90%以上都是本地的农民工。绥德民企创造的本土发展模式，既吸纳了更多的农村劳动力，也创造了更多的社会财富。

6. 电商成米脂增收新引擎

2017年9月，米脂电商企业青创联盟"淘米易购"单日订单量超10000单，创下了其运营以来的订单新纪录，标志着米脂县电商迈入发展快车道。

近年来，米脂县围绕第二批国家电子商务进农村综合示范县的建设标准和要求，积极探索新方法，不断尝试实践，培训电商人才，组织电商企业外出学习交流，吸取先进经验，拓展生产规模，先后出台了《关于加快发展电子商务的实施意见》《米脂县电子商务进农村工作实施方案》《米脂县电子商务补贴奖励实施方案》《米脂县电子商务进农村示范县项目资金管理办法》《米脂县电商产业扶贫专项方案》等政策，规范和带动了全县电商健康发展。

2016年，米脂县建立了电子商务公共服务中心，对入驻电商服务中心的企业提供"五免政策"（免费提供办公场地设备、免费电商培训教育、免费创业孵化指导、免费物流仓储服务、免费网络水电物业服务），使得电商企业和个人可以零成本创业，目前进驻的电商企业达34家，青创联盟"淘米易购"就是其中之一。同时，引进京东米脂服务中心、苏宁易购直营店入驻，繁荣电商模式，有效地提高了创业企业和个人投资电子商务行业的积极性，促进了传统生产销售企业转型升级，带动了全县电商产业发展。

米脂县有着丰富的人文资源，被誉为"千年古县""文化大县"，种植的农作物主要是以谷子为主的小杂粮。在政府的主导和鼓励下，米脂县电商企业立足本县特色，经营范围涉及农产品、民俗产品、乡村旅游等多种产品，打造出了"米脂小米""米脂婆姨贡米""桃花峁小米"等20余个网络品牌。2016年，米脂县建立了小杂粮文化展厅和特色产品展馆等，对米脂县各类产品进行了全方位立体化的展示，在工作日内允许游客免费参观，有效宣传了米脂文化，为米脂电商的发展起到了积极的助推作用。

为调动电商企业发展的积极性，米脂县根据《米脂县电子商务补贴奖励实施方案的通知》文件精神，对农村淘宝服务站合伙人进行奖励；对和电商办签订农村快递配送协议的企业中专门用于农村快递配送服务的车辆进行补贴；对入驻孵化中心的电商企业和农村淘宝服务站自建仓储、物流快递和电商专用包装给予补贴；对线上交易达到一定规模的企业和个体给予奖励。仅对青创联盟"淘米易购"一家电商企业就发放各类补贴达十几万元，极大地调动了其发展的积极性，起到了很好的示范效应。

　　未来十年，是我国经济社会发展的关键期，也是榆林建设西部经济强市的关键期。综观国际国内形势，中国正面临着国际经济政治压力，能源竞争激烈、能源消费持续增加，榆林能源资源战略地位日益凸显；我国经济持续快速发展，加大对能源的需求；实施西部大开发和地区统筹发展，营造更加开放、公平的市场环境，有利于社会资金的投入和民营经济的发展。特别是中央高度重视民营经济、各方协力制定实施扶植政策优惠措施，民营经济一个新的发展高潮即将到来。同时应该清醒地认识到，社会痛点、难点，榆林民营经济的困难和问题是工作的压力点和进步的动力源，榆林需要把人民利益作为工作标尺，把人民期待作为行动指针，以"功成不必在我"的胸襟和担当，以"咬定青山不放松"的决心和韧劲，以"抓铁有痕、踏石留印"的作风和行动，坚持"两个毫不动摇"，强化服务保障，优化营商环境，坚定不移地支持民营经济做强做优，努力建设一个更加强盛、更加美丽、更加文明的现代化新榆林！

# 第三章 榆林民营经济发展模式

求新求异、敢于突破传统、敢为天下先是榆林民营经济发展的魂，经过多年的发展，榆林充分发挥首创精神，探索出了各具特色的民营经济发展模式。它们不同于市场经济发达地区模式、不同于政策优惠倾斜扶持地区模式、不同于传统的资源粗放型开发模式，而是基于西部地区从资源富集向资源枯竭转变的态势，在实践中不断总结提炼、不断自我扬弃而形成的适合本地经济、生态特色的全新经济发展模式，其中，循环经济模式、产业集群模式、生态经济模式、民生慈善模式、府谷转型模式、北元混改模式、南梁管理模式等都已成为榆林民营经济发展探索的宝贵财富积淀，颇具典型效应和示范意义。

## 第一节 循环经济模式
### ——企业—园区—市域—晋陕蒙宁协同内循环机制

我国资源型城市大多是在 20 世纪八九十年代发展起来的，受当时经济发展水平、技术条件和思想观念等限制，大多采取简单粗暴的掠夺式开发。随着资源潜力下降，这种开发方式导致的问题日益凸显，对老牌资源型城市的可持续发展产生了严重制约。尤其是以煤为主的资源型城市，随着煤炭资源逐渐枯竭，煤炭产业由盛转衰，以煤炭资源为经济支柱的传统煤城陷入发展困境，如何实现新旧动能转换，榆林市探索出一条从小循环到中循环再到大循环的新兴多层次循环经济模式。

### 一、重大战略转型，国家级循环经济试验区成立

资源经济兴起之后的很长一段时间，只重眼前利益的粗放、掠夺式开发给榆林经济的健康、高质量、可持续发展造成了重重阻碍。

资源过度开采及污染引发生态环境危机。未经处理的工农业用水大量排放，

污染水源地和地表水，进而污染土地和作物，危害人体健康；工业废气、粉尘、烟尘等的排放量得不到抑制，污染大气；露天开采与废物堆存引起水源、空气严重污染；资源开发造成的采空区域地质塌陷、水源破坏、植被枯死、房屋坍塌……这些问题在榆林多个资源富集地区都不同程度地存在着，随着资源开发进程的加快，生态灾害问题日趋严重，神木县曾因煤炭过度开采在2011年造成87.67平方公里的塌陷区域，对当地人民群众的生活、生产以及地方经济发展造成了极大不良影响。大量的小型煤矿采取预留煤柱的开采方式，若干年后存在塌陷危险，造成地下隔水层破坏，引发自然灾害。据测算，榆林每开采1吨原煤、原油造成的生态损失约为52元和260元，以2018年榆林4.56亿吨的原煤产量和100万吨的原油产量粗略估算，生态损失高达数百亿元，严重危及榆林的可持续发展。时至今日，有关榆林开采事故和生态灾害的新闻仍不时见诸报端，由此引发的各类矛盾与纠纷也日益增多，已成为导致社会不稳定、不和谐的重要因素之一。

生态环境脆弱区易受破坏。榆林市位于黄土高原北部边缘，属于两原（黄土高原与鄂尔多斯草原）交界、半干旱半湿润农业区与干旱草原荒漠的过渡带，形成了北部风沙草滩与南部丘陵沟壑相生相依的独特自然环境。榆林市是典型的生态环境脆弱区，这种复杂的地理特点使风沙干旱与水土流失经常困扰当地人民。榆林市政府很早就意识到了保护当地生态环境的重要性，大力推进退耕还林、退耕还土、封山禁牧、植树造林等保护措施，取得了丰硕成果。但是当地经济要发展，就要开发资源，发展重化工业，这势必加剧地表塌陷、植被破坏、环境污染等生态问题，导致矿区周边群众生存条件恶化和生态恢复成本巨大，形成了一个边治理边破坏的怪圈。

资源利用效率低造成资源浪费。凭借资源优势发展起来的城市，在初期往往会对资源进行压榨式开采，开采速度惊人，但开发分散不具规模，缺乏专业化管理与技术指导。很多企业往往不会考虑经济效益的好坏，只希望以低开采成本占用更多资源，不具备节约与效率观念，使得煤炭资源有效开采率很低，资源产品单一附加值低，资源循环利用率低，吃肥丢瘦、采厚弃薄、竭泽而渔的掠夺式开发很普遍，最后造成资源的大量浪费。2009年是榆林煤炭企业发展鼎盛时期，但劳动生产率不到当时国内重点煤矿平均水平的65%，与国外差别更大。以当时的活鸡兔煤矿为例，初始设计生产能力为500万吨/年，开采年限108年，但截至2009年，其实际生产能力却已经达到2200万吨/年，开采年限缩短到仅37年，其背后巨大的资源浪费显而易见。

人口、资源、环境与发展之间的矛盾日益突出。由于经济发展资源依赖程度过高、粗放式开采、产业结构畸形等原因，与许多资源型城市一样，榆林也一度沿袭"经济狂热—生态环境破坏—制约经济发展"的发展轨迹，人与自然、经济与生态的不和谐对整个经济的良性运行产生了不利影响，导致发展可持续性不足。因此，提高系统生态效率指数和循环经济能值指数，走循环经济发展道路是榆林市面对问题丛生的现实状况与环境保护需要所做出的重大战略抉择。

2007 年，基于对榆林市以煤炭、石油、天然气及岩盐为主的丰富矿产资源和尚处于初级阶段的开发程度的考量，各界一致认为，榆林进入了发展循环经济的最佳时机。榆林市积极争取国家循环经济试点市的审批，深入抓好陕西省确定的循环经济试点锦界工业园和神东电力公司、榆林炼油厂、神木北元化工公司三个循环经济试点企业的工作，最终被国家发改委确定为循环经济试点城市，正式走上了循环经济发展道路。2009 年，科技部在榆林设立了国家级可持续发展试验区，以探索以循环经济为理念的资源高效利用途径，实现城市的健康、可持续发展。从此，榆林市充分发挥市场对资源的配置作用，搞试点，建园区，从战略高度化解资源型城市与生态环境保护间的矛盾，将循环经济模式作为可持续发展的重要手段，坚定不移地走上了经济循环发展与生态保护并重的道路。

## 二、榆林循环经济模式

榆林市在循环经济发展道路上的探索，基本上遵循这样的思路：在政府的支持下，最大限度地调动企业积极性，形成循环发展共识。在微观层面，遵照循环经济三原则，以工业园区为纽带，将产业链的上下游企业集聚起来，通过合理的规划与建设，提高园区内企业之间的耦合程度以实现资源的循环利用。同时，严把项目引进关，坚决把于榆林市循环经济发展无益的项目拒之门外。对于资源利用率低、环境污染严重且经济效益低的企业实行强制转产或关停；对有整顿改造必要性的企业，严格监督，加强指导，推行清洁化、集约化生产。目前，榆林市在推动煤电和煤化循环、油气及化工行业循环、盐化工循环和环保墙体材料行业循环等方面取得长足进步。

在煤炭资源利用方面，通过深加工延长产品链，提高煤炭资源转化率，增加产品附加值，形成了多样化、差异性、周边性、经济性的产品体系，主要有原煤、兰炭、焦油、煤化工制甲醇及甲醇的各种下游产品等。通过"三个转化"，即煤向电力转化、煤电向载能工业品转化、煤油气盐向化工产品转化形成了以焦化、化肥、电石和煤制甲醇为主的煤化工产业格局，既收获了经济效益，又实现了资源利用效率的提高，产生了明显的生态效益。

在天然气资源利用方面，在保障居民基本生活需要的基础上，着力开发下游产品，与煤化工联合，解决煤化工富碳、缺氢的问题，缓解对环境的破坏。同时适度延伸产品、产业链，控制成本，提高利用效率。在 MDI 项目中，天然气作为基础原料，生产出乙炔、烧碱、合成氨、甲醇、醋酸、硝酸、甲醛、醋酸乙烯、氯乙烯/聚氯乙烯、氯丁橡胶、硝基苯、苯胺以及 MDI，并且还有相关副产品，较生产甲醇、乙炔等主要单一产品的相同单位天然气成本优势显著，资源节约方面卓有成效。

榆林市蕴藏着丰富岩盐资源，并且岩盐氯化钠平均含量高，其食用盐和化工用盐工业发展态势均比较良好。为实现规模经济循环发展，榆林市将能源化工基地作为前沿阵地，以循环经济理论为纲领、采用效率与环保兼具的生产工艺、利用生产装置之间的"链接"和"代谢"关系，将煤、油、气化工和周边盐化工业相匹配，同时对液体盐深度加工转化，摸索出一条煤—油—气—盐一体化的科学发展道路。

时至今日，循环经济模式在榆林正式推广已有十余年，虽年限未久，尚未成熟，但已经初步形成了富有特色、层次清晰的发展模式与路径，初步扭转了工业化、城镇化加快发展带来的能耗快速增长的势头，为转变粗犷的经济增长方式、推进可持续发展、构建人与自然协调统一关系提供了有益探索。为了实现经济发展与环保推进的"双赢目标"，试点园区和企业探索出多种循环经济模式，起到了示范带动作用。根据循环经济应用范围，具体可以将循环经济模式划分为四个发展层次。

### 1. 以龙头企业为核心的企业内部循环

榆林通过在龙头企业搞试点，由点及面来推广循环经济。随着部分试点企业循环经济的效益初显，同时资源开发程度深入以及环境问题日益严峻，循环经济的经济意义与社会意义为越来越多的企业所认可，发展循环经济的行列日益壮大。这些企业内部形成了资源再生循环的三种主要形式：一是回收已经退出生产领域的"废弃资源"，使其以原材料的形式重回生产过程，实现"减量化"；二是对生产过程生成的废弃物进行适当处理，作为原材料或原材料替代物回归生产领域，实现"再利用"；三是对生产过程中生成的废弃物做适当处理，投入其他生产流程，即"资源化"。凭借对这三种形式的深度理解及实践拓展，各企业探索出了业务匹配、独具特色的差异化循环模式，一批循环经济样本企业涌现。

针对制约企业发展的废水处理问题，东鑫垣公司成立技术攻关小组开展技术研究，坚持科技创新，利用自有的兰炭、煤焦油加氢、金属镁、发电循环经济产业链独特优势，制定了一套独具东鑫垣特色的污水处理方案，对废水在源头进行分质分类分策处理回用。通过自行施工改造后，东鑫垣各个装置在生产过程中出现的所有工业废水，经过前端处理后全部回用，成功实现了"零排放"，而且每天可节约一次性水和软水 2000 立方米。除此之外，这套投资小、见效快、成本低的污水处理方案还可以产出硫酸铵等新产品，增加经济效益。既节省了新建污水处理装置需要的 9000 多万元资金及至少一年的工程时间，又节省了每年约 6000 万元的污水处理费用，打破行业常规认知，让东鑫垣在污水处理上独树一帜。

榆林炼油厂作为陕西省首个千万吨级炼油厂，承担起大企业责任，将利润、环保和节能减排作为目标，通过"零敲碎打"的工程，利用富气、余热发电，每小时节电 6536 度，配套了余热锅炉和废气发电厂，装机容量达到 9 兆瓦；通过酸性水的配置，每年可节省 200000 吨淡水。

2. 以园区为核心的园区内产业链循环

该模式是在工业园区范围内，将生产关联度较高的企业联结起来，实现企业间资源共享，建立产业共生组织。根据产业链分工，由下游企业对上游企业产生的工业废弃物进行二次利用，提高再利用效率，减少最终排放量。榆林市目前设有榆林高新区、榆神工业区、靖边能化园区、神木锦界工业区、府谷高新区等国家级和省级重点化工园区，其中位于锦界、柠条塔等地的工业园区已经成为神木市循环经济和资源就地转化的典型。

2014 年被评为国家级循环经济示范园区的神木市锦界工业园于 2002 年成立，是榆林市成立的首个能源化工园区。依托当地得天独厚的煤、盐资源优势，园区现已形成清洁煤电、煤焦深加工、清洁氯碱、精细化工、新材料、现代载能六大主导产业，实现了煤—电—载能—化工—建材主产业链条闭合循环。在投资累计近 16 亿元后，园区内污水处理厂、粉煤灰制造公司以及煤电公司的"三废"——废水、废气、废渣通过加工实现了再利用。污水由污水处理厂负责，电力企业粉煤灰被加工成水泥和新型墙体材料，化工企业废渣、电石泥是水泥生产原料，锦界工业园成为全国循环经济示范园区和陕西省县域工业集中区标杆。锦界工业园区坚持"以产兴城、以城促产、产城融合、协同发展"的发展思路，通过开放创新、科技创新，新投产项目日渐壮大、新项目不断入驻，聚集了数十家国内顶尖的能源化工企业。截至 2018 年 10 月，锦界工业园区累计实现工业总产值 318.3 亿元，完成年度目标任务的 85.3%，较上年同比增长 9.5%；上缴税收 39.4 亿元，较上年同比增长 9.8%；完成固定资产投资 64.6 亿元，完成年度目标任务的 71.8%，较上年同比增长 56%。锦界工业园区发展成效日渐显著、综合实力越发增强，成为了全市经济发展的主力军、项目建设和产业集聚的主战场、创新引领的先行区、转型升级的主渠道。

神木县柠条塔工业园区于 2010 年批准成立，位于神木县城西北方 40 公里处，神木县麻家塔、孙家岔和锦界三乡镇交界地带，规划占地 19.4 平方公里，于 2013 年便成为我国最大的兰炭产业园。以循环产业为载体，以高科技技术为抓手，柠条塔工业园区演绎出了工业生态和谐发展之传奇。产业结构方面，以原煤开采、煤炭洗选为主要的基础产业，以块煤、小粒煤、粉煤干馏为核心的主导产业，偏重煤焦油、兰炭、煤气的转化利用的下游产业，进行镁合金加工、兰炭改性材料、机械加工制造等的延续产业和以物流、贸易、金融、酒店、技术服务为主要内容的辅助产业，五方并举，相互促进。在区域规划上，通过划定原有区域、扩界区域和新增区域，并为各区域布局不同项目来提高园区布局的科学性及专业性。原有区域主要安排煤炭生产、精洗煤、块煤干馏和其尾气利用项目；扩界区域主要安排小粒煤、粉煤干馏和其尾气综合利用深加工项目；新增区域主要安排兰炭加工转化项目和延续产业项目。最终三区域之间形成了产品、原材料、工业"三废"之间的循环利用。

神府经济开发区利用项目配置资源的优势，遵循 3R 原则，延长产业链，基本构成了原煤—发电粉煤灰—建材工业、原煤—兰炭—焦油—化工—煤气和废焦粉回收利用、原煤—甲醇—下游产品—建材—食品级二氧化碳、盐—烧碱—聚氯乙烯等多个循环经济链，工业园区循环经济体系日趋完善。陕西延长中煤榆林能源化工有限公司公用工程业务主管自豪地谈道："园区建设之初，我们就堵住了排污口，以壮士断腕的勇气和决心，坚决打好废水回用攻坚战。"为实现污染物末端治理向污染预防和生产全过程控制的转变，在节水方面，该园区建立了使 90% 以上的水资源得以循环利用的污水处理和循环利用系统，对于少量无法纳入工业循环的有机质和盐分含量较高的末端废水，专门注资 4.2 亿元在园区建立废水完全回用系统，真正实现了工业污水的完全回用和零排放。针对废渣利用问题与靖边县政府合作进行规划，专门建设了一个小工业园把靖边能源化工综合利用产业园区产生的固体废弃物进行二次加工处理，其中包括 25 万吨/年粉煤灰、炉渣制轻质砌体砖项目。进厂前是废渣，出厂后摇身一变成为砖、粉煤灰等建筑材料，废渣资源也是。废气方面，园区整合了 14 项国内外先进技术，克服了煤气化工艺中气体成分"氢少碳多"和油气工艺中气体成分"碳少氢多"的不足，使大量原本排放或燃烧的二氧化碳、氢气充分参与合成反应，极大削减了二氧化碳排放量，提高了产品回收率，降低了装置的综合能耗和水耗。

### 3. 以能源化工产业为核心的榆林市内循环

生态问题作为木桶的短板，制约着榆林市的可持续发展之路。为此，必须从生产生活两个层次建立起循环链接。既要实现生产领域产业链循环，还要在生活领域最大程度地对垃圾进行回收利用，同时在两个领域之间也要循环起来。将生活垃圾利用起来，为工业生产服务。榆林能源化工多产业耦合发展，成为了高端能源化工基地建设的有力支撑，形成了能源资源深度转化、高效利用的循环经济产业集群，探索出了原煤—兰炭—煤焦油—高端油品、原煤—甲醇—烯烃（芳烃）—合成材料、原煤—煤液化—精细化学品等循环产业链。能源化工产业是榆林这一资源型城市的支撑产业，以其循环经济发展成就为基石，探究榆林市内从生产到生活的循环才更具可行性与现实意义。

4. 以榆林市为核心进行晋陕蒙宁经济圈内循环

以榆林市为核心进行晋陕蒙宁经济圈内循环是跨区域跨行政管辖的较高层次循环，是圈内人民的迫切呼唤。该经济圈覆盖山西、陕西、内蒙古和宁夏四省区的交界区域，从行政区划上涵盖陕西的榆林、山西的大同、内蒙古的鄂尔多斯和宁夏的银川等市区。这些地区普遍呈现资源上占优势，物华天宝，然而生态上劣势的特点，且在地域位置和产业上联系紧密，共同走循环经济发展路子，实现跨区深度专业化协作，强调统一规划、合理布局、分工协作及资源整合，形成能化产业集群是突破发展瓶颈的必由之路。榆林市作为晋陕蒙宁经济区域的中心城市，在循环经济方面起步早、经验丰，具有示范带动作用和凝聚力，有利于经济圈内企业跨行业、跨地区专业化协作，充分发挥区域整体优势，因此要以榆林市为核心，推动经济圈内城市循环起来，实现可持续发展。

### 三、榆林式循环经济发展思考

凭借得天独厚的资源条件，榆林迅速脱贫，成为陕西重要的经济增长极。然而，一方面，环境污染及生态环境破坏问题严重，资源、能源低效利用困境日益凸显，投资环境恶化，阻碍着经济转型升级；另一方面，一旦产业结构升级又会引致落后劳动力的淘汰，激发社会矛盾。以环境承载力换发展的路子难以为继，新型产业发展条件又尚未成熟，被委重投艰的榆林求索不止，转变思路，考虑到其资源型产业的大多数废弃物可以作为其他产业的原材料和能源进行循环使用，立足比较优势，依托传统产业发展循环经济，彰显了独特的发展智慧。榆林市统筹政府、制度、政策、组织的力量，以循环经济为路径打造榆林升级版，建立循环经济发展基金，在土地审批上予以政策倾斜，严格控制排污指标，开展"产学研"合作，深化区域合作，使社会各层面参与进来，形成了企业—园区—市域—晋陕蒙宁协同内循环机制，在利用丰富资源富国富民的同时实施生态文明方略，用发展的方法破解了发展过程中遇到的环境污染与资源约束困境，形成了独一无二的发展模式，缓解了环境与发展之间的冲突，符合可持续发展理念。

## 第二节　产业集群模式
### ——实现竞争优势整合

产业集群，是推动地方经济转型发展的强大引擎，即在一定区域内大量企业在空间上聚集，并形成强劲的产业竞争优势、持续的知识溢出优势，从而推动着经济的发展。

## 一、榆林丰富的地方特色产业集群模式

为贯彻落实市委、市政府《关于加快非公有制经济发展的实施意见》（榆办字〔2017〕25号）精神，进一步推动乡村振兴战略、实现产业扶贫、优化榆林产业结构、促进产业集聚、提升产业层次，加快产业集群和地方特色产业新旧动能转换，依据《榆林市地方特色产业集群认定管理办法》，市委、市政府结合榆林实际，积极推动榆林地方特色产业集群认定，各县市区已初步形成榆阳区防寒服产业集群、恒源集团能源化工循环经济产业集群等14家产业集群，即首批"榆林市地方特色产业集群"。2017年全市14家地方特色产业集群内企业数1826家，2017年产值达140亿元，纳税达13亿元，从业人数9.6万余人。2018年产值达145亿元，上缴税金13.5亿元，从业人数10万人。这对于促进产业规范化、规模化发展与地方经济协调健康发展具有重要意义。

1. 榆阳区羊毛防寒服产业集群

榆林市每年的政府工作报告中，都有涉及羊毛防寒服产业的内容，如今建立的集群内更是有150户左右，且近年所有企业均向榆阳集聚，其中榆阳区具备一定规模的有50多户，年产20万件以上且销售收入超过2000万元的有22户，如蒙赛尔服饰有限责任公司、榆林市冬韵制衣有限公司、榆林市锦龙羊毛绒制品有限公司、榆林市九洲塞上羊服装有限公司、榆林市久牧羊服饰有限公司、陕西羊老大服饰有限公司、榆林七只羊服饰有限公司等。2017年规模以上服装企业实现工业产值9亿元，从业人员1.2万人，上缴税金1000万元，年产量650万件，榆阳培育了特色鲜明、产业链体系完整、企业集聚效应显著的防寒服产业集群。

2. 能源化工特色产业集群

该产业集群共有11家企业，以赵家梁矿业公司、恒源发电公司、恒源电化公司、恒源焦化公司、恒源投资集团铁合金有限公司等为龙头企业，示范企业5家，带动农户数3000户，2017年产值49.3亿元，营业收入48.8亿元，上缴税金12亿元，从业人数6000人，主要产品有电石、煤焦油、兰炭等产品。其中，榆林市能源化工基地累计实施总投资1500多亿元的23个重大煤化工项目，布局了一大批国家级重大项目，促进了能源化工产业蓬勃发展。

3. 府谷县金属镁产业集群

镁产业是府谷承接原煤生产和载能工业的特色产业，已成为仅次于煤炭的第二大支柱产业，也是府谷循环产业集群中的核心产业，主导产业为金属镁的生产

和加工。集群内企业数量为 34 家，其中示范企业有 11 家，如榆林市天龙镁业有限责任公司，府谷县金万通镁业有限责任公司，府谷县镁业集团有限责任公司，府谷县京府煤化有限责任公司等。集群内带动农户数 10000 户，2017 年产值 58.83 亿元，营业收入 48.23 亿元，上缴税金 0.6 亿元，从业人数 9923 人。当下，榆林正积极以集群化、循环化为路径，打造"煤—兰炭—硅铁—镁—镁加工"产业链，加快金属镁产业升级改造，建设镁冶炼、镁合金深加工和镁产业服务三大产业集群，建成"世界镁都"。

### 4. 横山羊肉产业集群

"要吃羊肉到陕北，陕北羊肉数横山，横山羊肉双城香……"横山当地经久流传的顺口溜，道出了横山羊肉"肉中之人参"的美名。横山羊肉产业集群内有六家企业，2017 年产值 8400 万元，营业收入 8395 万元，从业人数 1589 人，2018 年全区实现出栏生羊 55.50 万只。其中示范企业为横山区香草羊肉食品有限公司、横山区香丰食品有限公司，其中香草羊肉食品 2017 年产值达 1420 万元，从 2016 年到 2018 年，共带动五个乡镇 26 个贫困村的 630 户贫困户、4500 户农户，横山羊肉产业集群使养羊成为当地人民脱贫致富的主导产业之一。

### 5. 靖边县荞麦产业集群

幽香漫天的荞麦是靖边县独特的美食风景，其中荞麦（苦荞）的育种、种植、加工与销售，是靖边县荞麦产业集群的主要产业。集群以天赐湾镇红盛小杂粮一家龙头企业带动两家专业合作社种植生产荞麦、苦荞，其产品为红盛牌靖边荞麦米、荞麦粉。2017 年产值 3618 万元，营业收入 3361 万元，上缴税金 63 万元，带动农户数 3000 户。

### 6. 定边县蔬菜集群

近年来，定边县打造了由 40 家企业构成的蔬菜集群，以陕西金中昌农业、定边县沃野农业、定边县塞丰农业、定边县靖杨绿色果蔬四家示范企业，带动农户数 600 家，其中水浇地 35 万亩，种植辣椒 6 万亩、马铃薯 12 万亩。2017 年销售收入 19.8 亿元，农民人均纯收入 2.8 万元，上缴税金 2500 万元，从业人数 676 人。2018 年，马铃薯科技示范田 6 万亩，全县蔬菜产量 18.97 万吨。定边县更是建有国家级现代农业科技示范园区一处、省级现代农业示范园五个，被农业部命名为"一村一品"示范镇，被省级政府确认为现代农业示范区、市级重点建设小城镇之一，积极推进高效农业产业发展，实现农业增效、农民增收的目标。

### 7. 绥德县石雕集群

长期以来，绥德凭借得天独厚的优质山石以及精湛的雕刻技艺，开拓了石狮、石柱、石雕画、石牌楼、组合石雕等产品的石雕集群，集群内企业数为 76

个，示范企业为鲍洪文雕刻有限责任公司、绥德汉石雕有限责任公司，其中鲍洪文雕刻有限公司产值达1000万元。2017年集群带动农民数532户，产值2亿元，营业收入1.5亿元，上缴税金500万元，从业人数1200人。

8. 米脂县小米产业集群

近年来，米脂县坚持把小米产业作为农业结构调整的重要抓手，积极打造以小米加工为主的产业集群。集群内企业数11家，示范企业有益康农产品有限公司、王成商贸有限责任公司、米脂婆姨农产品开发有限公司三户企业，都是规模以上企业，集群内带动农户数一万户，2017年营业收入为2.9亿元，从业人员为560人。米脂县开发了米醋、米酒、米茶等绿色健康食品，形成了米脂小米、三哥哥、米脂婆姨、陕北女子、米如脂、貂蝉等知名产品品牌。

9. 米脂县山地苹果集群

发展山地苹果产业是脱贫攻坚的重要支撑产业，是米脂农业的主导产业之一。集群内企业数152家，其中有陕西果业米脂分公司、志红苹果专业合作社、桂林果业专业合作社等七家示范企业，其中年产值上1000万元的企业为桂林果业专业合作社。2017年山地苹果栽种面积达17.6万亩，并以每年2万亩以上规模增加，其中挂果面积7万亩，总产量8.5万吨，产值4.2亿元，2017年集群带动农户数4230家，产值4.2亿元，从业人数2100人。截至2018年7月，米脂县发展山地苹果面积20万亩，其中，挂果面积8万亩，建成各级高标准示范园60个，并涌现出了以高硷、李家寺、党塔、艾家崄底、吴家崄等村为代表的一大批示范园，山地苹果产业成为全县脱贫致富的主导产业。

10. 佳县木材加工集群

木材为佳县商品贸易中的土特产之一，佳县以此形成了寿材、日用家具、板材等木材加工集群，该集群位于佳县通镇，集群内企业数为138家，其中有5家示范企业为福源木材加工厂、李成伟木材加工厂、郭强强木材加工厂等，其中福源木材加工厂为规模以上企业。2017年集群内产值5.8亿元，利润达1.3亿元，上缴税金为90万元，先后成立了木材加工协会，木材合作社等，带动农民户数320户，从业人员850人。

11. 吴堡县手工空心挂面产业集群

以陕西省非物质文化遗产——吴堡传统制作手工空心挂面为主导产业的产业集群内有380家企业，其中示范企业7家，主要以山疙瘩、田园食品、张世新挂面公司、老霍家挂面合作社、挂面爷爷公司等企业带动产业集群，集群年生产能力达4200吨，带动农户数500户，2017年营业收入为8500万元，上缴税金90万元、从业人数850人。

12. 清涧县粉条产业集群

粉条加工业作为清涧的主导产业之一，在清涧经济发展上起着举足轻重的作用。近年来，清涧粉条加工业蓬勃发展，建立了粉条产业集群，集群内企业25个，示范企业有子北辰农业、桃林山专业合作社、玉强农产品、金海园农产品师永生粉条等，其中子北辰农业2017年产值达1000万元以上。通过粉条加工，清涧县不仅延伸了马铃薯产业链，而且实现了产品的多次增值。

13. 子洲县山地苹果集群

子洲苹果是陕西省榆林市子洲县的特产，依托独特的地理气候优势，子洲县紧抓陕西省果品基地北移的历史性机遇，加大宣传力度，大力实施山地苹果基地建设，走"一村一品"果业发展道路。截至目前，建立的集群种植面积21万亩，年均增长2万亩，挂果面积8.8万亩，年产9万吨，集群企业数为196户，示范企业有清水沟现代园区、红山河专业合作社、老庄沟专业合作社、郑氏种养、黄土源等十家企业，带动农民2356户，已成为该县特色农业的重要组成部分。

14. 子洲县黄芪集群

子洲县按照总体规划，深入推进山区农业现代化建设，大力发展以黄芪为主的中药材产业，"子洲黄芪"已被国家质量监督检验检疫总局授予地理标志产品，种植面积15万亩，企业数为50户，示范企业3户，带动农民5000户，为子洲县带来近8亿元的年产值。其中天赐中药、鼎盛中药是规模以上企业，永望农产品2017年产值达1000万元以上。黄芪产业集群中生产的黄芪片、黄芪中药材饮片等产品，通过河北、广东等外地出口商远销中国香港、中国台湾、日本、东南亚等。

榆林市在此基础上，将继续坚持创新引领、主动转型，着力突破科技和人才瓶颈，打造现代煤化工、镁铝、新能源、文化旅游、战略性新兴产业、现代服务业六大千亿级产业集群，加快构建与之配套的科技创新、现代金融和人才供给体系，推动"三大变革"，建成世界一流高端能源化工基地。

## 二、产业集群产生优势的经济学思考

### 1. 集聚优势

通过集聚优势，共同使用公共设施，减少分散布局所需的额外投资，并利用地理邻近性而节省相互间物质和信息流的运移费用，从而降低生产成本。同行业的企业利用地理邻近性，通过合资、合作或建立联盟等方式共同进行生产、销售等价值活动，如大批量购买原材料等，不仅使原材料价格降低，也节约了单位运输成本。榆林按照珍惜资源、深度转化的要求，加快推进兰炭产业转型升级，打造"榆林兰炭"洁净煤品牌，拓展兰炭应用市场，突破粉煤干馏工业化，发展以煤干馏为核心的百万吨级煤炭分质利用示范项目，鼓励发展以兰炭为原料生产合成油、甲醇及下游产品、发电等，打造"榆林版煤制油"产业集群，形成榆林煤化工产业高转化、低成本的核心竞争优势，煤炭分质利用产业规模、技术水准达到世界领先水平，建成国家煤炭清洁高效利用示范区。

2. 知识的溢出优势

集群的知识包括技术知识、需求信息、供给信息、经营经验等。这类知识具有两个特征：一是公共物品性质。它一旦被创造出来，传播的速度越快，拥有的人数越多，为群体带来的福利就越大。二是隐含的经验类知识难以具体化、系统化，没有人际的频繁接触和耳濡目染则很难传播或传播很慢，因此这些知识往往只有在集群内才能得到。在产业集群聚集的地方，同行业的生产厂商、供应商、重要顾主、支持性产业以及其他相关行业的厂商聚集在一起，彼此间既互相竞争又互相模仿。由于地理位置的邻近，人际的接触和交往频繁，增加了经营的透明度，使集群的知识传播速度达到最快，拥有的人数最多，溢出效应达到最大。因此，榆林各大产业可以基于知识溢出效应，在产业集群快速共享显性知识和隐性知识，提升整个资源型企业的知识存量，成为产业集群的创新源泉，从而提高资源型产业集群的核心竞争力。

3. 竞争优势

产业集群在市场上获得的竞争优势体现于所在产业的吸引力、市场竞争地位等方面。大量成功实例表明，利用产业集群的竞争优势，可以发挥地方产业自我发展与扩散辐射功能，进一步获得竞争优势，打造出更加鲜明和有吸引力的企业、产品、集群品牌，对区域经济发展与区域竞争力的提高都具有极其重要的战略意义。资源型产业集群核心竞争能力的提升在一定程度上固定了区域产业格局，集群内部通过竞合关系在提升核心竞争能力的同时也吸引更多的内外部资源投入到地区社会化生产过程中。因此，榆林围绕精细化工、聚氯乙烯加工、金属镁加工、轻纺、农特产品加工、文化旅游等领域，广泛组织开展集群化招商、产业链招商，利用产业集群的优势，提升招商引资质量，加快项目落地进程。

4. 带动优势

没有一个产业是孤零零的。一个产业的兴起总会带动其他相关的产业，这就是新兴产业的结构效应。贸易型的产业集群会带动加工型、制造型集群的发展，制造型的产业集群将会带动贸易型的产业集群升级，以及消费型、知识型、智能型服务业或专业性产业集群的发展。产业集群的发展可以为解决效益问题，信息化建设问题以及资源、环境等问题提供很好的产业基础和动力基础。例如，榆神工业园区按照"大集团引领、大项目支撑、大园区承载、集群化发展"的发展模式，先后引进神华、兖矿、延长石油、陕煤化等国内知名企业入驻园区，基本形成了以重大项目为龙头，骨干项目为支撑，各类产业项目协调发展的良好态势，累计落地项目 152 个，招商引资 3073 亿元，完成投资 550 亿元，入区企业达到 372 户，规模以上企业 65 户，产值上亿元企业 30 户。

由此，集群式发展可以促进榆林优质资源集中，加快形成产业规模效应，发展特色品牌优势，全面提升产业区域的竞争力。

# 第三节　生态经济模式
## ——绿水青山变金山银山

徜徉古城榆林，鲜花绽放、草木吐蕊，移步即景、举目皆绿。榆溪河生态长廊里花香鸟语、楼亭水榭，火车站广场上垂柳摇曳、喷泉送凉……俨然是一幅"城在景中、景在城中"的美丽画卷。正是生态经济的伟大力量，把昔日的黄沙漫天、荒芜贫瘠的榆林变成了今天的陕北明珠、塞上江南。因此，生态经济对于实现经济腾飞与环境保护、物质文明与精神文明、自然生态与人类生态的高度统一和经济可持续发展的意义可见一斑。

## 一、与风沙博弈，收绿色福利

将时针拨回 1935 年，位于榆林市西南的靖边县还是一个漫天黄沙、植被稀疏的不毛之地。老一辈靖边人回忆，每到春天，黄沙漫天，不仅出行困难，而且农作物也受到影响，风大的时候能把刚长出来的庄稼吹成光杆司令。因此，靖边生态建设的最初目的是抵御风沙，改善生存环境。1942 年，靖边县政府本着抵御风沙造福百姓的初衷，大力推行种草植树，把种草植树当成大事，使全民植树变成了一种社会风气。经过几十年与风沙的博弈，一代又一代靖边人用实际行动践行了实事求是不尚空谈的精神，谱写出了动人的绿色之歌，也树起了生态经济的一面旗帜。

在全面推进生态文明建设的过程中，靖边县在原来植绿的基础上，针对北、中、南不同的自然地貌类型，基于生态功能区理念，将全县划分为三大生态区，形成"三区六化"林业建设大布局。即构建北部生态防护功能区，巩固沙区大绿化、塞外绿色化成果；构建中部农业经济保障功能区，实现农田林网化、林业产业化；构建南部矿区生态修复功能区，实现矿区生态化、生态经济化。

靖边县对林业建设也进行了调整。首先，在造林地块选择上，重点由偏僻地区向人口集中区域转变，向交通要道、村镇周围等人口相对集中的区域安排，注重"身边增绿"。其次，在造林树种安排上由落叶树种为主向常绿树种、乡土树种和乔灌草相结合转变。2008年靖边县在全市率先出台了《靖边县责任制承包造林暂行办法》，大力推行承包造林，吸引各种经济组织参与承包造林，降低了造林成本、夯实了造林责任、提高了造林成活率、落实了管护责任，现在全县千亩以上造林大户19户。再次，投资主体由国家投资为主向多元化投资转变。县财政不断加大林业建设的投资力度，年均投入林业建设资金2000余万元。2011年，县级干部职工缴纳造林绿化费年均近300万元，各驻靖企事业单位投入到生态环境建设方面的资金达8000余万元。其他居民通过自购种苗、投工投劳，坚持"四旁"植树，为生态建设做出了积极贡献。最后，造林由单纯的注重生态效益向兼顾"三大效益"转变。通过大力营造核桃经济林，改良山杏等生态林，提高林业经济效益，集中营造高标准的样板林、示范林，让绿色走进人群、渗透生活、影响观念，从而大力弘扬生态文化、推进生态文明建设。

2012年，靖边县沙地梦种植农民专业合作社把全县的部分荒地、闲散地、低产林整合改造为优质林果经济林，建成沙地后续产业科技试验示范基地110亩。试验示范种植各种水果、蔬菜、瓜类，年收入达70万元。他们推广的新品种"北斗"晚熟桃辐射7个乡镇，种植面积约1400亩，扶持精准扶贫户和贫困户60余户。合作社采用高密度种植法，盛果期亩产达到8000~10000斤，亩收入高达8000元，保证了"退得下，还得上，不复耕，不反弹"，实现了生态效益、经济效益和社会效益的最大化；天赐湾乡马宁村30多亩鲜杏年收入达4万多元，亩均收入1200元；东坑镇沙渠村嫁接山杏2017年部分开始初挂果，亩均收入300多元；三岔渠村赵民强嫁接改良山杏5亩123株，每年收入都超过12000元，亩均2000多元；镇靖镇伙场洼村苏连山嫁接改良山杏7亩，每年收入近2万元，亩均收入超过3000元。

2017年在靖边城南开始建设的规划面积62平方公里的城南生态屏障区已经颇具规模。2018年已完成道路绿化4公里、人工造林2500亩，继续打造稳定的县城南部森林防护体系，在区域内建成城市近郊增绿区、长城绿化示范区、风电生态观光区、美丽乡村建设区、观光农业实验区和古堡生态文化区；周河、五里湾等地的核桃已经成了市场新宠，青阳岔的老马鲜桃初具规模，部分乡镇已经开始了林下经济的有益探索，以西涧丹林为代表的休闲旅游成为经济收入的重要部分。

80多年来，在这场人与自然的大规模博弈中，靖边36.5万人民群众用自己的力量战胜了风沙，生态环境的变化释放出的绿色福利已经显而易见。肆虐多年的风沙不见了，水土流失得到了有效控制，粮食产量不断上升，畜牧业实现了长足发展，林业经济收入也在翻倍增长。绿水青山的建设不仅让环境变美，更让群众得到了实惠，逐渐优化的生态环境已经为靖边带来了不可估量的经济效益。

## 二、多种生态民营企业模式，合力建设美丽榆林

在生态经济的建设进程中，榆林民营企业以"绿色、低碳"为理念，大胆创新，敢想敢干，努力探索转型升级之路，创造了一大批成功范例，建设了一个天蓝、地绿、水清、家园美的新榆林。

### （一）生态矿业

张家峁矿业公司始终坚持"绿色开采，低碳发展""崇尚自然，追求和谐"等理念，大力实施绿化、美化、亮化工程，为职工创造了清洁舒适的工作和生活环境。该公司采用排矸巷回填矸石，累计减少地面矸石排放量11.5万吨，做到了井下矸石的零排放；在井下综采工作面采用无功补偿设备，解决了供电距离长、电压损失较大的难题，建设了九个材料库，方便了井下设备材料的库存和使用；在沉陷区地表治理方面，对井田范围内进行植被补栽，使井田范围内的生态环境得到了保护。

该公司坚持实施绿化、美化、亮化工程。截至2017年，该公司已经在矿区内建成了职工休闲花园、工业厂区沿河绿化带、办公区绿化广场等绿化区域，绿化面积达到了56%以上，改善了道路景观，呈现出"矿在绿中、楼在林中、路在树中、人在园中"的花园景象，为公司员工创造了温馨舒适的工作、生活环境。

### （二）生态工业

2007年，靖边县开始与延长集团联手创建投资上千亿元的能源化工综合利用产业园区（大园区）。大园区综合利用煤油气盐资源，建成产业链横向耦合、纵向闭合，具有比较优势的能源化工基地及循环经济示范园和生态工业示范园；小园区承担的任务之一是建成大园区下游产品的加工基地，起到延伸产业链条的作用，使有限的资源通过综合利用，创造出更多财富。2008年4月，靖边县中小企业创业园区成立，累计完成投资6.61亿元，除政府招商项目投入的资金外，仅县财政就投入2亿元。通过"七通一平"基础设施建设，建立起一个可以使100多家民营企业聚集发展的大乐园，使得昔日的荒漠变成有水、有电、有路、有发展空间的宝地。2010年，"金凤凰"终于飞来，园区共储备项目71个，引进三友木业等22户企业，接洽十几家新申请入园企业。

### （三）生态农业

#### 1. 渔歌欢唱产业兴

2017年10月12日，横山区白界镇柳沟村榆林百川生态农业有限公司的千亩稻田内，大型收割机正忙着收割成熟的稻子，一派繁忙秋收景象。稻田内螃蟹来回穿梭着，其中一部分还组成大军从水里爬到田边的空地上，听闻有人靠近便赶

紧挪着爬进水里。

随着越来越多企业和个人的参与，横山区稻田养蟹规模已经达到 6000 亩左右，初步建成了陕西省稻田养蟹最大的主产区。同时，横山区强化对渔业发展的科技支撑和技术服务，先后组织实施了陕北高寒风沙区池塘综合养鱼技术、工程化稻田养鱼技术、网箱养鱼技术及稻田河蟹生态养殖等多项水产技术推广项目，"人放天养"的传统养殖观念逐步改变，池塘健康养殖、库坝生态养殖等养鱼新技术也普遍提高。此外，水产技术推广、水产品质量安全监管强化、水生动物防疫检疫的普及，也为横山渔业发展提供了有力保障。横山区已经基本形成了以鲢、草、鲤为主兼顾名优特品种的库坝池塘生态养殖区，以休闲垂钓、休闲旅游为主的两河流域休闲游钓区发展模式。全区共发展水产养殖面积 4.6 万亩，其中库坝 3.76 万亩、池塘 3040 亩、稻田 6000 亩，水产亩产量 1700 多吨，渔业产值2300 多万元。

横山区按照"突出区域特色，加强薄弱环节，促进产业集群，提高规模优势，完善产业配套"的布局原则，大力发展生态渔业，开展生态种植养殖，同步优化品种结构及产业结构，重点形成"一群、二带、三基地"的产业总体格局。其中，"一群"为库坝生态养殖产业群，"二带"为芦河现代渔业产业带、无定河休闲生态渔业产业带，"三基地"为水产良种供应基地、休闲渔业示范基地、无公害商品鱼生产基地。横山区加快渔业科技创新、科技转化和技术推广能力建设，重点在水产良种化、生态养殖技术示范推广、水生动物疫病防控、水产品质量安全四大领域开展科技创新和引进消化吸收，并探索形成"区域化布局、专业化生产、产业化经营、市场化运作、社会化服务"的生产经营格局和"科工贸一体化、产加销一条龙"的现代渔业产业体系，使渔业成为一项繁荣城乡经济、促进农民增收的特色龙头产业。

2. 一棵树、一个家

2017 年，蚕桑产业被首次写入中央一号文件。文件提出要发展规模经济+现代农业产业园，发展生态桑产业，推进互联网+现代农业等理念和现代技术手段，优化产业结构，做大做强蚕桑产业。

2017 年，榆林的民营企业"一棵桑树"将桑蚕产业作为发展方向，在公司产品展示大厅的墙上，写着："一棵树、一个家——托起一个贫困之家、建成一个健康之家。"其中的健康之家，指的是利用桑树的叶、枝、皮、葚、根、黄等部位所制的所有产品，都最大限度地保留了其本身所具有的各种对人体有益的功效，都是绿色生态的健康产品；而托起一个贫困之家，则说的是与农户之间的合作模式。

截至 2018 年上半年，公司先后已和 28 个贫困村签署系列原料收购协议，涉及近万农户，平均每户能增收六七千元。不但如此，未来还将通过移植、嫁接等方式对现有的桑树进行地产改造和品种改造，为农户们带来更多的收入。用一句话来说："像诗人一样富有激情，像农民一样努力实干。"也正如这句话所说的那样，用实际行动在做这件事情，踏踏实实地为农民增收致富。

3. 瑞丰煤矿花园

在瑞丰煤矿矿区内的巨盘生态农业开发有限责任公司的农场内有鸡场、兔场、牛场、羊场，以及 15 座现代化蔬菜大棚。蔬菜大棚内，黄瓜、番茄、茄子、圣女果、豆角应有尽有，满眼青翠，果实累累，工人们正在劳作，采摘装箱，他们也都是这个村的村民。这是由瑞丰煤矿出资 1000 万元，小昌汗村提供土地 280 亩建立的，38 户村民参与入股，进行管理和生产经营，产品供给煤矿职工食堂和对外销售。农场既使小昌汗村 60 多名闲置劳动力在这里就业，又使矿上数百名工人常年吃上自己农庄生产的新鲜肉、蛋、蔬菜。绿化专业队和巨盘生态有限公司使用当地劳动力 80 多人，使小昌汗村村民每人年收入在 15000 元以上。

瑞丰矿区所在的石籽墕村户户建起新住房，家家购了小汽车，人人钱包鼓起来。"煤矿生态建设使咱们村民实实在在地富起来了，咱还能有什么意见。"一位村民高兴地说。

**（四）生态旅游业**

2012 年，榆阳区古塔乡黄家圪村提出村民充分就业"三个三分之一"的构想，即三分之一的劳动力在外打工，三分之一的劳动力在家种田，三分之一的劳动力从事生态旅游服务业，从而优化就业结构。

黄家圪村因地制宜，突出特色，以生态养生、农业景点、农事体验、农民节庆、水上乐园、农家乐为载体，大力发展休闲观光农业、生态旅游农业和节会展览农业，不断繁荣和发展农村服务业。

2012 年，由黄家圪村多名企业家投资的石山寺文物古迹修复和修缮工程及村口大戏台建筑工程已全面竣工并投入使用，为旅游观光业的发展奠定了基础。黄家圪村还配套发展棚栽业，积极扶持农产品加工龙头企业和产业集群，大力发展农产品精深加工业，倾力打造榆林城东南集观光、餐饮、购物、住宿、休闲、度假为一体的生态旅游新景区，千方百计实现农业内部的挖潜增效，大幅度提高农业的综合效益，把黄家圪村全面建设成梯田层层绿、道路处处通、居住家家美、清水环绕、松林遍地，林中有村、村中有水的集生态、观光、休闲于一体的社会主义新农村，打造成闻名全国全省的山清、水秀、人和的秀美之村、文明之村、和谐之村、富裕之村。

## 三、政企联手，创新生态经济转型

优化的生态环境使得榆林市民营企业的整体水平有了很大提高，但处于产业链低端的企业数量仍然偏多，转变经济发展方式显得尤为重要与迫切。榆林市统筹环保与经济的协调发展，牢固树立绿水青山就是金山银山理念，扎实推进污染减排，同时积极发挥各方优势和作用，加快民营企业发展方式的转变，促进经济平稳快速发展。

**（一）政府强力治理导引**

2001年，政府坚持把扩大开放同西部大开发、产业结构调整、国有企业改革、区域经济协调发展结合起来，有进有退，加速资源的优化配置和国有资本的优化重组，突出能源、化工、水利、生态、交通、旅游等特色产业的招商引资和对外开放，形成了以榆林经济开发区和神府经济开发区为招商引资高地、带动榆林市优势资源开发的开放格局，建成了具有西部特色和榆林特点的开放型经济；政府鼓励外商投资于农业、林业、牧业、水利、矿产能源、环保、交通、旅游、市政等资源开发和基础设施建设以及生态环境建设，重点鼓励外商投资于农业、煤炭、电力、化工等支柱产业；对外商在榆林市兴办的交通、电力、水利等企业，企业所得税实行两年内免征，对为保护生态环境、退耕还林还草有产出的农业特产品收入，在十年内免征农业特产税。

2005年，榆林政府按照"污染者付费、利用者补偿、开发者保护、破坏者恢复"的环境责任原则，出台榆林能源开发的生态补偿政策，积极开展生态工业园区试点。

2009年，加快工业园区、现代特色农业生态园区建设。

2010年，政府为了扶持创新发展，增强企业核心竞争力，加强科教引领的作用，积极组织实施科技创新工程，每年拿出3000万元用于引智借力，对接产学研。其中，1000万元用于人才培训引进，1000万元用于科技成果转化，1000万元用于校地合作科研。同时，围绕能源化工基地建设，加强煤、气、油、盐等主要资源开采与深度转化、产业链条延伸、新产品开发方面的技术研究，形成了一批拥有自主知识产权和较强竞争力的创新型企业；围绕新型产业和第三产业，着眼长远，舍得投入，加大科技研发力度，建成一批技术含量高、附加值高的创新型企业。

2018年市政府从以下三个方面入手，大力搞好生态环境整治：

一是源头防治，大力改善环境质量。生态环境质量的好坏，关键在于污染源头治理是否能抓好。榆林市坚持大气、水、土壤污染环境综合整治，制定印发了《榆林市铁腕治霾（尘）打赢蓝天保卫战三年行动计划（2018~2020年）》及《榆林市铁腕治霾（尘）打赢蓝天保卫战2018年工作要点》。

针对燃煤、扬尘、高污染柴油车和挥发性有机物污染防治问题，榆林市继续推进燃煤锅炉改造，划定榆林城区高污染燃料禁燃区，逐步淘汰无烟煤等高污染燃料，大力推行建筑工地扬尘污染视频监控。

针对水污染防治问题，榆林市增设水质监测断面 20 个，建成 7 个国考断面水质自动监测站，水质监测数据平台基本形成了覆盖全市的地表水环境监测网络。

针对畜禽养殖污染防治问题，无定河、水源地等重点区域禁养区规模化畜禽养殖关闭或搬迁任务基本完成，水环境质量得到明显改善。

针对土壤污染防治问题，榆林市制定出台《榆林市土壤污染详查实施方案》，开展了土壤环境疑似地块摸底工作，累计对 20 个疑似地块进行初步调查，更新全市土壤环境重点监管企业，确定自行检测企业 9 家。

二是铁腕执法，全面保障环境安全。2018 年以来，榆林市以日常监管为抓手，积极开展环保专项执法行动，按照整改一批、处罚一批、停产一批、关闭一批、问责一批、追刑一批"六个一批"的要求，加大整改处罚力度。5 月底，全市共出动执法人员 5200 多人次，检查企业 2027 家，立案查处 270 家，查封扣押 81 件，限产停产 16 起，移送司法 6 起，累计罚款 2933 万元，同比增长 47.5%，稳居全省第一。

同时，榆林市以环保突出问题整改为第一要务，坚持问题导向，组织对全市火电企业、钻采企业、化工企业等重点行业企业进行了现场观摩学习，强力推动"三统一"、超低排放改造及挥发性有机物治理等工作。

榆林市还充分发挥环保优化经济发展的作用，主动作为，把好准入关，在陕西省率先将生态红线纳入"多规合一"整体应用平台，严格项目准入把关，坚决守住环境底线。

三是聚焦重点，加快环保问题整改。环保事关方方面面。榆林市坚持把环保督察整改工作作为一项政治任务，继续按照"一月一报告，一季一调度，半年一考评，全年一考核"工作制度，强化调度指导，坚持做到原因不查清不放过、问题不解决不放过、责任追究不到位不放过等"六个不放过"，强力推动问题整改。2018 年，36 项具体问题已完成整改 20 项，其余 16 项问题正在积极推进之中，全市共抓生态环境保护、治理、修复的态势正在形成。

2018 年以来，榆林市全面完成了污染源普查清查建库工作，按照普查对象"全"、基本信息"真"、清查数据"准"要求，完成榆林市工业企业、产业活动单位等 6871 家单位清查工作。在此基础上，关停了中电国华神木发电公司 1# 和 2# 机组，完成陕西有色榆林新材料有限责任公司两台机组超低排放改造工程。同时，加强污水厂建设及运行管理，建成沙峁镇生活污水处理厂，并启动横山污水处理厂扩建工程和大柳塔生活污水处理厂新建工程。

## （二）企业自觉转变发展观念

企业树立了全新的发展理念，积极探索新型工业化道路。2010年，榆林市广大民营企业已开始按照"绿色、低碳、循环"的企业发展理念，积极探索新型工业化道路，并涌现出一批转型的典型企业。这些企业正结合榆林实际，不断向现代能化产业、新能源、装备制造、电子信息、材料工业、农副产品加工业、现代服务业等更高、更深的层次和领域进行探索和实践。他们积极建设具有国际领先水平的深度转化项目，开发能源清洁技术，大力发展煤电一体化、煤油气盐综合化工项目，延长产业链，打造现代能化产业集群；大力发展新能源产业，发展低能耗、低污染、低排放的低碳经济，开发以"阳光经济""风能经济""氢能经济""生物质能经济"为重点的新能源产业，打造新能源产业集群；努力建设一批具有更大规模、更高附加值的装备制造、电子信息、材料工业，加快发展农副产品加工业、现代服务业，打造非能源产业集群，形成现代能化产业、新能源产业、非能源产业协调发展的战略性新兴产业格局。

## （三）社会组织助力推动

工商联积极发挥内引外联作用，为企业加快发展提供"绿色通道"。工商联作为党委、政府联系非公有制经济人士的桥梁纽带，把非公有制企业与党委、政府紧密联系起来，把企业与部门紧密联系起来。企业在转变发展方式过程中，借助党委的支持，努力消除各种壁垒。工商联拥有基层商会、异地商会、行业商会等商会网络，数量众多的会员及自上而下的组织体系。各级工商联组织发挥内引外联的作用，通过招商引资、招才引智等平台，为企业发展提供了更多机遇。同时，其搭建了政企携手平台，与有关金融单位、院校、科研部门合作，为企业牵线搭桥。

气象局贯彻落实中共十九大精神，实现了生态环境质量的持续改善，为和谐、美丽、宜居的榆林增添了更加亮丽的一笔。其主要从四个方面落实：

（1）将积极推动榆林市气候资源开发利用和保护条例立法进程列入"十三五"规划立法计划。

（2）加强人工影响天气能力建设，通过飞机、火箭增雨充分开发空中云水资源，服务生态文明建设。

（3）沿黄生态经济带气象保障工程立项，以"助力沿黄生态经济带发展、服务全市经济社会建设"为主旨，紧密衔接榆林"十三五"规划经济社会发展目标。针对沿黄生态脆弱区域气象服务和保障的需求，榆林市气象局提出了重点围绕沿黄公路交通、重点旅游景区、生态扶贫、产业扶贫区域开展气象保障服务工程。

（4）组织开展世界气象日、水日等生态文明主题宣传活动，提高民众生态文明意识及法律意识。

# 第四节　民生慈善模式
## ——饮水思源报桑梓

民生慈善模式源自神木人民的大胆创新、自主实践，为破解资源型城市"矿竭城衰"这一历史宿命，解决"煤挖完了，神木人民怎么办"这一现实问题，在强大民意的推动下，神木市委、市政府高度重视，在科学研判、系统论证的基础上，决定启动建设医疗卫生、文化教育、社会保障"三大基金"，并向全市人民发出了关于募集基金的倡议。200 多位民营企业家、企业代表以及社会各界爱心人士积极响应，纷纷慷慨解囊，捐款捐物，筹建基金。著名文化学者肖云儒对基金会的定位是："当代操心后代，先富带动后富，亲民引领富民。"这是以人为本的大仁，超前谋划未来的大智，敢于创新的大勇，既是神木人民的物质财富，也是神木人民的精神财富。

陕西省神木市民生慈善基金会于 2011 年 6 月启动，2012 年 3 月 29 日正式挂牌，是经陕西省民政厅批准、陕西省民间组织管理局注册的非公募基金会。原始基金为人民币 5 亿元，从 2011 年 6 月 29 日至 2018 年 11 月底，共募集基金 24.08 亿元，是目前陕西省内规模较大的非公募基金会，在全国非公募基金会中排第四名。

## 一、基金运营方面

原始基金按照合法、安全、效益的原则运营，实现保值增值，"三大基金"产生的收益专款专用，分别投向医疗卫生、文化教育、社会保障事业。神木县分别成立"医疗卫生、文化教育、社会保障"三大基金理事会，选举产生理事长、秘书长，具体负责捐款基金的管理，相关职能部门搞好监督。捐款基金实行专户管理，基金理事会以书面委托管理协议的形式委托县国有资产运营公司开设专户，县国有资产运营据此履行受托管理职责。基金会设有"一室、四部、两委"，即综合办公室、财务部、项目管理部、信息宣传部、投资管理部、投资决策咨询委员会、投资风险控制委员会。基金理事会及筹备领导小组办公室的办公经费及其他各项开支均不得在基金中支出，由县财政统一预算安排。原始基金使用将量力而行，保证支付水平与基金规模运营水平相适应，公平、公正、公开，在坚持合法、安全、效益的基础上，保证基金不闲置，实现效益最大化。

基金会成立以来，始终坚持把基金安全放在基金运营工作的首位，严格按照

"安全、合法、有效、多元"的原则，深入研究基金运营模式，确保基金存放安全。截至 2018 年 10 月底，共实现收益 7.84 亿元，累计支出 3.3 亿元，净资产为 28.62 亿元。

为了进一步理清工作思路，基金会每年都要组织相关人员外出调研，先后赴北京长安国际信托股份有限公司、清华大学教育基金会、中国扶贫基金会和中国青少年发展基金会调研。基金会在调研过程中逐步形成了基金运营的提案，并提交理事会讨论，决定与神木农商银行、长安银行神木支行达成托管协议，与建设银行神木支行、中国银行神木支行和西安银行神木支行达成基金合作协议，实现基金分散存放，最大限度规避风险，实现了基金保值增值。

基金会被民政部评为"全国先进社会组织"，被陕西省民政厅评为 AAAA 级基金会，被榆林市委、市政府授予市级"文明单位"荣誉称号，被榆林市妇联评为"榆林三八红旗集体"。志愿者分会被陕西省妇联评为"示范巾帼志愿服务团队"，被榆林市文明办、榆林市志愿者总会评为"榆林市最佳志愿服务组织"。

## 二、公益项目实施情况

基金会成立以来，先后实施了养老、健康、助幼、扶残、梦想工程、农民工子女"梦想之家"、义工服务、精准扶贫几大公益项目，累计支出 3.62 亿元。

（1）"养老工程"累计受助对象 35 余万人次，累计发放补贴金 3.04 亿元。"养老工程"是对个人缴纳城乡居民养老保险金和只享受基础养老保险金的老年人，在现有基础上给予适当补助。

（2）"健康工程"受助对象 836 人次，发放救助金 2808.66 万元。"健康工程"是对神木城乡困难群众在免费医疗基础上实施二次救助，它的实施避免了困难群众因病致贫、因病返贫，是一个雪中送炭的工程，深受群众欢迎。该项目已于 2016 年 6 月底转为大病医疗保险。

（3）"助幼工程"受助对象 6000 余人次，发放救助金 343.3 万元。"助幼工程"是对困难家庭入园幼儿给予一定生活补贴，减轻了困难家庭的经济负担，让孩子能顺利入园学习，使他们感受到社会大家庭的温暖。

（4）"扶残工程"受助对象 1.86 万人次，发放救助金 1399 万元。"扶残工程"是推进残疾人社会保障体系建设的重要举措。对三类残疾人给予救助：一是对已办证的四级残疾人每人每年补助 300 元；二是对持有四级残疾证且长期服药的精神病患者，每人每月补贴 150 元；三是对未满 7 周岁的儿童实施人工耳蜗安装资助，资助医疗费用的 80%（器械安装价格 17.8 万元封顶）。

（5）"梦想工程"项目出资 87.5 万元，从上海真爱梦想公益基金会引进，它的核心理念是"问题比答案更重要、方法比知识更重要、信任比帮助更重要"，让孩子们自信、从容、有尊严地健康成长。该项目在榆林市 7 所学校试点成功后，由市教育局负责实施，已覆盖全市 42 所中小学，受益学生 4 万多人。

（6）农民工子女"梦想之家"示范项目，是于 2014 年申请到的中央财政支持社会组织参与社会服务项目，总投资 72.73 万元，其中中央财政支持 25 万元，省财政支持 25 万元，基金会配套 22.73 万元。该示范项目实施一年，有 4100 多人次农民工及其子女从中受益。为回应广大农民工子女和家长的殷切期望，将该项目拓展为农民工子女"梦想之家"公益项目，并与农民工子女较为集中的第三小学、高家堡镇九年制学校、沙峁镇九年制学校、第十小学合作，基金会共捐赠了价值 82 万元的学习用品和活动器材。此外，还制作了《农民工子女"梦想之家"》电视专题片，编辑出版了《放飞梦想》书画作品集，为广大农民工子女提供了一个相互学习的平台。

（7）"义工服务工程"是实施的公益性强、工作量大、参与人数多、受益人群广的公益项目。六年来，始终以"弘扬慈善义工精神，传递社会正能量"为宗旨，把开展义工服务作为精神文明建设和创建省级文明城市的重要载体，积极开展各项义工服务活动。截至目前，全市共有 38 支义工服务队，在册义工 1600 多人。累计开展大型活动 400 余次，共计支出 786 万元，受益人数达 9 万余人次。各服务队以"关爱留守儿童，关注空巢老人"为主，充分利用传统节日开展内容丰富、形式多样的系列公益活动。同时，创新义工服务形式，借鉴外地先进经验，试点义工服务站，通过义工服务站将义工服务延伸至社区、乡村，让群众感受到义工服务就在身边。

（8）"精准扶贫项目"是基金会积极响应省民政厅、省扶贫办的号召，把精准脱贫与慈善救助有机结合起来。2016 年，经基金会理事会研究，决定投资 109 万元在栏杆堡镇张家洼村刘家崖窑小组建滚水坝一座。滚水坝建成后为 420 多亩新建宽幅梯田提供灌溉水源，解决该村最直接、最现实的问题，为百姓脱贫致富打下了基础。该项目经验收，已移交张家洼村委会。2017 年，与永兴办事处共同投资 177 万元，在永兴办事处小寨村开展精准扶贫项目，实施河道治理工程，移河造田，扩建水地，整理出土地用于蔬菜大棚建设，现已移交至该村委会。

## 三、慈善基金经验

在公益项目实施过程中，基金会注重加强项目规范化管理，力求项目运作公开透明、科学有效。

（1）加强领导，落实责任。为了保证公益项目的顺利实施，基金会成立了公益项目领导小组，由基金会、部门、单位、镇、办相关人员组成，并指定专人负责各项目的实施。

（2）公开透明，阳光操作。在每个项目实施过程中，做到了事前公示、事中监督和事后检查验收，并自觉接受法律监督、行政监督、监事会监督和公众监督，提升了基金会的社会公信力。

（3）相互协调，密切配合。基金会的工作，需要各方面的支持与配合。在项目实施过程中得到了市教育局、卫计局、残联、养老办、合疗办以及各镇、办的大力支持，遇到问题及时沟通解决，保证了公益项目的顺利进行。

（4）跟踪调查，定期回访。每年都要对各个公益项目服务对象进行抽样调查，发现问题，及时解决，保证了公益项目的精准性。

（5）注重评估，规范运作。陕西德祥企业管理咨询有限公司对基金会实施的公益项目进行了效能评估，他们通过查看相关资料、查阅账目、走访群众、问卷调查等方式，认为基金会的动作廉洁民主、务实高效、公开透明。公益项目符合神木市情，立项科学合理，精细化管理，规范化运作，在社会公众中享有良好的声誉。

## 四、存在的问题

随着慈善事业的不断发展，基金会的发展还存在一些困难和薄弱环节：

（1）基金运营难。每年的基金运营收益，均是与银行进行合作或托管协议而获得收益，随着银行利率不断下调，基金收益也逐步下降。由于是非公募慈善基金会，而非慈善组织，收入来源和支出途径都有其特殊性。同时，基金劝募难，基金运营管理面临着很大挑战。

（2）支出比例难达标。《基金会管理条例》中规定，上年末净资产高于6000万元人民币的，年度慈善活动支出不得低于上年末净资产的8%，年度管理费用不得高于当年总支出的12%。神木慈善基金净资产28.75亿元，每年支出6000多万元，但按照条例，应当支出2.3亿元，两者差距较大。神木是煤炭资源富集型城市，这一特殊性决定了：为了避免"矿竭城衰"的局面，基金会承担着"煤挖完"后的神木民生事业保障任务，且每年基金收益仅1亿元左右，如果按照《基金会管理条例》规定支出，基金规模将会越来越小，因此无法保证公益项目的可持续发展，更不能对神木民生慈善事业提供恒久的财力保障。由于支出比例难达标，神木慈善基金难以申请认定慈善组织及获得公募资格，基金会进一步发展面临困境。

（3）公益项目活力不足。随着人民生活水平的不断提高，服务需求的多样化，公益项目也应以开放、创新、包容的姿态拥抱社会，推进公益项目可持续发展。公益项目在实施过程中存在着前期需求调研不精准、执行团队组建不合理、社会影响度不够大等问题。

# 第五节　府谷转型模式
## ——转型升级的试验区

府谷模式是指府谷民营经济的转型升级之路。在全国经济进入新常态后，由于多种原因交织，府谷县民营经济发展遇到了一系列的障碍，影响了县域经济发展。为了更好地适应经济新常态，府谷民营经济在县委县政府的大力支持下，开创出一条国家宏观政策与本地实际相结合的转型升级之路，通过转型升级来优化经济结构，提高发展质量，增强发展后劲，从而推动县域经济实现健康、有序发展。

## 一、从小配角到大主角，府谷民营经济舞出一片天

从20世纪七八十年代起步至今，30多年间，府谷民营经济从小到大，从快到好，由"配角"变成"主角"，成为县域经济的主导力量，创出了一条独具特色的、以民营经济为主的发展之路。

20世纪80年代，府谷民营企业开始起步，时称乡镇企业，到80年代末，初步确立了"以农业为主体，以乡镇企业和多种经营为两翼"的农村经济发展战略。这一时期，投资少、见效快的乡镇企业如雨后春笋般崛起，以小煤窑、小水泥、小电石、小焦化、小泡花碱"五小企业"为代表。由于尚处在起步摸索阶段，没有现成的模式和经验可供借鉴，这些企业多为起点低，规模小，家庭式、作坊式的经营模式。

进入20世纪90年代，府谷民营经济迎来了发展的春天，在行业门类、企业数量上突出体现了一个"多"字，呈现出"村村点火、处处冒烟"的发展局面。到1999年，民营企业发展到2658户，产值17.9亿元，占全县总产值的77.9%，府谷民营经济一跃成为县域经济的主体，府谷也成为榆林乃至陕西发展乡镇企业的典型。

随着国家产业政策的调整，技术水平低和自主创新能力弱的民营企业发展面临巨大挑战：跟不上国家产业政策和环保政策的要求，资源浪费和环境污染严重，软、散、低、弱的特征的负效应越来越明显。府谷民营企业在政策约束中求

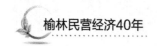 

生存，在困难环境中求发展，资本大量外流，发展陷入了低谷。

如果说 20 世纪 80 年代和 90 年代是府谷民营经济的创业起步和快速扩张阶段，那进入 21 世纪后它便开始了从大到好的嬗变，即进入了调整转型和产业升级阶段。

进入 21 世纪，随着国家产业政策的调整和治污力度的加大，府谷县县委、县政府以关小上大、环境治理为重点，痛下决心，关闭小煤矿、炼焦厂、泡花碱厂等 432 户，引导企业联手发展，形成了以煤炭、电力、冶金、化工、建材五大产业为支柱的新型工业体系，涌现出兴茂、恒源、天龙、万源、方正等一批大型民营企业。到 2005 年，府谷县民营企业发展到 3142 户，实现增加值 14.6 亿元，占 GDP 的 65%。

从 2006 年开始，府谷县着力推进民营企业上规模、上档次，实现产业优化升级（见图 3-1）。三年多的时间，该县结合资源配置和产业布局，大力发展循环经济，涌现出恒源、天龙、万源、金利源等示范企业。到 2008 年，全县民营企业总数达到 17068 户，实现增加值 71 亿元，占 GDP 的 61%，对财政的贡献率达 60.4%。民营经济在县域经济中的地位越来越重要，形成了"三分天下有其二"的格局，府谷被称为陕西省民营经济实力最强、最具代表性的县。

截至 2013 年底，全县民营经济总数已发展到 17862 户，从业人员 11 万人，共有企业 1216 户，工业企业 355 户。2013 年全县民营经济实现增加值 278.94 亿元，占到县域经济总量的 64.07%。

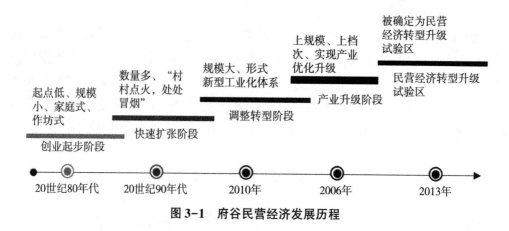

图 3-1　府谷民营经济发展历程

## 二、"不堵车"的府谷县——转型升级进入新常态阶段

"堵车经济"的说法在府谷流传甚广：要是街道上天天堵车，说明经济很好；要是不堵车，那就出问题了。"府谷已经很久没有堵车了。煤没有销路，很

多企业已经停产了。"府谷一家企业的负责人说。其实，府谷的"堵车经济"反映了府谷县的经济状况。

2013 年以来，由于资源价格下跌、整体形势走低，府谷民企陷入产品积压、经营亏损、资金链断裂、债务紧逼的困境，而这种困境恰恰也暴露出府谷民企产业整体层次与转型发展要求不匹配，持续发展需求与信贷支持政策不匹配，整体经营水平与企业管理要求不匹配，政府职能转变与市场运行规律不匹配这四个方面的问题。如果不对症下药解决好这四个方面的问题，府谷民企的未来将举步维艰。

经济下行倒逼府谷民企转型升级。针对民营经济发展出现的问题，府谷县先后在全县范围内开展"转型升级、助推发展"主题实践活动，并通过广泛征询意见的形式，寻找破解难题的"金点子"。在企业转型升级的大环境下，京府煤化、天龙镁业等一大批企业开始积极解放思想，转变观念，提出以新的观念引领企业向高附加值、高效益方向转型升级。

## 三、府谷经济新起点——省级民营经济转型升级试验区

2013 年 4 月，陕西省将府谷确定为省级民营经济转型升级试验区，这是探索民营企业转型升级的良好契机，更是探索经济发展方式转型的宝贵平台。试验区的设立，有力地促进了府谷紧密结合具体实际，发挥现有优势，积极推进经济发展各个领域的改革试验，以民营经济的转型升级为先导，进而探索出一条经济发展转型之路。

2014 年 4 月，陕西省又决定在府谷开展省直管县试点，赋予府谷与区市同等的经济社会管理权限。同时，中央规划建设神府千万千瓦级大型煤电基地等一系列项目。只要利用好这一系列的政策，府谷就能进一步优化产业结构，淘汰落后产能，实现区域经济提质升级。

府谷县又一次站在了经济发展的全新起点上。试验区的建立，标志着陕西一个省级战略推广典型模式——府谷模式正式诞生。府谷县上至政府，下至各民营企业，都在思考着府谷民营经济的转型升级。

## 四、府谷模式的创新之路

根据多方讨论调研，府谷政府决定从产业优化升级、管理机制创新和"两型"社会建设三大任务入手，以推进金融财税改革、大胆配置生产力要素等为目标，实现民营经济的"六个转变"，努力把府谷打造成民营经济转型升级特区，

为全省民营经济发展和政府管理创新树立新理念、创出新路子、提供新经验。

"三大任务"是府谷发展的主要目标和基本原则。其中，产业优化升级是动力，管理机制创新是手段，"两型"社会建设是支撑。只有实现产业优化升级，才能为节约资源、保护环境创造基础；只有加强管理机制创新，才能为产业优化升级激发活力；只有推动"两型"社会建设，才能为管理机制创新提供保障。府谷民营经济占全县经济总量的2/3，因此，努力实现"三大任务"，重点是深刻把握民营经济转型升级。

实现"三大任务"，关键是进一步推进改革。一方面，要大胆推进金融财税改革，为产业集群化发展提供资金支持，为企业加强科技研发创造政策激励。长期以来，贷款难、担保难、融资难一直是制约民营企业发展壮大的主要瓶颈，解决企业生产资金不足和民间资本多余之间的矛盾，需要破解制度障碍，更需要突破观念误区。另一方面，要大胆配置生产要素，扶持龙头企业率先转型升级，完善现代企业制度，向能源产业链高端延伸。府谷是"能源重镇"，但却不能局限于能源产业，要引导民营企业走出"延伸煤，跳出煤，超越煤"的高端化路子，就需要优化生产要素配置，实现效率最大化。还要大胆创新公共管理，把该放的权力放到位，激发各类市场主体发展活力和创造力，把该管的事务管住管好，为各类市场主体提供完善的公共服务。成为试验区，既是民营经济转型升级，也是各级政府转型升级。只有敢以啃硬骨头、涉险滩的改革精神，冲破妨碍民营经济发展的思想观念障碍，革除阻碍民营经济转型的体制机制弊病，才能为实现"三大任务"铺平道路，真正打造府谷民营经济"升级版"。

"六个转变"：一是由民营经济从以煤为主向多业并举发展转变。工业依托清水川、黄甫川、郭家湾、庙沟门四大工业聚集区，着力推进产业优化升级和资源深度转化，引导企业实现一次能源向二次能源转变。二是传统要素驱动为主向科技创新驱动转变。支持引进创新型人才，与高校、科研院所联合，建立企业技术研究所或工程（技术）研究中心，实施联合攻关。重点对以煤为主的资源综合利用和再利用进行技术创新，开发具有自主知识产权的名优产品。三是企业由低水平粗放式管理向现代企业治理模式转变。推进民营企业建立现代企业制度，引导民企重点进行实行公司化改造、管理方式改造、企业融资多元化改造"三项改造"；推进民营企业集团化发展，着力培育一批跨行业、跨地域、跨所有制的大型企业集团；在进一步推进煤业、镁业、煤化工、煤电冶化和特种合金五大企业集团整合发展的同时，组建城投集团、交建集团、农投集团等新的企业集团。四是政府由以管理为主向服务型管理转变。推进政府服务管理机制创新，全面落实放宽市场准入的各项政策，非禁即入。五是以资源开采为主向深度转化的转变。要加大延伸产业链条力度，提升煤炭就地转化能力，加快煤炭下游产品开发力度，做深、做细、做精煤炭产业，在煤制天然气、煤制油、兰炭产业发展等方面大做文章。六是由生态问题突出向环境友好社会转变。推进循环经济发展模式创新，高标准构建煤电、煤化工、煤电载能产业链，形成闭合循环生产模式，实现能量的梯级利用、资源的综合利用和废弃物的循环利用。

## 五、转型升级的新篇章

### （一）企业制度有新突破

在民营企业资本的原始积累时期，家族式管理模式能够促进初建的小规模企业快速发展，所以大多数民营中小企业都实行这一管理模式，但随着企业规模的不断扩大，这种模式终究会被取代。2012 年府谷民营企业和陕煤、华能、大唐、淮北等国有大企业合资组建了 11 家大型混合所有制企业，特别是成为民营经济转型升级示范县以后，逐步探索出了包含"集体形式+个体形式"的村企合作型、"地方政府+大型企业"的地企合作型、"全民所有+集体所有"的政府村组合作型、"全民所有+私营经济"的国企民企合作型以及由政府、国企、民企、集体、自然人等 3 三种或三种以上经济成分构成的杂合型五种合作方式的混合所有制形式。在此过程中，民企从传统家族式管理走向现代化管理，推进了管理机制创新，建立了产权清晰、权责明确、政企分开、管理科学的现代化企业制度。

作为榆林市转型升级示范企业的府谷县泰达煤化有限责任公司，积极推行现代企业管理制度，从管理现状、公司财务现状、经营现状、人员状况以及未来发展思路切入，进行组织架构的调整和业务流程的再造，打造了卓越的执行力。传统的家族式管理将经营权与所有权合二为一，导致企业生产经营管理混乱、市场竞争意识不强、效益低下，无法真正做大做强。泰达煤化有限责任公司将经营权与所有权分离，实行精细化管理，追求从家族式管理向主要提供服务转变，使企业生产经营指标有了质的提升，部分指标实现行业领先。

该公司是府谷县创新经济管理模式、构建现代经济和企业管理创新机制的一个缩影。可见，随着经济发展，在民营企业规模逐步扩大的过程中，企业制度也逐步现代化，逐步建立了较为规范的现代企业制度，为民营经济转型升级提供了可靠的制度保证。

### （二）经济产值有新台阶

从 2013 年府谷县被确定为省级民营经济转型升级试验区以来，在各级政府引导、支持以及民营企业共同努力下，府谷县民营经济转型升级也取得了不小的成就，国民经济快速发展，经济总量迈上新台阶。2013~2018 年府谷县地区生产总值由 436.53 亿元上升到 539.58 亿元。2018 年府谷县非公有制经济比重为

65%，全年增加值为350.67亿元，反映出在国内经济整体下行的背景下，府谷县民营经济转型升级取得了良好成就。

### （三）产业结构调整有新成绩

据统计，2014年府谷县三次产业产值为436.53亿元，第一产业为5.91亿元，第二产业为372.72亿元，第三产业为57.90亿元，三次产业所占比重分别为1.3%、85.4%和13.3%。2018年，府谷县全年产值为539.58亿元，第一产业为8.63亿元，第二产业为387.96亿元，第三产业为142.99亿元，三次产业所占比重分别为1.6%、71.9%和26.5%。可见，府谷县经过三次产业结构优化升级后，第二产业的数量和比重有所下降，第三产业的数量和比重均在持续提高。

### （四）技术创新水平有新提升

高新技术产业开发区获省政府批复；兰炭产业技术创新取得阶段性成果，兰炭氨水剩余处理、小颗粒炼焦技术取得成功，推广效益明显，粉煤外热式低温干馏、兰炭干熄焦技术取得新成效；金属镁企业技术创新迈出新步伐，天宇、天龙等企业技术创新项目提上日程；截至2016年7月，民营企业与高校、科研院所达成产学研合作意向八项，签约三项，累计组织民企申报各类中央、省、市科技创新项目16项。这些技术创新项目的开展，为府谷能源经济发展提供了科技支撑，使得科学技术进步转化为生产力的能力进一步增强。

京府煤化公司创建于1998年，以经营原煤及煤产品为主业。面对经济下行倒逼转型的严峻形势，该企业积极寻求从要素驱动向科技创新转变，重点对以煤为主的资源综合利用和再利用进行技术创新，有力地推动了企业转型升级。公司以洗选精煤生产兰炭，兰炭生产电石和硅铁，焦炉煤气用于冶炼金属镁和发电，电石、硅铁的高炉尾气煅烧石灰，石灰生产电石，镁渣、焦末生产免烧砖，整个生产过程上下游相对接，多种产品相支撑，实现了"三低一高"，即低成本、低消耗、低污染、高附加值产品，现已发展为一家集煤电、煤焦、煤化工产运销为一体的中型规模民营企业，并被市政府评为转型升级示范企业。

### （五）金融服务创新有新成效

针对全县民营企业融资难、融资贵等难题，府谷县创造性地提出"借新还旧贷、降息缓还本、总量不减少、短贷转长贷"的民营企业融资模式，2016年又提出"借新还旧贷、短贷转长贷；降息增授信、逾期暂挂账"融资新模式，积极协调金融机构为府谷民企提供信贷支持。2016年2月，县政府积极搭建银企交流平台，组织企业与银行进行对接，先后组织召开了九场银企座谈会，共有18家金融机构、100余家地方企业进行了对接沟通，收到了良好效果。此外，府谷县还加快金融体系改革，通过成立担保公司、发行企业债券、开展采矿权抵押等多种方式，有效增强了金融供给和服务能力。

**（六）基础承载有新改善**

城镇综合承载能力不断提升，统筹配套城乡基础设施、公共服务，新型城镇化进程加快，连接老城区和新府山小区的东侧高架桥建设进展顺利，新老城区道路、供热、供水工程等一批基础设施建设项目有序推进；交通承载能力不断提升，府谷至安康铁路客运列车已于 2015 年 7 月正式通车，大石一级公路建成通车，准神铁路府谷段、沿黄公路上段、田王公路建成通车；生态承载能力不断提升，深入实施生态修复、退耕还林等生态建设工程，县城绿化率达 36.8%；水资源开发速度明显加快，形成了 86 万立方米的供水能力。这些基础承载水平的提升，为全县民营经济转型升级提供了支撑和保障。

## 六、转型升级的理论思考

府谷是典型的资源依赖型的县域经济，以煤起家兴业，"因煤而兴"的烙印清晰可见。然而，由于煤炭资源不可再生的特点，资源型区域在经济发展过程中都面临着一系列的问题与挑战，如果不及时转变经济发展方式，仅依靠资源发展的地区经济会逐渐走向衰落甚至消亡。

近年来，我国经济由高速增长进入高质量发展阶段。一方面，经济增速有所放缓，资源能源需求相对减弱；另一方面，经济结构性问题突出，以煤炭、钢铁为代表的资源型产业出现严重的产能过剩。双重因素作用下，资源型产业的发展遭遇低谷，众多资源型城市出现经济增长停滞甚至陷入衰退的现象。府谷作为典型的资源型区域，由于产业结构单一，仍处于以原料型产品加工销售为主的低端层次，也面临着抵御市场风险能力差、可持续发展能力差等诸多问题。

为了寻求新的经济增长点，促进经济可持续发展，府谷县政府和民营企业都积极探寻经济转型升级的路径，一方面积极通过调整经济结构，提升产业层次，实现资源型产业与非资源型产业协调发展，另一方面提高发展质量，提高产业技术水平，延伸产业链，推动经济增长向主要依靠创新要素驱动和高附加价值产业带动转变。

资源型区域为了确保资源产业的可持续发展，必须以原有主导产业的持续优势为先决条件进行转型升级。煤炭行业是长久以来支持府谷经济发展的重要砝码，因此，府谷民营企业全力支持基地园区等建设，通过对煤炭资源的深度开发，如煤电、煤化、煤电载能工业等多个项目的建设，发展煤炭资源产业的接续产业，带动县电力、化工、冶金、建材、建筑、交通业及相关产业的发展。

府谷县在"两区六园"的大园区格局基础上，依托特色资源发展，截至2016 年累计规划建设县域工业集中区 23 个，其中 20 个被省政府认定为省级重点建设县域工业集中区，入驻 353 家企业，实现工业总产值 154.17 亿元，同比增长 12.3%；工业销售产值 133.56 亿元，同比增长 3.1%；营业收入 131.06 亿元，同比增长 13.2%；实缴税金 12.55 亿元，同比增长 28.4%。

按照政府职能在转型中的作用，资源型区域经济转型模式分为政府主导型转型模式、市场主导型转型模式以及政府和市场共同主导型转型模式。其中，政府和市场共同主导模式是指政府在有针对性地出台一系列产业政策扶持和推动资源型城市产业转型的同时，注意发挥市场在资源配置中的基础作用，引导企业参与和推动替代产业发展。府谷经济的发展模式正是以"政府主导与市场引导相结合"的模式为主，发挥政府职能作用，坚持从经济结构转型、社会区域结构转型、资源配置转型、生态转型以及民营企业转型方面，全力支持与发展府谷民营企业，建立民营企业示范园区，促进府谷民营经济增长。同时，府谷还进一步调整转型路径，通过产业优化、技术优化以及发展循环经济三种方式，推动能够使资源要素更好地向深度转化的化工和载能工业领域发展，从而加速经济转型步伐。

40 多年来，府谷民营经济走过了从无到有、从有到优、从优到强的发展历程，成为县域经济发展的重要一极。然而，府谷也面临着发展模式粗放、产业结构单一的尴尬以及资源和环境约束趋紧的挑战，经历着企业规模不大、科技创新能力不强的窘境。2013 年随着府谷成为陕西民营经济转型升级的"试验田"，民营经济迎来了新一轮发展的春天。过去的几年，府谷民营经济转型升级在各个方面都取得了很大成就，府谷模式深入人心。府谷政府和民营企业将继续坚持转型发展、持续发展，真正打造出内陆地区的"深圳"、陕晋蒙地区的"特区"，把府谷民营经济"升级版"写在充满希望的三秦大地之上。

# 第六节　北元混改模式
## ——混合所有制的先行者

神木市的北元化工，是榆林市能源工业企业混合所有制改革中的代表性企业，它通过混合所有制改革形成了独具特色的发展模式——"北元模式"。"北元模式"开创了"国"进"民"不退的先例，融合了国有企业资本雄厚、资源充足、管理规范的优势与民营企业市场敏锐、管理灵活的优势，既克服了国有企业管理效率低下的弊端，又解决了民营企业资金和人力资源匮乏的短板。国企民企合作的混合所有制的典型特征使得北元集团的现代企业意识逐步增强，国企的规范性、系统性、程序性与民企的机制灵活、反应敏捷、决策高效的优点相结合；集团股东利益诉求的多元化，带来了北元集团企业内部控制监督的有效性，促使企业不断迸发活力，实现了管理上的优化升级。"北元模式"实现了民营企业与国有企业"联姻"共赢、优势互补，通过科学管理、精细化操控以及高效节能措施的深入贯彻与落实，"北元模式"在陕北这片土地上声名鹊起，为行业和区域树立了发展混合所有制经济的标杆。

## 一、民营企业成功转型混合所有制

"北元模式"的形成始于 2003 年，当年神木电化有限责任公司与当地三家民营企业共同出资 7000 万元组建了北元化工有限公司，这三家民营企业包括榆林阳光电力有限责任公司、神木市国有资产运营公司、神府能源开发总公司（见图 3-2）。

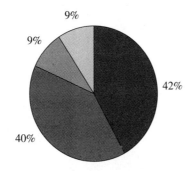

图 3-2 北元化工初期股权构成

2007 年，激烈的市场竞争和产业政策调整使北元急需扩大产能、升级换代，但受规模限制难以实现，于是北元积极寻求外部资金支持。2007 年 10 月，先后吸纳了榆林当地 7 位民营企业家成为公司新股东，经重组后，北元股东变为 10 方，股本金增加到 10 亿元。与此同时，煤盐化工项目由于能够充分发挥资源优势，引起了省委、省政府高度重视，成为了陕煤化工集团战略选择的产业领域。两方诉求不谋而合，在深入论证、洽谈的基础上，陕煤化工集团以增资扩股的方式重组北元集团，公司股东增加为 11 方，股本金增加到 16.8 亿元。其中：陕煤化集团占股 40.48%，其他民营股东合计占股 59.52%。2008 年 4 月，北元集团开始建设 10 万吨/年聚氯乙烯项目，到 2012 年全面建成投产，2015 年首次实现盈利 2.03 亿元，2016 年利润初次突破 10 亿元大关，2017 年实现利润 15.9 亿元，2018 年突破 20 亿元，上缴税金 10.6 亿元，人均工资突破 10 万元/年，企业竞争力和盈利能力不断攀升，在促进当地经济繁荣和社会发展方面贡献卓越。

混改为北元发展注入了活力与动力，公司步入了健康可持续发展的快车道，从一个小规模的氯碱企业逐渐成长为一个大型盐化工企业，员工人数从 230 人增长到 4200 余人；产值由 1.6 亿元跃升为 100 亿元，增长了 62 倍；资产由 6618 万元扩张到 115 亿元，增长了 172 倍。2018 年，北元集团入围国务院国企改革"双百企业"，并规划下阶段紧紧围绕国务院国资委"五突破一加强"双百行动改革目标，继续加大内部改革力度，深化改革，勇挑重担，主动作为，把混改推向更深更广领域，为企业做强、做优提供多元动力，也为陕西省混合所有制改革形成可复制、可推广的成功经验。

通过上下大胆探索，北元化工建立起了"1+2+10+1"的股权结构模式，开创了大型国企与地方民企深度合作的混合所有制模式，陕西省委省政府将这种成功模式统称为"北元模式"。

## 二、企业管理模式发展阶段

北元化工的企业管理模式经历了初创期、成长期和成熟期三个发展阶段（见图 3-3）：

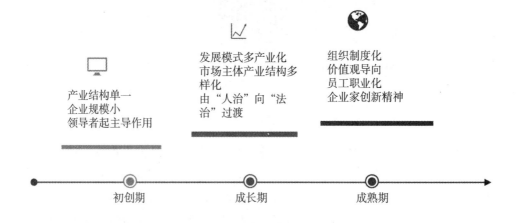

图 3-3　管理模式发展阶段

北元化工在初创时期，产业结构相对单一，生产规模和员工规模都比较小，企业内部组织结构相对简单，企业采取以生产为发展中心的简单职能制。此时北元化工的发展完全靠企业领导者带领，领导者的能力和思维模式决定了企业发展的高度；进入成长期，北元化工不断寻找新的战略投资合作伙伴，建立起以循环产业链为基础的多产业化的发展模式、多类型的市场主体、多样化的产业结构。

为适应企业和员工规模的扩大，北元化工的企业规章制度日趋完善，企业发展逐步由"人治"向"法治"过渡；步入企业发展的成熟阶段，北元化工以战略目标为导向、以组织制度化运行为取向、以价值观的认同为趋向、以员工的职业化管理为走向，以企业家管理团队创业精神为引力，形成了多因素驱动的企业自我管理模式，由"法治"过渡到"自律"，其关键是企业家团队的创业创新精神。

北元化工在三个发展阶段的企业管理模式改进主要包括以下四方面内容：

**（一）以企业文化价值观的认同为辐射源**

北元化工的企业价值观基于平等尊重，不断改善沟通，听取企业内部不同层面员工的建议，积极鼓励员工参与企业文化的建设，给予员工展示个性与才华的机会，不断总结新问题、新现象，提炼成新的管理方法。企业内部高度重视企业文化与价值观的建设，全体员工共同参与，在实践中践行价值追求，形成配套管理方式，使每个成员的价值得到发挥，增强了员工的成就感，使员工形成了强烈的认同感与归属感，企业的向心力与凝聚力不断得以增强。

**（二）以企业战略愿景的目标引导为坐标系**

北元化工运用未来的战略导向来引导企业的科学化管理，用科学的战略决策来引领公司的发展，并用系统性的方法把企业的发展战略转化为行动，激发企业不同层面员工为企业战略目标拼搏、奋斗的热情和动力。同时，北元化工也积极听取员工关于未来战略目标的相关建议，以提高企业战略决策的科学性和民主性。在战略的执行层面，北元化工着重于管理人员自身能力的建设，提高其贯彻战略方针的能力，避免在战略实施过程中出现断层，战略方针无法由上至下有效传达。

**（三）以组织规范运行的制度协同为护轨**

随着北元化工企业和人员规模的不断扩大，企业内部职能的专业化程度越来越高，企业中不同部门、不同层级之间开始出现了沟通交流不畅的问题。经过慎重思考，北元化工通过横向部门合并，建立了企业大部门制，将原来的九个职能部门和六个业务中心合并组建成八个部门，压缩管理人员编制，减少管理部门间推卸责任的情况；同时在生产系统中实行分厂制，减少管理层级，降低沟通管理成本，提高组织协同的工作效率。

**（四）以企业管理经营的全面信息化为交互力**

北元集团顺应信息科技时代的发展，走以信息化带动工业化、以工业化促进信息化的路子，使集团的人才、理念、资源与时俱进，与外部环境产生交互作用，全方位、适时地融入全球发展的大潮流。2009年，北元化工全面启动PCS生产实时数据集成项目，先后与日本横河、浙大中控、ABB与和利时等国内外知名企业合作，借助其优势资源与先进技术，实现了生产过程的数据集成，建立了自动化远程操作系统。企业还通过生产过程中的集散控制，使庞大的工业化运行体系的自动化控制成为现实，同时实现了重点区域、关键过程、特种设备的远程重点监控和操作，降低了生产过程的劳动强度，提高了系统的安全性和稳定性，从而为公司的快速发展提供了坚实的技术支撑。另外，北元化工与北京用友软件集团股份有限公司通力合作，引进 ERP 管理系统，将企业的人、财、物、信息、时间和空间等优势资源进行综合平衡和优化管理，协调企业各管理部门以市场为导向开展业务活动，理顺了企业内部的各类管理流程，促使企业在产、供、销各个环节的信息收集、传递、反馈等方面实现信息的共享与协同；同时，北元化工还与时俱进，利用信息时代的社交媒体，建立了信息交流与共享平台，并与企业内部的办公系统相连接，有效激发了企业内部员工参与、交流和信息共享的积极性，培育出更加透明、公开的企业环境，提高了企业的核心竞争力，从而取得巨大的经济效益。

## 三、"煤盐化工"的产业链循环经济

北元化工在发展的过程中不是一味追求经济效益，而是更注重发展的质量与可持续性，更前瞻地贯穿与践行绿色循环经济的科学发展观，使煤盐化工产业不仅成为榆林的主导经济产业，而且成为全国实现"煤盐化工"产业链循环经济持续发展的典范。北元集团循环综合利用项目将当地的两种资源——煤和盐最终转化成主产品聚氯乙烯，同时生产出水泥和烧碱等。十万吨聚氯乙烯生产线建成后，北元革新技术、改造工艺，全面推行清洁生产，进一步延长产业链条，培育和发展优势煤转化、盐化工产业，走循环低碳经济发展之路，逐步发展成集"煤—盐—发电—电石—烧碱—聚氯乙烯—水泥"于一体的循环产业链（见图 3-4）。

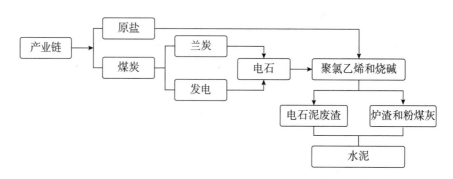

图3-4  "煤—盐—发电—电石—烧碱—聚氯乙烯—水泥"循环产业链

整个生产过程中没有废弃物排放，资源在生产全过程得到高效利用，形成了一个生态产业链条，总计每年可节约水 1140 万吨、标准煤 265.5 万吨，减排废渣 200 万吨、二氧化碳 622 万吨、一氧化碳 285 万吨。这改变了氯碱产业"两高一资"的传统生产模式，实现了经济效益、社会效益和环境效益的有机统一。随着北元不断做大做强，循环经济的成本优势、资源优势、低碳优势推动了企业的高质量发展，让北元走在了榆林能源化工行业的前端。

## 四、"三三三"的人才队伍建设方略

北元集团一直秉承"人人都是一颗星"的人才理念，以管理队伍、技术队伍和员工队伍三支队伍建设为基点，构建了具有北元特色的党务序列、行政序列、技术序列"三位一体"管理模式，建立了企业人才库和系统的人才成长机制，坚持有层次、有重点地开展各类培训，提升了员工队伍的整体综合素质。与南开大学、西北大学、贵州大学、复旦大学等高校先后建立校企合作关系，为深化企业管理、加快科技研发和人才梯队建设创造了更为有利的条件。公司非常重视人才的培养和使用，积极落实三项机制，始终坚持"给想干事的以机会、能干事的以舞台、干成事的以待遇"的用人导向和"能者上、平者让、庸者下"的用人原则，不断完善激励考核机制，激发了全员干事创业的热情，增强了队伍的凝聚力和向心力，打造了一支敢于负责、勇于创新的员工队伍。同时，公司坚持以人为本，以提升员工福祉为目标，以员工子女上大学、医疗养老保障、困难救助、教育培训、文体娱乐、环境美化、安全保障、权益维护、收入增长等最关心、最直接、最现实的利益为抓手，打造"覆盖全员、共建共享、上下联动、持续完善、幸福和谐"的民生保障体系，使员工幸福指数不断提升。

## 五、北元混合所有制发展经验的思考

一是股权科学，相互制衡。股份制企业中，股权的大小决定了话语权。混合所有制要想取得成功，合理的股权结构或者控制权结构至关重要。合理的股权比例能有效保障企业各参股方意见的收集和尊重，确保企业决策的科学性。混合所有制企业的股权比例设置是关键中的关键，股权比例实现有效制衡，可避免一言堂、被动决策等不利影响，符合企业利益、集体利益，进而调动各参股方表达意见，为企业发展建言献策，最终形成的决策才更有代表性。北元在与陕煤化集团合作之初就特别注重在股权结构上的探讨，如何更有利于北元的发展成为当时的共识，最终确定了陕煤化集团相对控股的股比结构，为后来推动北元快速发展奠定了重要基础，也为"北元模式"成为混合所有制发展的典范提供了条件。

二是依法治企，权责明确。北元从与陕煤化集团合作伊始，就将《公司法》

和《公司章程》作为企业各项工作开展的基础。凡是符合两者规定和要求的，必须坚决执行，凡是与其相悖的，坚决杜绝，为北元良性运作奠定了基础。北元既成立了股东会、董事会和监事会为代表的"新三会"，又设立了党委会、职代会、工会为代表的"老三会"，完善了现代企业法人治理结构和适应混合所有制性质的组织机构。各组织间权责分明，依法依规行事，各司其职，协同运作。《公司章程》在《公司法》的基础上，通过平等协商，对股东的权责义务、各组织机构职责、会计制度、股权架构等进行了细化和明确，对企业经营工作的开展起到根本性的指导作用。北元在法制和章程框架下依法依规运行，既有利于混合所有制体制的持续、健康发展，也有利于参股各方依法维护自身的权益，符合组建混合所有制体制的初衷。

三是法制为基，沟通助力。即使是在依法依规运行的道路上，混合所有制企业也难免会遭遇坎坷。解决这些问题，首先依据法律法规判断，确有特殊性，则就此类问题进行积极的沟通协商，不简单行事、意气用事、主观处事，切实保障企业运行和决策效率。沟通中坚持个人利益服从组织利益，短期利益服从长期利益，少数利益服从多数利益，股东利益服从企业利益的原则。无论股权大小，不相欺，真诚相待。参股各方顾全大局，有所取，有所舍，才能从根本上解决问题，相融相生。

四是机制交衡，优势互补。北元与陕煤化集团合作后，形成了混合所有制企业发展的新动力。相互间优势互补，相互借鉴，打破了国有企业与民营企业之间的界限，既发挥了国有企业资源充足、管理规范、资本雄厚的优势，又发挥了民营企业市场反应迅捷、决策灵活、人员和机构精简、技术有积累的优势。双方在合作中，科学分析，不避短，积极进行自我姿态调整，实现了民营企业与国有企业"联姻"共赢、优势互补。同时，对民营企业而言，合作实现了产业平稳转型升级，避免了市场和政策淘汰；对国有企业而言，利用原有产业基础快速进入了相关业务领域，实现了资源的深度转化，延伸了产业链。

五是监督有力，决策民主。北元作为混合所有制企业，严格以《公司法》和《公司章程》为企业运行的基本法，监督各股东方行为和股东会、董事会、监事会、经营层决策。各股东派出人员职务间形成有效制衡。总经理、副总经理、财务总监统一由董事会聘任或解聘，确保了相互间的监督责任落实。在经营管理或重大决策上，主要通过会议研究，听取各方意见，民主决策，既不是行政命令，也不是个人"拍脑袋"决定，企业决策的科学性大大增强。另外，北元充分发挥内部审计监督作用，严格审查公司资产状况。在经营管理层面，北元推进全员绩效考核，实现了"人人监督、人人被监督"的良好监督氛围，打造了一支廉洁、高效的团队。

六是战略明确，认识统一。混合所有制企业因股东各自代表着不同的经济形式，在战略的选择和侧重上也必然不同。企业的发展战略又决定着企业的发展方向，如果战略方向产生偏差，势必影响企业战略的清晰度和企业的发展进步速度，内耗也将增加。为了尽可能地团结股东力量，加快企业发展，北元在形成企业战略中，注重各方意见的参与和利益考量，考虑产值、规模、效益、责任，同时兼顾技术、成本、就业、环保等，最终定位发展大型循环经济产业项目，符合民营股东、国有股份、地方政府各方利益，使大家目标一致，认识统一，为北元的发展竭尽全力。

七是文化共融，有机结合。企业文化是企业发展的软实力，是助推企业发展的无形竞争力。如何通过企业文化的传导、渗透，实现企业各参与方有机融合，是合作中值得考虑和探究的问题。在合作过程中，为了形成企业发展合力，北元结合陕煤化集团企业文化体系对原有的企业文化体系进行了梳理提炼和创新重塑，确立了以"物华聚北，天人和元"为主题的新企业文化体系，并采取多种方法和途径宣贯、落实，使其有机地融入到企业经营管理、安全生产、项目建设、团队建设等各项工作中。无论是陕煤化集团派驻的人员还是北元原有成员，其言行、思维都以新的文化理念要求为准绳，使得企业文化切实地统一了全员思想，动员了全员力量，完成了从民营经济向混合所有制经济的顺利过渡，实现了项目建设的快速推进和人员思想上的高度统一。

## 六、混合所有制助推民营经济发展的思考

国资控股下混合所有制的"北元模式"，改变了北元化工自身的发展脉络，通过混合所有制与民营经济的优势互补，将企业的发展提升到了一个新的层次，成为了陕西省的一流化工企业和发展示范企业。

### （一）混合所有制使民营经济丰富了融资来源

民营经济在企业融资的时候会存在困境，由于自身实力以及企业信用上的劣势，商业银行等金融机构贷款时不会优先考虑民营企业，制约了企业规模的扩大，限制了民营经济的发展。混合所有制通过国有资本的注入，为民营经济的发展提供了充足的资金支持，让民营企业能够加快转型升级，发挥国有资本的带动力，从而推动民营经济与国有经济实现真正的优势互补，相互促进，实现合作共赢，提升企业的综合竞争能力。北元化工正是在混合所有制改革的推动下，通过自身发展方式的革新成为了一流化工企业。

### （二）混合所有制为民营经济优化了管理模式

民营企业自身存在着许多经营管理问题，企业管理者并不能很好地理解和支

持现代管理的理念，不肯放手让职业管理团队自主地掌管企业事务，家族式管理使得企业更多地将命运掌握在自己的手中，导致企业未将所有权与经营权有效分离，难以形成有效的决策机制。混合所有制能够将国有企业规范化、制度化的集中管理模式运用到企业管理之中，并结合民营企业管理上的灵活性，既克服了国有企业管理效率低下的问题，又能减少民营企业管理中的管理决策主观性和随意性，减少企业管理决策上的失误，提高企业决策的效率和水平，将企业管理纳入到一个制度化的模式中来。

### （三）混合所有制提升了民营经济的竞争力

民营企业自身实力有限，部分民营企业短期行为比较严重，市场风险意识淡薄，缺乏长远的战略眼光和履行社会责任的意识。混合所有制国有资本的注入，能够推动企业规模扩大，有利于企业引进资金和新技术，从而提升一个企业的综合竞争力；同时，企业规模的扩大也有利于其与其他市场参与者的竞争与合作，推动整个行业规模扩大。北元化工竞争力的提升带动了陕西省整个地区的能源化工的水平，为陕西省地区经济的发展提供了新的增长点。

### （四）混合所有制为民营经济丰富了人才资源

民营企业往往面临人力资源比较匮乏，高级经营管理人才和专业技术人才极为短缺，进而导致产品技术含量较低，企业创新意识淡薄，科技投入少，企业竞争力弱的难题。混合所有制可改变民营企业"任人唯亲"、家族式管理的人才输送方式，实现真正的"任人唯贤"。国有企业人才管理经验可协助民营企业建立了企业人才库和系统的人才成长机制，提升员工队伍的整体竞争力。北元化工正是在国企协助下实施了"能者上、平者让、庸者下"的人才任用机制，让真正的优秀人才实现其自身的价值，提升企业的创造力和科技水平。同时，国有企业的奖励机制也为北元化工的人才管理提供了很好的借鉴，建立了较为完善的企业内部员工的激励机制，完善了薪酬、培训、福利、住房、子女就学等物质激励，不断细化了各类精神激励制度，改善了工作的软环境，并且将员工的能力、业绩评估和发展期望与激励相挂钩，激发了企业内部员工的工作热情，提高了工作效率，让企业员工拥有一种强大的归属感，从而确保职业化管理的落地与实施。

# 第七节　南梁管理模式
## ——以"螺旋管理"为内核的中外合资模式

从1978年改革开放以来，我国经济稳定增长，煤炭利用效率不断提高，但煤炭消费强度却逐渐下降，特别是 1995 年以后，煤炭消费弹性系数下降，煤炭消费强度开始低于经济增长速度。然而，在此背景下，黄土高原上一家于 1999 年成立的企业却独树一帜。该公司运营的第二年就达到了 16 亿元的销售收入，人均利润高达 125 万元，它就是先后被陕西省榆林市政府授予利税贡献"明星企业""十佳企业""文明单位""管理先进单位""陕西百杰企业"等称号的南梁矿业。如此惊人的经济效益被业内人士称为"南梁现象""南梁奇迹"，其探索出来的创新管理模式被称之为"南梁模式"。南梁矿业以其花园式厂区、现代化管理、一流效益和深厚的企业文化底蕴被同行称道效仿，成为陕北煤炭战线的一面旗帜。

## 一、西部煤炭行业第一个中外合资企业

"榆林煤"在 20 世纪 80 年代震惊中国、横空出世。国家领导人曾于 1985 年在神府视察时说："神府煤炭是世界第一流的煤炭，希望你们把黑色金库挖出来，把地上绿色宝库建起来。"随后一场煤田大开发就此开启。中国神华集团的神东公司对神府煤田的开发，使得神府煤田快速发展。与此同时，中国煤炭工业进出口公司（以下简称中煤公司）早在 1982 年就开始将神府煤田的优质原煤发往海外，并掌管着中国煤炭进出口计划，率先将神府煤炭销售到了日本、马来西亚等国家。

随着改革进程的不断加快，中煤公司与国外煤炭企业接触日益紧密，在逐步了解到国外先进的生产经营管理模式后，深感国内煤炭企业与之差距甚大，于是想引进国外管理模式，在国内寻找一个"试验者"。在深思熟虑后，将"目光"锁定在了西部，并决定在中国西部组建一个管理理念全新的煤炭生产经营企业，于是在 1996 年，中煤公司总经理杨列克派出了一个专家组去往陕西。

神府煤田的地方煤矿产业一直以生态环境为代价进行蜂窝式小煤窑生产，正需要转变生产模式、提升生产效率、转换经营管理理念。原神府煤田南梁煤矿的井田范围和可建设规模恰好是榆林地区具有规模化开采的煤矿，因此专家组进行现场考察论证时，合作伙伴陕西榆林地区煤炭出口公司毫不犹豫地推荐了南梁煤矿作为这个"试验者"。在最终的谈判中，两者一拍即合，南梁煤矿便成为了中煤公司的第一个"试验者"。

1998 年 4 月，由中国煤炭进出口公司发起，同国内外五家公司在西安举行的 1998 年中国东西部合作与投资贸易洽谈会上签署了 18 亿元的联合投资，用于扩建原榆林南梁煤矿作为生产基地，并签署了组建股份制企业——陕西南梁矿业有限公司（以下简称南梁矿业）的意向书。随着这份协议的签署，中国西部煤炭行业出现了第一个中外合资企业，也成就了以后的"南梁模式"。

"南梁模式"出现的契机有四个：第一，中煤公司对西北的情怀使其希望发展西部的煤炭产业。第二，榆林地区煤炭企业经营管理模式落后，欲寻求突破。第三，参与投资的公司看好榆林煤炭未来的发展。第四，在投资协议签署后不久，中国明确了实施西部大开发的战略，并且相继出台相关利好政策。榆林政府部门积极响应，也刺激了投资方的热情，投资方从五家公司变为了六家，分别为澳大利亚华光资源有限公司、榆林煤炭出口（集团）有限责任公司、中国煤炭进出口公司、海南京铁实业贸易开发总公司、宁波富兴电力燃料公司和陕西煤炭运销公司。

南梁成功的关键有两项值得借鉴的创新之处，第一是"螺旋"契约化管理模式，该管理模式是在借鉴澳大利亚煤炭企业先进管理模式的基础上，结合中国国情与自身实际情况，对管理模式、组织机构、运作方式进行科学的设计，形成了一套"本土化"的独具南梁特色的"八个统一"螺旋契约化管理模式。第二是南梁模式中以安全为核心的企业文化建设。南梁矿业从成立起就十分注重人才的培养、团队精神的培育和企业文化的营造，并将其贯穿于整体经营框架中。

## 二、契约化管理模式

经过 20 年的实践和总结，南梁矿业已形成具有南梁特色的专业化运营、契约化管理模式。专业化就是将矿井生产和建设、辅助生产、后勤服务以及物资供应交给专业化公司承包；契约化就是利用"一套文化、一套合同、一套制度、一套标准、一套流程"进行管理。

"南梁模式"的契约化带来了"人合、文合、心合"。通过契约化管理模式，南梁模式形成了精干化组织、专业化支撑、信息化管控的运作模式，从而解决了契约化管理模式中各合作方地位不平等、目标不一致、利益不平衡的问题，实现了各方合作的发展共赢，使"南梁模式"成为了陕西煤矿企业的示范模式。

契约化管理模式形成了"螺旋"式结构。其中有两层含义，第一层指契约化模式中甲乙双方同心协力，为促进南梁的发展，相互合作，紧密配合。第二层指该模式由三条螺旋线构成：第一条是管理整合线，包括统一文化、统一组织、统一招工、统一考核等内容，以整合促融合，实现企业做大做强的目标；第二条是生产连接线，包括统一调度、统一供应、统一培训、统一服务等内容，以连接求循环，实现企业做精做细的目标；第三条是服务线。三条螺旋线相互缠绕、相互交织，互为补充，成为内在统一的整体，三条螺旋线共同构成南梁契约化管理的核心和精髓。

此外，类似于生物学 DNA 分子结构的"螺旋"契约化模式，寓意传承南梁文化的基因具有强大的生命力，为南梁的发展提供持续的推动力（见图3-5）。

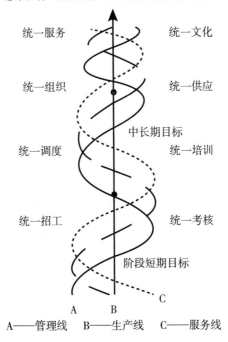

图 3-5 "螺旋"契约化管理模式

### （一）"三线一轴"螺旋发展模式

"三线"，即管理线、生产线、服务线。南梁矿业自成立以来就采用契约化管理，将生产环节的生产、运营、维护工作全部由矿井生产承包商承包，将后勤服务也交给专业化公司进行运营管理，南梁矿业依据自身发展目标和合同，对矿井安全、生产、技术、后勤服务进行规划、指导、监督、检查、控制、考核和兑现等管理工作，形成"你中有我、我中有你"的架构。

"一轴"，即公司的发展目标，由阶段短期目标、中长期发展目标和愿景使命构成。

### （二）"八个统一"机制

南梁人大胆创新，形成"八个统一"机制，即统一文化、统一组织、统一招工、统一考核、统一调度、统一供应、统一培训、统一服务，使"三线"紧密跟随"一轴"发展，引领"三线"运行，激励"三线"协同。

管理整合包括统一文化、统一组织、统一招工、统一考核，以整合促融合，实现企业做大做强的目标。

1. 统一文化

南梁矿业历经 13 载风雨，形成了自身独特的"321"企业文化模式，逐步建立了"大南梁"的人文理念。"统一文化"理念的提出，充分发挥了文化的凝聚功能，促使契约关系中的各合作方由简单肤浅的"利合"向水乳交融的"人合""文合""心合"转变。

2. 统一组织

南梁矿业基于组织变革的思想，对传统契约化模式中合作双方的组织结构和组织关系进行改革，缩短了企业指挥链条，使组织结构趋于扁平化，达到灵活敏捷，富有柔性、创造性的目的。同时，统一组织使得"令出一门"，有效避免了"多头领导"造成的管理混乱，大大提高了指挥、领导效率。

3. 统一招工

在契约化管理模式中共同招工的创新和应用，不但减轻了南梁矿业用人负担，而且为煤矿的长期发展打下了基础，工人整体素质得到普遍提高，同时也进一步丰富和扩充了委托代理理论，对现实具有重要的指导意义。

4. 统一考核

南梁矿业的统一考核以生产绩效为基础，对员工的业绩和行为进行双向考核。通过客观考核和主观考核的相互结合，特征考核、行为考核和结果考核的相互印证，定期考核和不定期考核的相互补充，南梁矿业实现了企业的考核目标，挖掘了存在的问题与不足，进而促进员工、企业和社会分享利益和共同成长这一良性循环机制的形成。

业务连接线包括统一调度、统一供应、统一培训、统一服务在业务层面达到统一，实现企业做精做细的目标。

5. 统一调度

契约化模式下，南梁矿业承担监督、考核职责，对调度流程进行优化，采取统一指挥调度模式，将原属于民安公司的调度中心收回，设立统一的指挥调度中心，坚持"把好口子、看好巷子、控好关子、盯好数字、用好板子"的总体要求和基本方针，实现"无盲区"调度。

6. 统一供应

南梁矿业最大限度保证企业生产物资的充实适时供应。公司一方面通过整合供应链资源实现了供应效率的提升，另一方面也通过分散供应链实现了供应风险的降低。统一供应不仅提高了企业生产力，而且优化了企业生产关系。

7. 统一培训

南梁矿业在对员工培训的过程中秉承"大培训"理念，将公司和各承包单位视作一个整体，对一线新员工进行统一岗前培训，对老工人开展统一复训，对管理人员进行统一在岗培训，并由公司负责组织实施并统一考核、发证，成功构建了"大培训格局"。"大培训"的开展，提高了员工的整体士气和工作能力，促进了先进设备的高效利用，营造了更为融洽的企业文化，全面推动了公司管理水平的提高。

8. 统一服务

南梁矿业通过进一步完善和健全部门职责、岗位职责、规章制度、工作规程等一系列具有科学性、规范性和长效性的后勤服务保障工作制度，给员工提供标准化的统一服务。此外，在职工公寓开设了娱乐活动室，并配备了相应的活动器材，面向全矿职工和家属开放，极大地丰富了员工们的业余生活。

### 三、精益化安全生产文化建设

南梁模式中企业文化建设是重要组成部分，企业文化在企业经营框架中居于顶端和带动的位置（见图3-6）。

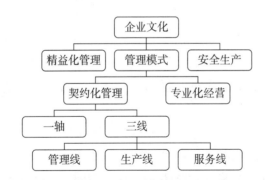

**图 3-6　南梁模式企业文化主导下的企业运营框架**

南梁矿业的企业文化的核心理念是"安全生产"。

首先，由于煤炭行业作业环境差、安全形势严峻，难以吸引人才等，煤矿行业人员素质无法普遍达到水准，企业管理理念、机制、方法比其他企业要相对落后，所以精益思想在企业内的施行迫在眉睫。精益思想主要体现在两个方面：一是准确实现、避免偏差。体现在具体的操作层面，即要求管理体系流程化、管理标准显性化、管理方法可视化，建立一套标准的、透明的管理体系。二是以人为本、共同实现。体现在具体的操作层面就是全员参与、自主管理和自上而下与自下而上并行。南梁企业则要通过精益思想来拒绝浪费并实现价值增值。

其次，煤炭行业目前共有11000个煤矿，有580万名煤矿工人，工作在地底平均200米的地方，他们每时每刻面临着瓦斯爆炸、煤尘爆炸、水患火灾、顶板冒落的威胁，可见煤矿工人是高危行业的代名词。为此，从企业成立之初，南梁的领导层就十分重视企业的安全生产，从安全操作的培训、安全设施的保障、安全生产标准的制定等多方面推进企业安全生产的落实，在企业内部形成了人人讲安全、处处讲安全的企业安全文化。

从学习层面来讲：南梁公司的培训目标是创建专业化煤炭生产队伍，提高员工技能与安全防范意识，实现生产的"零死亡"。南梁公司通过专业的培训团队对员工进行自我培训、专家培训、领导培训、集中培训和随时随地培训。

从观念层面来讲：南梁矿业在确保员工生命安全的基础上，逐步将安全概念扩大到身体安全、健康层面。安全管理是管理的核心，南梁企业在外部通过规定规章制度和奖惩措施，督促员工实行安全生产；在内部通过安全教育，从思想上教育员工提高安全意识，自觉规范操作。为了做到严格的安全管理，南梁矿业提出了"讲安全、重安全、抓安全"的安全管理体系，全面地保障了安全管理的落实。

从规范层面来讲：南梁企业从基本守则和岗位规范两个方面建立了规范体系。基本守则包括日常管理和礼仪守则，从日常生活的方方面面到内部、日常、业务、应酬、宴会礼仪等方面来给予指导和规范。制定岗位规范则是为了进一步提高公司的安全管理水平，明确公司各级人员的安全职责，规范安全管理工作程序，强化内部监督、检查及考核，提高安全认识。做到有人监督、有人负责，从各个环节保证安全生产。

从控制层面来讲：首先，南梁企业重视管理中的控制，建立了严格的事前请示、事中控制、事后反馈的控制制度，即在工作正式开始前对工作中可能产生的偏差进行预测和估计，并采取预防措施；在工作中管理者要亲临现场检查工作进展等；在工作结束或行为发生之后，要对生产情况进行总结，及时发现问题，并进行反馈。其次，南梁企业还制定了标准化的工作流程，即工作流程程序化、工作体系系统化。在安全生产方面，制定出完整的工作流程，严密控制各个环节，做到每个环节不出纰漏，每个岗位都严格操作。同时各部门、各岗位乃至各工作环节形成统一的有机联系整体，保证企业高速运行，提高工作效率，并通过信息化管理，使得信息的上通下达与信息反馈通畅快捷。

南梁"螺旋"契约化管理模式试图通过消除、控制和约束可能引起煤矿生产系统不安全的诸多因素，建立现代煤矿安全管理模式，打造安全型煤矿，树立煤矿行业标杆形象、形成全方位的安全体系。

1. 人的安全

人是人—机—环境—管理系统的主体，人的不安全行为是煤矿事故产生的最主要原因。南梁针对不安全行为的四大要素，即生理、心理、安全教育、安全技术状况，制定措施，旨在通过统一文化提升员工自主安全意识，有效约束员工不安全行为；通过统一服务改善员工生理和心理状况，保障员工身心健康；通过统一招工、统一培训、统一考核杜绝员工侥幸心理，提升员工安全教育和安全技术水平。最终达到减少、杜绝员工不安全行为的目的，实现人的本质安全化。

2. 机器设备安全化

在煤矿生产系统中，机器设备的安全程度可以有效提升煤矿生产系统的安全。机器设备的不安全状态主要受到机器设备的投入、管理与控制的影响，而南梁"螺旋"契约化管理模式通过统一供应最大限度整合供应链资源，提升供应效率，优化生产关系；通过统一调度实时管控机器设备安全运转状况，使系统中的机器设备能够适应员工生理和心理特性，及时发现和消除安全隐患，实现"无盲区"调度，从而实现生产过程、生产条件安全化的目标。

3. 环境安全化

环境作为管理活动的载体，是人的不安全行为和机器设备不安全状态产生的土壤。系统环境既包括井下生产环境和作业环境这样的硬环境，也包括无形的软环境。南梁"螺旋"契约化管理模式通过统一调度为员工提供符合安全规程和标准的井下生产环境和作业环境，帮助员工消除不安全感和后顾之忧，有效遏制员工不安全行为，降低事故发生率；通过标准化的统一服务保障员工合理权益，给员工创造良好的工作和生活环境，保证员工身心健康，工作愉快；通过统一文化潜移默化影响、塑造员工安全意识，进而影响员工安全行为。追求环境和整个系统的最佳安全匹配，实现环境的安全化。

4. 管理安全化

事故致因理论表明，管理缺陷和失误是煤矿安全事故的最深层次原因，可能引起人的不安全行为、机器设备的不安全状态和环境的不安全条件。管理安全主要涉及管理制度、管理机构、管理人员设置等方面的内容。南梁"螺旋"契约化管理模式通过统一文化实施软硬结合的协调管理，充分发挥文化凝聚功能，实现人、机、环境的最佳匹配；通过统一服务进一步完善和健全管理制度，提升安全管理水平；通过统一组织改革传统契约化模式中契约双方的组织结构和组织关系，提高管理效率；通过统一招工、统一考核、统一培训等方式设置满足安全生产需要的人员，从根本上杜绝事故发生的管理方法，实现管理的本质安全化。

## 四、高效管理模式加速企业发展的思考

南梁矿业在这套高效的管理模式下，创造了榆林煤炭开发史上许多的第一：陕西省煤炭行业第一个引进外资的企业；第一个通过市场手段优化资源配置，实

现强强联合、优势互补的煤炭企业；第一个引进澳大利亚管理模式管理煤矿的企业；第一家采用契约化管理模式的中型以上煤矿企业；第一个使煤矿企业告别脏、乱、差、黑，走向优雅舒适的企业；第一家对神府矿区的采煤方法进行研究并取得重大成果的企业。南梁矿业不仅在公司经营方面创造了较大的利润，同时积累了丰富的契约化管理经验，从而不断反哺经营管理，推动着公司不断前进。

南梁矿业的成功不仅是"螺旋"契约管理模式和企业文化建设，同时还有多个因素共同影响，还有企业的整体框架与思想，这些都是值得学习的，南梁模式经验可以总结归纳为以下几方面：

第一，学习国外先进管理经验，并且将其"本土化"。南梁矿业并没有完全照搬国外的模式，而是做出了改进，这使得先进的管理经验并未出现"水土不服"，而是带领着南梁矿业一步步走向成功。中外合资的混合所有制带给南梁矿业三大益处：一是可获取国外的先进管理经验；二是可获取多方资金，以扩大企业规模；三是可获取合资方无形资产和市场销售渠道等。

在深入学习国外先进管理经验基础上，打破传统管理模式，探索出一套适合自身发展的先进经营管理模式，企业才能在商海博弈中棋高一着，占据主动。

第二，高度重视契约化管理模式的意义并在实践中充分挖掘其优势。我国一直探索如何搞活企业的路径和办法。契约化管理提供了这样一个载体，即率先从微观经济单元入手，打破僵化体制，建立新的机制，倒逼制度全面创新，更加符合深化改革的实际需要，因此，实行契约化管理是走向市场化过程中的必然选择。同时，契约化管理也给企业带来四大优势：

（1）成本效益可控。专业化公司通常具有较高素质的技术与管理人员，借助他们成熟的管理方式、资源优势及管理团队等，在生产中能够大大提高工作与服务效率，达到降低成本、提高效益的目的。

（2）安全风险降低。专业化公司风险管控手段较多，风险管理的机制和制度较为健全，应对各种风险经验丰富。在公司领导及监督下，通过双重管理，可以将较多安全事故隐患消灭在初期，提高安全管理水平。

（3）责任权利明确。通过与专业化公司之间签订契约化的服务合同，明确双方责权，促使双方严格按照合同开展各项工作。专业化公司会自主严格管理，积极按照约定责任最大化地完成公司目标，从而能够从中获取更大利润。

（4）管理效率提高。专业化公司为履行约定，会严加管理，以追求利润最大化，通过内部专业化管理和运营，实现公司生产、安全等各项任务及其他管理要求，从而形成了很强的执行力，大大提高了公司整体的管理效率。

故此，"南梁模式"的管理制度优越性是其他民营企业应该重视并充分借鉴的。

第三，全力打造卓越的企业文化。南梁矿业以杨列克为首的董事会，全员学习加拿大加尔卡里经营能源企业的理念并加以践行。

从营造人与自然和谐的人居环境入手，打造舒适的工作环境，缓解员工疲劳，让员工对其有归属感；对员工的职业规划清晰明了，使得员工对自己与公司的未来充满信心，让员工感到为了公司奋斗的同时更是为了自己奋斗；回报社会，为所在地建立希望小学，树立良好的企业形象，帮助员工解决棘手问题，让员工对工作更具热情；打造学习型企业，积极新型人才培养，鼓励全体员工充实自己，为公司未来发展打下基础；坚持宁缺毋滥的人才观，通过精心筛选，使得人才遍布各个部门与职位，同时也吸引了更多人才会集到企业。

企业文化是企业的灵魂，是推动企业发展的不竭动力。企业想要基业长青，在激烈的市场竞争中立于不败之地，就必须高度重视企业文化建设，民营企业尤其应该补上文化建设这块短板，对相似企业的借鉴、结合自身发展的创新、引进外脑对于建设卓越企业文化都是强大助力。

# 第四章　榆林民营企业家精神

　　"企业家"一词最早于16世纪出现在法语中，意为指挥军事远征的人、冒险家。中国在世界工商文明史上有着先行者的地位，"商"即企业家，虽然由于儒家文明重农轻商的传统，商人的地位并不高，但自商代以来历代都有工商繁荣的记载。汉代文献中提到从事工商业者十倍于农民，清代则"五家之堡必有肆，十家之必有贾，三十家之城必有商"。奥地利经济学家熊彼特在1912年出版的《经济发展理论》中，明确界定了企业家的职能和作用，指出"企业家精神"包括首创精神、成功欲望、冒险精神、精明和敏锐及事业心，将企业家评价为工业社会的英雄，因为他们是"具有创新精神，是实现生产要素重新组合的人"。经济发展史一再证明，一个伟大的国家、伟大的民族必然诞生自己伟大的企业家和企业家精神，企业家们不仅为社会提供就业与财富，优秀的企业家和企业家精神更是改革创新、推动经济增长和社会进步的重要元素。

　　中华人民共和国成立以来，伴随中国经济腾飞的脚步，一大批优秀的企业家在市场竞争中迅速成长。沧海桑田，风云变幻，在榆林民营经济发展最迅速的40年间，涌现了无数值得浓墨重彩、大书特书的企业家，他们有着与生俱来的市场意识和榆林人自古传承的忠勇、坚毅、大气、质朴的精神，他们用生动的市场实践塑造了艰苦奋斗、敢为人先、勇于担当、义利兼顾的榆林企业家精神，用自己的勤劳和智慧创造了宝贵的物质和精神财富，改写着榆林乃至中国的经济版图，为经济社会发展和民生福祉做出了伟大贡献，显示了绿叶对根的深厚情意。

　　榆林的企业家精神主要体现为：第一，艰苦奋斗、实干敬业、顽强拼搏、勇往直前，表现出坚韧不拔的开拓精神。第二，敢为人先、创新进取、龙头锯角、善抓机遇，表现出无畏艰险的先锋精神。第三，勇于担当、诚信守法、弘扬正气、家国情怀，表现出强烈的责任意识。第四，义利兼顾、乐善好施、饮水思源、造福桑梓，表现出无私奉献的慈善精神。斯土育斯人，斯人富斯土。榆林企业家精神的孕育离不开榆林这片热土，榆林企业家们的创富之路也使榆林大地更加欣欣向荣……

# 第一节 历史长卷中的榆商

榆林企业家的商业基因自古传承、源远流长。《天工开物》的作者明代著名科学家宋应星曾说："商之有本者，大抵属秦、晋与徽郡三方之人。"① 陕西是丝绸之路的起点，秦商自秦汉、隋唐以至明清，在中国经济发展的几个重要历史时期，不仅创造了富可敌国的物质财富，也创造了极其灿烂的商业文化。秦商曾为中国十大商帮之首，往西与外国商人开辟了"丝绸之路"，往南蹚出了陕康藏的茶马古道，往北背井离乡走西口的故事家喻户晓。榆商作为秦商的重要组成部分，打上了浓浓的秦商烙印，但又因自身独特的地域特征和历史渊源，而不时闪现出别样的特质……

上古时期：据《周易》记载，在神农氏时期，即"日中为市，致天下之民，聚天下之货，交易而退，各得其所"，那时在以今陕西岐山为中心的关陇一带便出现了最早的集市，② 而榆林正是扼关陇门户的商贸重镇。

西周以今西安附近的丰镐为国都，《周礼》有"左祖右社，面朝后市"的记载，"市"已是城市建设中十分重要的部分。当时的丰镐及附近地区有"一日三市"的制度："大市，日昃而市，百族为主；朝市，朝时而市，商贾为主；夕市，夕时而市，贩夫贩妇为主。"③ 西周对各类市场的贸易人员、开市时间都有明确规定，商贸活动之繁荣可见一斑。

春秋战国时期，秦国的商业活动在诸国中是较为突出的。《史记》记载："孝文、德、缪居雍，隙陇蜀之货物而多贾，献公徙栎邑，栎邑北却戎翟，东通三晋，亦多大贾。"今天的陕西凤翔、临潼一带富商云集。榆林虽地处偏远，但受周边影响，商贸活动也开始逐步活跃。

秦汉时期：关中是当时全国经济最发达、商业活动最兴盛的地区，丝绸之路又在此时开辟，极大地拓展了秦商的发展空间。汉代诸位君主，从汉高祖到汉武帝，都大力发展关中经济，曾多次将其他地区的六国贵族后裔及"强豪富户"迁往关中，动辄"十余万口"。《史记》记载，此时的关中和陕北地区"五方杂厝，风俗不纯，其世家则好礼文，富人则商贾为利"，秦商的规模迅速壮大。榆

---

① 宋应星．野议·盐政议［A］//载氏著．宋应星佚著四种［M］．上海：上海人民出版社，1976．

② 陈忠海．秦商：行走丝路的"商帮之首"留下的启示［J］．中国发展观察，2017（21）．

③ 见《周礼·地官·司市》。

林地区一直是中原政权和北方游牧民族相互争夺的古战场，驻军戍边的同时也推动了当地经济的发展，民间的制革、皮毛、铁、铜、金、银、木、石等诸业及相关商贸活动在秦汉就已兴起。

隋唐宋元时期：榆林与少数民族地区长期为邻，当时过往榆林的少数民族很多，特别是五代至宋，辽、金、西夏交递而来，民族部众五花八门，但均以畜牧业为主。而榆林地区主要以农耕为主要生产方式，故在其工商业发展史中，与少数民族打交道做生意，一直居首要地位。即使政治上中原政权与少数民族政权之间激战不止，但在经济上当地农牧之间的互补则是持续不变的。670年，隋炀帝曾令宇文恺在榆林作大帐，帐下能坐几千人。突厥、奚等部落酋长到帐下观看舞乐、品尝大宴之后争相贡献牛羊马匹以示敬意，双方民间商贸往来由此更加频繁。得益于丝绸之路的开拓和地理之便，榆商在汉唐时期掀起了第一次发展的高峰。在草原丝绸之路上，民间贸易的市场一般都设在长城沿线和沿边城镇以及各条驿路上，榆林境内先后有魏长城、秦长城、隋长城和明长城从这里经过，绵延近千公里，其中有36处如今被定为省级文物保护单位。民间自由的以物易物的互市贸易，主要是"茶马互市"，这是汉族政权和以突厥为主的少数民族经贸往来中最活跃的形式。茶代表了农业经济，马代表着畜牧业经济，榆林地处农牧交错地带，南部地区对北方游牧民族的皮货、马匹、牛羊等有较大需求，而北方游牧民族对内地的日用百货也有较大需求，客观上需要一批商人做中转贸易、互通有无。在榆林的"边行"里流传过这样的一句顺口溜："我用茶布烟火糖，换来牛马骆驼羊。"榆林、神木的城北，都有一个"市场老爷庙"，专为民族交易而修①。宋、元以后，海上丝绸之路兴起，秦商的优势有所下降，但他们又及时抓住朝廷对西北边地实行的一些特殊政策，掀起了新的发展高潮。

明朝：明朝建立后，败走漠北的蒙古残余势力仍对中原虎视眈眈、伺机反扑，西北一带少数民族离心倾向也不断增长，明帝国不得不把2/3的财政收入花在西北边防建设上，沿长城设九个边镇以拱卫关中、保护京师，统率军队20余万，战马10余万匹，负责东起延绥皇甫川（陕西榆林以北）、西至嘉峪关、西南至洮岷（今甘肃南部）绵延数千里的边防区，榆林被称为"九边重镇"即缘于此。由于边防开支巨大，为解决粮食、布匹供应难题，明朝洪武年间开始实行"开中法"，允许商人运粮到边镇，用粮食、布匹、马匹等换取盐引（主要是质优量丰的徽盐引），再凭盐引到官办盐场领取食盐贩卖。八百里秦川沃野千里，陕西自古就是中国粮食主产区，朝廷让利于民，坐享地利的陕西商人自然紧抓"特区政策"，发挥自身道路方便、运费更省的地域优势，在关中产粮区掀起进

---

① 杨文岩. 边塞文化是榆林地方文化的历史坐标 [J]. 榆林学院学报，2009-09-15.

城经商、卖粮贩盐的热潮，进而带动了粮食、布匹、食盐、茶叶等物资的贸易，经营地域扩大到新疆、川藏等地区，在商业上形成了明显的区位优势，成为中国十大商帮①中成名最早、资格最老、规模最大者。邻近的山西历来缺粮，晋商要享受"食盐开中"政策，只有推着独轮车到山东买粮，再贩运边关，颇费周章；徽州远离边塞，山高路远，徽商更无力参与其中。这也成为明朝初年陕商比晋商、徽商起步较早的重要原因。可惜，陕西商帮"其兴也勃，其亡也忽"，明朝中叶朝廷开始实行"折色法"，商人不必再千里迢迢送粮食到边关，而是可以直接拿出白银购买盐引，便能获得贩卖食盐的许可，这给了地理上更接近两淮、以徽商为主之内地商人进入利润丰厚的盐业经营的良机。历史上，陕西、山西商人曾经数度联手大战徽商，山陕商人先胜后败，清朝入主中原后，北方边患不再成为朝廷头等大事，陕商赖以成名的客观环境和经济基础已大不相同，加之"农民出身"的陕商迁居扬州成为专业盐商后，因远离故土，西北内陆与比邻江南的淮扬，民风商俗差异太大，陕商很难真正融入当地，加之徽商普遍受过教育，手腕灵活善交际，善于经营官商关系，农商最终不敌儒商，陕商被挤出扬州盐业市场。

然而，"老陕"爱往远处走，盐业商战的失利并未阻止陕商求富的脚步，他们又开拓了形式多样的各种商贸活动：

一是榆林人民率先以"走西口"的形式建立起与口外的多种贸易。明代中叶，陕西按察使项忠奔赴榆林，决定开放陕北边墙，准许陕西延绥镇沿长城各地军民出长城关口，开垦长城外的禁垦土地，成为历史上轰轰烈烈"走西口"的开端。走西口是中国历史上重要的人口迁徙事件，从明朝中期一直延续到民国时期，陕西、山西、河北等地民众越过长城地带西迁或北上，在今内蒙古河套一带或从事垦殖种植，或从事长途贩运。今天榆林的神木、府谷一带是西迁或北上的重要隘口，大量陕北民众由此踏上"走西口"的征程，苍凉的陕北民歌《走西口》也随之传遍了大半个中国。雍正五年（1727年），中俄签订了《恰克图条约》，允许中俄互市和贸易，大量的中国茶叶等商品进入俄国乃至欧洲市场，学界称之为"茶叶之路"，这实际上是一种具有国际性质的贸易形式，极大地刺激了商业贸易的发展。其间，内蒙古呼和浩特、蒙古库伦等地成为重要的商品中转地，在机械运输到来之前，主要依靠驼队运送贸易商品，盛况空前。虽然山西、河北商人主导了这一块商业阵地，出现了"大盛魁"这样的商业帝国，但凭借地理位置的优势，不少榆林商人也参与到"走西口"的商业活动当中。②

---

①　以陕西、山西、宁波、山东、广东、福建、江苏、江右（赣商）、龙游（浙江）、徽州等地域为基础的十大商帮。

②　杨蕤.历史视野下的"榆商精神"［N］.榆林日报，2019-01-07.

二是以蒙汉贸易为主要内涵的榆林边商。榆林边商起步于明朝中后期，发展于清，清末民初达到鼎盛，习惯上将当时榆林的商人特别是与内蒙古伊克昭盟各旗蒙古族人民交易的内地商人叫边客或边商。① 他们从事的是转运贸易，以汉蒙的农、畜产品交换为特色，榆林边商的发展史，清晰地折射出蒙汉贸易的规模和榆林的商品经济发展历程。

明初政府对蒙古实行经济封锁政策，蒙汉贸易处于停滞状态，蒙古牧民日常所需的铁器和布帛等生活必需品无处可得，因此蒙古各部不断用战争掠夺和提出贡市（指外国或异族商人随贡使到指定地点进行的贸易）手段希望恢复蒙汉的正常经济交往。嘉靖初年，明政府与蒙古议定："蒙汉交界开设互市11处，汉商以烟、茶、布、绸缎等上市，禁易粮食、铜、铁器；蒙古以牛、羊、绒毛、皮张等上市，禁易马匹。"② 此后，明朝先后在榆林开设红山市，在延绥镇开设神木市、皇甫川市，并在榆林筑古梁、易马二城。"边市正月望台，择日开市。间一日一市，镇人习蒙古语者，持货往市，在土城、木屋，陶穴以居，或施帐焉；其货则湖茶、苏布、草缎、盐、烟，不以米，不以军器。蒙古之至者，则羊绒、驼毛、狐皮、羔皮、牛、羊、兔，不以马。"③ 此后又出现了波罗堡、响水堡、镇靖堡等互市交易场所，蒙汉贸易至此延续下去，最终形成今天陕北地区长城城镇群的基本格局。当时蒙汉贸易以陕西关中商人和晋商为主，他们从东部和南方运来布帛、绸缎、烟茶和日用杂货与蒙民的牛羊皮毛等畜产品交换，榆林的商人也积极参与其中，不过因受资金的限制，他们一般为小商贩，多在互市范围内活动，仅有少部分走遍南北进行长途贸易。

清朝：清朝建立并统一蒙古后，榆林地区不再是边防要塞，但因为靠近内蒙古，此地再次成为南北经济交流的中转地和蒙汉贸易的首选通道之一。蒙汉贸易突破了时间和空间的限制，榆林边商在经营规模、范围和影响力上不断扩大。蒙汉贸易地点扩展至榆林各州县，边商不仅活跃于本区，而且奔走于山西、京津、甘肃一带，特别是在康熙三十六年（1697年），清政府允许汉民到长城以北地带租种蒙古土地后，榆林各县的农民在输出劳动力的同时，边商开始频繁活动于内蒙古伊盟各旗，以神木为例，"伊克昭盟各旗几乎到处有本县（神木）经商的大字号和小商贩"④。清朝直至民国初年是榆林边商最为活跃和实力发展到顶峰时期，经营规模、范围和影响力不断扩大。榆林各县的边商大户，在口外自办牧场，设立定点生意字号，已成普遍现象。他们每年从蒙地运回大量牲畜、绒毛和

---

① 李刚. 明清榆林边商贸易探析 [J]. 榆林师范专科学院学报，2008 (4).
② 引自榆林地区地方志指导小组编. 榆林地区志 [M]. 西安：西北大学出版社，1994.
③ 引自清·谭吉璁. 延绥镇志 [M]. 刘汉腾、纪玉莲校注. 西安：三秦出版社，2006.
④ 神木县志编纂委员会：《神木县志》。

皮张，收购来自陕北各地的畜产品、药材转运出去，再把来自全国各地的手工业品转销到本地和内蒙古，其中，设在伊盟鄂托克旗的"三义成""义生成"均为"商人平津"的皮毛羊绒大字号。至于一般做小生意的边商小贩，或"跑草地"的手艺人则大多各有主道，春出冬归，交易支付皆以牲畜皮毛实物为主。故当地有"边客回家，在卧羊期"的说法。抗战前夕，榆林地区蒙地商人有1500多户，人口达4000多人，群体比较庞大。从贸易的客体看，这一时期陕北地区俨然成为中国北方地区皮毛、盐碱、烟土、牲畜的主要贸易集散地，有不少来自天津、河南、河北、陕西等地的客商，甚至出现了一些商业集镇发行私钞的情况。

榆林边商贸易活动持续了四五百年的历史，经销的范围辐射至榆林地区、内蒙古（尤其是伊克昭盟五旗）、关中、山西、宁夏、河南，最远到达湖北、京津一带，推动了东西部农业区和畜牧区经济的交流，促进了内蒙古和榆林各县畜牧业及手工业的发展，促进了蒙汉民族融合。可惜由于榆林自古偏远贫困、商人资金匮乏，加之战乱频繁和"以商致富，以本（农业）守之"的传统观念影响，榆林边商始终没有形成富甲一方的商贾群体。

三是以榆林城、镇川、绥德等交通枢纽为依托而形成了区域性的商贸中心。

民国时期：清末明初，战乱频仍、社会动荡，陕北边商贸易渐趋衰落，但由于中国近代工业的兴起，榆林地区开始出现工厂化生产，相继兴办了神木瑶镇碱厂、神府织毯作坊、榆林惠记工厂等，"陕北公立职业中学"附设的实习工厂甚至购置了当时较为先进的纺织和制革机器，建成了西北五省唯一的机器生产的毛纺织工厂，并辐射附近的县城。行商、坐商也由分散行动进而结帮立会，各种商贸活动十分繁荣。1922年，京包铁路通车后，削弱了榆林的商业辐射能力，加之咸榆（咸阳—榆林）、咸宋（咸阳—吴堡宋家川）公路通车，外来商品大量上市，许多手工业者纷纷歇业转农。此后，由于战乱、灾荒等原因，榆林工商业几经起落，到1949年中华人民共和国成立之前已经陷入萧条。当年榆林的工业企业仅有62户，工业总产值仅为359万元，占工农业总产值的比重不足6%，社会商品零售总额只有2000多万元。

此外，榆林城、镇川、绥德等相对发达的区域，城内街道繁荣、店铺林立，存在着大量的个体手工作坊，大约有13大类、800余种、数千从业人员，多为家庭式分散经营，工艺考究、物美价廉、广受称道。

中华人民共和国成立后：政局回稳，榆林边商再次走上正轨，并随着政治形势经历了"土改""镇反""抗美援朝"和"三反""五反"五大政治运动。1953年秋，榆林实行粮食统购统销，1954年9月实行棉布、油、糖等统购统销和计划凭票供应政策，纳入了国民经济计划轨道。1956~1966年，榆林开展了对农业、手工业和资本主义工商业的社会主义改造，大多数榆林边商和其他行业一样，加入了合作社（组），在内蒙古有牧场的边商归入人民公社，没有牧场的返回榆林原籍，榆林边商就此消失。

20 世纪 80 年代，随着改革开放、对内搞活政策的实施，一些具有交通枢纽地位的城镇再次焕发出商业气息，榆林地区出现了一些区域性的商贸中心，如绥德、靖边、镇川等，尤其是被誉为陕北"小香港"的镇川镇，一度成为陕北、内蒙古、山西、河北、宁夏、甘肃等省区工农业商品集散中心，极大地提升了鱼河—镇川—绥德无定河下游一线民众的商业素养和商业水准。与此同时，随着商贸政策的宽松，也出现一批批下海经商者。进入新时代，借助西部大开发和能源基地的建设，陕北经济实现了历史性的腾飞和跨越，私营企业如雨后春笋般地出现在陕北大地上，催生了以经营能化产业、特色农副产品加工业和房地产业为主的新兴商人群体。

# 第二节　榆商群星闪耀时

中华人民共和国成立以来，尤其是改革开放 40 年来，榆林民营经济异军突起、不断发展壮大，充分显示了"非公不非"的重要地位和"非公为公"的社会作用，榆林企业家们艰苦奋斗、敢为人先、诚信守法、乐善好施的精神，在榆林经济发展史上谱写了一曲曲波澜壮阔、慷慨激昂的时代凯歌。

## 一、艰苦奋斗，人间正道是沧桑

艰苦奋斗、自强不息是中华民族的传统美德，历史长河悠悠数千载，中华民族正是依靠这种精神才能绵延不息、薪火相传。榆林自古就是贫瘠荒芜的偏远之地，戈壁丘陵，黄沙漫天，恶劣的自然环境使榆林人民血脉中天然流淌着吃苦耐劳、坚韧不拔、战天斗地、永不言弃的基因。革命战争年代，榆林人民为打下红色江山舍生忘死、前赴后继、百折不挠；中华人民共和国成立后，榆林人民为改变生态环境、建设美好家园，同茫茫风沙和丘陵沟壑进行了艰苦卓绝、坚持不懈的伟大斗争，谱写了与自然抗争的历史华章，磨炼出了顽强拼搏的意志；改革开放时期，榆林企业家们为改变家乡贫穷落后面貌和自身命运开启了艰苦卓绝、坚持不懈、顽强拼搏的创富征途。正如治沙英雄、绿色使者石光银所说："人活一辈子是短暂的，能干成一件事不容易，我这一辈子就干这一件事，就要治沙。生命不息治沙不止，哪怕我到八十岁、九十岁，还是要治沙，我一辈子就把这件事干成，我觉得我这辈子就没白活。"奋斗就会有艰辛，艰辛孕育着新的发展机遇，发展总是与辉煌成就紧密联系在一起的。榆林民营企业家从改革开放之初至今，不断涌现出艰苦创业、顽强拼搏的楷模，如史贵禄、王飞、张侯华、臧明山……

**（一）艰辛创业不断超越——改革开放 40 年百名杰出民营企业家之一、荣民控股集团董事长史贵禄**

图 4-1 荣民控股集团董事长史贵禄

图 4-2 荣民控股集团开发楼盘

2018 年 10 月 24 日，由中央统战部、全国工商联共同推选的"改革开放 40 年百名杰出民营企业家"名单公布，在陕西上榜的两位企业家中，史贵禄的名字赫然在目。史贵禄是现任全国工商联副主席、陕西荣民集团董事长、陕西省工商联副主席、中国民间商会副会长、陕西省工商业联合会（总商会）副会长，也是榆林市入选"改革开放 40 年百名杰出民营企业家"的唯一人选。从商几十年，他爱党为党、爱民利民，从出生在偏远贫困山村的放羊娃一步步成长为"一代儒商"，被誉为"红色企业家""企业家中的理论家"。他个人和其企业的成长，见证了改革开放以来我国民营经济的繁荣发展。

1980 年，踏着改革开放的步伐，16 岁的史贵禄揣着借来的 13 元离开了家乡定边，只身一人到榆林闯天下，在一家企业做临时工，收购贩运葵花籽。由于他干活手脚麻利、周到细致，下不欺骗农民，上不坑害客商，坚持诚实经营，很快便赢得了经营者和顾客的肯定。那时的他对市场有了粗浅直观的认识，意识到与其给别人打工，缚手缚脚，不如自己放开手脚干一场，于是走上了创业之路。

当时的史贵禄认为，随着改革开放不断深入，城区居民的生活水平有了很大的提高，日用百货需求显著增加，而城内经营百货的商店就那么几家，根本不能满足群众的需求，于是他萌生了开一家小百货店的想法。1982 年，没有资源、没有经营经验的史贵禄拿着仅有的 1000 多元积蓄，定做了一间铁皮门面房，挂起了"小百货店"的牌子，一干就是六年。0.5 毫米厚的铁皮房冬冷夏热，但史贵禄仍然坚持 16 个小时营业，百问不烦，耐心热情地为顾客服务。由于他坚持质量第一、诚信为本，生意一直都比其他人好，六年间赚了十万元，掘到了人生的第一桶金。

随着入行的人越来越多，百货生意不那么好做了，史贵禄便尝试着做餐饮。然而这也是一个门槛低、竞争激烈的行业。"新的出路在哪里"成了他日日思考的问题。不久，他发现了新的商机——解决了温饱问题的人们开始关注生活质量的提升，便把目光投向各类新兴电器。1988 年，史贵禄在榆林市开办荣民五金综合门市部，这成为后来他发家的基础。20 世纪末，煤炭、石油等行业在榆林已经有起色，史贵禄经营的五金店正契合能源行业带动的五金、机电和建材等产业，很快就实现了地域、销售网络、市场和产品的四大扩张，十年积累财富 1000 多万元。

事业越来越成功，但史贵禄前进的脚步却并未停歇。1998 年，中央决定在全国范围内停止福利分房，银行也开始支持按揭贷款，史贵禄预测到了城市商品房消费需求潜力巨大以及榆林建设国家级能源化工基地和西部大开发叠加带来的巨大商机，决定进军房地产行业，参与晋陕蒙区域性中心城市建设，并于当年 10 月注册成立了"榆林市荣民房地产有限责任公司"，迎来了创业路上的第一次战略性转变。

荣民房地产发展蒸蒸日上，但也面临着巨大的竞争压力，史贵禄又瞄准规模经营，大胆改制。1999 年 12 月 30 日，陕西荣民集团诞生，主营房地产开发，同时开展建筑、安装、装饰、路桥工程、矿山机具、现代农业等多元化经营。当时，以煤求富是大部分榆林商人的选择，已经身价不菲的史贵禄不畏艰苦、另辟蹊径，在 2004 年将"大本营"搬到了西安，开启了创业路上的第二次战略性转变。20 年风雨兼程、砥砺前行，荣民集团已经发展成为覆盖现代服务业、冷链物流、融资租赁、国际贸易、金融控股、航空航天新材料、文化投资、现代农业等多个领域的综合性企业，集团下辖陕西荣民金融控股集团有限公司、陕西荣民文化产业发展有限公司、陕西荣民投资实业发展有限公司、陕西荣民资产运营管理有限公司、陕西荣民农业综合开发有限公司、荣民融资租赁有限公司、西安天众新材料控股有限公司、陕西荣民房地产集团有限公司等，跻身全国民营企业 500 强。集团年营业收入达 300 多亿元，每年可为国家上缴税费 30 多亿元，提供 7 万个就业岗位，带动 1 万多个小微企业发展。

改革开放激发了史贵禄的家国情怀，荣民集团也一直秉承大爱无疆、善行天下的理念，努力践行社会责任。多年来，荣民集团先后为汶川和玉树等灾区、老少边穷地区、新农村建设、陕西省慈善协会等捐款 5 亿多元；荣民集团接手了西安最大的棚改项目，投资 200 多亿元，陆续开发了宫园壹号、宫园学府、宫园美岸、宫园中央等项目，为 5 万多城市居民改善居住环境，让北城"半边天"重新呈现出一片汉唐文化和现代文明的交相辉映；荣民集团用了 17 年时间、史贵禄个人自掏资金 1.6 亿元，通过搞教育、医疗和基础设施建设，大力发展特色农业，推动农村城镇化，帮助定边县海则梁、白泥井、周台子三个乡整体脱贫，其中一个乡人均收入由 2000 年的不足 500 元，到 2018 年达到 8 万多元，其余两个乡人均收入达到 3 万多元。史贵禄本人也先后获得全国、省、市劳动模范，全国、省、市优秀中国特色社会主义建设者，全国、省、市光彩事业奖章，中国光彩事业 20 年突出贡献奖，全国优秀民营企业家等多项荣誉。

回望艰辛与光荣共生的创业之路，史贵禄总结了四项企业家必修的精神特质：一是要有一双"市场慧眼"。紧紧跟着市场走，随着市场变，迎着市场上，能够随时注意透视消费者心理和要求的演变轨迹，敏锐捕捉消费者背后的商机，投其所好，供其所需，懂礼貌、讲温情、优服务，做经营管理的有心人，就一定会赢得消费者、赢得市场、赢得丰厚的经营收入，成为市场竞争的大赢家。二是要懂政治。企业的发展命脉与社会大环境和宏观调控政策息息相关，紧密相连。企业家创业要取得辉煌业绩，企业要健康持续发展，除了熟悉社会主义市场经济规律，还要懂政治，掌握国家方针政策和经济发展趋势，不断提高自身的政治思想素质，搞清楚自己的社会职责，使企业朝正确的方向发展。三是要使企业始终跟上时代发展的步伐，把企业的快速发展放在全国经济发展的大势中去思考，把企业的进步放在全国经济结构调整升级中去推动。四是要始终保持朴实节俭、低调做人、艰苦奋斗的本色。截至目前，史贵禄只有一套单元房，在外地及国外没有任何房产。为了节省时间和金钱，他经常坐地铁出行，到外地出差，只要事情一办完，哪怕坐最晚的班机也要返回。

史贵禄说："现在是民营企业快速健康发展的最好时期，作为新时代的民营企业家，我们一定要珍惜和感恩这个时代，进一步坚定理想信念，增强发展信心，要撸起袖子加油干，把握改革开放发展大势，弘扬企业家精神，发挥企业家才能，心无旁骛办好自己的企业，努力为实现中华民族伟大复兴的中国梦贡献力量。"

**（二）生命不息治沙不止——陕西石光银治沙集团有限公司董事长石光银**

图4-3　陕西石光银治沙集团有限公司董事长石光银

图4-4　陕西石光银治沙集团有限公司

石光银从小在沙窝里长大，当时的定边生态环境脆弱，黄沙漫天、土地贫瘠，水土流失严重。"圪垯套套圪垯，家家户户对面沙。十年庄稼九不收，野蒿草籽度饥荒"，肆虐的风沙不仅给当地带来了贫困和灾难，也给他留下了痛苦的童年回忆。从19岁担任生产队长开始，石光银便怀着为沙区人民锁住黄沙、拔掉穷根的强烈责任感和坚定信念，带领群众积极投身于治沙事业中。经过30多年的艰苦奋斗，治理荒沙、碱滩近 30 万亩，累计植树 4000 多万株（丛），在毛乌素沙漠的南缘，营造了百余里长、几十里宽的绿色生态屏障。狼窝沙、十里沙，这些带"沙"字的村庄，如今满眼是郁郁葱葱的乔木、灌木和被树木簇拥的良田。石光银，先后当选为党的十八大代表、陕西省第十三届全国人民代表大会代表、陕西省人大常委会环境与资源保护工作委员会委员，并获得全国治沙英雄、全国劳动模范、全国绿化先进工作者称号，入选全国绿化十大杰出人物。此外，他还获得了联合国粮农组织颁发的"世界优秀林农奖"等荣誉。

1984 年初，国家鼓励个人承包治沙的政策出台后，石光银和乡政府签订了承包治沙 3000 亩的合同，成为榆林市个人承包治沙造林的第一人。为了筹集买树苗的钱，他不顾妻子阻拦，把自家赖以生存的 84 只羊和一头骡子赶上了集贸市场。第二年初春，他带领 7 家男女老少齐上阵，3000 亩荒沙地全部栽上了树苗，成活率达到 87%，四大壕村出现了第一片绿洲。接着，他又承包了 5.8 万亩荒沙，并且开始了对 6000 亩狼窝沙的治理。在"上面太阳晒、下面沙子烤、饿了啃干馍、渴了喝冷水"的艰苦条件下，他带领群众苦干了一个春天，可是没想到这一年 4～5 月连续刮了 11 场大风，风蚀沙埋，栽下的树苗 90% 被毁。1986 年，石光银带领大家又干了一个春天，80% 的树苗又被风沙毁掉。两次失败，没有动摇石光银治沙的决心。他认真分析原因，步行到县林业局向林业技术员请教，带人到榆林、横山学习治沙经验。1988 年春，他带领群众开始了征服狼窝沙的第三次战斗。由于采用了有效的治沙技术，最终，他们在 6000 亩沙地上搭设了长达 800 公里的沙障，树苗成活率达到了 80%。到 1990 年，5.8 万亩荒沙全部得到了治理，营造了百余里长、几十里宽的绿色生态屏障。石光银治沙的脚步一直没有停歇，而且这种"子子孙孙无穷匮"的信念和坚持一直延续了他家几代人。2008 年的植树节，石光银把一生最大的悲伤埋进了毛乌素沙漠，他唯一的儿子在为运送优质沙杉树苗、考察节水灌溉管道奔忙的途中不幸遭遇车祸……2017 年，石光银的孙子考上了杨凌职业技术学院林学类专业……

1986 年，石光银成立了全国第一个联合农户治沙的农民治沙公司，通过"公司+农户+基地"的经营发展模式，让农户在治沙中得到实利。他先后办起了新兴林牧场、秀美林场、千头良种奶牛示范牧场、纯净水厂、林业技术培训中心、千亩樟子松育苗基地、脱毒马铃薯组培中心、光银希望小学、月牙湖、西湖等 20 多个经济实体和绿色旅游景点。他的治沙公司资产总值已超过 1 亿元，带动了 2000 多名村民增收致富。

治沙为脱贫，脱贫再治沙。在石光银的感召下，一代代治沙人前赴后继，大力发展林草经济和畜牧产业，昔日贫瘠的风沙盐碱地上建起了现代农业示范基地，走出了一条集荒沙治理、休闲旅游、苗木培育、畜牧养殖等产业于一体的综合发展之路。目前，定边县森林覆盖率已由 1980 年的 3.8%提高到 33.5%，县城周围建起了一条城郊防护林带，城在林中、林在城中，过去的沙滩变成了良田，贫瘠的土地变成了致富的"金钵"。

**（三）伟大是熬出来的——羊老大集团董事长王飞**

图 4-5　羊老大集团董事长王飞

图 4-6　羊老大集团

王飞于 20 世纪 60 年代出生于横山县赵石畔乡一个贫苦的家庭，6 岁丧父，18 岁丧母，生活的重担迫使他这个家里唯一的男子汉从高中辍学，只身来到榆林工地上做苦力。搬砖、拧钢筋、刷墙……让从未干过重体力劳务的他筋疲力尽、双手血肉模糊，也让他开始苦思未来的出路。1986 年，不甘平凡的他用血汗钱第一次尝到当老板的滋味，拥有了一张自己的台球桌。可惜不到两个月，他的生意就宣告失败。这一年，他被招工进入供销社，时年恰逢席卷北方的"羊毛大战"，由于当时国内羊毛资源稀缺，榆林羊毛以其品质高、产量丰，成为市场热门货。但随后榆林的一些羊毛经销商开始向羊毛里掺沙子、装石头，最多掺假量达到 20%以上，败坏了榆林羊毛市场的声誉，导致各地市场对榆林羊毛的抵制，造成了榆林羊毛的滞销。亲历了商场的战火硝烟，王飞不甘心自己一个大小伙子站在柜台后每天面对"三毛五毛、针头线脑",辞职下海做起了从内蒙古到榆林的化肥贩卖生意。因为国家给少数民族的优惠政策可以让化肥到榆林有差价,一次下来,王飞"就能挣出四五年的工资",尝到赚钱甜头的他从此开启了精彩的商海人生。

1990年,王飞做起了羊毛生意,从内蒙古买回羊毛,梳洗后卖给服装公司。由于经常和当地的服装厂打交道,加之历年积累的销售经验,他发现处于起步阶段的榆林毛纺业当时只有三家国营制服厂,有不少可以利用的空间和广阔的市场前景。1993年,他拿出自己做生意攒下的9万元积蓄,再到农行贷款,买了40台缝纫机,做起了之前没敢想过的厂长。他的厂在当时的榆林是第一家民营羊毛制服厂。1995年,王飞联合一起创业的伙伴创立了榆林羊老大制衣公司,并聘请专业人士打造了榆林地区第一家使用CI设计且无形资产一直在升值的品牌理念"羊老大"。

成功的荆棘路崎岖坎坷,王飞说一般人吃不了他的苦。棉裤生产出来了,悄无声息地囤积在仓库里,没有专职销售人员,更谈不上自己的销售渠道,怎么办?只能靠自产自销。王飞租来敞篷车,装上棉裤翻山越岭,向着中国最寒冷的东北三省开去。人地两生,举目无亲。街头上,摆个摊儿就是卖场;居民小区,绳子系在两棵树间,把棉裤挂上去,就是柜台;敞篷停在哪里,哪里就是专卖店……创业初期,王飞带着业务员在东北等地推广产品,连续几年都不能回家过年,因为春节正是防寒服产品的市场黄金期。2005年前后,事业如日中天的时期,陕北羊老大集团还遭遇了真假商标纷争,辛苦培育十余年的品牌被北京羊老大无偿占有,榆林羊老大公司遍及东北、华北和西北的3000余名销售人员、5000余万件产品以及300余家代理商一夜之间被各地工商机关查扣,在家乡榆林建立"羊老大工业园"的在建工程陷入瘫痪,北京羊老大的"打假维权"使真正享有"羊老大"商标权的榆林羊老大濒临绝境。

千淘万漉虽辛苦,吹尽黄沙始到金。如今的老羊大,克难奋进,以"诚信天下、合作共赢"为理念,传承"顽强拼搏、生生不息"的企业精神,正昂首阔步向王飞最初的梦想——"在陕北乃至全国做成纯羊毛纺产业的老大"迈进。"羊老大"品牌已从服饰延伸到房地产、煤炭、广告、旅游、冶金、农业开发等不同领域,成为集生产、加工、销售、对外贸易、投资于一体,跨地区、多行业经营,颇具规模的多元化集团企业。集团下辖陕西羊老大服饰股份有限公司、上海羊老大服饰有限公司、陕西圣羊弘泰置业投资有限公司、榆林市羊老大集团房地产开发有限公司、中吉矿业公司(位于吉尔吉斯斯坦)、内蒙古拓必达矿业有限责任公司、新疆拓必利矿业能源有限公司、榆林市羊老大治沙生态产业科技有限公司等十多家企业。2008年5月,位于榆林市经济开发区,占地4.6万平方米的"羊老大工业园"正式启用，2.5万平方米现代化生产车间，7000平方米现代化办公楼和职工公寓楼，极大地提升了羊老大的生产能力和整体形象；占地1200亩的"影视城"项目和2000亩现代农业生产基地项目也相继启动，外埠的矿产勘探、露天采矿、焦炭化工等项目也成果丰硕；同时根据国家、省、市发展规划及地区资源优势，在现羊老大轻工业园区的基础上，还打造了集"原材料、辅料集散—服装加工—物流配送—信息处理"于一体的产业化集群基地。早在2013年，"羊老大"品牌就在全国羊毛防寒服行业率先获得"中国驰名商标"，标志着陕北羊毛防寒服行业领军品牌在崛起壮大，再次走到了全国前列。

目前，集团总资产达12.6亿元，年产值为38.5亿元，"羊老大"品牌价值3.56亿元，员工2000余人。集团旗下企业先后通过ISO9001国际质量体系认证，获得"陕西省著名商标"、中国农业银行"AAA级信誉企业"等荣誉，且入选榆林市"十强企业"。

**（四）下岗创业，助农托起成功梦——天鹏畜禽董事长田飞雁**

图4-7　天鹏畜禽有限公司董事长田飞雁

图4-8　天鹏畜禽有限公司

榆林市天鹏畜禽有限公司董事长兼总经理田飞雁是一名"60后"，青年时期的他正好赶上改革开放。1986年，田飞雁从省农校毕业后被分配到绥德县饲料公司工作。20世纪90年代初，随着饲料公司倒闭，他和当时许多国企职工一样，成了下岗职工。多年寒窗苦读，好不容易有了正式工作，就这样没了，他情绪低落，心里很不是滋味。1994 年春，田飞雁跟随绥德县组织的考察团赴山东、大连等地参观学习，当地快速发展的经济、超前的发展思路给他留下了深刻的印象，让他从此萌发了自主创业的念头。

通过一段时间的调查，他发现，绥德当地的养殖业几乎是一片空白，市场上销售的鸡蛋绝大部分是从外地购进的。这不禁让他眼前一亮，因为他所学专业正是畜牧兽医，而且原来从事的工作也是饲料生产，如果创办一家饲料厂，他不仅有工作经验，而且市场空间巨大。1994 年 5 月，田飞雁与朋友共同创办了榆林市天鹏畜禽有限公司。创业初期资金匮乏，他通过亲戚朋友帮忙，好不容易筹到 6 万多元，但这点钱对办企业来说显然是杯水车薪，只够购买一点原材料，厂房和设备还没有着落。几个人只好想办法租赁场地和设备，多方努力才租到几间旧厂房和几台闲置的粉碎机。

"最艰难的时候，公司人员少，大家不分工种，不论上下班，哪里需要就在哪里干。买来原料，我和工人们一起扛包卸货，累了就地小憩一会儿，然后接着干，经常满身尘土、汗流浃背。"谈到最初创业的艰难，田飞雁深有感触地说。

经过几年的打拼，公司逐步发展壮大，产销量节节攀升，市场也越来越大。原来的场地不够用了，2002 年，公司扩容搬迁，花 20 多万元购买了一套二手生产设备，企业从此步入快速发展期。

在企业发展的同时，绥德当地的养殖业也在迅速发展。公司刚成立时，当地养鸡户很少，居民的"菜篮子"还不丰富，鸡蛋供应不足且价格居高不下。2000年以后，随着蛋鸡养殖规模的迅速扩大，鸡蛋供求市场发生巨大变化，市场上鸡蛋开始出现滞销现象。为解决这一问题，扩大饲料销售量，公司增加了鸡蛋回收业务，最多时一天回收的鸡蛋达 1500 多箱，帮助养鸡户解决了"卖蛋难"问题。

2010 年，公司在绥德物流园区征购了 25 亩土地，投资 1000 多万元建了新厂，新上了一套年产 6 万吨的自动化饲料生产线，并于 2011 年 3 月进行整体搬迁，从此告别了简陋的生产条件，企业发展更加迅速。饲料年产量由原来的 1.5 万吨增加到目前的 3 万多吨，年销售收入也从 4000 多万元增至近亿元。公司的发展得到了社会的充分肯定，并获得各级政府部门和行业管理部门的表彰奖励。2004 年，被国家科技部星火计划办公室认定为"龙头企业技术创新中心"，连续多年被陕西省饲料工业办公室评为全省"十佳饲料企业"；2008 年被陕西省农业厅认定为省级"农业产业化经营重点龙头企业"；2009 年通过 ISO9001 国际质量管理体系认证；2011年被榆林市人民政府评为全市"十佳龙头企业"；2013 年被陕西省饲料工业办公室确定为全省"饲料工业行业文明示范企业"；2014 年被省扶贫办评为"扶贫示范企业"；2015 年被省饲料办评为"诚信企业"；2016 年被陕西省中小企业促进局授予

"陕西省成长之星企业"荣誉称号；2017年被榆林市人民政府评为"五十强企业"之一；2018年被陕西省饲料工业办公室评为"先进单位""诚信企业"。

**（五）把土豆变成金豆的农民企业家——榆林新田源集团公司董事长高雯友**

图4-9　榆林新田源集团公司董事长高雯友

图4-10　榆林新田源集团公司

榆林新田源集团公司董事长、总经理高雯友出生于靖边南部山区一个偏僻落后的穷山沟里，13岁才上小学，此前一直在给生产队放羊、放驴。教室里没坐几天，又遇上"文化大革命"，不得不辍学回家再劳动。他16岁当学徒做木匠，由于长期没日没夜超负荷劳动，年纪轻轻就患上了肺结核。"文革"之前的他和所有的农村青年一样，毫无选择地投入家乡战天斗地的农田基本建设队伍之中。但在那个特殊年代，他和同伴们用苦力汗水给家乡造下的良田绿水却成了"走资派"和"唯生产力论"的罪状，饱受冤屈的他一气之下离开了生产队，出门走西口。

1976年，高雯友回乡，在县物资局当了一名副业工。1981年，他积极响应党的号召，第一个离开物资局干起了个体户，与人合伙创办了靖边县沙棘食品工业公司，首开靖边沙棘产品开发之先河。在公司他从生产小组长干起，一直干到副厂长的位置，不论在哪个职位上，他都干得有声有色，在生产实践中充分显示出了自己独特的管理才能。1985年，他被公司委派到靖边驻京沙棘饮料厂工作，负责生产技术管理。尽管文化低，但他凭借刻苦自学和对生产一线的熟悉，深入进行配方和工艺流程改革，不断提高企业的产品技术含量，制定出了一整套切实可行的生产管理制度。他上任仅一年，饮料厂就发生了巨大的变化，知名度迅速扩大，在1986年全国沙棘食品评比会上，一举夺魁荣获双项大奖。就在饮料厂的事业如日中天时，由于不甘心旧体制下种种弊端的束缚，高雯友出人意料地辞职回家，于1987年自筹资金，办起了属于自己的木器工厂，随后又办起了榆林木器分厂及筷子厂。

1995年，高雯友终于迎来事业发展的春天，他紧紧抓住国家产业结构调整的政策机遇，果断转产，决心利用当地的土豆资源走一条农产品深加工的发展道路。在县委、县政府以及农业银行的大力支持下，他适时成立了田源食品总厂，建厂当年就安置劳动力60多名，实现利润20多万元，产品在中国杨凌农业博览会上荣获金像奖。由于当时公司生产规模小、设备落后，生产出来的马铃薯淀粉质量差，正常市场价格每吨销售价3600元左右，而他们的马铃薯淀粉每吨卖3000元还无人问津。由于产品积压，资金不能变现，银行贷款即将到期，刚刚起步的企业陷入了困境。经过多方调研考察，高雯友购进了一套当时最先进的粉皮生产设备，对生产库存的低端淀粉进行二次净化处理并开始设计订购包装，新产品上市后销售状况非常好，企业很快走出困境。然而，由于缺乏经验，新购进的小型马铃薯淀粉生产设备只生产了一个产季就亏损了近30万元，项目只能停产了，总结经验得出了结论：一是产品质量低劣没销路，二是生产成本高、效益差。最重要的是厂里有限的生产能力根本解决不了农民卖马铃薯难的实际问题。农民们送来的马铃薯大部分都又好又大，由于消化不了那么多原料，厂里把收购价格降到往常的一半，但来卖马铃薯的农民还是挡不住。最后他只好下令关大门，来卖马铃薯的农民朋友无奈之下只好满面愁容地又把马铃薯拉回家。

作为农民子弟的他对此心里十分难受，下定决心要想办法把马铃薯产业做大，上规模上档次，从根本上解决农民卖马铃薯难的实际问题，把土豆变成金豆。让农业实现增产增收，是一项巨大的富民工程，需要大量的资金，为了争取立项，他在省、市、县上下奔走，历尽千辛万苦，耗费了无数心血，在各级农行以及有关领导的大力支持下，终于在2002年完成了集团公司的组建任务。公司总投资3560多万元，占地40000平方米，引进世界先进的荷兰马铃薯生产线，年加工土豆能力达到4万多吨，年生产优质淀粉7000多吨，彻底解决了当地农民卖土豆难的问题，成为全省闻名的农产品加工龙头企业。为了延长产业链，2003年公司开发研制荞麦精淀粉并取得成功，填补了我国的一项空白。经过多年的市场拼搏和诚信经营,"田源"牌马铃薯、荞麦淀粉成为享誉全国的知名品牌,被评为陕西省著名商标、陕西省名牌产品、消费者信得过品牌。此外,公司还开发了荞麦饸饹羊肉面、荞麦挂面、荞麦饸饹速食面、苦荞挂面等荞麦系列健康产品,不仅销往全国大部分省、市区,还出口多个国家,成为西北地区荞麦健康产业领军企业。马铃薯淀粉生产的规模效应,带动了靖边、定边马铃薯种植业的快速增长。以靖边县为例,2001年全县马铃薯种植面积不到8万亩,到2006年增加到30万亩,2018年已达到300万亩,极大地带动了当地农民增收。

20多年砥砺奋进,新田源集团发展成绩骄人:2003年被陕西省人民政府评为陕西省优秀龙头食品企业,自2004年以来公司一直是榆林市农业产业化重点龙头企业,2008年被评为陕西省农业产业化经营重点龙头企业,2010年被中国出口检验检疫协会评为中国质量诚信企业。高雯友本人也先后获得陕西省新长征突击手、榆林市非公有制经济首届优秀企业家、优秀中国特色社会主义事业建设者、帮扶新农村建设优秀企业家等荣誉。

**(六)弄潮商海,巾帼更胜须眉——陕西省神木银丰陶瓷有限责任公司董事长刘银娥**

图4-11 陕西省银丰陶瓷董事长刘银娥

图4-12 陕西省神木银丰陶瓷有限公司

　　刘银娥是神木家喻户晓的女强人，她出生在大饥荒年代，当时社会的普遍贫困给她留下了深刻记忆，也造就了她敢探索、不服输的坚韧品性，这种品性在其未来事业打拼中给予她强劲的动力支持。在 20 世纪七八十年代，她从卖一根冰棍五分钱只赚一分开始，积少成多攒下自己创业的初始资金，并用这笔钱开办百货门市部，办起了"水暖建材五金门市"，事业开始不断发展壮大。刘银娥的家乡神木被称为中国的"科威特"，坐拥丰富的煤炭资源，很多神木人享受到了煤炭经济带来的经济增益。经过十多年的打拼，刘银娥逐渐熟悉了神木商业市场，也积累起足够的资金支持自己对新的商业领域和经营方式发起探索。

　　2001 年，刘银娥捕捉到了市场风潮和机遇，将资本大胆地投入神木焦煤市场，在神木锦界地区办起了焦化厂。同年，为降低焦油成本，确保焦化厂的可持续发展，她又决定投资办煤矿，年产原煤 6 万吨的青草界煤矿很快就办起来了。此后，刘银娥紧跟时代发展的步伐，不断超越自我，相继创办煤炭公司、矿业公司、医药公司、枣业公司、文化传媒公司等，从一个普通的创业者成为了陕西银潮矿业集团有限公司董事局主席。

　　2009 年，在煤炭产业发展如日中天时，刘银娥做了一个令人惊讶的决定——兴办陶瓷厂。她以注册资本 3.5 亿元、总投资 30 亿元兴建了陕西省神木银丰陶瓷有限责任公司，这是第一家入驻佛山·神木陶瓷工业园的陶瓷墙地砖生产企业。人们对刘银娥的做法并不理解，当时中国陶瓷产业厂家、从业人员多，陶瓷厂区建设发展是"南重北轻、东大西小"，在他们看来在中国北方内陆神木建设陶瓷厂是没有什么优势可言的。但是刘银娥凭借自己的实干精明和对市场变化发展的敏锐把握，雷厉风行，说干就干。

　　2012 年以后，随着中国经济的下行，煤炭价格大幅下跌，神木也结束了"黄金 10 年"的发展期，而刘银娥当初的决定和行动使自己抢先一步，为其公司开辟新的发展道路赢得了先机。神木银丰陶瓷成为神木首家入锦界工业园区建厂的非煤工业企业，也是陕北能源基地工业转型升级、资源综合利用的代表型企业。不仅如此，神木银丰陶瓷回收并利用园区周边煤矿采空区废弃高岭土资源和园区兰炭企业排空兰炭尾气作为燃料材料，实现园区资源的减量化和再利用，大大节省了原料及燃料成本。该项目的实施，能够就地消化大量高岭土、煤矸石，不但能让高岭土、煤矸石变废为宝，还能减少大量固定废弃物的排放，有利于循环经济发展和资源节约型、环境友好型社会建设。2015 年，银丰公司陶瓷墙地砖项目一条生产线已基本建成、配套籽煤干馏制气及输气管道项目已经建设完毕，预计 2020 年项目全部建成运行后，每年可实现销售收入 8.4 亿元、上缴利税 2.6 亿元，提供就业岗位 2800 多个，届时将成为西部最大的建筑陶瓷生产基地。

此外，她还建起了多个非煤产业的企业，不断加快集团多元化发展步伐。2007年，创办了神木银潮矿业公司；2008年，投资2.35亿元人民币成立陕西国粹生物多肽有限公司；2009年，成立了神木县小康农业有限责任公司，同年8月成立了陕西神木枣业发展有限公司，建设了红枣示范基地2000亩（总投资1.8亿元人民币）。集团旗下的控股企业有：北京银潮投资控股有限公司、北京银潮文化传媒有限公司、北京银潮国际投资咨询有限公司、北京红石丰铭投资有限公司、上海银潮文化产业发展有限公司、海南博鳌红石滩投资有限公司、海南红石滩房地产开发有限公司、海南三亚北欧国际度假村有限公司、海口赛强发展有限公司、神木小康农业发展有限公司、西安国萃公司、西安银隆地产公司等。

在壮大自己企业发展的同时，刘银娥还带领其企业积极践行社会责任，努力服务当地经济发展，帮助和引导更多的人走上创业之路，在社会公益事业方面献出自己的力量；多年来，她在捐资助学、扶贫济困、文物保护等各类公益活动中累计捐助金额达8000多万元。

30多年的艰苦创业，从当年叱咤风云的煤老板，到银丰陶瓷的董事长，刘银娥和她的企业与神木大部分民营企业和企业家一样，都经历了质的转型，她的企业的发展，是中西部地区民营企业特别是以能源发展为主业的企业发展代表，记录着民营企业紧跟国家及地方产业发展政策的演进历程，也记载着民营企业改革的困惑与阵痛。她的创业历程成为当代民营企业科技创新发展的缩影，也得到了社会的广泛认可，荣誉接踵而至：陕西省、市、县人大代表，政协代表，全国三八红旗手；省、市、县妇联命名的"双学双比"女能手、优秀女企业家、为陕西省公益事业发展做出突出贡献的民营企业家、十佳民营企业家等。当初从贫穷家乡走出，只求自己生活变化，之后，刘银娥眼界不断拓宽，境界不断提升，瞅准机遇谋求企业发展，并以科学管理为基础，以提升团队素质为根本，靠创新求企业发展，真正体现了新时代优秀女民营企业家激浪商海、勇立潮头的风采……

**（七）忠宽育人　立德树人——陕西正大技师学院院长任忠宽**

图4-13　陕西正大技师学院院长任忠宽

图 4-14　陕西正大技师学院

陕西正大技师学院是陕北唯一一所高级技师学院，校园占地总面积 274.3 亩，校舍建筑面积 11.2 万平方米，固定资产总值 4 亿元，教职工 236 人，其中专任教师 158 人，开设了化工、汽修、机电、计算机应用、学前教育等 18 个专业，各类在校生总数 4700 人，毕业生就业率在 97% 以上。学院院长、党委书记任忠宽身兼榆阳区政协委员、榆林市慈善协会理事、陕西省技工教育教学指导委员会"校企合作研究会"教学研究会副会长、陕西省技工教育教学指导委员会"化工能源专业"教学研究会副会长、陕西省榆林市西府商会会长等多职。

1991 年，年仅 24 岁的任忠宽辞去宝鸡市职业技术培训中心公职，只身来到陕北绥德县城，刻苦学习缝纫技术，与妻子共同白手起家，创办了首家榆林职业技能学校。自己既当学生又当老师，既当老板又当员工，身背布料，手提传单，走街串巷，四处奔波，招收学员，扩大影响。他们风里来雨里去，顶烈日冒严寒，饥一顿饱一顿，历经千辛万苦，终于从租赁几间破旧窑洞的小作坊办成了租有几座楼房的学校，进而把陕西正大技师学院发展成榆林市规模最大、实力最强的一所民办职业院校。

多年来，任忠宽积极响应国家大力发展职业教育的号召，带领全院教职工艰苦奋斗，不断创新进取，各项事业蒸蒸日上，走出了一条"以立德树人为根本、以服务发展为宗旨、以促进就业为导向"的特色办学之路。正大学院的成功源于四个方面的探索：一是以"青春党建"引领学院发展。学院党委秉承"忠宽育人、工匠精神"党建主题，投资 80 万元打造青春党建室，探索实施"五心五业"工作法：为青春点亮航灯，照亮前程，红心笃行，让职教事业有方向；安心立志，让青春学业有理想；修心厚德，让青春职业有思想；匠心精技，让青春事业有平台；慧心笃志，让青春创业有梦想，更好地让青年成长成才成功，实现就业创业的"青春梦想"。2017 年学院被省委非公有制党委批准为"四星级"党委，2018 年荣获陕西省人社厅机关党委社会组织党支部"四星级党组织"荣誉称号，2019 年荣获中共榆林市榆阳区委"党建强发展强两新示范组织"荣誉称号。二是开展"工学结合、校企合作"，创新人才培养模式。学院以"双轨制、全方位、系统化"的参与模式与企业开展实体性深度合作，与当地的国有大型企业、煤炭、发电企业和知名民营企业强强联手，组织学生到生产一线以工代学，并给企业定向委培员工，让学生与企业实现"无缝链接"，在锻炼学生实操能力的同时也增强社会对学生的认可度。三是狠抓人才培养，坚持内涵发展，积极服务地方经济发展。学院以各行业高技术应用能力为学生素质培养的核心，结合地方经济社会发展特点，精心设计各专业学生的知识、能力、素质结构的综合培养方案，不断推进培养模式、教材建设、课程设置等方面改革，打造了汽车、机电、化工、计算机、学前教育、幼儿教育、高铁乘务、计算机维修与应用、护理、工业机器人、3D 打印技术、城市轨道运输与管理、电气化铁道供电和航空服务等一大批特色专业，为地方经济发展培养适用技能人才。四是发挥社会服务职能，助力扶贫攻坚。学院先后承担了中央和省市实施的"阳光工程""雨露工程""温暖工程""赋能工程"四项职能扶贫工程，当选陕西省技能扶贫助学理事单位、陕西省扶贫办雨露计划培训先进单位，每年扶贫资金在 500 万元以上，凡农村户口、城镇低保家庭孩子入学均免收三年学费，校企合作企业每年也为学校捐赠数百万元的奖助学金和学习物资，为贫困学生解决后顾之忧，助力陕北革命老区职教扶贫事业。

20 多年来，任校长躬耕职业教育一线，披荆斩棘、艰辛创业，学院发展蒸蒸日上，办学成绩得到政府部门和新闻媒体的高度肯定，获得各类奖励约有 20 余次（项），解决了八万多名学生和学员的学习和就业问题，对榆林及周边地区经济发展做出了卓越的贡献。任校长本人也获得了很多荣誉：2005 年荣获榆阳区统战工作先进个人；2010 年被评为"陕西省技工院校先进教育工作者"；2014 年荣获第二届"榆林好人"荣誉称号；2017 年在全国主流媒体教育联盟民办院校评选活动中，荣获"新时代影响力人物"称号；2018 年被评为"陕西省技工教育先进工作者"，荣获全国主流媒体教育联盟改革开放四十年陕西省教育记忆总评榜"教育改革杰出人物"称号。

## 二、敢为人先，商海激浪谱新篇

经济发展的动力在创新，这早已是全球共识。唯改革者进、唯创新者强、唯改革创新者胜。企业家在创业和经营过程中，善于冒险、敢为人先、勇于创新，才能在险峰欣赏无限风光。高质量发展的新时代，赋予了企业家精神新的内涵。站在新一轮科技革命的风口上，技术迭代、模式创新的速度越来越快，创造性破坏、破坏式创新的周期越来越短，对于优秀的企业和企业家来说，与时代同步是远远不够的，他们承担的责任是重塑和引领。榆林商人自古是在汉族政权和少数民族政权反复斗争的军事半军事环境中成长起来的，造就了他们敢作敢为、冒险拼搏、勇于担当、乘势而起的宝贵精神特质。新时期的榆林企业家们怀抱梦想，不断超越自我，因时而变、自我加压、自我革命，在捕捉市场机遇、创新经营模式、突破核心技术等方面主动出击，以裂变思维、科技驱动、制高站位推动民营经济创新发展，民营经济逐步向科技含量高的高新技术和战略性新兴产业领域挺进，涌现了一大批在产品、战略、技术、模式、管理等方面标新立异、战绩彪炳的明星企业家……

**（一）与改革旭日同步升起——东方集团董事长贺金龙**

图 4-15　东方集团董事长贺金龙

图 4-16　东方集团

　　贺金龙出生在佳县店镇贺家沟村一个普通农民家庭，现任榆林东方集团有限公司党委书记、董事长，兼任佳县商会副会长、榆林市非公有制经济组织党委副书记、榆林市个体私营协会副会长、陕西省工商联执委、榆林市人大代表。

　　1979 年，改革开放的号角吹响，高中肄业后回乡务农的贺金龙敏锐地觉察到政策的变化，他开始思考土地所有权和经营权分开的问题，试行生产责任制，以作业组为单位，养殖地、口粮地、承包地合理划分，肥瘦搭配，实行家庭联产承包。1980年，全面实行生产责任制，这在当时的历史背景下绝对是个非凡的举动，很快历史就证明了这个决策是正确的。

1979~1982年，贺金龙在众多经营项目中选择了销售老鼠药为突破口，他认为这非常符合老百姓的需求，成本小、灵活、收益可观。1983年，贺金龙率先购买了当地第一台15马力的四轮拖拉机开始搞运输，将本地的红枣等农副产品拉到宁夏银川、榆林镇川等地，再将银川的大米、白面，镇川的手工业品、日用杂货拉回本地销售，一时生意火爆，也带动了当地农民购买拖拉机从事长途贩运。自此，他逐渐尝到了经商的甜头，也赚到了商海拼搏的第一桶金。1987年，贺金龙开办了店镇第一家私营百货门市部，和国营商店相比，他的门市在进货渠道、商品种类、结账方式等方面具有更多自主权和灵活性，而且服务态度也比国营商店的售货员好得多，在与店镇国营供销社激烈竞争的过程中生意越来越红火。

1989年，随着神府煤田的开发，榆林地区商业局在府谷县成立了地区物资储运公司，贺金龙加盟了国营商业。当年他就成为该公司下属机电公司的副经理，同时承包了机电公司府谷经营处。因为他讲信誉、懂管理，一年下来，经济效益超过了总公司。

随着形势的发展，1996年，贺金龙在府谷县注册了第一家私营企业——榆林市物资有限公司，成为西北地区较早的民营企业。物资有限公司开始与四川、河北张家口等地的商家合作，开展汽车经销。1999年，贺金龙从府谷转战榆林，此时榆林能源大开发的序幕已经拉开，全国各地以及很多跨国公司纷纷入驻投资兴业，作为本土企业家的贺金龙自然不会无动于衷。2002年2月，贺金龙在广泛调研的基础上，在榆林创办了他的第二个企业——榆林东方物资有限公司，并全面设置和谋划了企业的产业布局和宏伟蓝图——把握政策导向，立足汽车产业，重点打造品牌润滑油的研发、生产和销售；以文化产业为支撑，兼顾商业地产开发，发展会展经济，实施综合发展战略，形成具有东方特色的经济产业链。短短一年，公司就发展成为榆林地区最具实力的大型私营汽车销售公司，也是当时晋、陕、蒙周边地区开办汽车销售信贷规模最大的公司之一。

2004年6月，贺金龙审时度势，走集团化道路，在榆林高新区征地85亩，投资5.2亿元，组建了榆林东方集团有限责任公司，成为贺金龙企业发展史上的一个重要里程碑。今天，榆林东方集团公司形成了自己独具特色的品牌产品，以汽车制造、销售、服务、信息、配件以及润滑油研发生产为重点，下辖专用汽车制造公司、金帝润滑油公司、汽车运输公司、府谷汽贸公司、延安蓝天福海汽车销售服务公司等17个子公司，固定资产达15.6亿元。10多年累计制造销售各类汽车 8 万余台，实现销售收入 180 亿元，创利税 40 多亿元以上。东方集团多维发力，除专注汽车制造领域外，还涉足影视传媒业。2012 年，首次投资 3000 多万元，成功拍摄都市情感大剧《恋了，爱了》，并在国内多家电视台播出，获得了可观的社会效益和经济效益，在为自己增强软实力的同时，也为宣传陕北革命历史、弘扬陕北文化做出了自己应有的贡献。

东方集团在党委书记贺金龙的带领下始终把企业党建工作当作头等大事来抓，充分发挥了党组织在企业中的核心作用和党员的模范带头作用。集团投资近百万元修建了党委办公楼，建起了党员活动室，每年还要划拨 20 万元组织工作经费，聘请了专职党委副书记和党务工作者，实现了阵地、经费和人员"三保障"。狠抓日常管理工作，坚持"三会一课"制度，建立健全了党建目标责任制、工作问责制、公开承诺制和任务复命制四项制度。经常开展理论培训、外出考察、学习讨论和每月一次的主题实践活动。积极开展"双培双帮"，把企业骨干培养成党员，把党员培养成业务骨干，充分发挥了"两个作用"。

贺金龙出身贫寒，致富不忘回报社会。多年来，东方集团以及贺金龙个人为社会慈善和公益事业捐款累计达 1500 多万元，带动十余万人就业，安置下岗职工 2000 多人，他捐资助学、修桥铺路、扶危济困，积极参与家乡生态建设和扶贫攻坚，充分显示了富而不忘报乡梓的家国情怀。

多年来，贺金龙领导的东方集团为地方经济建设和社会发展所做的努力和贡献，受到了各级党组织、人民政府和社会各界的肯定与好评。2003 年被省工商联、经贸委等 16 家厅局授予"陕西省诚信先进单位"，被省农行授予"AAA 级信用客户"，2004 年被市委、市政府列入"非公有制综合实力五十强企业"，被省委、省人民政府授予"陕西省优秀民营企业"，被国家劳动保障部、全国总工会、全国工商联授予"全国就业与社会保障先进民营企业"。他本人 2007 年 4 月被中共陕西省委员会、陕西省人民政府授予"陕西省劳动模范"，2007 年当选为陕西省十一届人大代表，后又连任第十二届省人大代表，2015 年被授予"全国劳动模范"称号……

**（二）科技创业谱春秋——华秦科技董事长折生阳**

折生阳现任陕西省国生军民融合企业商会常务副会长、西安市科技装备业商会常务副会长、西商总会常务副会长、陕西榆林商会常务副会长、陕西省十一届政协委员、陕西华秦科技实业有限公司董事长，是走出家乡的榆林人的优秀代表。他是高考制度恢复后西北工业大学第一批学生，也是一名高科技精英企业家，一位心系母校、热衷公益的慈善家，一位胸有家国，为军民融合、为社会发展积极奔走的社会活动家……

1982 年，折生阳从西北工业大学材料学院毕业后，就职于中航工业西安庆

图 4-17　华秦科技董事长折生阳

图 4-18　华秦科技

安集团有限公司热工艺研究所。凭借着在学校勤奋学习打下的坚实基础和突出的领导才能，折生阳以本科生身份成为了本单位国家首个航空项目课题组负责人，他所带领的课题组初出茅庐就斩获了国家科技进步一等奖。此外，他所负责的课题组的研究成果还获得航空工业部科技成果一等奖、陕西省科技进步一等奖，先后完成多项政府科技项目的调研、论证和评估，而他本人也因为突出的工作成绩成为极具潜力的青年干部。

　　1992 年，已是陕西省科技咨询中心主任的折生阳前途一片大好，但邓小平同志的"南方谈话"却点燃了他创业的激情。折生阳毅然"下海"，创建了"陕西华秦科技实业有限公司"。"选择并不容易，但我更多考虑的是哪个（选择）对国家贡献更大。"谈到"下海"的初衷，折生阳说："工作以后我有幸接触到美国波音公司和欧洲空客公司。在一次采购中，因为技术封锁，西方国家的数控机床乃至几公斤的原材料都不卖给我们，更让我看到我们与发达国家在航空航天技术和制造工艺上的差距，所以我决定出来创业，发展推广新兴技术和高新技术，走产业化道路。"

　　正是这份"为国家做贡献"的朴素赤诚初心，支撑着折生阳走上了科技强国、产业报国的创业路，也让陕西华秦科技从当初办公场地租金不足到首年盈利600万元，一步步变成业界的科技领军翘楚。20多年来，华秦科技始终聚焦国家重大战略需求，不懈推动高新技术项目的培育和产业化发展，公司的3D打印技术，核辐射探测器件及相关材料、产品，隐身材料技术等多项成果多次填补国内空白，部分关键技术占据国际领先地位，产品已在航空、航天等尖端装备上成功应用，为国防事业做出了重要贡献。

在老家清涧，折生阳做过四年的数学老师，如果没有恢复高考，可能教书就是他唯一的生活轨迹，这也让他对于教育的初心、对于教育的关切、对家乡和母校的感恩多年未变。他一直热心于家乡的教育和慈善公益事业，投资设立了清涧县教育奖励基金、折家坪中学"折生阳教育奖励基金"，至2018年累计发放奖金429000元，解决了当地孩子上大学的部分经济问题，为当地的教育事业做出了突出贡献。

折生阳时刻不忘母校的培育之恩，多年来，他一直用实际行动回报母校反哺教育，先后为西北工业大学教育基金捐款超过5000万元，为家乡教育和路遥教育基地建设捐赠约500万元。他还与母校合作，探索出了一套先进的"产、学、研、用"科技成果转化模式，实现了将科学技术从实验室向工程化、产业化生产的转化。他与西北工业大学及黄卫东教授团队、介万奇教授团队分别成立了西安铂力特激光成形技术有限公司和陕西迪泰克新材料有限公司。目前，铂力特公司已成为中国3D打印企业界的翘楚，该公司产品在航空、航天、国防领域众多重点型号上都有应用，2018年铂力特激光成形技术有限公司实现合同销售3亿多元，成为2019年科创板首批上市企业之一。迪泰克公司则成长为目前国内唯一一家掌握和从事碲锌镉核辐射探测器件及核心材料制造和相关产品的研发、生产与销售的企业。而经过20多年与西北工业大学周万城教授团队的合作，则使公司2016年在特种功能材料技术上获得重大突破，在该项技术上已申报国防专利41项，目前已形成产业化规模，2017年获得"国防科技发明一等奖"，2018年获得"国家技术发明二等奖"。

截至2018年，折生阳和他创办的陕西华秦科技实业有限公司已累计为西北工业大学投资1.65亿元进行产学研转化，为国家和社会创造了巨大的价值。他用科技强国的理想、高瞻远瞩的眼光、坦荡无私的信任、脚踏实地的付出，走出了一条心有大我、风光无限的创业路。

**（三）用科技为百姓创造"美味"生活——中盐榆林盐化有限公司董事长白森祥**

全民减盐，促进人民群众的健康，历来受到国家的高度关注。《健康中国2030规划纲要》中就提出，到2030年实现全民减盐20%的目标。多年来，中盐榆林盐化有限公司在董事长、党委书记白森祥带领下，一方面呼吁人们少吃盐，另一方面每年投入上千万元资金研发低钠盐、氨基酸盐、富硒盐等，为全民减盐

图 4-19　中盐榆林盐化有限公司董事长白森祥

图 4-20　中盐榆林盐化有限公司

行动提供好产品、好途径。

　　白森祥生于陕西省吴堡县。家乡的贫困始终是这个陕北汉子的心头之痛。改革开放时期，白森祥辞官下海，将一家又一家濒临倒闭的企业扭亏为盈，白森祥也因此获得了榆林地区首届优秀青年企业家的荣誉。1995 年，榆林发现特大盐矿，白森祥放弃了自己承包的水泥厂，主动请缨投身盐田开发事业，从跑项目到筹建，从年生产能力 8 万吨到 20 万吨再到 140 万吨。经过十几年的艰苦打拼，中盐榆林一跃成为国内最具竞争实力的制盐企业。2012 年，意识到高摄盐量对国人健康的巨大危害的白森祥做出了一个更大的行动，为全民健康，发出全民减盐倡议。他利用高新科技，开发出对人体健康有益的一系列食盐新产品，在盐行业率先走出一条创新驱动、绿色发展之路。

　　盐为百味首。如何做到在减盐的同时不减咸呢？中盐榆林的研发方向是充分发挥食盐的营养载体作用，既要用植物型功能性的盐产品减少钠的摄入量，降低人们患慢性疾病的风险，又要补充人体所需要的微量元素，调节人体机能。在白森祥的带领下，中盐榆林盐化有限公司加强了院所合作，研发团队目前聚集了我国在生物技术、营养保健、食品安全、清洁生产、信息化、产品设计领域方面的权威专家和学术带头人，打造了一支国内高级的科研队伍。在科研设施上搭建完整的产品设计、研发、检测、中试实验平台，建成了我国食用盐行业功能全、科技水平高的创新型实验室，成为创新平台的基础。近年来，中盐榆林每年投入1000多万元的研发经费，先后研发出对预防和控制慢性疾病有益的沙棘碘盐、枸杞碘盐、红枣碘盐、氨基酸碘盐、氨基酸低钠盐、玉米肽碘盐、玉米肽低钠盐、乳酸菌腌菜盐、植物纤维盐、富硒碘盐、果蔬洗涤盐等十几种植物型功能性盐产品，在食盐产品研发方面走在了全国制盐企业的前列，发挥了较好的示范和引领作用，成为健康用盐新潮流，产品呈现出产销两旺的良好发展态势。2013年11月，中盐榆林获得陕西省"高新技术企业"证书；2015年获得中盐总公司科技进步一等奖，此前获陕西省科技进步一等奖、榆林市科技进步一等奖。中盐榆林于2016年1月被授予"2015年度中国食品行业杰出贡献奖"，于2018年1月再获"长城食品安全科学技术一等奖"。

白森祥先后获得"陕西省首届优秀青年企业家""榆林地区首届优秀企业家""榆林市劳动模范""陕西省重点工程建设立功竞赛先进个人""榆林市年度重大前期项目负责人先进个人""榆林市科学技术奖""中国精英杰出贡献奖""中国食品企业社会责任优秀企业家"等荣誉。这个质朴执着、锐意创新的陕北汉子，在做强、做大、做优企业的同时，用食盐做载体为人民群众的健康保驾护航，以自己的中盐梦托起亿万人民的健康梦……

**（四）煤海中"羊绒号"的摆渡者——陕西通海绒业股份有限公司董事长田其生**

图4-21 陕西通海绒业股份有限公司董事长田其生

2015年，榆林市终于迎来了第一家新三板挂牌企业，这家企业不是能源公司，也不是煤炭企业，而是以山羊绒分梳和成衣制造为主业的陕西通海绒业股份

图4-22　陕西通海绒业股份有限公司

有限公司，这第一个吃螃蟹的公司给了公众这样的启示：榆林不靠煤也能行！通海绒业的董事长田其生出生在神木市田家圪台村，创业至今，他始终以"道虽通，不行不至；事虽小，不为不成"的人生信条，从点点滴滴做起，在平凡的路上成就不平凡……

　　田家圪台村土地贫瘠、资源匮乏、路况甚差，长期以来处于贫困状态。改革开放以来，党的富民政策深入人心，田其生不甘心在沙窝子里受穷，先人一步走出家门，先后从事绒毛购销、工程建设，开办焦化厂和砖厂等，赚到人生第一桶金，并先富起来。作为一名共产党员、村小组组长，强烈的责任心驱使他坚定了带领村民同致富的决心。2005年，大保当煤制油基地建设拉开序幕，田家圪台小组又被列入小城示范建设村。面对来之不易的发展机遇，他及时组织小组群众共商致富良策，一致认为打通距镇政府朝阳街1.5千米街道，扩大商业化面积，提高土地使用价值，以商富农、以土富民，是一条快捷有效、最具带动效应的致富之路。经过三个月的奋战，克服了重重困难，一条长1.5千米、宽14米的混凝土平展大街于2006年贯通，村民们欢欣鼓舞，家家户户在街道两侧建起商业设施，临街店铺达50多间，生意红红火火。特别是煤制油项目奠基开工，周围的客商纷纷来此投资兴业，闲置多年的土地身价百倍，由原来的每亩几千元升值为二十几万元，为村小组积累了发展资金。在此期间，他又多渠道筹资5万元，使家家户户安上了固定电话、看上了有线电视，疏通了村子与世界的信息渠道，使村民致富步伐更快。目前，该小组人均纯收入由原来的2000元增加到5万元，户户购置了汽车，一跃成了名副其实的小康村。几度耕耘，几度收获，他的事迹得到神木县委、县政府的肯定，并在2008年被县委评为"农村十大致富带头人"之一，同时被县政府聘为"县长联络员"。

　　面对成绩，田其生没有小富即安，而是向实现共同富裕的更高目标不断迈进。神木县羊子存栏达80万只，年产羊绒30万斤，因缺乏加工带动龙头企业，长期以来难卖问题较为突出。他抓住县政府扶持民营经济力度加大的好机遇，于

2007 年与人合资成立陕西通海羊绒制品有限责任公司，公司位于交通便利、通信快捷的陕西省神木锦界工业园区。总投资 2300 万元，已建成 100 吨/年无毛绒生产线，占地总面积 35 亩，公司下设管理部、贸易部、质检部、供应部、财务部等科室，拥有员工 120 多人，特聘鄂尔多斯、宁夏、新疆、巴盟、河北高级技术人员担任公司各部门生产经理，形成强大的技术质量保障团队；公司同时引进先进技术生产设备，单机 50 台、联合分梳机 28 台，是目前全省大型羊绒收购、生产加工出口贸易一体化的民营现代化农业品龙头企业。

公司于 2012 年 6 月开工建设二期 600 吨/年无毛绒生产线扩建项目，此项目的投产，将使公司成为西部地区无毛绒加工基地的最大公司，使原来生产线上的工人从 300 多人缩减到 200 多人，规模产量从 100 吨增加到 600 吨，生产技术及设备水平将排在全国羊绒分梳行业前五强，真正成为体现生产化、现代化、信息一体化的品牌加工羊绒纺织工业龙头企业。项目全部建成达产后可实现年产值新增销售收入 4 亿元，生产净利润 3000 万元，上交各项税金 800 万元。

田其生认为，民营企业只有坚持管理创新，与现代企业接轨才能做强做大。要把这个企业管理好、经营好、发展好，必须结合公司实际，用创新的理念，按照现代企业制度的要求，诚信经营、自主创新，建立适合自身特点的公司治理机构，于是他不惜重金从外界引进高级管理人才，建立一支决策水平高、执行力强的团队，充分发挥董事会、经营班子、经营层和各部门的职能作用，实现精细化管理、科学化发展。

在科学理念的引领下，通海绒业不断发展壮大，成绩骄人。2009～2018 年，先后入选 "神木市优秀民营企业" "神木市十大诚信民营企业" "神木市农业产业化重点龙头企业" "榆林市农业产业化重点龙头企业" "陕西省农业产业化重点龙头企业" "2009 年榆林百家最具影响力民营企业" "2011 年榆林市十佳龙头企业"，并连续三年分别获得 "中国农业发展银行神木县支行 AA+企业" "陕西省低碳绿色示范单位"，2015 年被陕西省农业厅评为 "2015 年省农业化十大明星企业" "陕西省第十批企业技术认定中心"，2016 年入选中国畜产品流通协会评出的 "中国羊绒行业综合实力三十强企业" " '十二五' 期间中国羊绒行业三十强企业"，被认定为 "高新技术企业"，2017 年被榆林市人民政府评为 "榆林市农产品加工明星企业" "2017 年度优秀新型农业经济主体" "SAIBEIMUYANG-REN 牌羊绒围巾 榆林好产品"，被榆林市委组织部、榆林市中小企业促进局评为 "榆林市培育大学生成长优秀民营企业"。公司产品现已通过 "ISO9001: 2008. GB1719001—2008" 认证，并注册有 "塞北牧羊人" 商标（羊绒被、羊绒毯、羊绒围巾、羊绒衫等一系列高端产品和韩国三丰、上海比越等合作商强强合作）。

自 2007 年以来，田其生和他的公司一直践行扶贫攻坚、公益慈善之路，受到社会各界的一致赞扬和好评。如 2009 年向神木县扶贫协会捐款 20 万元，汶川地震捐赠 2 万元、向榆林市扶贫开发协会捐赠 10 万元，2016 年 11 月在"捐羊服、献爱心"工艺活动中，捐赠价值 48 万元的绵衫 1000 件，自 2016 年至今扶贫建档立卡贫困户 621 户（其中神木市中鸡镇 354 户、大保当镇 112 户、锦界镇 155 户），2018 年在扶贫工作中努力突破帮扶带动建档立卡贫困户 1000 户，实现带动贫困户产业脱贫，推动榆林市农业产业又快又好健康发展，公司被神木市脱贫攻坚指挥部评为"扶贫龙头企业"。

**（五）丹心铸就龙华梦，造福桑梓气自华——陕西龙华煤焦电集团有限责任公司董事长高杰**

图 4-23　陕西龙华煤焦电集团有限责任公司董事长高杰

图 4-24　陕西龙华煤焦电集团有限责任公司

龙华集团始建于 1994 年，1998 年由地方国有企业改制为民营股份制企业。经过 20 多年的努力，集团逐步由单一的 6 兆瓦电厂发展成为以 800 万吨/年孙家岔龙华煤矿为基础，以 99 兆瓦资源综合利用电厂、煤炭分级分质综合利用为主业，铁路中转运输、酒店服务为辅助产业的综合性集团企业。截至 2018 年底，公司拥有固定员工将近 1800 名，资产总额达 54.7 亿元。集团致力于打造资源综合利用的循环经济产业链条，先后 11 次被评为榆林市"百强企业"，3 次获评"省级重合同守信用企业"，2 次被陕西省委、省政府授予"省级优秀民营企业"殊誉；2018 年被授予"榆林市五一劳动奖状"。公司掌舵人、董事长高杰也获得多项荣誉：2012 年荣获榆林市"五一劳动奖章"，2013 年被授予"榆林市发展非公有制经济杰出企业家"称号，2016 年被评为陕西省优秀共产党员。

多年来，高杰秉承陕北汉子的朴实勤劳和当代企业家的拼搏精神，带领公司全体员工走出了一条锐意创新、厚积薄发、稳健发展的龙华道路。

发展模式创新意。1998 年，公司领导班子审时度势，认识到企业蜕变重生必须要走革新之路，毅然进行了改制，开启了龙华发展的新纪元，这成为龙华历史上一次生死攸关的转折。在集团发展过程中，高杰认识到，要向高标准、技术密集型产业进军，公司现有的技术、人才、市场都无法在短期内具备条件。为此，他带领公司决策层转变观念，注重招商引资、合作经营，借助外力求发展，只要是符合国家产业政策的好项目，龙华集团控股、参股都可以，投资比例不拘一格。在新思路的引导下，龙华集团先后与榆林供电局、陕煤集团、海南中色建公司合作兴办电厂、煤矿、综合利用项目，实现了民企与大型国企、民营企业的成功联合，更好地实现了优势互补、互利双赢，使龙华集团走上了快速发展的道路。特别是选定陕煤集团为合作伙伴共同开发孙家岔龙华煤矿，开启了混合所有制企业发展先河。龙华集团用超前的战略眼光规划了孙家岔龙华煤矿高标准、高起点、高产能发展蓝图，建成了铁路集运站，揭开了公司发展的新篇章，集团各子公司安全环保、经营管理、生产建设水平得到了较大的提高，股东回报、员工福祉和回馈社会方面迈上新台阶，探索出一条充满生机和活力的企业发展道路，实现了龙华事业的伟大跨越。

非公党建显特色。公司坚持围绕"抓党建，促发展，保稳定"这一主线积极开展思想政治工作，建立健全组织机构，各支部展开了阵地建设，深入推进"创先争优"、主题教育工作。在省委组织部开展的"评星晋级·争创双强"活动中，高杰充分发挥非公企业党委"政治引领、把关定向、凝心聚力、服务保障"的作用，结合龙华实际，形成了"三化"党建工作格局和"四位五化"党建工作法，并灵活贯穿于企业发展始终、贯穿于安全生产实际，实现了党的建设与发展目标同向、工作同频共振。公司先后被评为陕西省五星级非公有制党组织、榆林市文明单位标兵、全国煤炭行业"五四"红旗团委，全国青年安全生产示范岗。

科学管理创佳绩。作为能化企业的领导，高杰始终把事关企业稳定持续发展和职工生命安全的工作摆在首位。在企业管理方面，公司以实施信息化管理系统为切入点，联系企业安全生产、经营管理实际需求，按照"90123 管理模式"，积极引进和推广 3S3P4A 管理法和精益化管理，以构建系统化、标准化、精细化运维体系为平台，强力推动工艺创新、流程优化、组织再造，在管理创新中改进和完善内部制度体系、责任体系、保证体系，全面提升了企业综合管理水平和核心竞争力。高杰还带领公司技术团队积极进行将先进技术用于安全生产管理的探索，组织参与了"浅埋藏煤层上覆火区影响下的工作面综合防火技术研究"等多个科研项目，取得了胶轮车安全防护系统等专利，这些科研项目的研究与应用，有力地保障了矿井的安全生产，节约了矿井生产成本，为公司长远发展奠定了基础。公司下属孙家岔龙华矿业公司荣获全国煤炭安全高效特级矿井称号，2018 年中国煤炭企业科学产能百强榜位列全国第 21 名，入选全国第五批一级安全生产标准化煤矿。

企业文化建设放异彩。高杰始终认为，"重视企业文化，就是重视企业的未来"，他以"龙华梦"为核心构筑了"众"文化价值理念体系：以进取者为本的"众"文化是公司实现"百年企业"梦想的基础，"众"字文化模式象征着公司依靠员工办企业，"以人为本"的管理，在管理过程中以人为出发点和中心，围绕着激发和调动人的主动性、积极性、创造性展开，以实现员工与公司的共赢。高杰带领他的团队在创建和谐企业的进程中，坚持以人为本，开展了大量"民心"工程，通过科学优厚的薪酬和福利体系、丰富多彩的企业文化活动、学习型企业建设，使公司社会声誉和影响力不断提升，员工以"龙华人"为荣的自豪感逐渐增强。

回报社会有担当。集团在快速发展的同时，积极参与公益事业，回报社会，向万企帮万村、千企帮千村、双百帮扶、精准扶贫、慈善协会、地震灾区及"神木县民生慈善基金"累计捐款超过 4850 万元。2017 年，出资 1000 万元设立榆林市神木龙华公民道德建设基金，极大地提升了公司的社会认可度和影响力。

置身新时代，立足新起点，面对新机遇，龙华集团正在提质增效、创新发展的道路上行稳致远，打造发展升级版、构建转型新模式，积极推进 2.0 版龙华新实践。

**（六）挺起榆林现代加工制造新脊梁——神木新大通专用车有限公司董事长贺杰**

贺杰，男，汉族，1971 年生，中共党员，陕西省神木市人；双硕士学位、工程师，高级职业经理人、陕汽神木新大通专用车有限公司董事长、陕西汉中天达航空产业园副董事长、陕汽榆林东方新能源专用有限公司监事、榆林市青年企业家协会副会长、榆林市爱心企业家、神木市人大常委委员……在贺杰身上，拥有着许多让人羡慕的身份和荣誉。他并非子承父业，也没有殷实的家庭支持，从16 年前"掌舵"神木大通汽车公司起，贺杰将一个名不见经传的小企业一手打造成如今西北地区唯一一家矿用防爆车生产企业，用责任和智慧书写了一名青年

图 4-25　神木新大通专用车有限公司董事长贺杰

图 4-26　神木新大通专用车有限公司产品

企业家华彩人生。

1993 年，贺杰从延安大学经济管理系毕业后到榆林地区煤炭运销集团公司做了一名普通业务员。两年后，凭着一股韧劲和突出的业绩，他先后成为公司副经理、经理。在别人眼中，此时的贺杰已足够风光；可一心想干一番事业的贺杰却没有就此止步，在大家的惋惜声中，他放弃了这份好工作而选择了自主创业。在去内蒙古取经后，思维敏锐的他嗅到了羊绒产业的商机。2000 年，他的第一家公司——经营鄂尔多斯羊绒系列产品的神木市科达实业有限公司开张了，仅一年小试牛刀的贺杰就淘到了创业路上的第一桶金，但经营这个小公司远远不是贺杰的最终目标。

2003 年，瞅准国家设立神府经济开发区的机会，贺杰重新调整了投资方向，从羊绒制品行业转向汽车行业。怀揣着做羊绒产品生意赚来的全部家当，他四处筹措资金，创办起神木大通汽车有限公司。期间，他又当老板又做员工，不知道求过多少人、流过多少汗，但这丝毫没有抵消他拼搏的热情。2005 年，贺杰继续扩大公司规模，在锦界投资近1000万元开了一家汽修厂，但不到两年的时间，这些钱全部打了水漂。

从哪里跌倒就从哪里爬起，2007年，正值神木新村开发的大好机遇，贺杰瞅准时机，将大通汽车的新厂址建在这里，公司的业务也拓展到物流运输、加油加气站服务等领域。从此，属于他的精彩人生在这里真正铺开！

2009年，贺杰用企业家的战略眼光和合作精神，吸引了资金和人才的注入，与陕西汽车集团有限责任公司合资，组建了陕西（陕汽）神木新大通专用车有限公司，成为融合民营、国有企业两种资本力量的混合型企业，为大通公司插上了腾飞的翅膀。

贺杰具有敏锐的市场洞察力和高瞻远瞩的视野，紧跟国家及当地政策号召，带领他的团队走在转型升级的路上，从2008年防爆车的研发生产、到2015年环卫车设施设备的研发生产再到2018年农村厕所、移动厕所的研发生产，公司在经济发展的浪潮里路子越走越宽。今天的大通公司，已成为国家高新技术企业，有省级技术研发中心，通过了ISO9001质量管理、ISO14001环境管理、OH-SAS18001职业健康管理三系体系认证；公司先后获得如下荣誉："榆林市工业转型升级示范企业""陕西省守合同重信用企业""榆林市非公有制经济综合实力50强企业"；2016年7月，新大通公司在陕西股权交易中心挂牌（新四板）；同时，公司高度重视技术创新和产品研发，已取得4系列12类矿用防爆产品16项国家技术专利。

2017年7月，神木新大通公司与神木市金融控股集团有限公司、上海众联能创新能源科技股份有限公司成立神木能创新能源科技有限公司，进行新能源电动车的研发、生产，其中上海众联能创公司占股56%、神木市金控集团占股20%、新大通公司占股24%。

"十三五"期间，新大通公司围绕"千亿陕汽"宏伟目标，与时俱进，开拓创新，重点研发生产技术含量高、附加值大的各类新能源电动防爆车、电动公交车、电动环卫车及环卫设施设备；成立了充电桩和充电站合资公司；积极引进高端技术，合作合资生产矿用产品和矿用设备；开展环卫保洁业务；并积极响应习总书记"厕所革命"号召，积极参与农村厕所改造项目，已自主研发生产了四大类农村厕所及城市移动厕所，并获得相关四项发明专利；同时，利用互联网"+"，转变传统营销模式，提供车辆及设备融资租赁。

贺杰非常重视企业的社会责任，坚定不移地走公益慈善之路，不论是企业初创阶段，还是现在成熟阶段，都不忘献出自己的一份力量；此外，贺杰还积极为大学生提供就业岗位，先后吸纳了百余名优秀大学生就业。

贺杰，以一身正气及坚韧不拔的精神品质，努力让生命留下比物质财富更重要的一页！

### （七）走特色之路的横山杂粮王——横山通远综合服务有限责任公司董事长王岗

**图 4-27　横山区通远公司董事长王岗**

王岗，陕北横山县小山村农民儿子，出身于有着"大明绿豆怀远酒，响水豆腐炖羊肉"美誉的横山，虽为"80 后"，但却是农村产业发展的推动者，是当地农民的摇钱树，是县区扶贫的带头人。他年青却富有爱心，他平凡却又不平凡，他的小产品吸引了大集团、走向了大市场。2018 年，他被榆林市委市政府授予"民营企业优秀企业家"称号，公司被认定为"省级转型示范企业""省级农业龙头企业"，企业的"山丹丹花杂粮"产品被榆林市政府认定为首批"榆林好产品"。

2000 元起步创业艰难，一辆三轮车拓市场。陕北杂粮久负盛名，小米、绿豆等色鲜、粒重、营养丰富，在国内外市场上畅销不衰。王岗发现商机、抓住机遇，蹬着一辆三轮车踏上了特色小杂粮经营之路。2002 年，他怀揣 2000 元周转资金，在横山走街串巷收购小米、绿豆、黑豆、红小豆等小杂粮，然后卖到各个收购点，以赚取微薄的利润。后来，王岗租了一间门市，向当地老百姓收购各类小杂粮，然后再将产品销往西安、山西、内蒙古等地。慢慢地他发现，当地小米特别畅销。2005 年，他便办起了小米加工厂，当时厂里每天生产约 24 吨小米，大部分销到了河北石家庄等地，每年销售额能达到 100 多万元。

企业在技术改造提升，公司在积累中发展。2010 年，王岗顺利地注册了通远公司，成为企业发展的里程碑。首先，针对生产设备简陋，产品质量受到影响的突出问题，王岗想"要在国内小杂粮市场争得一席之地，就必须保证质量，创出品牌，技术进步才能驱动质量提升"。于是，公司提出技术改造行动计划，更新设备大部分,技术改造年年投入,累计投资3000多万元。同时,产品质量注重以源头把关,为了让农民种出好品质的杂粮,王岗积极响应政府减轻农民负担、增加农民收入的号召,开创了"四统一、三免费"的模式,即统一供应生产物资,统一技术管理,统一按照无公害种植标准生产,统一收购、加工、销售;免费为农户提供豆类、谷物等良种,免费提供技术服务,免费防护病虫害。并承诺只要农民种植的农作物达标,即可以用高出市场价0.4元的价格全部收购。此举不仅消除了农民的后顾之忧,还推动了杂粮质量的提升,使公司的发展走上了良性循环的发展轨道。2015年8月,公司成立了机械耕作、收割、科技、田间、销售五个土地托管服务队,配备了35个服务人员,并购置了120多台各类现代化农机具,形成了覆盖全区的农业机械化服务。经过不懈的努力,公司创建了"秦三绿""樱香缘"等自主品牌。2017年,公司的"山丹丹花"牌绿豆被榆林市人民政府授予第一批"榆林好产品"称号。

建立新型经营模式,推动产业扶贫。公司在十多年的发展历程中,以脱贫攻坚为抓手,以小杂粮等特色农产品为依托,按照"县域做强品牌产业、村级做实合作带动、到户做足帮扶支持"的思路,遵循"管理统一、优化经营"的原则,以订单农业的形式,与农户签订土地托管合同,形成了"公司+联合社+合作社+协会+基地+农户+市场"产销经营一体化新模式,种植、加工、营销"一条龙"生产经服务模式,通过集中投入、集中管理、示范引导、辐射推广,带动了千家万户的小生产与千变万化的大市场有效对接。为了有效破解"谁来种地""怎么种地"的问题,有力地推动农业适度规模化经营,为外出务工农民彻底解决后顾之忧,2014年,通远公司横跨四县区牵头,联合14家合作社组建了全市首个跨县区、跨产业三次产业融合发展的"榆林市友谊农民专业联合社",开展了资金互助业务,承担省供销社金融分项试点改革。从2014年3月起,公司开展了"多元化土地托管"模式,累计扶贫达5000多户农民,惠及约2万人。2015年,合作社被授予"全市农民专业合作社典型示范社""市级示范社"等荣誉称号。

小产品、大市场。公司生产的绿豆、小米被选入全国名特优农产品,远销北京、上海、宁夏、西安等20多个大中城市,每年出口日韩、欧美等国际市场的小杂粮超过1000吨。与此同时,公司不断争取与大企业大集团合作的机会。2017年,公司与深圳华大合作,消费扶贫100万元小杂粮产品,供给累计14万名员工的食堂。按照王岗的说法,目前公司只是实现了良好的局面,下一步将以"三赢"为目标,即客户满意、农民致富、公司收益,建立可靠、稳定的利益联结机制。2019年,公司和深圳华大集团、榆林市供销社集团合资注册了1亿元的公司,建立水产品养殖基地,并进一步计划建立小企业与大企业协作配套的农产品种植基地和产品检验中心。

## （八）继往开来　革故鼎新——凤城集团董事长卜春亚

图 4-28　榆林市工商联总商会副会长卜春亚

卜春亚是榆林市政协常委，身兼凤城集团董事长、榆林市未来企业联合会会长、榆林市工商联总商会副会长等职。

在西安电子科技大学毕业之后，卜春亚赴日本留学六年，刻苦学习先进的文化知识和做人、做事、创业应具备的品格和修养，为今后经商、创业积累了宝贵的精神财富。

2006 年，卜春亚接手凤城集团。卜春亚认为，企业转型必须加快民营企业家能力从战术型向战略型转变，这就要求极大地提升企业家战略能力，克服、超越个人或家族的企业理念，以公平正义为内容，转换角色和身份，变企业老板为组织员工，构建企业主和员工的新型和谐关系，变个人英雄为团队合作。几年下来，他领导的凤城集团由原来的以路桥建设为主要发展项目，发展成一家涉足城市基础设施建设、房地产开发、铁路运输、金融服务、酒店住宿等多领域的民营企业集团公司，业务蒸蒸日上。

近年来，受国际国内经济下行压力的影响，榆林市经济也受到了很大冲击，民营企业面临前所未有的发展困境。卜春亚敏锐地捕捉到了"一带一路"倡议构想蕴含的巨大商机，果断地启动了安通石化物资转运项目，大力发展集装箱现代物流业，目前西安海关监管场所已建成营运，从这里出发的货物经过必要的检验检疫后可以到达世界任何一个地方，对榆林市现代物流业的发展起到了重要的引领和示范作用。

改革开放后的第一代民营企业家，大多数经历了艰苦岁月，饱尝了创业的辛酸苦辣，现在已经普遍到了退休年龄，面临基业传承、权力交接和资产过渡的问题。但两代人的经历不同，认识千差万别，能不能做到薪火相传，继续将"创一代"的大旗传下去，是这些"创二代"年轻企业家们面临的最大挑战。2014年下半年，在榆林市工商联的领导下，由榆林民营企业界的年轻领军人物联合发起，于2015年3月26日组织成立了榆林市未来企业联合会，卜春亚当选为首任会长。成立大会上他承诺：榆林商界年青一代绝不能止步于"前人栽树，后人乘凉"，必须承前启后，继往开来，抱团发展，不断寻求新商机，开拓新市场，创造新业绩。商会成立后开展的一系列有声有色的活动也践行了卜春亚当选时的承诺，未来企业联合会被全国工商联认定为2017~2018年全国"四好"商会。

凤城集团一直以"人要讲良心，企业要讲回报"为宗旨，卜春亚在发展企业的同时，先后以为山区学校修建校舍、资助贫困大学生等方式捐款502万元，为家乡打坝、修路建桥、拉电、扶贫帮困以及春节慰问特困户等捐款860万元，为汶川地震、玉树地震、舟曲特大泥石流等自然灾害地区捐款115万元，为乡村道路工程、饮水工程等项目捐款608万元。这种回报家乡、关爱社会的善行义举受到了人民群众的一致好评，也为卜春亚个人及凤城集团赢得了荣誉。

**（九）商海激浪　科技领航——基泰投资集团总经理李亚光**

图4-29　基泰投资集团总经理李亚光

图4-30　基泰投资集团

李亚光，"80后"优秀民营企业家，中共党员、硕士研究生、高级经理人，现任陕西基泰投资集团有限公司总经理，陕西省第十三届人大代表、陕西省环境资源工作委员会专业小组成员、榆林市第四届人大代表、市人大财经工委委员。获得"榆林市劳动模范""陕西年度行业最具影响力人物""工商联系统先进个人""扶贫济困奖"等荣誉。

基泰集团创立于 1984 年，总注册资本 17 亿元，员工 1000 余人。集团秉承"稳、实、精、新"的四字经营方针，已发展为一家以能源化工、路桥建筑、健康地产、现代农林、金融投资等领域为主的现代化民营企业，旗下现有 11 家子公司。2012 年，经陕西省委组织部、陕西省科技厅等部门审核批准，成立"陕西省院士专家工作站"，是榆林第一家以研究能源技术为主的科研机构。

2006 年，基泰集团紧抓"十一五"能源化工发展机遇，立足榆林是国家能源化工基地，李亚光结合所学知识，用超前的眼光分析市场发展，把握机遇，于 2009 年与陕西煤业集团合作建设 50 万吨/年煤焦油加氢循环经济项目，实现了煤化工产业的煤、油、电、气一体化的循环利用，总项目投资 100 亿元。2011 年，公司入驻西咸新区，在新城建成 5000 亩的现代农村项目，该项目引入日本园林景观、清华大学景观学院园艺疗法等元素，打造以"田园生活、温泉养生"为特色的优美小镇。2013 年，公司与榆林东沙新区管委会采用 PPP 合作模式参与新区的投资建设，项目是以体育产业、康养产业为主题，以能化企业后勤和研发服务基地、综合服务业为延伸，以绿色生态为本底的具有区域辐射力的综合服务新区。依照策划—规划—设计—招商—投融资—建设—运营为一体的经营发展模式，有序开展各项工作。着力打造全省首个以"运动—健康—养老—旅游"为主题的"李宁体育特色小镇，以全新体育健康生活方式配套具有浓厚地方特色的"榆林院子"项目，引领新经济、新产业，推动经济发展与新型城镇化建设。

随着国家信息化工业化深度融合战略的提出，传统行业在智能化升级的浪潮中引来了新的挑战和发展机遇。基泰集团秉持实业加投资的双轮驱动发展战略，在夯实实业发展的同时，加大对于新技术新市场的投资，涵盖智能制造、人工智能、芯片设计制造等领域。

李亚光，一名民营企业家、一位年轻的党员，他始终认为企业是社会的企业，只有做到回报社会，才能实现企业真正的价值。重视人文关怀和企业文化建设，把员工当做家人；积极践行"亲清"政商关系，主动深入基层，响应"万企帮万村""精准扶贫"等国家政策，捐资出力帮助脱贫致富。多年来，基泰集团为济困扶残、助学助教、家乡基础设施建设、小城镇发展建设、灾区重建等社会公益事业，累计捐资达亿元。

### 三、勇于担当，诚赢天下树新风

经过了改革开放四十载春秋的不懈耕耘，中国的经济社会发生了巨大而深刻的变化，面对新时代、新常态、新经济、新市场，企业家要有新担当、新作为，具备"大视野、大情怀、大格局、大担当"。榆林人一贯忠勇耿直、诚信重诺、爱党爱国爱家乡，新时期的榆林企业家走出了黄金十年后因经济低迷而出现的商德缺失、诚信危机的乱象，争做"诚信榆林"的守护者和风清气正社会环境的营造者，坚守契约精神，履行企业社会责任，涌现了一大批守法经营、诚赢天下、勇于担当、与时俱进、愿意做事、敢于扛事、能够成事的优秀企业家……

### （一）广修仁德报桑梓——广济堂集团董事长陈国良

图 4-31　广济堂集团董事长陈国良

图 4-32　广济堂集团

榆林，国家历史文化名城，中国的能源新都。在改革开放和西部开发的浪潮中，榆林顺势腾飞、璀璨绽放。在这片厚重、瑰丽的土地上，人们尽情享受着改革发展的红利，更有那勇立潮头的弄潮儿，书写着一个个不朽的创业传奇。在榆林，有这样一家企业，它凭借着独特的经营模式和良好的品质品牌，已走过整整

20 年，并在不经意间，融入了人们的生活，融进了百姓的记忆。20 年时间，它只为做好百姓健康服务这一件事；20 年时间，它始终以传承弘扬祖国中医药文化为己任；20 年时间，它实现了从三间门面房到健康产业集团的华丽转身。它，就是陕西广济堂医药集团。

说起广济堂，就不得不谈到广济堂的掌舵人——陈国良。20 世纪七八十年代的榆林，资源还未开发，经济相对落后，广大农村的医疗卫生条件极差，看病难、看病贵的问题异常突出。深受家庭环境影响、从小对医学兴趣浓厚的陈国良，在看到这种情况后，决心立志从医，想要尽自己的努力去改变农村缺医少药的状况。1983 年，决定从医的陈国良，顺利考取了卫生院校，开始系统地学习医学相关知识，毕业后又长期工作在基层一线。扎实的专业知识学习，加上长期艰苦的临床实践，铸就了他坚韧、果敢、睿智、豁达、胸怀天下的品格和魅力，更让他对未来医药产业的发展有了深入的认知和思考。

20 世纪末，在国家政策的带动下，很多公职人员纷纷下海经商，创办药店成为一时热潮，榆林的药店犹如雨后春笋般纷纷建立。深知百姓疾苦的陈国良毅然放弃了榆林市中医院（榆林北方医院）药剂科科长的优越工作，借鉴北京同仁堂的发展模式，于 1999 年 1 月建堂立业，榆林广济堂应运而生。广济堂创建之初，从一个单体诊所起步，只有三间门面房，十几名工作人员。即便如此，公司也严格规范药品经营，率先实行明码标价；同时，重视中医、中药的传承与发展，聘请名医名家免费坐诊，得到了榆林百姓的认可和信赖，被誉为"塞北第一堂"。

中医中药，是广济堂经营发展的特色，因此广济堂在管理中特别重视中药质量的把控。公司经营的所有中药材均从道地产区购进，董事长陈国良更是不辞劳苦，定期亲赴产地采购贵重药材，从源头上严把质量关。2009 年，在全国中药饮片质量良莠不齐的情况下，广济堂在全国率先推行"全手拣无硫中药饮片"。在这一过程中，刚开始推行得并不顺利，有过因为顾客缺乏专业判断而被投诉的情况，也有过因个别药材性状和现行《药典》标准不一致被外省主管部门处罚的情形。在企业面临抉择时，董事长陈国良一锤定音，要坚定不移地把"全手拣无硫中药饮片"推行下去，哪怕是增加成本，哪怕是暂时不被认同，企业也要坚持正确的做法，真正为百姓健康负责。正是源于当初的坚持，广济堂中药才拥有今天在医药行业中的地位和影响力。

在陈国良的带领下，广济堂紧紧围绕医药健康主轴，在布局、网点上稳扎稳打，在短短 20 年的时间里取得了令人瞩目的成绩。截至目前，集团公司旗下拥有四家医药连锁公司（总计 300 多家连锁门店），拥有四座大型医药健康城、31 个门诊及诊所、9 家社区卫生服务站、一所中西医结合医院、一所老年病专科医院、一家母婴连锁公司、一家医药批发公司、一家中医馆咨询管理公司、两家中药饮片厂（分别在陕西榆林、河北安国）、两个中药材种子种苗经销公司、一个中药材国家标准制定研发项目和种子种苗科研基地。同时，公司还积极致力于国医养生、医学养老、药膳食疗、美容美体等大健康产业发展，取得了业内公认的可喜成果。目前，广济堂正处于上市报告期，上市各项筹备工作均稳步、有序推进。

多年来，陈国良在发展企业的同时，始终不忘饮水思源，回馈社会，积极推崇感恩文化，勇于承担社会责任，在创造就业机会、参与公益事业以及构建和谐社会等方面，都做出了突出的贡献，长期以来深受社会各界好评。20年来，陈国良致力于开展精准扶贫、健康扶贫、产业扶贫，用于捐资助学、扶危济困等社会公益事业的资金达1000多万元，多次因突出贡献得到省、市部门的表彰奖励，先后被评为陕西省"诚信个人"、陕西省"优秀党务工作者"、陕西省"第二届优秀中国特色社会主义事业建设者"、榆林市"杰出青年企业家"、榆林市"民营科技优秀企业家"、榆林市"诚信先进个人"、榆林市"优秀共产党员"、榆林市"优秀政协委员"、榆林市"第二届优秀中国特色社会主义建设者"、榆林市"脱贫攻坚先进个人"等。2016年4月，陈国良当选为榆林市第四届人大代表。

作为榆林重点骨干企业，广济堂在陕西乃至全国都有着一定的影响力。公司连续八年跻身中国药店百强之列，先后获得"中非中医药国际合作贡献奖""中非国际交流促进奖""企业信用评价AAA级企业"、陕西省"优秀民营企业"、陕西省"诚信先进单位"、陕西省"先进私营企业光彩之星"、榆林市"民营经济综合实力五十强"等荣誉；公司党委先后荣获榆林市"先进基层党组织"、陕西省"五星级非公有制企业党组织"、陕西省"优秀党建品牌一等奖"等荣誉。

陈国良常说的一句话就是"小胜凭智、大赢靠德"，他也时刻用自己的实际行动恪守这一诺言。无论是创业初的单体诊所，还是今天做集团企业，陈国良始终认为"品质是细节的积累，众人的口碑"，也始终把质量与诚信作为企业必须坚守的底线，始终努力践行着"广修仁德，济世养生"的建堂宗旨，全心全意只为做好百姓健康服务这一件事。正是在这种精神的引领下，广济堂一步步发展壮大。

**（二）诚信兴业、勇于开拓——榆林市东洲大地集团有限公司董事长兼总经理马继洲**

榆林市东洲大地集团有限公司董事长兼总经理马继洲是白手起家、敢闯敢干、艰辛创业的典型，集团旗下拥有榆林市东洲大地集团有限公司汽贸分公司、上海大众榆林东洲"4S"店等17个子公司，固定资产近6亿元，累计上缴国家税金1500多万元，年销售总额8亿多元，是榆林民营企业中的一面闪光旗帜……

马继洲出生在绥德县赵家洼村，家徒四壁、一贫如洗，家里兄弟姐妹多。1976年他初中肄业后便成了家里的顶梁柱，饱尝了人间的酸甜苦辣，18岁开始先后在

**图 4-33　榆林市东洲大地集团有限公司董事长兼总经理马继洲**

延安、榆林、西安、秦岭深山等地打工、伐木、经商、搞个体运输，艰苦的环境磨炼了他的体魄和意志，也使他积累了不少"生意经"。1992 年，有着超前意识和战略眼光的马继洲经多方筹集资金在榆林创办了他的第一个公司——哈尔滨轴承经销公司榆林分公司，由于诚实守信、合法经营，公司业务范围得以不断拓展。1993年，他又在西安成立了陕西东洲哈尔滨轴承代理有限公司，经销网络遍布省内外，经过几年滚雪球式的发展，公司资金实力不断增强，规模不断扩大。

　　1999 年，随着西部大开发榆林能源化工基地建设进程的加快，榆林经济发展步入了快车道，但是交通运输业仍比较落后。马继洲敏锐地捕捉到了陕北交通、物流业的巨大商机，他认为榆林有着得天独厚的资源优势，搞汽车运输业既能带动一大批人发家致富，更能推动企业向更高目标发展。当年的寒冬腊月，马继洲在榆林创办了榆林市东洲大地集团有限公司。

　　马继洲始终坚信，企业发展关键靠诚信、靠改革创新，要使企业的发展始终与市场经济发展相适应。2000 年 10 月，他投资 300 万元创建了当时榆林乃至陕北最大的汽贸展厅——东洲大地集团汽贸分公司汽贸展厅。由于重合同、讲诚信，先后与上海大众、昌河、庆铃、东方红、宇通客车、徐工机械等各种知名品牌的小轿车、载货车、工程机械的厂家建立了良好的合作关系，并成为区域一级代理商。为了能够拓展销售领域，马洲继通过多次在南方经济发达地区考察学习有关汽车消费信贷业务方面的做法和成功经验后发现，在榆林开办这一业务势在必行。他凭借东洲大地集团在榆林良好的信誉及雄厚的实力，与中国人民保险公司榆林分公司、中国工商银行榆林分行经过长达一年的洽谈，经历了重重困难与挫折，终于在 2001 年 11 月使东洲大地成为第一家与中国工商银行和中国人保合作开展汽车消费信贷业务的企业，让消费者花明天的钱享受今天的生活变成了现实，一大批人通过运输业走上了发家致富之路，马继洲也成为致富路上的领头雁。

2003 年，马继洲通过研究国内外汽车运输业市场风云变幻，前瞻性地得出结论："直客式"将是汽车消费信贷业的发展趋势。于是，他与各大银行领导反复接洽，排除了诸多困扰因素，终于在当年底与中国农业银行榆林城区支行签订协议，开展了由企业信用担保的"直客式"汽车消费信贷业务，开榆林汽车销售史的一代先河。之后，榆林不少汽车公司纷纷效仿，使榆林的汽车消费信贷业务的发展走向了规范化、制度化轨道。

随着榆林汽车业的繁荣发展，市场竞争越来越激烈，但重合同、守信用、拥有领先潮流的质量和一流的服务始终是抢占市场制高点的不二法门。为了全方位、多层次地满足广大客户的需求，更大程度地让利于消费者，让他们直接感受到来自厂家的服务，创建上海大众榆林东洲"4S"店在东洲大地集团提上了议事日程。马继洲又一次开始了他艰难的征程，他与上海大众公司领导经过长达两年的艰辛谈判，终于凭借诚信为先、实力雄厚、管理规范、机制灵活、战略超前获得了上海大众总公司的认可。2005 年，经上海大众公司授权，投资 2800 余万元、全市规模最大的"4S"店——上海大众榆林东洲"4S"店正式投入使用。该店集整车销售、售后服务、配件供应、信息反馈于一体，展厅按照上海大众标准设计装修，并拥有德国全套进口的上海大众系列的相关检测、维修、整形专业设备及专用工具，全体维修人员均取得了上海大众资格考核认证，且模仿上海大众总部建筑风格，成了榆林汽车销售领域一道独特的风景。

东洲集团在发展企业和服务地方经济建设的同时，坚持用中华民族优秀的传统文化和思想理念教育引导企业员工，积极投身社会公益事业，为构建社会主义和谐社会、践行自己的美好梦想、助推社会主义新农村建设做出了积极贡献，使东洲大地集团的发展始终走在榆林民营企业的最前沿，始终与国内大型企业的发展站在同一个起跑线上。公司先后被陕西省人民政府和榆林市委、市政府授予"陕西百杰""陕西省十佳诚信经营示范单位""非公经济十强企业""非公有制经济建设中做出显著成绩单位""文明单位""重合同守信用企业"等荣誉称号，被市、区质量技术监督局授予"质量好企业""质量信得过单位"等荣誉称号。马继洲先生荣任榆林市榆阳区人大代表，榆林市第三届人大代表、委员，榆林市政协常委，榆林市商会常务理事，西安榆林商会副会长，榆林市法官协会常务理事，榆林市慈善协会常务理事，榆林一中、二中和绥德一中名誉校长。他在从事商贸经营的同时，先后捐资捐物达一千多万元，用于家乡的教育、文化、扶贫、慈善等社会公益事业，赢得了社会各界的普遍赞誉。

**（三）诚信立业，饮水思源报桑梓——榆林市天丰昌医教科技有限公司董事长杨玉强**

图 4-34　榆林市天丰昌医教科技有限公司董事长杨玉强（左一）

图 4-35　榆林市天丰昌医教科技有限公司

杨玉强是榆林清涧人，属于"60 后"企业家中学历比较高的一类，1992 年毕业于榆林学院化学与化工学院（原榆林高专化学系）。大学毕业后，由于口语表达不太好，原本想当一名化学老师的他，来到吴堡氮肥厂、榆林氮肥厂改造工程筹建处工作，尽管自己尽心尽力、努力工作，先后赢得了"生产指挥能手""先进工作者"等称号，但好景不长，1995 年工厂倒闭，他被迫下岗。为了谋生他摆过地摊，打过工，也做过服装生意，备尝生活艰辛……

在摸爬滚打的创业过程中，卖防寒服积累到一定的资本后他开始卖化学试剂、玻璃器皿等简单的实验室用品，他始终认为大学的专业知识不该被荒废，哪怕利润薄儿点，从事这个行业对自己更有意义。经过几年的奋斗，2001 年他创办了榆林市佳玉化玻仪器有限公司，2009 年、2015 年又陆续创办了榆林市嘉育诊断试剂有限公司、榆林市天丰昌医教科技有限公司，公司业绩一步步看涨，经营范围也逐步扩大，从实验仪器、化学试剂、化工原料等扩展到分析仪器、电教设备、医疗器械、体外诊断试剂等高精尖端产品。企业连续多年被榆林市药监局评为 A 级信誉单位，客户群延伸到了科研单位、厂矿、学校、医院等诸多领域，不仅在榆林市场独占鳌头，还辐射到了乌海、鄂尔多斯、延安等地。

宋代胡宏曾说："有德而富贵者，乘富贵之势以利万物；无德而富贵者，乘富贵之势以残自身。"数十年来，杨玉强坚持做慈善事业，少则几百元、几千元，多则数百万元。2017 年 7 月，榆林发生特大洪灾，灾区医院洪水漫灌，医疗设备全部被损坏，整个医疗体系陷入瘫痪状态，他听闻消息后，立刻捐赠了 145 万元的医疗设备，还捐赠现金支持灾后重建，获榆林市慈善协会"洪水无情，大爱情深"的敬谢牌匾；了解到母校榆林学院有部分品学兼优的大学生经济困难影响学业发展时，他主动提出和母校签订合同，连续四年每年出资十万元资助母校品学兼优且家庭贫困的大学生，帮助他们完成学业。

"以诚感人者，人亦诚而应"，杨玉强认为创立公司容易，但是把公司做大做强，就必须靠诚信。企业没有诚信就没有发展，没有发展就没有竞争力，一个不讲诚信的企业迟早会被市场遗弃，他的企业靠诚信赢得了社会各界的支持和认可。2014~2016 年公司连续三年都被榆林市药监局评为 A 级信誉企业；2016 年 6 月，榆林市佳玉化玻仪器有限公司、榆林市嘉育诊断试剂有限公司同时荣登中共榆林市委对外宣传办公室红榜名单；2017 年 1 月，榆林市佳玉化玻仪器有限公司被中小企业局非公办评为"榆林市非公经济人才示范企业"。他本人也先后获得"华亚残企爱心大使""榆林市非公有制企业创业创新先锋""优秀党员""陕西省优秀民营企业家"等荣誉称号，并身兼"榆林市第四届政协委员""榆林市工商联常委""榆林市保健协会法定代表人兼副会长""榆林学院大学生创业导师""榆林市非公经济研究会常务理事长""榆林市化学化工学会实验室分会负责人""陕西省个体私营协会常务理事"等社会职务。

杨玉强经常讲：作为企业负责人，他始终怀着一颗奉献社会的热心、服务客户的诚心，相信在国家这种支持健康产业、支持科技产业、扶持民营产业的大好形势下，他的公司一定会为社会做出更大的贡献。

**（四）小瓜子也有大梦想——"老闫家"食品有限公司总经理闫磊**

20 世纪 80 年代初，第一代老闫家人开创了独特的古法炒制工艺，宁静的绥德古城，青石小巷，处处弥漫着老闫家炒制南瓜子的清香。作为老闫家第三代传承人的闫磊身上处处彰显着西北人固有的纯朴与睿智、勤奋和坚忍，也充满了勇气、创新、坚持、诚信这些成功创业者的典型特征。

从小生活在农村的闫磊，家境贫寒，兄弟姐妹较多。大学毕业后的闫磊，一心想要在大城市闯出一番事业，汽车工程专业的他选择了具有挑战性的销售岗

图 4-36　"老闫家"食品有限公司总经理闫磊

图 4-37　"老闫家"食品有限公司产品

位，辗转陕西、江苏、山东、济南等地区进行销售。1996 年，勤奋、踏实的闫磊成为山西晋南地区总销售。2002 年，在外打拼了 12 年的闫磊回到老家，娶妻生子。接过父亲炒勺的他，一边翻炒一边思考：怎样才能让这么香的南瓜子从家庭式小作坊中跳出来，创建特色品牌，走向更广阔的市场？

多年在外打拼销售的闫磊看到了南瓜子的市场空白，在那个人们还没有商标注册意识的 2004 年，他抓住机会注册了"老闫家"商标，秉承"老闫家，诚信天下"的工匠精神，披荆斩棘，奋勇向前，正式踏上了创业之路。

2006 年，是闫磊创业的第三个年头，刚打开延安市场就引来不少"仿制品"走低价路线，争夺瓜子市场的"蛋糕"。市场份额从 70% 骤减到 20%，闫磊陷入了困境。用低价争取市场是个无底洞，怎样才能扭转局势呢？经过挣扎，闫磊决定：用心服务好剩下 20% 的顾客。"消费者是一颗一颗地品尝瓜子，不是一把一把地尝，瓜子好不好吃，消费者一吃就知道，我们不能欺骗消费者。"闫磊一如既往地用最好的原料做最香的产品，回馈给支持他们的消费者。3 个月后，有品质保证的"老闫家"重新找回自信，占延安市场份额 80%，达到当时最好业绩。

2009 年，瓜子原料供不应求，市场采购部从外地购进了一批瓜子后发现质量较差，闫磊尝试用炒的办法改进一下口感，效果并没有想象中好。考虑到市场对瓜子的需求，他将这批南瓜子投入市场，但问题还是出现了，消费者对这批南瓜子投诉很多。看到网上的差评，闫磊心里深深自责，他立即将这批瓜子全部召回下架，拉回工厂，带领全公司上下员工将这批产品进行现场焚烧。"看着辛辛苦苦生产出来质量不合格的瓜子被大火烧，对于全公司员工的人来说，都是一场震撼。就是要通过这种方式，让每个人都牢牢记住质量第一的原则，什么时候都不能触碰。"

烧瓜子事件之后，闫磊对产品质量的要求更加严苛。从原料购买到成品入库共 12 道工序，严格生产质量把关，从源头上保证每一颗瓜子的质量。每一个细节都精益求精，每一道工序都力求尽善尽美，力求每一锅南瓜子都是机器、人、瓜子的完美结合。在很多人看来，炒货行业做的都是很简单的事情，但闫磊却把简单的事情做得尽善尽美。正如他自己总结的："创业就是一种生活方式，如果选择创业一定要全力以赴，把简单的事情做到极致。"

"持之以恒、德积后裕"，经过十多年的艰辛奋斗，老闫家逐步崛起壮大，从最先开始的小作坊，发展成为现有员工 100 余名、年生产南瓜子 5000 吨、年产值达 1 亿多元，集研发、生产、销售于一体的现代科技型食品企业公司，以古法炒制专业南瓜子世家的知名度与美誉度享誉国内外，产品远销美国、澳大利亚、新西兰、日本、加拿大、中国台湾等国家和地区。

公司先后被评为"中国食品行业龙头企业""中国坚果炒货行业突出贡献企业""陕西省农业产业化经营重点龙头企业""榆林市旅游商品定点生产企业"等，入选"全国坚果炒货行业具有发展潜力十大企业"。同时，"老闫家"品牌被评为"陕西省名牌""陕商特产十大重点推广品牌""陕西食品行业最佳人气品牌"，"老闫家南瓜子"被评为"陕西省名优产品"。

"上善若水、厚德载物"是闫磊一直信奉的人生信条，十几年来，闫磊自觉履行社会责任，积极投身社会公益事业，资助贫困学生、关爱无助老人、救助困难家庭，在特大自然灾害面前慷慨解囊，服务青年就业，帮助下岗职工再就业和农村剩余劳动力转移，向社会捐款 200 多万元，直接解决就业问题数百人次，带动南瓜种植农户 20000 余户，为区域瓜农创收超过 1.2 亿元。闫磊是榆林市第四届人大代表，绥德县政协第七届、第八届委员，绥德总商会副会长，绥德青年企业家协会会长；先后荣获"全国轻工系统劳动模范""西部强省——陕西经济先锋创业人物""榆林市五一劳动奖章""绥德县十大杰出青年"等荣誉称号。

**（五）诚为民企生存之本——天龙镁业有限责任公司董事长陈明奇**

榆林市天龙镁业有限责任公司是一家集金属镁、镁合金、硅铁、纯炭生产、销售为一体，国内镁行业中规模、经济效益和出口创汇均居前列的明星企业。多年来，公司在董事长陈明奇的领导下，克难奋进，企业规模由小变大、由弱变

图 4-38 天龙镁业有限责任公司董事长陈明奇

图 4-39 天龙镁业有限责任公司

强，形成了府谷地区独创的镁循环经济产业链模式，即煤—兰炭—硅铁—金属镁—镁合金，实现了镁冶炼高效节能与深度环保的短流程镁合金生产一体化，经济效益连创历史新高，现已拥有 2 条 12500KVA 硅铁生产线和 4.25 万吨/年金属镁生产线，固定资产达 2 亿元，员工达 900 人。年生产能力硅铁 2.5 万吨，金属镁 2 万吨、焦油 2.8 万吨、纯炭 40 万吨，年产值 6 亿多元，年创税 5000 多万元，出口创汇 1.5 亿多元，职工 850 余人，并连年以优异的成绩受到省、市、县政府和有关管理部门的嘉奖，连续 9 年被市人民政府评为"贡献财政总额百强企业"之一、被省安全生产监督局授予"安全生产先进企业"等 60 多项荣誉称号。企业稳步发展的背后，是董事长陈明奇坚持诚信的商贸之道。

　　诚信经营，赢得客户信任。2009 年金融危机最严重的时期，陈明奇接掌了天龙镁业，他深信"欲建立企业，先建立信誉；欲做大企业，先做好信誉；欲做强企业，先做牢信誉"，始终把"信誉至上，诚信为本"作为经营理念，强化合同管理，利用各种会议加强对员工的思想教育和职业道德教育，使全公司员工普遍树立了诚信守法的理念，树立了企业良好的社会形象，同时他自觉接受相关部门的监督，把质量管理工作作为重中之重，建立完善了一系列规章制度，使公司产品质量信誉度不断提高。陈明奇常说："诚信是企业立足的根本，只要与客户签订了合同，哪怕亏损，也一定要严格按照合同的订单去执行。"在经济不稳定的几年中，与客户签了订单后货物又涨价是常事，但他坚持以诚相待、以信相交，宁亏勿欺，从未违约，也从不拖欠货款，在同行业中具有良好的信誉，许多客户和银行会主动联系公司开展业务，在与客户的业务往来中，至今未出现一笔合同纠纷。

诚信待人，保障员工利益。"诚信为本"的理念不仅贯穿在他事业的经营上，也体现在他对员工的赤诚热情中。他认为，员工是企业最宝贵的财富。多年来，他严格遵守《劳动法》和《劳动合同法》，与所有员工签订劳动合同，保障员工的权益，并成立工会组织，建立和谐合法用工制度，建立健全职工健康监护档案，全力为员工提供健康安全的工作和生活环境。在全国镁业不景气的几年，公司毛收入虽然有几亿元，但除去纳税和按规划要上的环保设备，剩余的收入只够保障员工薪酬。尽管如此，陈明奇信守承诺，按时足额发放工资，从未出现拖欠现象，赢得了员工的信任和社会的赞誉。陈明奇用实际行动阐释了"小诚信则大信立"。他在员工生活区根据员工需求开设了平价超市，超市内所有商品都按照批发价出售，企业还与天化医院合作，成立了分院，定期组织员工体检，确保员工的身体健康。此外，他也十分注重员工的成长，在他的管理理念的贯彻下，公司每年都会投入一部分培训经费，组织员工进行专业知识学习，不断提升员工整体素质，并根据企业的发展情况为员工适度加薪。

热心公益，承担企业责任。陈明奇深信"义利并举"的道理，认为企业的发展离不开社会的关心和支持，企业热心公益、回报社会是责无旁贷的事。天龙镁业先后吸纳农村剩余劳动力、城镇下岗员工、大中专生上千余人。多年来，他在捐资助学、扶贫济困、大病救助等公益活动中累计捐款超过 1000 万元，为同行业做出了表率。

**（六）继承红色"衣钵"，勇担社会责任——黄河集团公司党委书记张继平**

他，从企业一线普通工人成长为一名优秀企业管理人和党务工作者；他，勇于创新、锐意改革，坚持由企业明星做到党建明星；他，接过父亲手中的"接力棒"，身兼重任，不忘初心。坚持让黄河集团勇立潮头，成为民营企业界翘楚！他就是陕西省劳动模范、陕西省党代表、黄河集团党委书记、副董事长张继平。

2006 年，张继平正式接任黄河集团公司总经理，2014 年担任党委书记，从此他继承父亲张侯华办企业的红色"衣钵"，在宏观经济持续低迷的背景下，成

**图 4-40　黄河集团公司党委书记张继平**

**图 4-41　黄河集团公司**

功探索出了党建与企业发展的双赢格局和良性循环的路子，实现了营业收入和利润的双增长，把黄河集团打造成府谷民营企业的领头羊，树立起陕北非公企业党建的一面旗帜。他本人先后荣获"全省优秀青年实业家""全省劳动模范""全省优秀民营企业家""全省党员致富带头人""2008 年光彩之星""2009 年全省非公有制经济组织优秀共产党员""2011 年全省优秀共产党员""改革开放 40 年榆林市优秀民营企业家"等荣誉。

作为黄河集团的当家人，张继平一直强调"党建也是生产力"的企业发展理念。他带领党委积极组织开展丰富多彩的组织活动，如"一个支部，一座堡垒，一个党员，一面旗帜""展才华，比贡献""迎七一、颂党恩"、新老党员集体宣誓、慰问老党员等系列活动，凝聚了党员和党组织的向心力，做到党的政策学在前、转变观念走在前、岗位练兵站在前、生产经营干在前、团结友爱做在前，真正发挥全体共产党员的先锋模范带头作用，打造了集团公司一支有干劲、有担当、有作为的生力军。

正是信仰的力量激发了张继平创业的激情。进入21世纪，张继平高瞻远瞩，洞悉国内企业发展的路径和模式，先知先觉，认识到党领导国家科学发展的势头已经在社会各个领域产生了深刻的裂变。他坚信创新发展、走循环节约的路已经是大势所趋。他开始了人生的重要一搏，学习研究和践行国家产业政策和环保要求，坚持科学发展观，从搞好节能、降耗、减排入手，重新编制黄河集团公司发展规划，决心发展煤电、载能循环工业经济。这正是张继平落实国家发展大政方针的要求，也是他创新发展的路子。张继平多次和公司班子成员研究讨论以及去周边地区考察，达成共识，利用劣质煤和煤矸石，于2007年底新建起了4×15兆瓦环保节能资源综合利用电厂，被省发改委节能中心连续认定为环保节能资源综合利用机组，为国家节约煤炭10余万吨，废物回收利用给企业带来了可观的经济效益，年产值2.2亿元，上缴国家税金1400余万元。科学的发展模式为黄河集团工业小区后续发展奠定了坚实的基础，张继平也走出了二次创业的新路子，为黄河集团公司的进一步发展增强了实力。

随着企业的不断发展壮大，张继平的视野更加广阔，创业的雄心更加强烈。2008年，按照国家产业政策和环保要求，坚持"关小上大"的原则，将年产6万吨的三个水泥厂和6000千伏安电石厂、4个焦化厂先后关闭并拆除，走循环集中节约的工业化道路。张继平投资500万元资金对十万吨水泥厂进行技改，全部改为国内最先进的生产工艺和环保设施，"三废"排放均达到国家标准；投资1.5亿元于2009年12月建成30000千伏安密闭式电石生产线；投资1.2亿元新建2×15万立方米粉煤灰加气混凝土砌块和2×1.2亿块粉煤灰蒸压砖生产线，并于2013年11月建成，将电厂、电石厂生产过程中排放的废气、废渣、粉煤灰、电石尘等废弃物回收利用，变废为宝。张继平带领黄河集团公司创新企业发展模式，走循环发展的路子，这一创举得到了省、市、县领导的高度肯定和当地群众的一致赞誉，30000千伏安密闭电石炉技术被省科技厅立项支持为"自主创新科研项目"。

张继平是一个永不止步的攀登者。2014年5月，在华莲黄河大桥已通车的一期工程基础上，又开工建设二期加宽复线工程并建成通车。该桥被当地群众誉为连接秦晋的友谊桥、群众致富的富民桥。技术改造、资源整合、战略扩张，从一元独大，到多极发展，经过十几年拼搏奋斗，黄河集团已经成为一家集建材、化工、电力、交通、民爆、餐饮于一体的大型民营企业集团，9个下属企业，总资产逾30亿元，累计上缴国家税金2亿多元，为黄河集团公司多元化升级和转型跨越发展打下了良好的基础。

在企业发展起来以后，是独善其身，还是造福一方？张继平的回答是：推行人本思想，担当起社会的责任。这是黄河集团党建工作的又一创新之处，它将企业党建与人本情怀和社会责任紧密结合，扩大党建社会效应，是黄河集团公司得以持续发展的一大法宝。张继平推行员工持股制，每办一个企业，都有职工参与入股分红，职工收入稳步增长；解决职工两地分居、子女上学难等实际困难，先后投资3000余万元资金修建了100余套职工家属房和300余间职工宿舍；捐资助学，职工子女考上大学，企业给补助5000~15000元助学金；推行职工及家属大病救助、利用专款解决职工生活等困难，温暖人心、凝聚党心，持续创造企业的内部和谐。

黄河集团公司在张继平的带领下，主动承担起社会责任，先后吸纳农村贫困户剩余劳动力1200余人，安置大专院校毕业生500余人，为贫困地区办学、修路、解决人畜饮水，组织党员和干部经常开展"送温暖、献爱心"活动，企业开展"一帮一"结对帮扶活动，一个企业支部帮扶一个村。积极承担社会责任，带头开展帮扶灾区重建活动，参与府谷县"双百工程"和"爱心助残工程"、社会新农村建设、通村公路建设、精准扶贫等社会公益事业，多年来累计捐款捐物投入资金4200余万元。

"黄河集团公司把推行人本思想和承担社会责任作为企业文化的重要内容来建设，彰显了一个优秀共产党员和一个企业家报国为民的风范。"这是府谷县各界对张继平的评价。

### （七）诚信铸就，质创未来——怀远建工集团董事长徐怀清

图4-42 怀远建工集团董事长徐怀清

徐怀清1988年开始在建筑行业创办企业，1998年兼并了横山县第三建筑工程公司及横山县第四建筑工程公司，于2000年成立了榆林市怀远建工集团有限公司，担任公司董事长。怀远建工集团是榆林综合开发实力较强的房地产企业，拥有工程质量检测、工程造价、代理咨询、物流商贸、地产开发建设、物业管理等多元化产业，并于2013年一次性通过"ISO9001质量、ISO14001环境、OHSMS18001健康"三大管理体系认证。公司严把质量关，承建的多项工程荣获"市级文明工程""省级文明工程""省级优质结构工程""省级科技示范绿色证书""榆林杯""长安杯"等多项荣誉称号，国家煤及盐化工监督检验中心项目荣获2016~2017年度中国

图 4-43　怀远建工集团

建筑工程"鲁班奖"，此项荣誉填补了省市民营建筑企业"鲁班奖"的空白。

徐怀清始终坚持"以人为本，科学管理"的企业精神，秉承"今天的质量、明天的市场"的经营宗旨，奉行"建满意工程，创时代精品"的质量方针，遵循"襟怀广博、诚信永恒"的企业目标，实行奖励政策，充分调动广大职工积极性，挖掘经营资源，扩张经营市场，加强了企业经营管理。

公司、项目每一步的成长、发展、壮大与徐怀清对员工倾注的热情和坚定的信念是分不开的。在公司和项目成长过程中，徐怀清首先从教育入手，坚信知识就是生产力，是企业成功的基石。为此，积极鼓励并资助员工进行再教育及培训，使员工能掌握科学知识，并不断进取，把企业发展成为知识型企业。为企业的发展提供人才空间，从而保证了公司各个环节都具有高水准的中坚力量。通过教育培训使每个员工心中树立起"品质第一、服务为先"的理念，在工作中提倡三个品字——品质、品位、品牌，要求公司、项目人员不贪图便利而降低质量档次，坚持公司的立足之处不在于只顾抢占市场份额，而要有长远的眼光。

徐怀清高度注重建立完善的科学企业管理制度，用完善的制度管理企业，规范生产经营行为。也正因为这样，企业才能规范健康运转和不断发展，工程质量一次检测合格率100%，无安全事故、无重大投诉案件。在建筑业市场上取得较好的成绩，各项经济技术指标稳步提升，为确保公司拓展市场稳定发展提供有力保障，也为榆林的经济建设和构建和谐社会做出了积极贡献。荣获国家工商行政管理总局"全国守合同、重信用单位"的荣誉称号，入选中共陕西省委、陕西省人民政府"陕西省优秀民营企业"，中国产品质量管理中心"陕西省质量诚信示范单位"，中共榆林市委、榆林市人民政府"贡献财政百强、诚信纳税企业"，榆林市人民政府"榆林市非公有制综合实力五十强企业""陕西省建筑业五十强企业""榆林市建筑业施工企业三十强"（排名首位）等。

徐怀清致富不忘本，积极参加社会公益事业，倡议员工参与社会扶贫帮困活动，热心回报社会，几年来，累计向社会各界提供捐款资助 300 多万元，提供就业岗位上万个，给部分残疾人提供特殊的工作岗位，让他们的生活有了依靠和保障。他本人先后被国家工商总局、省、市等授予"安全生产先进个人""奉献精品工程""精品工程高级管理者""三秦名人""高级职业经理人"等荣誉称号。

**（八）行稳致远基业长青——泰发祥实业集团董事长赵栓明**

图 4-44  泰发祥实业集团董事长赵栓明

赵栓明，曾任鄂托克旗顺发装饰建材公司总经理、榆林榆欣陶瓷有限责任公司总经理，现任陕西泰发祥实业集团有限公司董事长、榆林泰发祥矿业有限公司董事长。

1983 年他独自北上内蒙古创业，从油漆家具开始，后来做喷漆烤漆、家具加工，开建材门市、办装饰公司；再后来回榆林开办涂料厂、油灰厂、陶瓷厂，再到办煤矿、搞地产、进入投资领域，已经走过了 36 年的创业之路。36 年来，他始终坚持开拓创新、勤勉精进，保持依法合规、诚实守信，关注产品质量，提升服务水平，以创业者的本色，带领泰发祥团队脚踏实地、精益求精，并长期致力于泰发祥百年基业的打造。

为了回报家乡，1992 年他毅然放弃内蒙古初具规模的顺发工贸（鄂尔多斯泰发祥工贸集团前身），回到榆林开启了创办实业之路。在经过精心考察和市场调研后，办起了规模较大的榆林第一家陶瓷厂——榆林市建筑陶瓷股份公司（后更名为榆林榆欣陶瓷有限责任公司）。后来陶瓷公司的产品几乎占领了榆林全部市场，并远销省内外等多地，成为远近闻名的知名品牌。他本人也先后获得"省乡镇企业家""优秀青年星火创业者""榆林地区十佳青年"等称号。

为了做强实业，2003 年西洽会上，他签署了榆林市政府招商引资项目麻黄梁井田。经过长达六年之久的前期手续办理和两年的艰辛建设期，2011 年初，麻黄梁煤矿一次试产成功。在该矿建设过程中，面对地质条件复杂、资源储量较少、资金紧张、人才匮乏等诸多困难，他以坚强的信念、脚踏实地的干劲、不屈不挠的精神将麻黄梁煤矿建成了榆林样板矿井和陕北首家采用综采放顶煤技术的矿井，创下了"煤矿建设时间短、效率高、手续全、投资省、开采先进"的五大行业纪录，也为榆林区域提升煤炭回收率、推广综采放顶煤技术起到了示范引领作用。

为了引领美好生活，2010年在榆林住房品质还远远落后于大城市水平的背景下，为了将先进的建筑理念引入榆林，让家乡人也能享受大城市的人居品质，他带领团队经过广泛考察北上广甚至欧美的著名建筑之后，正式进入房地产行业。他邀请国际国内建筑行业知名专家加盟泰发祥，并坚持与国内万科、融创、碧桂园等大品牌企业和材料商合作，以国际一流的物业服务品牌作为物业顾问单位来提升自己的物业管理。所开发的楼盘也成为了榆林房地产品质的典范，楼盘性价比高，加之每个楼盘如期面市交房、如期完成房地产证件办理，这些规范化、品质化的种种作为，赢得了广大业主的深度信赖。

无论是做油漆、做陶瓷、做煤矿、做地产，多年来重合同守信用为泰发祥赢得了良好的口碑。当年陶瓷厂因股东不和做不下去解散时，还欠了银行680万元贷款，当时企业信用和个人信用还远没有现在这么规范，影响这么大。企业做不下去，银行贷款也就没了，这种情况很常见。但时任陶瓷公司总经理的赵栓明就想要做一个有责任心的人，企业倒了，信用不能倒。所以即便拆梁卖柱，他也要想尽办法把银行的贷款全部还完，最后赢得了银行业内的认可。

守法经营一直是他多年来创业所坚守的底线。他坚决不做非法生意，做煤矿就老老实实规规范范做，按照国家法律法规要求，一次性把安全环保设施设备全部投资到位。各种税费按规定缴纳。2012年入选"陕西省纳税50强"，先后两次被评为"国家一级安全生产标准化煤矿"。做地产也是踏踏实实用心去做，美观之外必须符合节能环保要求，保温、隔热、降噪都用最好的材料，采用先进的具有知名品牌的设施设备和厂家。这才换来了老百姓心中的"最佳宜居小区"和政府颁发的"陕西省水土保持先进单位""省级园林式单位（居住区）"称号。

近年来，赵栓明在不断提升企业管理水平和强化品牌建设的同时，长期践行亲清新型政商关系，自觉承担社会责任，不断促进就业、依法纳税，近年来累计缴纳税费30多亿元。同样他特别重视慈善教育事业，并积极践行国家精准扶贫政策，先后帮扶榆阳区黑龙潭、李甫沟、小范地、张虎沟四个贫困村，近年来慈善帮困方面累计投入18734万元，其中资金投入17474万元，物资慰问投入1260万元。

在他的带领下，2013年公司正式进入集团化运作，组建了陕西泰发祥实业集团，2015年涉足金融投资领域，2017年集团旗下深圳抱扑容易资产管理有限公司入围"中国私募基金百强榜"，2018年他本人被陕西省委省政府授予"陕西省优秀民营企业家"称号。至此，集团也确立了以能源、地产、投资为核心的三大发展板块，并以"依托榆林、立足陕西、放眼全国"的战略定位，以"行稳致远、进无止境、和合共生"的企业文化感召力，力争将泰发祥打造成为知名品牌的百年老店，为全省乃至全国经济发展做出新的更大贡献。

## 四、义利兼顾，上善若水报桑梓

"我挣钱并不是为了我自己花，社会需要这些钱。"出资亿元成立个人慈善基金的榆林企业家刘彪的这句质朴而有力的话，也代表了广大致富思源、乐善好施的榆林企业家的心声。落其实者思其树，饮其流者怀其源，感恩是中华民族的传统美德，而这一美德在广大榆林企业家身上深度显现。当前，榆林民营企业家群体乐善好施、热心公益、积极回报社会已经成为一种新风尚，他们出资出力建设新农村，参与扶贫开发建设，敬老扶老助残助医，资教助学扶危济困，共同在榆林这片热土上追梦、筑梦、圆梦，用持之以恒、润物无声的善举生动地诠释着"好人榆林"的深刻内涵，成为陕西以至中国慈善版图上的一颗璀璨明珠……

（一）不忘初心　筑梦慈善——**陕西恒源投资集团有限公司董事局主席孙俊良**

图 4-45　陕西恒源投资集团有限公司董事局主席孙俊良

图 4-46　陕西恒源投资集团有限公司

孙俊良，第十二届全国人大代表、陕西省工商联副主席、陕西省总商会副会长、陕西恒源投资集团有限公司董事局主席，同时也是陕西省三秦慈善奖"最具爱心捐赠个人"、第十届中华慈善奖（捐赠个人）获得者、中国功勋企业家、中国"百名诚信企业家"之一、陕西省非公有制经济人士优秀中国特色社会主义事业建设者、陕西省孝亲敬老之星、陕西省职工经济技术创新标兵、榆林市非公有制经济优秀企业家、榆林市劳动模范。作为"敢为天下先"的陕北汉子，他紧抓改革开放的机遇，在陕西神木煤海摸爬滚打20余载，创建了年产值数十亿元的现代煤电企业集团，并成为陕西民营企业领军人物。

孙俊良是改革开放后陕北榆林成长起来的第一批民营企业家之一。自1986年他辞去公职投身商场，至今已在商海拼搏20多年。从开办小工厂一路发展成为全省闻名、实力雄厚的现代企业集团，现拥有资产40亿多元、从业人员5000多人。一路走来，孙俊良走得并不容易，随着煤炭行业的起起落落、波动不断，他也经历了事业上的起起伏伏、坎坎坷坷，但他以顽强的意志和持之以恒的精神，成就了自己今日的辉煌。自20世纪90年代初期创办企业，到世纪之交开创恒源循环经济工业园区，孙俊良始终保持锐意进取、矢志赶超的精神，不断探索企业科学发展之路，从一个陕北土生土长的普通农民，逐步成为神木民营经济发展潮流的引领者。公司自创办以来，始终坚持"一业为主、多元并举、自我积累、滚动发展"的方针，不断拓宽产业链，逐步走上了一条集煤、焦、电、化为一体的环保、集约、高效的企业发展道路。集团公司先后被榆林市委、市人民政府选入"榆林市十佳企业""榆林市非公有制纳税十强企业""挂牌重点保护企业"等，被榆林市工商局评为"重合同、守信用"单位，被神府经济开发区评为"先进企业"，被省农行授予"AAA级企业"称号，被神木县人民政府评为"煤炭系统先进集体"。近年来，他所领导的恒源公司年上缴税费6亿多元，连续十年被评为神木县民营企业纳税第一名，为地方经济发展做出了突出贡献。

孙俊良是一个孜孜以求、永不懈怠的开拓者，他在推动产业升级、资源循环利用以及实现节能环保等方面开创了榆林市民营企业发展的诸多先例。1998年，他大胆引进直立炭化炉技术，兴建了神木第一个4×3万吨/年直立式机焦炉，为彻底取缔陕北地区土法炼焦，就地转化资源，起到了示范带头作用；2001年，根据国家资源综合利用产业政策，建设了西北地区第一个资源综合利用电厂（总装机132兆瓦，燃料主要以焦化厂废煤气为主），带动榆林市一大批民营企业走上了产业一体化的可持续发展之路；2005年起，陆续投资6100万元建设恒源工业园区废水处理回用系统，成为榆林市同类工业园区中第一个实现废水零排放和再利用的工业园区；2007年，投资6000多万元建设了兰炭尾气净化回用中心站，实现变废为利（该项目已获得国际CDM认证）；2008年，投资5000多万元实施发电锅炉烟气脱硫项目，书写了榆林地区同类电厂的先例；2009年，根据国家节能减排的要求，投资3.2亿元建设4×33000千伏安密闭式电石生产线及收集回用电石尾气烧石灰生产线（30万吨/年），开创了榆林市电视行业密闭式电石炉建设的先例；2011年，投资3200万元进行电厂水湿煤泥掺烧系统技改项目，为榆林市民营企业节能减排工作做了表率。2012年起，孙俊良和他的团队以"专注绿色发展，带动区域社会进步"为企业使命，多方调研论证高端装备制造、精细化工、新型农业等项目，积极筹划投资新兴领域，带领企业大力进行产业结构升级调整，优化产业布局，努力推动企业高质量发展和地方经济发展做贡献。

多年来，孙俊良始终不忘初心，牢记企业家应该担当的社会责任，带领企业积极参加各项慈善公益事业活动，在民生、教育、文化等多个领域总捐款超过3亿元。脱贫攻坚战打响以来，他领导的恒源集团积极参加全国"万企帮万村"精准扶贫行动，投资7000多万元在结对帮扶的神木市中鸡镇纳林采当村建设了集种植、养殖、加工于一体的综合性现代农业产业项目，实施产业扶贫，带动整村致富。

**（二）以枣富民，枣赢天下——清涧宏祥有限责任公司总经理白如祥**

图4-47　清涧宏祥有限责任公司总经理白如祥

图4-48　清涧宏祥有限责任公司产品

白如祥现已年逾七十，属于榆林第一代民营企业家中年岁最长的一批。他说，"生在这里，长在这里，对大枣有很深的感情，大枣是我一辈子要做的事业。我这辈子没有换过职业，只做这一行，风风雨雨到现在，别人都可以停下来，但我不行。"他的枣缘人生正如他办公室挂的一块清涧慈善协会赠的牌匾所总结的："按政策靠科技凭智能闯商海办企业诚实守信童叟无欺，做好事修道路助学校数十年如一日发展枣业誉满民间。"

白如祥生长在生产红枣的黄河岸边，他4岁丧父，十几岁辍学，很小的年纪就在社会上历练，吃过很多苦，也得到过大多数乡亲长年的帮助，对这片土地的深情厚谊无以言表。"小康不小康，关键看老乡"，守着这样一份决心，30多年的创业路上白如祥跑遍了清涧县双庙河乡的沟沟峁峁，带动家乡农民发展枣业共同致富。

1982年，时任清涧县双庙河乡贺家畔村党支部副书记的他，自筹5000元资金，在乡政府所在地办起了全县第一家"大枣贸易货栈"，率先从浙江聘回大枣加工技术人才，办起了陕北第一家蜜枣加工厂，成功地开发出了"清涧蜜枣"。在白如祥的带动下，全县蜜枣加工业迅猛发展，短短数年就发展到几十家。1999年，他创办了集红枣生产、加工、销售、贸易和开发为一体的清涧县宏祥有限责任公司，公司占地82亩，拥有固定资产2000多万元，从业人员近千人，现已发展成为陕西省规模最大的经营大枣的农业产业化重点龙头企业。他坚持"枣字当头、科技引路、企农合作、共同致富"的原则，采用"公司+基地+专业户+专业合作社"的生产模式，与全县红枣优生区的7个乡镇75个自然村的5857户枣农合作，建起无公害红枣生产基地10万多亩，在黄河沿岸形成了60多公里的红枣林带，创造出黄土高原上一道亮丽的风景线。宏祥公司为枣农无偿援助价值300多万元的农药、化肥和喷雾器等，同时聘请专家为常年顾问，不定期地到田间地头培训枣农，与枣农签订合同，收购无公害红枣，实行订单农业，使红枣每公斤至少增加0.5元的附加值，户均增收3000元，带动了清涧、吴堡、佳县、延川等沿黄周边枣农6.6万户。品牌效应的打造，有效带动了吴堡、佳县的红枣产业发展，还辐射带动了山西、延川等沿黄地区的红枣产业。

枣区老百姓都说，"致富全靠红枣，脱贫不忘如祥"。可不是吗？在大枣积压滞销快要腐烂时，他带上现金东进西出，上门为枣农解除燃眉之急；在拖欠克扣成风时，他总是为农民着想，不欠乡亲们一分钱，甚至在枣农不方便取款时，他挨门逐户将枣款送到枣农手中；遭遇百年不遇的秋雨，枣乡几近绝收，派员前往甘肃、河南、河北甚至新疆等地高价收购大枣，维持公司的正常生产运营，使数百名工人免于下岗；农村剩余劳动力找老白想到公司打工，他也尽最大的努力帮忙。白如祥说："我也是农民，我最理解农民的苦衷。"

勤耕不辍，硕果累累，宏祥公司先后被授予"国家扶贫龙头企业"，省级"优秀龙头食品企业""农业产业化重点龙头企业""科技创新型企业",市级"农业产业化经营重点龙头企业"等30多项荣誉称号,白如祥本人也获得"陕西省劳动模范、第五届全国乡镇企业家"、首届"榆林好人"爱心企业家等多项殊荣。

**(三)做有良心的企业家——羊中王集团董事长臧明山**

图4-49 羊中王集团董事长臧明山

图4-50 羊中王集团

2018年9月,第十届"中华慈善奖"表彰大会在人民大会堂召开,横山羊中王集团董事长臧明山荣获第十届"中华慈善奖"捐赠个人奖。出身于农民家庭的臧明山,凭借着一颗赤子之心,在民政事业上一干就是40年,奉献了他人生中最宝贵的年华,也获得了认可和肯定……

2003年,他临危受命挑起了停产8年之久的横山县社会福利公司的重担,率领全体职工团结拼搏、艰苦创业,使这个厂房破烂不堪,院落蒿草丛生,只能靠捡破烂、蹬三轮车为生的20多名残疾员工,还有全厂职工8年未缴的养老金欠账的公司走上了兴盛发展的道路。他同技术人员科研攻关,精心研制生产的"羊中王"防寒服系列产品,以超前的设计、时尚的款式、优质的面料、精细的加工,赢得了市场和效益。产品在东北、西北消费者中有很好的口碑,还漂洋过海远销俄罗斯远东地区。今天的羊中王集团公司已拥有以残疾人和下岗员工为主体的职工300多名,自2010年起,公司的销售收入每年均过亿元,成为全国民政福利企业的佼佼者。"防寒服遍天下，羊中王数第一"是社会对"羊中王"的由衷评价，臧明山也被社会各界誉为"办企业闯市场的大能人"。

在企业兴盛发展的进程中，臧明山始终坚持取之于民、用之于民的经营宗旨，不断奉献爱心、践行善举。他领办的横山县社会福利总公司、羊中王集团公司从2003年至今先后吸纳安置了残疾人130多名，培训残疾人、下岗职工和城乡特困户400多人次，使他们重拾信心，学会一技之长，重新走上了工作岗位。公司35%的员工是残疾人，臧明山不断地鼓励他们，并因人而异设置工作岗位，不让一位残疾员工受到冷落和歧视，让他们树立自尊、自强、自立、自信的生活信念，同时还帮助他们争取到了城镇低保和廉租房，让残疾人职工真正体会到社会的温暖。公司员工到了退休年龄，公司会全额交付养老保险金，让每一位退休员工解除后顾之忧，安度晚年。同时他还与全县18个乡镇签订了养老敬老协议，每年在每个乡镇帮扶两户贫困老人，每户帮扶1200元，从2005年开始至今从未间断。面对社会弱势群体，臧明山也尽力帮扶，从2006年开始，他把横山县特殊语训学校聋哑儿童的生活费和学杂费全部承担起来，每个儿童每年帮扶1200元直至18岁，成年后安排到自己的公司就业。近年来，他和他的公司为残疾人、环卫工人、特困户、老年体育活动、聋儿语训学校、盲人艺术学校、资助大学生等捐赠的钱物总价值超过了6000万元，每当受助者感谢他时，他总会说："民政福利企业的性质就是造福民众、扶残助困，我将社会给予我的财富回报大众是值得的，也是应该的，这样才是一个有良心的企业家。"

臧明山深知创业无止境，为了进一步做大做强他所热衷的福利产业，他带领集团重新规划了产业发展蓝图，按照产业化、品牌化的发展要求，在榆横工业园区内征地300亩，计划投资4亿元，新建羊中王生产基地、新建横山县社会福利总公司大楼、残疾人就业培训中心大楼、残疾人文化娱乐中心大楼及附属设施，届时可解决2000多名残疾人员和下岗职工的就业问题。未来将建设一个现代化的集残疾人和下岗职工培训最多、安置残疾人最多、羊绒毛等畜产品收购初加工最广、服装生产种类最全、销售网络最健全的"四位一体"的社会福利企业集团，位居陕西省民政福利企业第一。

臧明山和羊中王集团以创建"百年羊中王"为奋斗目标，稳步前行，在社会上受到广泛赞誉。公司先后荣获"全国敬老文明号单位""全国守合同重信用单位""全国模范职工小家单位""全国品牌质量信誉单位""陕西省光彩之星企业""陕西省敬老文明号"等荣誉称号，羊中王品牌一举荣获"中国驰名商标"。总经理臧明山荣获"全国'十一五'期间农村残疾人扶贫开发先进个人""全国孝亲敬老楷模""全国民政系统劳动模范""第十届中华慈善奖""中华慈善突出贡献奖""陕西省扶残助残先进个人""陕西省优秀中国特色社会主义建设者"

等荣誉。

### (四) 奋发行致远, 大爱铸医魂——榆林高新医院党委书记李源

**图 4-51  榆林高新医院党委书记李源**

榆林高新医院是本土民营医院的佼佼者, 见证了榆林民营医疗卫生事业改革发展的巨变。20 多年前, 榆林医学专修学院的创始人李源开始了艰辛的创业, 从榆林医学专修学院到榆林医专附属医院, 再到榆林高新医院, 一路披荆斩棘、不畏险阻, 以残疾人康复和"医养结合"型养老服务为重点, 始终坚持以"红铸医德, 倾情大爱"的党建主题, 使榆林高新医院走上了一条差异化发展之路, 成为全市百姓心中的爱心家园、全省"医养结合"示范典型养老机构、全国养老助残示范基地。

李源出生于子洲的小山村, 在亲身经历了病痛折磨、乡亲因病早逝后, 他下定决心, 立志从医。1996 年, 他开始筹建榆林医学专修学院; 2000 年, 他率先在全市开展社区卫生服务工作, 开办榆林医专附属医院; 2012 年 1 月, 榆林医学专修学院附属社区医院新建项目 (榆林高新医院) 破土动工; 2015 年 7 月起, 榆林高新医院进入快速发展时代, 拥有 500 张床位、使用面积 43655 平方米的综合大楼正式投入使用, 随后又成立了"榆阳区残疾人康复中心"及"榆阳区老年护理院"。

经过多年的摸索, "扶老助残"两项光彩事业终于迎来了自己的春天, 榆林高新医院量身定制了"红铸医德 倾情大爱"的党建主题, 逐步实现了三大突破, 率先在全国民办医院中实行了"党委领导下的院长负责制"; 在残疾儿童康复治疗中创新了医康教结合的康复治疗新模式; 在养老事业中开创了"医养结合, 集中供养"兜底脱贫的新模式, 填补了榆林市范围内残疾人康复和医养结合养老两项民生事业的空白。

2016 年，在榆林市和榆阳区民政局统筹领导下，榆林高新医院面向全市开展了半失能、失能及患病老人免费体检及筛查活动，30 多名医护人员组成的"送医下乡、扶贫帮困"筛查组，不分昼夜，上门入户，先后深入全市 12 个县区，历时半年，耗资 100 多万元，为全市 452761 名 60 岁以上老人进行了体检建档，筛查出失能、半失能老人约 42182 人。医院主动为榆阳区 86 名特困老人提供了全方位的养老服务，其中一名截瘫在床 19 年的五保对象在医护人员精心照料和康复治疗下，如今已经完全可以坐起，并依靠轮椅自主行动。"医养结合"养老服务模式，不仅健全完善了政府养老服务体系和医院医疗服务体系，探索出了提升失能半失能人员供养质量新途径，有效破解医养供需人群的综合养护难题，同时打开了失能半失能人员医中有养、养中带医、优质高效、安全健康的供养服务新局面，使此类弱势群体的生存、生活质量空前提高，提升了老年人的获得感和幸福度，得到了社会各界的普遍认可。榆林高新医院先后获得了"全国爱心护理工程建设基地""第二届全国敬老文明号"、陕西省"五星级党组织"等荣誉称号，相关案例还成功获评第二届中国扶贫（健康扶贫类）优秀案例（国务院扶贫办、人民日报社、人民网、《中国扶贫》杂志社组织评选）。

榆林高新医院以医疗为依托，为周边残疾人开辟了就近康复之路；又以康复为依托，开创"医教结合"型特殊教育模式，保障了正在接受康复治疗患儿们的受教育权利。残疾人康复中心已成为榆林市目前康复规模最大、理念最新、设备最全、技术先进的集儿童康复、成人康复为一体的康复治疗中心，被确立为陕西省残联"七彩梦贫困脑瘫儿童""彩票公益金智力残疾儿童"康复项目资助定点医疗机构、陕西省工伤康复定点试点机构。榆林地处西北内陆，千沟万壑的地貌和贫困的阻隔，让偏远山区的残疾患儿终身缠绵土炕，隔窗遥望课堂，也令很多家庭难以长期外出到大城市求医，濒临绝境。医院积极向民政、卫生、残联等部门协商争取项目资助，努力帮助这些特困患者渡过难关。对于部分特困患病儿童，医院不仅多方帮助他们筹集医疗经费，还安排其亲属就近就业，既能照顾孩子又能维持生计，其中的一部分患病儿童还在医院接受文化课教育。截至 2019 年 7 月，医院收住特困残疾儿童及残疾成人 378 人次，完成国家及省市区精准康复项目 607 人次，累计落实项目资金 752.7 万元，极大地减轻了贫困患者的住院费用，并连续两年荣获榆林市助残先进集体、榆阳区残疾人工作先进单位等荣誉称号。

榆林高新医院结合自身资源优势和社会弱势群体所需，长期关注乡村基础医疗、残疾人康复、特困人群养老服务、赈灾与扶贫济困等领域，通过打造公益平台，汇聚各方力量，为弱势群体撑起了一片蓝天。怀着一颗饮水思源的感恩之心，李源带领 10 多位医疗专家赴子洲砖庙镇开展健康扶贫义诊活动，为砖庙镇卫生院捐赠价值五万元的医疗器械。在他的感召下，医院成立了"红+爱"慈善志愿者服务队，先后深入全市 12 个县市区开展了 30 余场公益活动及健康讲座；设立"爱心扶老助残基金会"，近 4 年间带动职工踊跃捐资 200 余万元，成功帮助 300 多名特困残疾儿童和失能老人；创建"党员义工积分制"，医院 85 名党员带领 200 多名社会义工，利用节假日走进老年护理院、残疾人康复中心、失独家庭等，开展"深入一线、服务他人、奉献自我"等主题活动，累计志愿服务上万小时。

如今的高新医院，正秉持着孜孜以求的敬业精神和勇于创新的奋斗精神，向着全省一流医院的宏伟目标执着挺进，用大爱、激情、责任，续写榆林市"扶老助残"两项光彩事业崭新的梦想华章！

## （五）佳县脱贫致富第一人——一隆农副产品购销有限公司总经理曹永旺

图 4-52 一隆农副产品购销有限公司总经理曹永旺

图 4-53 一隆农副产品购销有限公司产品

曹永旺，榆林市人大代表，佳县一隆农副产品购销有限公司总经理。2017

年榆林市脱贫攻坚工作先进个人、榆林市科普带头人、榆林市五一劳动奖章获得者，2018 年入选榆林市全市农村组织书记"十大创业模范带头人"，并获得陕西省优秀民营企业家称号。

2012 年曹永旺投资 300 余万元创办了佳县一隆农副产品购销有限公司，经过几年的发展，2014 年成立了党支部，他本人担任党支部书记。现在公司是拥有总资产 2000 余万元、总占地面积 15 亩、固定员工 35 人的省级农业产业化重点龙头企业。通过几年的发展，公司所在地已形成了本地最大的杂粮交易市场，为本地区经济的发展起到了积极的推动作用。

2015 年，曹永旺担任了佳县金明寺镇袁家岔村党支部书记，以身作则，身先士卒，努力提高个人素质，始终以一个优秀共产党员的标准严格要求自己，认真践行党的路线方针，积极带领周边农民发家致富。先后为袁家岔村修建砖茬路两条共计 2.3 千米，维修水井 2 孔，2017 年积极配合政府新建跨河桥，改善金明寺镇交通状况。在此期间，曹永旺领办了两个合作社、一个行业协会，吸纳了社员 100 多户。曹永旺作为一个基层党组织的负责人，时刻不忘记自己的使命，总是把那些最困难的老百姓的生活放在心上，力所能及地帮助他们。村里贫困户的孩子只要考上大学，他总是第一个慷慨解囊进行资助。有一次，村里一个孩子考上了大学，由于家庭经济困难交不起学费，孩子的父母着急得东凑西借，还是凑不够。正当一家人为之着急发愁时，曹永旺知道了，掏出了 6000 元钱给了孩子。孩子的父亲过意不去："曹书记，我知道你经济状况也不好，我们怎么能拿你的钱？"曹永旺说："没关系，没钱了我们可以再想办法，孩子上大学这是大喜事，不能给孩子耽误了。"就这样，孩子顺利地上了学，类似这样的例子不胜枚举。

为积极响应政府脱贫攻坚和"万企帮万村"的工作部署，确保贫困户增产增收早日脱贫，从 2015 年开始，曹永旺带领公司加入到精准扶贫队伍中，当年与 120 户贫困户签订帮扶协议，收购价格高于同期市场价格 10%，无偿为贫困户提供微耕机 180 台、机动三轮 65 辆，无偿提供地膜、种子、肥料等，户均粮食种植收入 1.78 万元，使 120 户贫困户收入大增，生产生活得到保障。2016 年，曹永旺和周边 10 个贫困村 1134 家贫困户签订了种植收购帮扶合同，支付原料收购款 2144 万元，户均收入 1.89 万元，并且安排贫困户就业人员 35 人。作为企业党支部领导、企业法定代表人，曹永旺一方面努力经营自己的公司，另一方面时刻牢记着自己是一个共产党员。2017 年，公司利用自身龙头企业的带动作用，建立"农户+公司+互联网"产业化经营和"企业经营+贫困户入股分红"模式，示范探索"渗水地膜谷子穴播技术"，与 3 个镇的 15 个村 1520 户贫困户签订了帮扶协议，户均增收 1800 元，尤其是"渗水地膜谷子穴播技术"示范成功探索出一条脱贫攻坚的好路子，年底给入股贫困户分别分红 500 元，为贫困户致富提供了产业保障。

2018 年，曹永旺积极响应政府"10 万亩高粱工程"和"1 万亩渗水地膜谷子工程"的脱贫致富项目，已与 7 个乡镇 32 个贫困村 2312 户农户签订了帮扶协议，把农业科技成果和扶贫攻坚、农民增收真正对接了起来，实现了特色产业增产、经营主体增效、贫困群众增收，为佳县开辟了一条特色农业产业扶贫的新途径。

**（六）致富不忘回报，爱心洒向社会——子洲县鼎盛中药材有限责任公司总经理姬存良**

图 4-54　子洲县鼎盛中药材有限责任公司总经理姬存良

图 4-55　子洲县鼎盛中药材有限责任公司产品

子洲县鼎盛中药材有限责任公司总经理姬存良是"60 后"，中共党员，1982 年初中毕业后，由于家庭经济困难，辍学外出打工。他吃苦耐劳，什么脏活累活都抢着干，不但赢得了领导的赞赏，也练就了一份什么事干不成绝不回头的韧劲。

子洲黄芪以色鲜、质优闻名全国，素有"东北参、子洲芪"的美誉，是国家地理标志保护产品，也是中国六大中药材生产基地中唯一符合出口标准的产品，远销东南亚、日本、韩国等地。1988年，姬存良拿着在外辛苦打工6年赚来的2万元回家，瞄准中药资源优势，做起了药材收购生意，由于他为人诚实守信、不怕苦、不怕累，从刚开始每天起早贪黑蹬三轮搞收购，到后来开车搞收购，生意逐渐做大……

2004年，为响应国家政策，他创办了子洲县鼎盛中药材有限责任公司。十多年来，公司以整合当地中药材资源为目标，与专业的院校、科研院所通力合作，着力打造集中药材种植、收购、加工、销售为一体的全新中药材经营模式，不断推进中药产业标准化、规模化和现代化，从单一的药材购销企业发展成为以"子洲黄芪"的种植、营销及系列产品研发、精深加工为主导，集甘草、黄芩、板蓝、远志等中药材购销和小杂粮系列产品生产、销售为一体的综合性民营独资企业。目前，公司占地面积达到6148平方米，总建筑面积5400平方米，总资产5000万元，员工近200名，每年可加工黄芪1800吨、其他中药材1000吨、小杂粮2000吨、绿豆荚粉和绿豆粉条500吨，成为陕北规模较大的中药材、小杂粮种植、加工、购销企业。公司与西北农林科技大学合作研发的黄芪系列产品因科技含量高、质量上乘而深受用户青睐，畅销海内外。2009年7月，鼎盛公司被榆林市人民政府确定为市级农业产业化经营"重点龙头企业"；同年8月被中国质量信誉协会评为"全国重质量守信誉先进单位"；2013年鼎盛公司被评为陕西省农业产业化重点龙头企业。姬存良也多次被子洲县县委、县政府评为优秀农民企业家。

姬存良是纯粹由基层干起、白手起家的，十分理解农民的疾苦。公司与当地200余户农民签订订单合同，发展有机种植基地5000亩，解决了很多失业人员的就业问题，有力地带动了县城经济的发展。致富不忘乡亲情，素有慈善之心的姬存良在事业发展的同时，时刻不忘回报社会，一直坚持为贫困学生、生活困难人员、公司困难员工捐款。多年来，为家乡修建乡村道路、环山路20余千米，修桥、帮畔，帮助修建村委会戏台，购买娱乐设施、健身器材、安装户户通电视；为中药材、小杂粮种植户无偿发放价值20多万元的良种，帮助种植户致富。几年来姬存良先后出资140多万元为家乡贡献自己的力量。四川"5·12"、青海玉树、子洲县石沟山体滑坡等灾难发生后，他均积极响应政府号召，参加捐赠活动，为受灾受困群众献爱心。

他在慈善事业上的不断付出，体现了一个大气磅礴、睿智和善的草根企业家的风采，诠释着民营企业的社会责任意识，也感染着周围所有人加入慈善公益的队伍……

# 第三节　斯土育斯商

问渠哪得清如许，为有源头活水来。改革开放以来，民营经济之所以能在榆林取得如此辉煌的经济成就，一个很重要的原因就是优秀企业家精神得到了充分激发，一大批矢志创新、奋进开拓的企业家成为社会财富的创造者、创新活动的实践者，不仅活跃在榆林经济发展的各领域，成为榆林社会最具创造力与活力的改革音符，而且在全国商业版图上大胆布局、迈向全球，榆林企业家队伍实力雄厚、人脉宽广、努力拼搏，所到之处业绩骄人，风生水起，有的还成为同行业中的佼佼者，大大提升了榆商的影响力和知名度。40 年来，榆林高度重视充分发挥企业家作用，努力搭建有利于企业家公平竞争和施展才华的舞台，营造民营经济发展的良好的制度环境、市场环境、社会环境，推动质量、效益、动力"三大变革"，激发和培育优秀企业家精神的土壤正在逐步形成……

## 一、加强党的建设，引领民营企业加速跑

40 年来，榆林各级党委、政府把发展民营经济作为一项重大工程来抓，出台了《全面加强和改进非公经济党的基层组织建设的实施意见》《深化"一统三管"机制的实施意见》《榆林市基层党建工作基本规范（试行）》等文件，毫不动摇地鼓励、支持、引导民营经济发展，着力帮助民营企业解决实际问题，推动全市民营经济高质量发展。加强在市场准入、资金支持、项目建设等方面的政策协调，注重政策的细化量化和落实落地，多措并举助推民营企业发展壮大，深入推进"放管服"改革，持续优化提升营商环境，让企业放心发展、放手发展。近年来，榆林市两新党建以"红色领航·绿色双强"（党建强、发展强）为主题，以"四个行动计划"为载体，重点实施了"青春党建"引领榆商代际传承行动，大胆探索实践榆林"民营产业、民生事业、民众财富"的非公党建发展观，为全市民营经济转型升级、二次创业提供了坚强的政治保障和内生动力。以"非公不非，非公为公"的榆商精神为内涵，通过党建引领、培塑激励、体验践行，筑牢"精神接班"，为幸福榆林建设做出贡献。通过建立两新组织爱心基地，组织开展"大爱榆商、公益奉献"活动，开展"两新组织"助力精准脱贫行动。经过一系列的有效引领，培育出了一大批彰显榆商"大爱精神"的优秀企业示范典型。

## 二、强化制度创新，为民营企业健康持续发展保驾护航

改革开放以来，榆林市委、市政府根据不同时期中央、陕西省对于民营经济发展的指导意见与宏观政策，结合自身实际，量身定制出台了"促进个体集体经济发展的'双十条'"（1988 年）、《关于贯彻省委、省政府〈关于大力发展非公有制经济的决定〉的实施意见》（1998 年）、《关于加快非公有制经济发展的实施意见》（1998 年）、《关于进一步加快非公有制经济的决定》（2004 年）、《关于加快发展民营经济的实施意见》（2008 年）、《关于进一步促进中小企业健康发展的实施意见》（2013 年）、《关于优化营商环境加快民营经济发展的十五条政策措施》（2018 年）等一系列里程碑式的"培土施肥"措施，同时开创性地设立了"中小微企业日"（6 月 27 日）和"榆林民营企业家日"（9 月 8 日）并开展各种活动，营造出创业尊商的良好社会氛围，提升了民营企业家地位，坚定了企业家信心，为民营企业家创新创业提供了良好的制度环境和法治保障。

## 三、加快市场主体培育，加大财政支持力度

榆林市委、市政府按照"非禁即入、平等待遇"的原则，凡法律法规未明确禁止的行业和领域，一律对中小企业和民间资本开放，任何单位都不得设置附加条件。同时，政府积极扩大民营投资，鼓励和支持民营资本进入基础产业和基础设施、市政公用事业和政策性住房建设、社会事业、金融服务和商贸流通等领域；鼓励和引导民营企业以资产、资源、品牌、技术和市场为纽带进行联合重组，发展成为特色突出、竞争力强的集团公司；鼓励和支持民营企业通过参股、控股、资产吸纳等形式，参与国有企业的改制重组，支持民营资本以合资、合作方式设立混合所有制企业。

全市积极实施抓大扶中育小工程，实施民营企业成长工程，拿出真金白银奖励优秀规模以上民企和省级梯队企业，推进民营企业提质增效。政府努力创新财政支持方式，充分发挥现有财政支持中小企业发展专项资金、榆林市民营经济发展基金、产业发展引导基金和企业应急转贷基金的作用，切实支持民营企业创新创业和转型升级，并通过增加信贷支持规模，落实税费优惠政策，从政策着手为民营企业"开源节流"。政府还推行了每年安排专项资金用于政府购买和奖补服务机构为民营企业提供的各类优质服务，财政补贴民企聘请职业经理人、技术带头人和财务总监制度，选聘优秀高校毕业生到民企工作，创造条件支持民企国企协作配套，培育"五上"企业，多方支持民营企业发展。

### 四、深化"放管服"改革，不断完善民营经济服务体系

榆林市不断强化非公经济领导小组及其办公室的职能作用，充分发挥人民政协和工商联在民营经济发展中的独特优势，建立健全促进非公经济发展工作协调机制，搭建了以市县区中小企业服务中心为主体、社会中介服务机构和园区服务平台为两翼的"一体两翼"服务体系中小企业服务体系，建立健全了创业辅导、融资担保、市场开拓、信息服务、科技支撑、教育培训、管理咨询、信用评价、党群服务九大专业服务平台，努力为民营企业提供创业辅导、优化结构、技术改造、技术创新、产业引导、集群发展和人才培训等各类服务。设立集法律、财会、人力、政策、上市服务、管理咨询等为一体的中小微企业公共服务平台，通过政府购买服务，鼓励社会力量和专业资源参与平台建设，推进资源共享，逐步形成体系完善、功能齐全、覆盖主导产业和重点企业的服务体系。同时，各级各部门尽力简化行政流程、提升效能、科学执行，严抓干部作风，净化政务环境，努力打造服务新高地，助推非公经济创新发展、提质增效。

### 五、整合要素搭建平台，助推民营经济"走出去""引进来"步伐

榆林始终坚持用适合当地运行的好项目带动民营经济长远发展的理念，积极开展招商引资和投融资工作，研究制定了榆林史上最优惠的包括煤化工产业高端化发展、招才引智、科技创新、金融服务、外资引进、文化旅游等多方面招商引资优惠政策，为民营企业搭建内引外联的交互平台，中国榆林国际煤炭暨能源化工产业博览会、民营经济博览会、榆林民商大会、优化营商环境大会、榆商回归创业大会、民营经济发展大会等已经成为榆林对外展示形象的窗口，收效显著，影响逐年提升，吸引了海内外的众多企业参与；政府也积极组织民企走出去参与各类知名的博览会、交流会，推动榆林好产品走向全国、走向"一带一路"国内外市场；积极鼓励引导民营企业运用互联网思维，创新现有经营模式，成功引进了阿里巴巴、陕西青创联盟、京东等企业积极开拓O2O电子销售平台，实现了线上线下有效融合，销售业绩节节攀升。

### 六、充分发挥新社会组织职能作用，推动企业共创共赢

多年来，榆林努力加强新社会组织建设，深化政府职能改革，依法将部分社会管理服务职能转由社会服务组织承担，整合新社会组织资源，鼓励创办为非公经

济服务的联盟、联合会、商会、学会等新社会组织，指导协会加强行业自律，强化行业标准化管理指导，切实服务好非公企业。近年来，榆林市先后建立了榆林市未来企业联合会、榆林市个体私营协会、榆林市青年企业家协会、榆林市女企业家协会、榆林市旅游协会、榆林市房地产协会、榆林市餐饮烹饪协会、榆林市羊毛防守服协会等数百个商会、协会组织，还在西安、北京、上海、深圳、新疆、宁夏、吉林等地建立了40多个榆林异地商会组织，兴办了涉及能源化工、房地产开发、装备制造、物流运输、医药食品、酒店餐饮、文化旅游、咨询服务等众多领域的1200多家企业，充分体现了自身在助推经济转型升级、促进政府职能转变、提供社会服务、创新社会治理、加强行业自律、扩大对外交流方面的重要作用。

当前，榆林正处在转变发展方式、优化经济结构、转换增长动力的关键期，必须大力弘扬优秀企业家精神，创造有利于企业家公平竞争和施展才华的舞台。一方面，要依法保护企业家财产权和创新权益，依法保护企业家的自主经营权；另一方面，要创造企业家有序竞争的市场环境，厘清政府和市场的边界，做到把该放的权放到位、把该营造的环境营造好、把该制定的规则制定好，让企业家有更好的用武之地。此外，构建"亲""清"新型政商关系，也是培育企业家精神的题中应有之义。唯有"多管齐下"，让企业家在市场竞争中有公平感、在合法营收时有安全感、在社会生活中有尊严感，才能让榆林企业家的创新活力充分涌流，让企业家精神在推进榆林高质量发展中绽放光彩，为推进质量变革、效率变革、动力变革发挥关键作用！

# 第五章　榆林民营经济发展展望

中华人民共和国成立以来，尤其是改革开放40年间，我国民营经济从无到有，从小到大，已经由所谓的"边缘经济"发展成为社会主义市场经济的重要组成部分，成为推动国民经济增长的重要动力，在地方经济特别是县域经济中，已经成为促进经济发展的主体和纳税主力。榆林的民营经济发展成绩斐然，成为推动榆林市国民经济发展的重要抓手，提高群众收入、扩大就业的重要来源和增加财政收入的重要一极，展现榆林形象的一张亮丽的名片。榆林民营企业积极履行社会责任，投身公益和慈善事业，新农村建设和扶贫开发蔚然成风，在社会各界引起广泛关注和赞誉，被誉为"榆林现象"。

区域性民营经济发展的非均衡性导致了东、西部地区发展水平和模式呈现明显差异。从全国整体经济发展形势看，东部地区民营经济发展明显优于西部地区，民营经济越发达的地区，例如浙江、江苏、广东等地，其经济增长越快。而榆林等西北部地区由于经济发展水平、资源禀赋以及自然条件等差异，民营经济的发展与全国其他地区还存在不小的差距，其整体经济发展水平相对而言也处于较为落后的状态。

在全面建成小康社会的关键之年，榆林将牢记使命，乘势而上，坚定不移抓机遇、用机遇，充分调动各方面积极因素，坚持以习近平新时代中国特色社会主义思想为指导，坚持新的发展理念，始终将民营经济作为振兴实体经济的关键，把支持民营经济发展摆在更加突出的位置，不折不扣落实支持民营经济发展的各项政策措施，努力建设一个更加富裕文明和谐美丽的现代化新榆林！

# 第一节　我国区域民营经济发展新趋势

## 一、我国民营经济发展分析

改革开放40年来，我国民营企业蓬勃发展，贡献了50%以上的税收，60%以上的国内生产总值，70%以上的技术创新成果，80%以上的城镇劳动就业，90%以上的企业数量，在稳定增长、促进创新、增加就业、改善民生等方面发挥了重要作用，是推动经济社会发展的重要力量。

### （一）我国民营经济发展现状概述

1. 总体发展态势良好，撑起了我国经济的"半壁江山"

截至2018年底，我国民营企业数量超过2700万家，个体工商户超过6500万户，注册资本超过165万亿元，民营经济对国家财政收入的占比超过了50%，是国民经济的重要力量。在世界500强企业中，我国民营企业由2010年的1家增加到2018年的28家。2017年，中国规模以上私营工业企业22.24万家，户均资产1.12亿元、户均净资产近0.6亿元、户均主营业务收入2亿多元。2018年，在国内及世界知名企业排行榜评比中，中国民营企业上榜数量再创历史新高，企业规模不断增强、效益明显提升。"2018中国民营企业500强"入围门槛高达156.84亿元，其中有42家企业营业收入总额超过1000亿元，比上年增加15家。从盈利能力看，上榜民营企业500强的销售净利率、资产净利率、净资产收益率较上一年相比均有上升。

从对产业发展的作用看，民营企业机制灵活、贴近市场，在优化产业结构、推进技术创新、促进转型升级等方面力度很大，取得了很好的成效。据统计，我国65%的专利、75%以上的技术创新、80%以上的新产品开发，都是由民营企业完成的，这表明民营企业在面对世界新一轮科技革命与产业变革的重大机遇和挑战时，面对转变发展方式、推动高质量发展的重大任务时，比以往任何时期都更加注重科技引领、创新支撑，坚定不移地走创新驱动发展之路。2018年，民营工业资产占全国规模以上工业总资产的42%，所有者权益占55%，营业总收入占55%，利润总额占53%；加上300多万家规模以下工业企业（其中民营企业占绝大多数），民营工业各项指标比重更高。民营工业的不断发展，有利于推进供给侧结构性改革，破解制约民间投资的体制机制障碍，发挥民营企业在工业领域主力军和突击队的作用，激发民间投资活力，培育壮大新动能，改造提升传统产业，优化现代产业体系，为我国建设工业现代化强国提供了有力支撑和持续动力。

2. 民间投资成为投资的主力军

2012 年以来，民间投资占全国固定资产投资比重已连续五年超过 60%，最高时达到 65.4%；尤其是在制造业领域，目前民间投资的比重已经超过八成。截至 2018 年，全社会固定资产投资中的民营资本占 62%，其中 35% 左右投资于技术设备的改造和制造业的新建。在 20 多个大类行业中，多数行业民间投资占比超过 50%。民间投资规模的不断扩大，有利于促进就业，转变经济发展方式，调整经济结构，适应经济新常态，培育新增长点；有利于完善我国所有制结构，促进各种所有制经济平等竞争、共同发展；也有利于扩大市场的资本规模以及提高资金流动性，促进市场环境不断优化，增强市场活力，从而提高市场的运行效率。

3. 民营经济是就业的承载主体

1978 年，在中国城镇就业的 9514 万人中，有 7451 万人在国有单位，占 78.3%。而到 2018 年，民营企业就业占城镇就业存量的 80%、增量的 95% 以上。民营经济已经成为城乡就业的主要承载主体，为社会提供了更多的就业岗位，降低了我国的失业率，缓解了社会就业压力，为民生建设做出了贡献。

4. 民营企业成为中国外贸顺差和外汇储备的最大贡献者

2018 年，我国外贸进出口总值达 30.51 万亿元人民币，其中民营企业的贡献度超过 50%，成为第一出口主力，占中国海外投资存量的 1/3。随着"一带一路"倡议的不断推进，民营企业"走出去"的步伐逐步加快，大大有利于提升我国的对外开放水平，增加我国的外汇储备，改善我国贸易环境。同时，民营企业通过在国外市场与外国企业的不断竞争，也增强了自身的发展质量与竞争能力。

5. 改变了中国税收来源格局

2018 年，中国税收总额为 16.98 万亿元，其中，民营企业税收收入 96465.52 亿元，同比增长 17.6%，约占全部税收收入的 56.80%，较上年同期提高 4.2 个百分点；2018 年民营企业增值税和企业所得税增加额均超过全部增值税和所得税的增加额，对增值税和企业所得税的增长贡献率大于 100%，完全弥补了国有及国有控股减收的负面影响，民营企业对于我国税收的增加有着重要作用，有利于更好地发挥政府职能，调节社会生产、交换、分配和消费，促进社会经济的健康发展。同时，政府职能的有效发挥，也有利于政府制定税收优惠政策，鼓励民营企业发展，为民营经济发展提供一个良好的税收环境。

**（二）我国民营经济发展的困境**

1. 外部环境

第一，民营经济下行压力明显。目前，在我国居民人均可支配收入增速当中，中位数增速降幅明显，长期下去可能会通过一个滞后期影响到未来的消费和经济增速。同时，我国投资方面名义和实际投资增速持续下滑，投资市场情况越发严峻，不利于科技创新等新领域的发展，加上贸易战导致我国对外贸易环境恶化，经济下行压力凸显。整体宏观经济形势对民营经济冲击较大，民营实体经济面临着不同程度的生存发展困境，受当前价格回落、成本上升、利润空间缩小等影响，企业发展速度明显放缓。宏观环境制约着民营经济的持续健康发展。

第二，市场准入存在壁垒。民营企业与国有或外资企业在市场准入方面，存在着"非国民待遇"与"次国民待遇"之分。政府对于民营企业的准入政策与国有企业、外资企业存在较大区别，缺乏权威的政策。一些市场行业被国有经济垄断，民营经济再想介入十分困难。此外，由于民营经济的主体质量参差不齐，民营经济想要开辟新的市场，就要受到层层的审批，审批的环节比较复杂，而且从国家利益分配的情况来看，还是比较倾向于国有经济。因此，与国有经济相比，民营经济的发展无论是在资格、条件方面，还是机会方面都处于不利的地位。政府放宽民营企业准入门槛的政策，很多还不具体，缺乏实际的可操作性，各地方政府对于民营企业准入壁垒的形式多种多样。政府对民营企业的要求往往高于国有企业，即便是一些允许外商投资进入的行业，民间投资也很难进入，这种"明宽暗管"的现象十分严重。在融资、用地、收费等方面，民营经济没有享受到应有的国民待遇。

第三，信贷融资难。民营经济的融资渠道受到很多限制，我国金融机构主要的服务对象是国有企业或者大型民营企业，对民营企业的贷款限制多、审批严、程序烦琐，民营企业很少能从金融机构获得融资帮助。由于民营企业一般规模小、资金匮乏、偿债能力弱、财产抵押不足，所以银行等金融机构从自身的利益出发，不愿意批准民营企业的贷款。此外，对同等数额的不良贷款来说，如果是国有企业，银行就能少承担责任或直接免责，因此缺少服务于民营企业的金融体系，也是导致民营经济融资困难的一个因素。除了向银行直接融资以外，我国的民营企业还会间接地进行融资，如企业拆借、信用担保、审计评估、民间融资等，但是这些间接的融资不但没有给民营企业带来融资便利，反而增加了民营企业的融资风险。

第四，社会服务体系滞后。民营经济社会服务方面的问题主要体现在，政府对民营企业表现出过多监管，在民营企业登记注册、技术咨询、项目审批、风险投资等方面存在诸多限制。此外，政府在法律、人才、税收等方面的政策支持也比较匮乏，一些深层次的体制性障碍还存在，许多扶持民营经济发展的政策、措施难以完全落实到位，在实际工作中难以真正兑现，对民营经济的具体管理办法还不尽完善，从而导致民营企业发展举步维艰。全民创业的发动面不够，创新创业文化氛围尚未形成，导致民营经济没有一个良好的社会发展环境。

2. 企业自身

第一，民营企业的管理水平有待提高，企业发展缺少相应的长期目标，市场竞争力较弱。民营企业自身存在着经营管理问题，企业所有权与经营权经常混合在一起，不少企业管理者并不能很好地理解和支持现代管理的理念，不肯放手让职业管理团队自主地掌管企业事务，而更多将企业的命运掌握在自己的手中，导致企业难以形成有效的决策机制，现代企业管理理念也难以深入人心。此外，民营企业自身实力有限，不具备与国有企业、外资企业竞争的实力，同时很多民营企业短期行为比较严重，缺乏长远的战略眼光，市场风险意识淡薄，缺少履行社会责任的意识，缺乏可持续的核心竞争力。

第二，民营企业的信用等级低，担保能力不足。我国的民营企业在诚信方面有严重的缺陷，民营企业的财务信息透明度不够，财务管理制度条例有待健全。此外，民营企业抵押担保能力不足。我国民营企业的基本特征是规模小、盈利少、固定资产缺乏，而银行等金融机构在决定是否贷款时的抵押物一般要求为固定资产，这使得银行等金融机构不愿意批准民营企业的贷款申请，进而导致了民营企业融资难问题的出现，制约了民营企业的发展壮大。

第三，资金瓶颈制约十分严重。当前，多数民营企业存在固定资产挤占流动资金现象，加之市场行情不好，资金回旋空间几乎没有。企业内部资金流动性与安全性不足，导致民营企业抵御风险能力差，一旦出现剧烈的市场波动，民营企业就会遭受很大影响，甚至有破产的可能。而民营企业融资难的问题又进一步制约了民营企业内部资金的流动性，导致民营企业内部资金瓶颈制约十分严重，影响了民营企业的持续健康发展。

第四，民营企业产业结构层次依然偏低。受市场准入、企业自身素质等条件限制，民营经济主要集中在劳动密集、技术含量低的行业，装备工艺落后，资源利用率低，而且一些产业能耗高、产业链短、附加值低、技术含量低，因此很容易受市场波动影响。尤其是民营企业中的一些高耗能、低水平、传统的劳动密集型产业，它们处于产业链发展的低端，技术水平不足导致缺乏核心竞争力，企业生产过程中科技含量低，导致产品更新换代缓慢，在激烈的市场竞争中容易被市场淘汰，民营企业规模无法扩大。

第五，民营企业人力资源比较匮乏，高级经营管理人才和专业技术人才极为短缺。民营企业的经营方式和企业规模导致其对于高级人才缺乏吸引力，人才的缺乏导致了产品技术含量较低，企业创新意识淡薄，科技投入少，企业竞争力弱。同时，民营企业自身文化、人事、激励、保障制度不健全，对于员工缺乏有效的管理与激励，很难让员工产生归属感，导致民营企业很难留住员工，造成人员流动性增大，人才流失严重。

**（三）我国各区域民营经济发展比较分析**

1. 民营经济从业人数比较

目前，我国经济形势处于下行趋势，民营经济为缓解就业压力、容纳剩余劳动力和社会新增劳动力、维护社会稳定及建设和谐社会做出了重大贡献。2017年西北民营企业就业人数为1994.38万人，同比增长32.70%，长三角和中部地区居于最高水平，分别为7434.19万人和6669.97万人；其次为珠三角，为4179.59万人。西北地区与其他地区相比，处于最低水平，这主要是由于当地的流动人口较少。从增长率来看，西北地区的增长率最高，达到32.70%；其次是珠三角地区，为14.89%；西南四省出现负增长，降低5.22%，可以看出西北地区的增速远远高于其他地区，民营经济为扩大就业贡献了积极力量（见图5-1）。

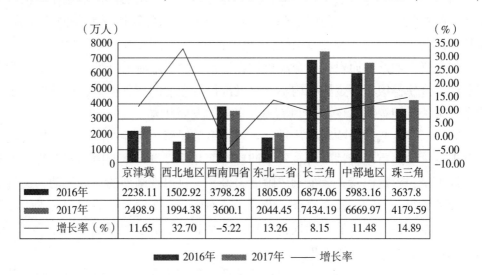

图5-1　民营企业就业人数比较

资料来源：国家统计局。

2. 民营经济市场主体数量比较

从民营经济市场主体的数量来看，图5-2中七个区域的民营企业数量在2017年都呈上升趋势，其中，西北地区这两年在七个地区中都处于最低水平。截至2017年底，西北地区民营经济市场主体共585.28万户，同比增长10.93%。而中部地区是七个区域中最高的地区，截至2017年底，民营企业达到1998.71万户，同比增长13.34%。2017年珠三角的民营经济市场主体的增长率最高，达到14.47%；西北地区为10.93%；东北地区增长率最低，为8.98%。虽然西北地区的增长率高于东北地区，但是与其他地区相比，仍存在不小的差距。

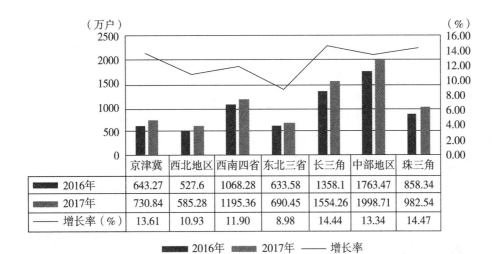

| | 京津冀 | 西北地区 | 西南四省 | 东北三省 | 长三角 | 中部地区 | 珠三角 |
|---|---|---|---|---|---|---|---|
| 2016年 | 643.27 | 527.6 | 1068.28 | 633.58 | 1358.1 | 1763.47 | 858.34 |
| 2017年 | 730.84 | 585.28 | 1195.36 | 690.45 | 1554.26 | 1998.71 | 982.54 |
| 增长率（%） | 13.61 | 10.93 | 11.90 | 8.98 | 14.44 | 13.34 | 14.47 |

■ 2016年　■ 2017年　— 增长率

**图 5-2　民营企业户数比较**

资料来源：国家统计局。

从市场主体的组成结构来看，截至 2017 年底，西北地区的私营企业户数为
139.03 万户，同比增长 19.50%；长三角的私营企业户数最高，达到 609.47 万户，
同比增长 16.31%；东北三省的私营企业数量最低，仅为 138.75 万户。其中，私营
企业数量增长率最高的是珠三角，高达 20.31%，其次是中部地区和西北地区，分
别为 19.6% 和 19.5%，虽然西北地区的私营企业户数较低，但是增长率处于较高水
平。截至 2017 年底，西北地区的个体户数为 446.25 万户，仅比最低水平的京津冀
地区多 8.99 万户；中部地区的个体户数最多，高达 1538.61 万户，同比增长
11.59%。其中，长三角的个体户数增长率最高，达到 13.27%，西北地区的增长率
居于较低水平，仅为 8.51%（见表 5-1）。

**表 5-1　各区域私营企业与个体户数**

| 地区 | 私营企业户数 | | | 个体户数 | | |
|---|---|---|---|---|---|---|
| | 2016 年<br>（万户） | 2017 年<br>（万户） | 同比增长<br>（%） | 2016 年<br>（万户） | 2017 年<br>（万户） | 同比增长<br>（%） |
| 京津冀 | 249.63 | 293.58 | 17.61 | 393.64 | 437.26 | 11.08 |
| 西北地区 | 116.34 | 139.03 | 19.50 | 411.26 | 446.25 | 8.51 |
| 西南四省 | 243.87 | 282.76 | 15.95 | 824.41 | 912.6 | 10.70 |
| 东北三省 | 118.09 | 138.75 | 17.50 | 515.49 | 551.7 | 7.02 |
| 长三角 | 524 | 609.47 | 16.31 | 834.1 | 944.79 | 13.27 |
| 中部地区 | 384.71 | 460.1 | 19.60 | 1378.76 | 1538.61 | 11.59 |
| 珠三角 | 317.17 | 381.58 | 20.31 | 541.17 | 600.96 | 11.05 |

资料来源：国家统计局。

3. 民营经济固定资产投资比较

投资是拉动经济增长的不竭动力，但是 2017 年有两个区域的民营企业固定资产投资出现了负增长现象（见图 5-3）。2017 年西北地区的民间固定资产投资为 10326.95 亿元，出现负增长；中部地区的民间固定资产投资最高，达到59902.78 亿元，同比增长 5.79%；珠三角的民间固定资产投资水平最低，仅为9259.41 亿元，同比增长 10.17%。其中，长三角的增长率最高，达到 15.20%；其次为京津冀，为 13.19%；西北地区和东北三省出现负增长，分别降低 5.43%和 1.06%，西北地区与其他地区相比，整体处于较低地位。

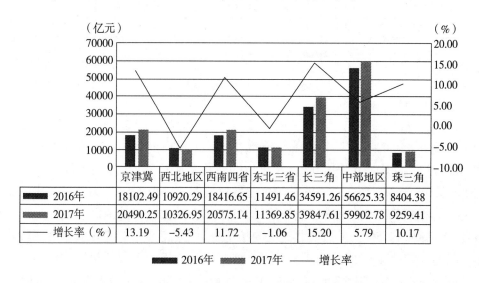

| （亿元） | 京津冀 | 西北地区 | 西南四省 | 东北三省 | 长三角 | 中部地区 | 珠三角 |
|---|---|---|---|---|---|---|---|
| ■ 2016年 | 18102.49 | 10920.29 | 18416.65 | 11491.46 | 34591.26 | 56625.33 | 8404.38 |
| ■ 2017年 | 20490.25 | 10326.95 | 20575.14 | 11369.85 | 39847.61 | 59902.78 | 9259.41 |
| —— 增长率（%） | 13.19 | −5.43 | 11.72 | −1.06 | 15.20 | 5.79 | 10.17 |

■ 2016年　　■ 2017年　　—— 增长率

**图 5-3　民营企业社会固定资产投资情况**

资料来源：国家统计局。

2017 年，西北地区民营企业固定资产投资为 9316.74 亿元，与上年相比，同比降低 5.48%；中部地区的民间固定资产投资最高，达到 56798.22 亿元，同比增长 6.79%；其次是长三角地区，为 38868.51 亿元；珠三角的私营企业固定资产投资水平最低，仅为 8558.89 亿元，同比增长 12.14%。从私营企业固定资产增长率来看，长三角地区最高，达到 16.20%；其次为京津冀，为 13.78%；西北地区和东北三省出现负增长，分别降低 5.48%和 2.98%（见表 5-2）。

从个体固定资产投资来看，中部地区的投资额最高，达到 3104.56 亿元；最低的两个地区分别为京津冀和珠三角，分别为 598.59 亿元和 700.52 亿元；西北地区个体固定资产投资为 1010.21 亿元，与其他地区相比，排在第四位。从体固定资产投资增长率来看，仅有东北三省和西南四省为正增长，增长率分别为 22.59%和1.93%；其他地区均为负增长，长三角地区下降最多，同比减少 14.13%；其次为中部地区和珠三角，分别降低9.73%和9.29%，西北地区降低5.00%。

表5-2　各区域私营企业与个体企业固定资产投资情况

| 地区 | 私营全社会固定资产投资情况（亿元） | | | 个体全社会固定资产投资（亿元） | | |
|---|---|---|---|---|---|---|
| | 2016年 | 2017年 | 同比增长（%） | 2016年 | 2017年 | 同比增长（%） |
| 京津冀 | 17482.45 | 19891.66 | 13.78 | 620.04 | 598.59 | -3.46 |
| 西北地区 | 9856.90 | 9316.74 | -5.48 | 1063.39 | 1010.21 | -5.00 |
| 西南四省 | 16804.63 | 18932.03 | 12.66 | 1612.02 | 1643.11 | 1.93 |
| 东北三省 | 10627.11 | 10310.21 | -2.98 | 864.35 | 1059.64 | 22.59 |
| 长三角 | 33451.01 | 38868.51 | 16.20 | 1140.25 | 979.10 | -14.13 |
| 中部地区 | 53186.04 | 56798.22 | 6.79 | 3439.29 | 3104.56 | -9.73 |
| 珠三角 | 7632.15 | 8558.89 | 12.14 | 772.23 | 700.52 | -9.29 |

资料来源：国家统计局。

## 二、西北地区民营经济发展情况

面对复杂严峻的国内外环境和持续加大的经济下行压力，西北地区民营经济与全国一样也出现了发展迟滞的问题，但是陕西省作为西北地区经济大省主动适应经济新常态，不断加快转型升级步伐，不断增强改革活力，持续优化发展环境，有效应对各种风险和挑战，实现了民营经济总量的高增长。

### （一）西北地区民营经济发展数据

1. 经济总量平稳增长

2017年西北地区各省（区）非公经济增加值的数量和速度之间有一定差异，但总体呈现平稳增长的状态。非公经济增加值对GDP的贡献比较显著，尤其是陕西省，民营经济相对GDP占比超过一半，成为拉动经济增长的主要力量（见表5-3）。

表5-3　2017年西北地区民营经济增加值统计　　　　单位：亿元

| 地区 | 地区GDP | 非公经济增加值 | | |
|---|---|---|---|---|
| | | 增加值 | 同比增长（%） | 占GDP比重（%） |
| 陕西省 | 24438.22 | 11845.07 | 14.27 | 54.2 |
| 甘肃省 | 8246.1 | 3595.67 | 28.37 | 48.2 |
| 宁夏回族自治区 | 3705.18 | 1697.62 | 10.33 | 49.2 |
| 青海省 | 2865.23 | 950.81 | 0.5 | 36.2 |
| 新疆维吾尔自治区 | 10881.96 | 1093.04 | 3.6 | 10.0 |

资料来源：国家统计局。

**2. 市场主体数量规模持续扩大**

从发展趋势来看，民营经济在西北地区企业群体中的占比越来越高，地位逐渐提高。截至 2017 年底，西北地区个体私营企业累计达到 585.28 万户。其中，私营企业 139.03 万户；个体工商户 446.25 万户（见表5-4）。陕西、甘肃、宁夏、青海、新疆五省区民营经济市场主体数量较上一年均有所增长，其中新疆增速最高。青海省无论是从规模上看，还是从速度上看都不占优势，今后应进一步加强对民营经济体尤其是私营企业的扶持。

表 5-4　2017 年西北地区个体私营户数　　　　　　　单位：万户

| 地区 | 私营企业 | | 个体工商户 | |
|---|---|---|---|---|
| | 户数 | 同比增长（%） | 户数 | 同比增长（%） |
| 陕西省 | 60.40 | 19.04 | 162.82 | 8.81 |
| 甘肃省 | 30.04 | 21.57 | 107.12 | 15.82 |
| 宁夏回族自治区 | 13.54 | 20.57 | 37.94 | 10.77 |
| 青海省 | 7.28 | 14.29 | 27.57 | 13.32 |
| 新疆维吾尔自治区 | 27.77 | 21.05 | 110.80 | 13.93 |

资料来源：国家统计局，各省、区工商联。

**3. 民间投资出现负增长**

2017 年，西北地区民间投资总额达到 20742.85 亿元，占全地区投资的42.62%（见表5-5），同比增长 5.17%，成为经济增长的主要内生动力。从各省区情况看，除甘肃省有较大幅度下降外，各省区民间投资均增加，其中陕西省民间投资不仅规模最大而且增速也最高。宁夏回族自治区民间投资占比超过一半，成为最大投资主体。

表 5-5　2017 年西北地区民间投资情况　　　　　　　单位：亿元

| 分类　　　地区 | 投资总额 | 民间投资情况 | | |
|---|---|---|---|---|
| | | 投资额 | 同比增长（%） | 占比（%） |
| 陕西省 | 23468.21 | 9683.16 | 10.81 | 41.26 |
| 甘肃省 | 5696.35 | 2463.60 | 42.62 | 43.25 |
| 宁夏回族自治区 | 3813.38 | 2126.34 | 5.4 | 55.76 |
| 青海省 | 3897.14 | 1226.50 | 1.2 | 31.47 |
| 新疆维吾尔自治区 | 11795.64 | 3416.85 | 1.3 | 28.97 |

资料来源：各省统计公报及年鉴。

**(二) 西北地区民营经济发展存在的问题**

1. 总体发展处于滞后水平

西北经济区由陕西、宁夏、甘肃、青海和新疆五省区构成。总面积 310.7 万平方公里，占全国总面积的 32.4%；2017 年，常住人口 10186 万人，占全国总人口的 7.4%；经济总量为 4.7 万亿元，占全国的 6.3%；区域内的人均 GDP 为45742 元。在我国的四大经济区中，西北经济区面积最大，占全国的 32%，但是，如今西北五省区已成为我国区域经济板块中的"塌陷地带"。经济新常态下，受全球经济疲软和我国经济下行的影响，西北地区民营经济发展面临的困难集中爆发。与发达地区相比，西北地区民营经济发展呈现出数量少、规模小、素质低、竞争力弱等特征，持续发展也面临着许多障碍和困境。推动西北地区民营经济发展，既要利用好经济转型发展创造的机遇和国家政策释放的动力，也要着力破解阻碍、制约民营经济发展的制度壁垒和人文生态。

2. 民营经济发展缓慢

大量理论分析和实践经验均表明，民营经济产权明晰的特点使其具有比国有经济更强的激励机制，对于促进经济增长发挥着举足轻重的作用。私营企业是民营经济的主要成分之一，西部地区私营企业单位数仅占全国总数的 16.4%，与私营企业单位数全国占比 65.7% 的东部地区相去甚远。由于西部地区民营经济发展缓慢，经济转型缺乏市场主体支撑，经济转型步履沉重。西部许多省区是资源大省，资源型经济转型会使大量人员从该行业退出，民营经济因发展滞后而不能充分吸纳这些人员，导致失业人数大增，影响社会稳定。此外，民营经济发展缓慢严重影响研发创新活动，抑制了新兴产业的发展壮大，无法及时为经济转型提供新的增长动力。经济增速下降导致收入下降和失业率上升，使经济转型阻力增大。

事实上，我国的区域发展差距、西北地区民营经济的发展滞后，既与自然环境、地理区位、资源禀赋、基础设施等"硬环境"有关，也与国家政策、法律法规、税负水平、商业气候、政府行政行为及服务水平等"软环境"有关。破解西北地区经济发展的结构性矛盾、"一条腿走路"和"低水平陷阱"的困局，需要着力发展民营经济。一方面，与发达地区相比，西北地区民营经济发展明显滞后，民营经济没有得到充分发展，因此仍具有发展的巨大潜力，可以成为经济发展新的增长点；另一方面，我国经济发展面临新型城镇化、经济智能化、产业高端化、经济服务化等一系列新的机遇，民营经济只要顺势而为，必然能够获得广阔的发展空间。

3. 民营经济主体实力不强

与发达地区相比，西北地区民营经济发展呈现出数量少、规模小、素质低、竞争力弱等特征，持续发展也面临着许多障碍和困境。西北地区私营企业数量少。该地区共有私营企业1364万户，而广东省一省就拥有私营企业3172万户，西北地区私营企业户数仅是广东省的35.83%。西北地区私营企业竞争力小。在全国工商联发布的2017年中国民营企业500强名单中，西北地区民营企业只有11家入围，与上年持平，其中，陕西4家，新疆4家，宁夏3家，甘肃、青海还没有实现零的突破。西北地区私营企业层次低。西北地区民营企业主要集中在劳动密集、技术含量较低的批发零售、住宿餐饮大众服务业及建筑业、房地产等一般性竞争行业和机械加工、农产品加工及消费品行业，附加值较高的行业和领域涉足不深，龙头企业不多，知名品牌少、产业链短和"散、弱、低、粗"的问题突出。推动西北地区民营经济发展，既要利用好经济转型发展创造的机遇和国家政策释放的动力，也要着力破解阻碍民营经济发展的制度壁垒和制约民营经济发展的人文生态。

4. 民间投资积极性不高

首先，由于传统行业市场容量日趋饱和，增长动能不断减弱，民间投资从产能过剩领域加快退出，在传统制造业及服务业领域不断收缩，在基础设施领域以及产业转型升级方面的投资更加谨慎。

其次，一些非公企业对现代企业经营管理和市场经济认识不足，自主创新意识不强，只专注于自身发展，思想观念跟不上新常态、新形势的要求，用老办法解决发展中出现的新问题；企业普遍缺乏具有战略决策能力的高素质管理人才和具有创新能力、专业技能的复合型人才，一些企业甚至管理凭经验，经营重眼前，不重视专业人员的培养。思想观念的滞后严重制约着西北地区民营经济的发展。

最后，因征地拆迁矛盾导致投资成本上升，致使一些投资项目迟迟无法落地，在一定程度上影响了民营企业投资的积极性。

5. 民营企业融资难问题严重

从银行方面看，在经济下行的大背景下，各银行面向民营企业的放贷普遍收紧，出现了贷款利率提升、门槛提高、贷款期限缩短等情况，并普遍奉行在规模上"重大轻小"的原则。

从企业角度讲，一方面，部分企业因行业特点，本身缺少有形资产等抵押物，因此无法取得贷款。另一方面，贷款手续繁杂、融资效率低等问题也极大地增加了企业融资成本。此外，担保公司收费过高，民间信贷市场环境恶化，更进一步加剧了企业融资难、融资贵问题。

6. 政策落实不到位

一是政府与企业之间信息不对称，很多企业因较难获取全面、及时、准确的政策信息而无法享受优惠；二是部分优惠政策申请程序烦琐，企业因自身管理不够规范而无法提供相关材料，因此主动放弃享受优惠；三是部分地方政府诚信意识淡薄，签订协议时明确企业应享受的优惠扶持政策在项目实际落地后却往往无法如期兑现，致使企业丧失商机，损失惨重。

**（三）西北地区民营经济展望**

虽然西北地区民营经济发展面临一系列不利条件，但未来该区域也面临着诸多快速发展的战略机遇，推动经济稳中有进、稳中向好的积极因素没有改变，民营经济发展环境将进一步改善。

相较于东部地区，西北地区近年来承接了多项产业转移。随着国家西部大开发战略、"一带一路"建设、长江经济带战略等的推进，新动能培育发展、产业转型升级及供给侧结构性改革深入推进，东西部的经济差距将逐渐减小。北部的京津冀一体化、中部的长江经济带、南部的粤港澳大湾区、西北的丝绸之路经济带共同构成我国区域经济协调发展的基本格局。西北五省区作为"丝绸之路经济带"的重要组成部分，其地位与重要性愈加突出，若能借力"一带一路"，以贯穿五省区的铁路干线为轴线，以轴线周围的节点城市群为基点，以西咸新区和兰州新区两大国家级新区为依托，构建跨行政区划的泛西北经济区，则能在"一带一路"框架内重塑我国区域经济新格局，提升区域发展新活力，促进区域经济的协调发展。

党中央、国务院关于鼓励、支持和引导民营经济的方针政策将继续执行并不断优化，相关政策措施将进一步健全完善，我国民营经济发展的法律环境、政策环境、市场环境和社会环境将进一步改善。从西北民营经济发展趋势来看，民营经济在产值创造、市场主体数量、投资方面整体呈现一个较好的增长趋势，在税收、对外贸易中的相对重要性提高，未来占西北地区的生产总值比重也将进一步提高。

西北地区民营企业重要行业进入领域将明显扩大。随着国务院关于鼓励和引导民间投资政策的贯彻落实，重要行业领域的准入将进一步放宽，民营经济投资不仅在一般竞争性领域，而且在具有垄断性的重要行业领域的比重将明显提升，西北地区民营经济进入先进装备制造业、军事科技工业、重要原材料工业、战略性新兴产业等重要领域的步伐也将不断加快，投资比重会明显提升。

近年来，西北地区民营企业从长远战略出发，积极开拓海外市场，发挥自身灵活应对各类复杂市场环境的优势，通过品牌延伸、资本渗透、跨国经营、海外合作等形式加速发展自己，已经成为我国企业"走出去"的生力军。随着"一带一路"的建设，地区合作的加强，经济全球化的深入，未来西北地区民营经济"走出去"的趋势将进一步加强。

随着西北地区民营公司制特别是股份公司制企业数量的增加，民营上市公司越来越多，民营企业现代企业法人治理模式、职业经理人制度、技术人员激励制度、股权激励制度等制度也将逐渐完善。这种产权多元化、股权公众化、企业治理结构现代化、采用职业经理人制度的民营企业，是社会所有、公众所有的企业，其社会性与公众性极大提高，为民营经济发展注入了新的活力。

今后，西北地区民营企业应紧紧抓住难得的历史机遇，依托自身的地域情况和资源禀赋，积极应对诸多可以预见和难以预见的风险挑战，增强机遇意识与风险意识，主动适应环境变化，克服新的困难与矛盾，提高自身素质，转变发展方式，进一步发挥其国民经济主要内生动力源的优势。

# 第二节　榆林民营经济发展成就

改革开放40年来，榆林市民营经济以星星之火燎原之势发展壮大。特别是21世纪以来，随着西部大开发战略和国家能源化工基地建设深入推进，榆林民营企业作为改革开放的探索者，资源开发的先行者，地方特色产业的创造者，循环经济发展的实践者，推动着榆林民营经济发展速度全面提升，规模总量不断扩大、结构调整不断深化、总体效益不断提高、发展活力不断提升。

## 一、榆林民营经济发展成就

榆林民营经济是双创经济的主战场，是创造就业的主阵地，是社会财富的主来源，是科技创新的主推力，是建设中国特色社会主义事业的重要力量，是榆林改革发展的强大支撑。

### （一）民营经济成为榆林经济持续增长的重要支撑

目前，榆林市已有市场主体21.27万户，其中民营经济组织20.27万户（其中民营企业5.3万户、农民专业合作社1.03万户、个体工商户13.84万户），累计从业人员约115万人。共有"四上"企业2196户，其中规模以上工业企业796户；非公工业企业达667户，占规模以上工业企业总数的83.8%。省级梯队企业296户，其中行业之星30户，成长之星118户，创业之星148户；市级梯队企业达153户；省民营经济转型升级示范企业49户、省专精特新中小企业14户、省级创业创新示范基地3个。民营经济在GDP占比、对经济增长的贡献率、纳税占比等方面都逐年提升，对全市经济持续高质量发展提供了强劲支撑。榆林市近年来主要年份非公经济增加值如表 5-6 所示。

表 5-6 榆林市近年来主要年份非公经济增加值　　单位：亿元

| 年份 | 合计 | 第一产业 | 第二产业 | | | 第三产业 |
| --- | --- | --- | --- | --- | --- | --- |
| | | | | 工业 | 建筑业 | |
| 2005 | 134.13 | 12.83 | 46.12 | 39.41 | 6.71 | 75.18 |
| 2010 | 652.37 | 33.49 | 399.92 | 379.20 | 20.72 | 198.96 |
| 2011 | 828.49 | 41.52 | 549.40 | 525.02 | 24.37 | 237.57 |
| 2012 | 1003.87 | 50.98 | 690.08 | 663.75 | 28.07 | 262.81 |
| 2013 | 1081.25 | 53.81 | 689.42 | 646.65 | 42.77 | 338.02 |
| 2014 | 1179.98 | 54.34 | 772.55 | 726.74 | 45.81 | 353.09 |
| 2015 | 1021.56 | 59.05 | 580.00 | 543.44 | 36.56 | 382.52 |
| 2016 | 1164.92 | 64.75 | 627.95 | 589.55 | 52.11 | 472.22 |
| 2017 | 1406.68 | 62.96 | 804.40 | 758.67 | 59.36 | 539.32 |
| 2018 | 1647.55 | 65.38 | 910.03 | 847.79 | 62.24 | 672.14 |

资料来源：榆林市中小企业促进局。

**（二）民营经济成为创新创业的主要战场**

"十三五"以来，榆林市深入推进创新驱动战略，民营企业由于其充满市场精神的运作，机动灵活的管理以及充满干劲、开放包容的民营企业家精神成为创新创业的主战场。据统计，榆林市累计实施中小企业科技合作项目 342 项，组织实施兰炭清洁化、金属镁冶炼、白绒山羊繁育、长柄扁桃示范推广等十个重大科技产业项目，开发新产品 50 多个，攻克技术难题 200 多项，申请专利 4896 件，取得省级科技项目 200 余项，市级重大科技成果 213 项，技术市场总交易额突破 20 亿元。与此同时，民营企业积极利用"互联网+"拓展经济发展形式，注册电子商务企业 951 家，物流企业 497 家，开设电商网点 1000 多个，高新企业孵化中心、榆林电商创业孵化园初具规模，中国网库榆林电商谷产业基地投入运营，成为榆林市扩大就业、创新创业的新兴力量。

**（三）民营经济成为壮大县域经济的关键支柱**

"十三五"以来，榆林政府顶住经济持续下行的压力，坚持"振兴县域经济关键要发展民营经济"理念，实施"千企计划"，帮助近千个民营经济项目争取省市各类帮扶资金达 2.6 亿元。榆林市七个县（市、区）民营经济增加值占据地区生产总值的"半壁江山"，并且建成省级县域工业集中区 22 个。2018 年，县域经济在经济下行期间得到稳定增长，同比增长 45%；工业销售产值 966 亿元，同比增长47%；固定资产投资178亿元，同比增长34%；营业收入882亿元，同比增长50%；实缴税金105亿元，同比增长77%；支付劳动者报酬39亿元，同比增长12%；入驻企业总户数370户，其中规模以上企业194户。

**（四）民营经济成为全面建成小康社会的中坚力量**

近年来，榆林市各级部门和社会组织以推进企业落实社会责任为载体，积极引导广大民营企业家致富思源、奉献爱心、回报社会，民营企业和企业家投入公益事业发展资金近百亿元，涌现出了一批先进典型：榆阳区26户煤炭企业集资5.4亿元迁建榆林第一中学；神木县288户民营企业结对帮扶311个行政村，捐助"三大基金"38亿元；府谷县500多位民营企业家捐资18.68亿元支持教育、卫生等事业；陕西荣民集团投资上亿元帮扶定边县海则梁村发展现代特色农业，形成了农村农业发展新模式；榆林市文昌集团投资10.1亿元建设保障性住房，建成69.5万平方米的全国最大经济适用房小区。

**（五）民营经济组织成为基层党建的新兴领域**

近年来，榆林政府坚持"一流党建促一流企业"理念，积极创新模式、理顺机制，先后开展了"评星晋级、争创双强""红色领航、绿色双强"等主题活动，全面加强民营企业党的建设工作，形成了企业党建与经济发展协调推进、多向渗透、共同发展的格局。目前，按照"有场地、有正常经营活动、有固定工作人员"的"三有"标准，榆林市有民营企业4412户，其中有党员的3054户，党员9008名，单独建立党组织576个，联建党组织116个，选派党建指导员1800名；榆林市有社会组织1900个，其中有党员的1529户，有党员4698人，单独建立党组织541个，联建党组织34个，选派党建指导员570名，实现了党组织和党的工作全覆盖。

## 二、榆林民营经济转型探索

榆林民营经济实现了"丛林经济"、民生经济、创新型资源经济和双富经济的转型，探索出了一条独具特色的改革之路。

**（一）"草根经济"向"丛林经济"的转变**

改革开放40年间，榆林民营经济从"草根经济"快速成长为"丛林经济"，并在扩大就业、繁荣经济方面发挥了至关重要的作用。在榆林采访当地人对民营经济的看法时，你会听到他们自豪地介绍：以安置残疾人就业为主体的民政福利企业——羊中王集团、陕西省轻纺工业唯一的"中国驰名商标""羊老大"品牌、榆林的男女老少几乎无人不知的"付翔炉馍"……这些品牌全部孕育在榆林，成长在榆林。追溯这些企业的历史，会发现它们均出身"草根"，靠着企业掌舵人"敢为人先""爱拼才会赢"的精神一步步发展壮大起来。

跨入 21 世纪后，榆林以煤炭、石油、天然气、化工开发为主体的基地建设扬帆启航。民营企业在规模逐渐壮大的同时，产业层次也逐渐提升，加快发展风电、光伏、新材料等战略性新兴产业，大力发展现代特色农业，积极发展金融、物流、文化旅游、大数据库、"互联网+"等产业。当地民营经济已经基本实现了以煤炭、化工冶炼、建筑建材、农畜产品加工和服务五大主导特色产业为主的迅速扩张，以新型工业化为引领，以园区化为载体，向特色化、产业化、集群化发展，一些特色产业在全省乃至全国都具有较强的竞争力和影响力。煤制油产业产值突破 30 亿元，天元、富油等民营企业创造了"榆林版煤制油"；金属镁产业产值突破 27 亿元，产量达到世界的 40% 以上、中国的 60% 以上；电石产业累计产值突破 24 亿元，推动了榆林煤电载能等资源综合利用和循环经济发展；兰炭在国家层面被列为洁净煤，成为京津冀鲁地区替换烟煤的主力军，产值突破 43 亿元；防寒服产业年产值突破 20 亿元，现有 3 件全国驰名商标、1 件中国著名品牌、11 件省著名商标、4 件省名牌产品，中纺联授予榆林"中国羊毛防寒服名城"称号。

榆阳区作为榆林经济发展的枢纽地位，因地制宜、因势利导，不断调整和优化中小企业产业结构，实现了农业种植业集聚发展、农产品加工业蓄势发展、服装加工企业转型发展、新型建筑建材业持续发展以及重工业企业强势发展。在各主要产业领域，创出多个省名牌产品和省著名商标，自主研发新产品 30 多种，被国家知识产权局授权实用新型专利 20 多项，老榆林白酒、神华西服、水点豆腐、山立肉食等品牌就是典型代表。羊老大、羊中王、九牧羊等集团从小作坊开始，通过坚持不懈的努力，整合产业资源，建设羊毛羊绒产业集群基地，打造羊毛服装产业链，走上了产业联合、资本融合、技术合作、品牌制胜的发展道路。

随着全市民营经济逐步发展壮大，最初的"草根经济"也发展为"丛林经济"，成为全市最具活力的经济因素。

**（二）得民心的民生经济**

榆林的民营经济是民生经济，真正做到了发展为了人民，发展依靠人民，发展成果由人民共享，是得民心的民生经济。

所谓民生经济，就是把保障和改善中低收入社会成员的生存发展条件作为主线贯穿于生产、分配、消费等经济运行的全过程，通过理顺劳动力、土地、资本等生产要素的比价关系，实现资源合理配置，提高社会整体经济效率，提升社会总福利水平的经济发展模式。发展民生经济，有利于实现发展目的与手段的统一、效率和公平的统一。

（1）民营经济发展破解了"上学难"问题。民营企业家身体力行，为教育事业奉献力量。例如，2001年"六一"儿童节，走出家乡勤劳致富的民营企业家投资33万元给定边县建起了荣民希望小学。又如，榆阳企业家为了给学生提供更优质的教学环境，筹资迁建榆林市第一中学。同时民营经济的发展为榆林市发展教育事业提供了必要的经济条件，使得榆林市率先在全国实现了15年义务教育，覆盖幼儿园、小学、初中、普通高中四个学段。

（2）民营经济推动了社会保障体系的建设。优先发展民营经济是保障民生的根本所在，民营经济"主体"化为榆林市民生事业发展提供了所有制保障。民营经济"主体"化是指民营经济在国民经济总量中占优势地位，在解决就业、增长、出口、技术创新等方面发挥主导作用，宏观经济政策体系转型以服务民营经济和民营企业为主要目标，使得市场的作用得以充分发挥。

（3）民营经济在促进公共基础设施建设、扶助"三农"、改善农村生活环境，推进社会主义新农村建设等方面也一直发挥着积极作用。有位民营企业家曾拿出1亿多元资金，在榆林老家建设新农村。整洁宽阔的街道，白砖红瓦的楼房，造型新潮的路灯，设施先进的学校，雕梁画栋、设计精美的休闲广场，现代化的万头养猪场、100个蔬菜大棚和占地66亩的红枣示范接穗园，这些实实在在地向人们展示着榆林企业家对榆林深深的情怀。那位企业家自豪地说："钱少了是自己的，钱多了是大家的，咱给老百姓做一点算一点，趁咱有能力，能办多少事就办多少事。"

### （三）"资源型"向"可持续、创新型"经济转型

资源经济主要是指依靠区域资源特别是矿产资源的比较优势，通过对自然资源的开采、初级加工并形成初级产品的经济增长模式。由于主导产业依赖相关资源而发展，所以资源不断被开采利用，可开发利用的资源将逐渐减少并最终耗尽，可能引起环境生态恶化并难以逆转，而榆林市也没有躲过这一难题。一方面，榆林市矿产资源丰富，被称为"中国的科威特"，也因此孕育了很多资源型民营企业。另一方面，榆林市居于黄土高原北部边陲，独特的地理特点使得风沙干旱与水土流失经常困扰着榆林人民，资源开发更加剧了榆林市的生态环境的恶化。

在深刻认识到资源型企业的问题后，国家提出并实施了一系列政策与举措，榆林市成为政策的受益者。2007年国家发改委将榆林确定为循环经济试点城市，2009年中国科技部在榆林设立了国家级可持续发展试验区。在政府的大力支持下，资源型企业对转型升级抱有极大的积极性，神木锦丰源、陕煤化乾元公司等粉煤热解技术取得重大突破，兰炭在国家层面被列为洁净煤，成为京津冀鲁地区替换烟煤的主力军。

在传统能源升级的同时，榆林也利用得天独厚的自然条件，大力发展以风能、太阳能为主的新能源产业，让这片塞北之地"风光正好"，全力开启了新能源发展时代。榆林正以"绿色、低碳"为理念，探索着资源型民营企业的转型

之路，并且创造了一大批成功范例，逐渐形成了真正无害的榆林资源型经济。

从 2012 年开始对资源型民营企业进行的转型升级，使得榆林从"资源型榆林"向着"创新型榆林"转变。2013 年，府谷县被确立为全省民营经济试验区。其中，陕西奥维乾元化工有限公司作为当地民营企业的典型代表，通过气化、变换、净化、氨合成、尿素合成等主要工艺流程，有效将原料煤转化为甲醇及尿素产品，真正实现了从以煤为主向多业并举发展转变、从传统要素驱动为主向科技创新驱动转变的目标。同时，该公司以自身的成功发展逐步引领该县民营经济的整体转型升级，一时间，府谷东鑫垣煤干馏、三联煤电外热低温干馏等一大批技术创新型项目相继取得重大进展。

经过不断的探索与发展，榆林已经发展成为"一县一区、一区多园"的产业园区发展格局；设立了 1.5 亿元的科技成果转化引导基金，大型煤炭分质清洁高效转化关键技术研发与应用示范项目被列为全省首个重点产业创新链；累计在能源化工、装备制造、现代农业等重点领域，通过开展产学研合作，建成了 26 个工程技术研究中心、25 个重点实验室及 39 个科技园区和示范基地，组建了兰炭、煤化工、金属镁、红枣、羊子等产业技术联盟，科技型企业产值增长 14%；实施了 35 个重大科技专项，支持镁节能多联产循环经济产业化等 20 多个重大产业化项目；全市科技型企业达 216 家，高新技术企业 11 家，走出了一条独具特色的资源型创新转型发展之路。

多年来，榆林市逐步实现由低层次资源开发向高端化资源经济转变、资源驱动式增长向创新型发展转变、单一型资源产业向多元化产业转变，经济总量长期处于全国资源成长型城市前列。榆林快速实现了从能源基地向能化综合基地的跨越，从生态恶化地区向生态治理示范区的跨越。目前，资源型企业在榆林仍旧有着无限的前景，一个城市依赖资源经济并不再是一个带有负面影响的形容，而是榆林的特色，是一种可持续、绿色的资源经济。

**（四）富民、富财政的双富经济**

经济学家厉以宁先生曾提出"无民不稳，无民不富，无民不火"的论述，政府不是万能的，国企也没有包办一切的能力，更多的就业、利税、创新，需要更多的民营企业来提供。在政策大力扶持之下，蒸蒸日上的民营经济，必将提升区域内的民富水准，提高民众和整个社会的获得感。

（1）民营经济是富民强市的活力所在。府谷"非公有制经济转型试验区"的成立，即是以富民为出发点，总结经验，正视不足，探索以非公有制经济为主体的县域经济转型升级的实现途径和体制机制的改革措施，包括非公有制企业通过参股等形式参与国有企业改制重组，以及加大民营经济进行体制机制改革向更高层次发展的多样化创新实践。事实已经无可置疑地证明，民营经济已经成长为

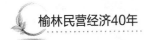

府谷社会事业发展和富民兴县的重要力量。

（2）民营经济是富民强市的优势所在。2014年，子洲县着眼于富民富县有机统一，提出了全民创业的战略举措，把全民创业作为县域经济发展的战略抓手，出台了一系列扶持、服务措施，鼓励"大众创业""草根创业""能人引领创业""精英返乡创业"。几年来，该县全民创业推动全县新增实体经济2676个，新增就业人员6500多人，撬动社会投资10亿元。

（3）民营经济是富民强市的源泉所在。神木县依托交通便捷、资源富集等区位优势，把发展民营经济作为强县富民、建设小康社会的第一要务。全县实现了12年免费教育；基本实现了免费医疗；城乡贫困人口实行低保；年满25岁的城乡居民只要按规定交够养老保险基金，60岁以后均可按月领退休金等，这些惠民政策的资金几乎全部来源于民营企业的税收。

（4）民营经济是新农村建设帮扶者。黄家圪村位于陕北黄土高原丘陵沟壑区（见图5-4），辖两个村民小组627人，总土地面积4.33平方公里，人均耕地不足1.5亩，其中水浇地0.5亩，农民人均纯收入2400元。境内梁峁起伏、沟壑纵横，地形支离破碎，十年九旱，靠天吃饭，自然条件和生存环境十分恶劣。2007年，在榆林市委、市政府开展的《在全市范围内实施"千企帮带、企村共赢"民营企业帮建社会主义新农村活动》的热潮中，榆林市民营企业与黄家圪村结成帮扶对子，一场重整山河、脱贫致富的硬仗，随即在这个穷乡僻壤的小山村打响。八年后，耗资3亿元的新农村建设项目全部竣工，村民们都搬进了崭新的别墅，迈上了脱贫致富奔小康的快车道，黄家圪村成为远近闻名的塞上第一村。

图5-4 榆林市黄家圪村

资料来源：《榆林日报》。

# 第三节　榆林民营经济发展的对策

2018 年底以来，习近平总书记多次发声提振民营经济信心，强调"两个毫不动摇"、三个"没有变"，提出要坚定不移地发展壮大民营经济。伴随呼包鄂榆城市群发展规划正式获批，榆林被列为国家现代煤化工示范区以及在中央和陕西省发展版图中的地位全方位提升，榆林进入大有可为的发展机遇期期，必须抢抓机遇、顺势而上。

## 一、瞄准产业高端，延伸产业链向高端精细化工迈进

在经济全球化与科技飞速发展的当下，若想在激烈的竞争中脱颖而出，就要发挥协同效应，实现产业链协同发展——各个产业部门之间基于一定的技术经济关联，并依据特定的逻辑关系和时空布局关系，客观形成链条式关联关系的形态；同时以市场需求为导向，优化部署营销战略，协同产、供、销及售后服务；从产业链的全局出发，以信息共享作为前提、以协同机制作为基础、以协同技术为保障，将处在不同价值增值环节中分散、独立的企业紧密联系在一起，实现内外部整体协调，以此提升全产业链的竞争实力，最终达到"1+1>2"的效果。依据产业链协同发展的方式针对榆林煤炭化工类民营企业提出以下几点发展对策：

### （一）精准定位产业链条

研究榆林产业链延伸的首要步骤就是要有精准的战略定位，这具有不可替代性和紧迫性，也是一项需要不断探索和修正的复杂工程。不同类型的资源有不同的产品延伸链条，要根据具体情况延伸产业链，发挥资源优势；要加强能源化工产业链相关理论研究和论证，从区域经济、产业布局、社会发展、技术更新、人力资源等角度全方位、多层次地进行科学规划，确保能源化工产业链的有机链接与优化整合。

针对榆林地区的实际情况，其煤炭产业链适合按以下几种形式构建：①煤电一体化产业链，是将煤矿与电厂进行综合布置，使煤矿和电厂紧密结合，实现煤向电的转化，形成煤—电工业产业链，使煤炭得到快速利用。②高附加值载能产业链，一般应用于煤化工项目、煤电项目等，以及以粉煤灰、煤矸石、化工废气、废渣、电厂灰渣等工业废料为原料进行利用而建立起来的建材厂、

矸石利用电厂等项目，符合可持续发展、环境保护的理念。例如，煤、电、路、港、航、油化一体化的产业发展模式，重点发展"近零排放"发电、现代煤化工和可再生能源等技术。煤炭产业链、石油产业链、天然气产业链和岩盐产业链如图 5-5 至图 5-8 所示。

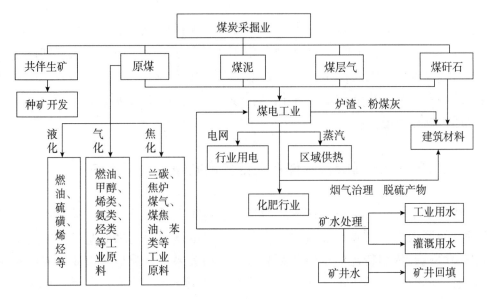

图 5-5　煤炭产业链

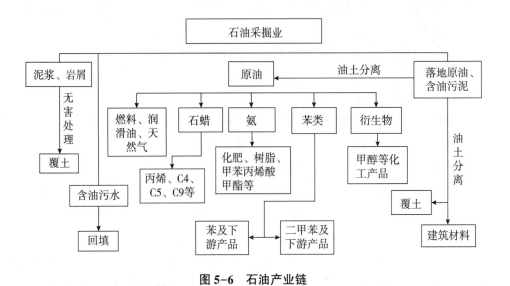

图 5-6　石油产业链

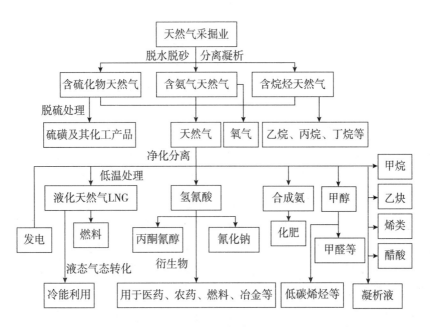

图 5-7　天然气产业链

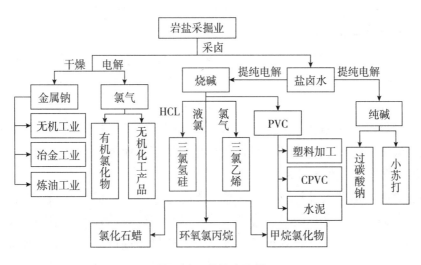

图 5-8　岩盐产业链

## （二）合理布局工业园区

遵循专业化分区、产业集群理念，按照产业链上中下游的关系，对生产联系密切和有依托的项目靠近布置，按功能要求合理分区，满足相互间对安全生产、环境保护、工业卫生及可持续发展等方面的要求，推进工业园区的快速发展。充分利用园区内的有利条件，实现基础设施和管理服务等资源的共享，做到公共服务设施、市政工程和物流及运输体系一体化建设。

具体而言可将生产型企业、消费型企业、分解型企业及废物加工企业（垃圾处理厂）分别置于产业链的不同节点上，通过产品交换将其联系在一起，在园区内实现原料、能源和水的循环流动，打造一个闭环系统。同时企业群落中还伴随着资金、信息、政策、人才和价值的流动，从而形成了一种类似自然生态系统生物链的生态产业链。

**（三）大力发展核心企业**

榆林能源化工产业中小型民营企业多，核心企业少，产业链延伸不足，应着力培育核心民营企业，采取譬如兼并或收购等方式促进企业重组，以核心企业带动整个能源化工产业链核心竞争力的提升。

巩固提升现有主导产业的规模经济水平，要进一步推动金融资源的合理配置，加大对突出企业的支持力度，使金融资源紧紧围绕"四大产业链"合理配置资源，对榆林能源经济产业链重点发展项目给予更多的扶持。

**（四）创新推进产业协作**

创新是核心竞争力的要素，也是资源型企业和产业链生存发展的关键。当前许多民营企业成立的时间都不长，不仅没有充足的资金支持和有力的人才、智力支撑，而且面对的竞争对手可能要比自身领先很多，只有通过协作创新才能将自身的优势与其他企业的优势结合起来，资源互补、降低成本。因此，对于那些弱小的或者正在发展中的民营企业来说，要学会如何协作创新；而对于产业链来说，要实现更大发展，则要进行上下游产业、企业间的协同创新。

此外，要用高新技术和先进适用技术改造提升传统产业，加快落后产能淘汰机制；建立健全技术创新服务体系，以资源为中心，通过技术创新手段延伸产业链，提倡发展节约型、再生型和废物无害化等生态产业链。

**（五）积极进行产学研合作**

随着高校功能从人才培育、科学研究到社会服务的延伸，高等教育、科技、经济一体化的趋势越来越明显，应充分发挥高校在产业链各环节中的作用。民营企业应利用区位优势，联合本地区的大学、科研机构进行创新活动；加强区域间的合作交流，跨越地区界线，合理利用区域间的科研、教育、培训资源，形成区域合作联盟；高校和企业自主联合进行科技攻关与人才培养；共建研究中心、研究所和实验室；建立科技园区，实施科学研究与成果孵化；建立基金会，设立产学研合作专项基金；吸纳企业公司和社会资金成立学校董事会，建立高校高科技企业；高校与地区实行全方位合作；等等。为实现这种全方位、宽领域、深层次的产学合作，可以由政府牵头，协调产学研合作各方的利益分配机制及分工协作机制，协商化解产学研合作中的风险，提升产学研合作的效率，提升榆林民营能源化工产业链的竞争能力。

## 二、促进大数据、"互联网+"等高科技与多产业融合，实现产业可持续发展

### （一）融合高科技，大力发展新兴产业

榆林市除了能源化工行业外，高端、先进的制造业依然缺乏，现代服务业发展也有很大欠缺，应当以资源型产业为依托，大力发展新兴产业，培育新的经济增长点，全力推动地区产业结构的优化升级。

1. 大力发展轻工业

轻工业主要是指提供生活消费品和制作手工工具的工业，包括医药、纺织、食品、服装等行业，承担着繁荣市场、满足居民消费需求、扩大就业、服务"三农"的重要任务，在经济和社会发展中发挥着举足轻重的作用。轻工业是榆林市传统优势产业，基础较好，不仅在杂粮生产和有机农产品生产方面经济效益优良，而且在养殖业和毛制品方面独有美誉。为了给轻工产业集聚提供更为优良的承载地，可以依据榆林各区县发展情况，加大轻工业科技工业园区、食品园区等的建设力度，既有利于优化全市产业结构，也有利于拉动农业发展，带动农民增收。

其次，持续实施名牌战略和科技创新战略。全市应对此加大政策和资金帮扶，鼓励企业引进先进技术、拓展市场；支持服装制衣、毛绒梳理、皮革家纺、酿酒、豆制品、农畜产品加工等传统轻工业向集团化、品牌化迈进，不断提高轻工业的整体竞争力。

此外，轻工业的发展必不可少的是配套服务的支持，加大交通工程、电力工程、水利环保工程等方面的投入，加快各项重点工程建设，为持续发展提供完善的配套服务。

2. 大力发展高端装备制造业

随着中东部地区经济发展以及产业转型的需要，装备制造业不断内迁的趋势。为了应对中东部装备制造业转移，榆林市应当依托能源化工产业，大力发展以能源产业开采、勘探、加工为核心，农业、交通及节能环保产业为支撑的装备制造业和以为生产和生活提供维修、租借、开发、培训及展览为主的配套服务业，依托榆横工业区、榆神工业区装备制造园区、定靖装备服务区，打造煤化工设备、煤机制造产业集群，并逐渐形成以榆阳区为核心，神木、府谷、定边、佳县等县区为节点的布局体系。

3. 大力发展新能源产业

榆林市风能、太阳能等资源丰富，应大力发展以风电、光伏发电、生物质能

发电为主的新能源产业，其中定边县、靖边县、榆阳区主要以风电、太阳能发电为主，横榆、榆神、榆佳工业区以光伏发电为主。榆林市新能源重工业的发展，有利于节能减排，一方面符合绿色能源的发展要求，另一方面可以降低传统发电方式对环境的污染，改善环境质量，从而推动榆林市绿色可持续发展，节约资源，保护榆林地区的生态环境。

**（二）融合高科技，大力发展现代服务业**

榆林市作为资源型城市的代表，第二产业占据了其60%以上的比重，第一、第三产业力量相对薄弱。随着经济水平与人民收入水平的提高，人们对于日常生活的需要越来越多样化，过去的产业结构已不能满足人们对于高质量的现代服务业的迫切需求。榆林市应重视第三产业的发展，尤其是现代服务业的建设，满足榆林地区日益增长的服务业需求，从而为地区经济培育新的增长点。

1. 大力发展文化旅游业

榆林市作为国务院公布的第二批国家历史文化名城，众多的名胜古迹为其文化旅游业的开发提供了得天独厚的条件。榆林市应加大文化旅游品牌的宣传力度，以自然景观为基础、以红色文化为重点、以乡情民俗为特色，开发独具特色的榆林文化旅游业，形成以榆林古城为中心，以神木、府谷组成的边塞风情旅游区，靖边、定边、横山组成的大漠风光旅游区及南六县构成的黄土风情旅游区为主的布局。同时，榆林市应当提高旅游相关产业的建设，提升旅游接待能力；提高与周边县市的交通便利度，构建交通、酒店、餐饮、购物等全套旅游支撑体系，扩大景区环境承载能力，从而吸引并有能力负荷更多的游客来榆林市参观旅游，提升榆林市现代服务业的水平。

2. 大力发展现代物流业

得益于互联网科技的不断发展，现代物流行业进入快速发展阶段。榆林市作为一个资源型城市，其资源与交通都具有比较优势，应当大力建设大宗商品、建材、快递等专业物流交易中心和综合型物流园区，做大做强榆林市具有特色的煤炭交易中心，建设区域物流枢纽中心。榆林结合自身的优势，形成"互联网+物流"新模式，组建农村电商体系，发展本地电商，既满足了人民的消费需求，又能促进地区服务业规模的扩大。榆林市还应培育龙头企业，推进物流信息中心建设，建设集中于神木、绥德、靖边、府谷等县区的物流园区，加快发展第三方物流，提高物流服务业所占比重，从而为现代服务业发展提供另一个新的增长点。

**（三）立足比较优势，发挥县域经济的特色产业**

榆林市经济社会的发展历程表明，民营经济的发展壮大和县域经济的不断繁荣是密不可分、相辅相成的。新形势下发展民营经济，必须扬长避短，依托县域特点，因地制宜走特色发展道路。

1. 找准自身优势

要从资源、区位、产业基础、科技人才等方面，站在不同的角度，深入比较分析，在做好本地市场的基础上，研究外地的市场需求，有效拓展省内、省外甚至国外市场。要充分分析消费和投资需求，分析国内和国外市场，分析即期和预期市场，尤其要密切关注消费需求升级、技术创新取得突破后带来的市场变化，及时调整产业发展方向。榆林市在资源、产业基础上具有比较优势，应当继续拓展比较优势的辐射范围，同时加大在科技研发和人才培育上的投入，用创新将地区比较优势转化为绝对优势。

2. 努力营造特色

要在深入分析市场、找准自身比较优势的基础上，选准突破口，前瞻性确定主导产业和产品，做到人无我有，人有我精。榆林市能源产业的发展要坚持分类指导，促进优势资源向优势产业集中，以龙头企业为依托，带动配套企业发展，推动产业的延伸和配套，加快培育区域特色产业集群。

3. 立足县域经济整体规划

要将民营经济摆在县域经济规划更加重要的位置，搭建发展平台，预留发展空间，强化政策支撑；要以县域产业集中区为载体，着力构建以能源化工、新能源、特色农产品加工为核心的"九大"产业及为其配套的民营经济产业体系，并形成相关产业集群；要推进全民创业，通过政府的引导支持，利用各种扶持政策，为创业者提供资金支持，加快推进创业辅导基地建设，充分调动群众的积极性和主观能动性，从而推动县域经济的繁荣。

4. 大力发展现代农业

首先，应当在保证粮食作物种植面积的基础上，逐步增加经济、饲料及药用作物的种植比重，不断优化种植业内部结构。其次，通过扩大林果业的规模，发展畜牧业加工业，培育龙头产业，拉动林、草业的发展，进而促进农、林、牧产业的协调发展。最后，榆林市应结合地区农业特色，打造独具"榆林特色"的农业产品，不断发展现代农业。

## 三、加强金融支持与人才建设

### （一）加大政策扶持力度，积极帮助民营企业解决融资和用地难题

1. 改善民营企业融资环境

要加大对民营经济融资优惠政策的宣传力度，着力减轻中小企业各项税费，维护企业的合法权益；积极搭建银企沟通交流平台，鼓励金融部门加大对有市场前景的民营企业贷款的发放力度，引导金融机构转变观念，使其真正认识到民营

经济在国民经济中的地位和作用；要加强诚信体系建设，改善民营企业信用环境，引导民营企业端正经营理念，增强企业信用信息的全面性和透明性，提高自身的信誉程度；还要建立健全民营企业项目库，每年积极推荐有发展潜力、产业带动能力强的好项目，争取专项资金给予扶持。

2. 做好融资担保工作

要构建民营企业信用担保服务体系，鼓励民营企业依法开展多种形式的互助性融资，加大对担保机构的财政支持力度，推动开展多种形式的银企对接活动，多层次、多渠道地满足企业融资需求；要利用榆林市民间资本雄厚、活跃等优势，鼓励其根据国家有关规定发起设立或参股村镇银行、贷款公司等新型组织，通过强化业务指导，加强规范化运作，依法打击非法融资行为，防范金融风险。

3. 努力破解用地难题

要进一步加强土地统征工作，积极争取国家和陕西省政策支持，并采取盘活资源、挖掘潜力、合理调剂、重点单列等措施，增加用地总量指标。把民营企业用地纳入市县两级的土地利用总体规划，提高用地比例，支持有条件的地方设立民营企业产业园区和中小企业创业基地，对民企投资教育、文化、卫生、养老等微利型社会事业项目，采取行政划拨的方式提供土地。

**（二）创新人才建设思路**

榆林市应牢固树立人才是第一资源的理念，由走资源禀赋发展之路转变为依靠人力资本发展之路，用"一个理念，三个工程"（树立人才资源是第一资源的理念，实施引才、育才、用才三大工程）创造良好环境和政策优势，实现经济的跨越转型。

1. 树立"人才是第一资源"理念

自然资源是有限的，而人力资源可以无限反复使用。人才队伍建设工作事关全面建成小康社会，事关区域经济社会健康可持续发展。必须结合榆林实际，进一步提升人才工作在经济社会发展中的基础性、战略性和决定性地位，凡有利于调动人才积极性、创造性的措施，都要大胆地试，勇敢地闯。突破地域、身份限制，完善人才市场体系，建立起面向全社会的人才市场体系，构建公开、平等的人才选用市场机制，提高人才资源市场化配置程度。

2. 重点落实高层次人才引进工程

榆林跨越式发展对高端人才的需求非常迫切，根据榆林经济社会发展实际，鼓励、吸引国内外高层次人才来榆创业、工作、服务成为当务之急。榆林应更加积极、主动地配合国家、省组织实施的"千人计划""百人计划"，制定完善"引进高层次人才"具体政策。对榆林市经济社会发展所需的学科带头人和技术带头人以及取得硕士以上学位或具有高级以上专业技术任职资格的各类紧缺人才，经组织人事部门审定引进的高层次人才，与用人单位签订定期工作合同的，可不受职称指标限制，低职高聘，享受较高的住房补贴和生活补贴；承担重点学科研究任务或重大项目的，给予足够的科研资助经费或项目启动经费。在工资待遇、配偶工作安置、子女就业、医疗保险以及休假等各方面亮出具体优惠条件，开辟吸纳人才的绿色通道。

创新人才引进机制，坚持"为我所有"和"为我所用"相结合，按照"不求所有，但求所用"的原则，用其知、用其智、用其技、用其能。柔性引进的具体形式可以是招聘、引资、成果转让、技术咨询、兼职、建立协作关系等，进一步规范榆林市高层次人才的引进、培养和使用工作，促进引才、用才、稳才的有机结合。

3. 全面加快实施人才培养工程

在重视引进海内外高端人才的同时，加强对本土人才的使用和培养。应坚持"不求最好，但求实用"的原则，通过"紧缺人才培养工程"，围绕教育、社会科学、现代特色农业、金融管理、城乡规划管理等重点领域，定向培养紧缺人才。有计划地根据行业特点组织本地人才到境外和外地知名院校培训，为人才提供知识更新和能力提升的条件。

## 四、促进生态与经济协同发展

2017年，党的十九大将"绿水青山就是金山银山"写入党章，并作为我国生态文明建设的指导思想，表明了正确处理好经济与生态协同发展的重要性。

生态与经济发展间存在密切的联系。如图5-9所示，生态系统为人类提供生存与发展空间，是经济发展的必要条件之一。人类为了提升生活质量和水平，将生活、生产废弃物排放到生态系统。当向生态系统排放的生活、生产废弃物与污染物超过环境系统的净化能力时，必将引发生态环境问题，从而破坏系统的平衡性，对经济发展造成阻碍。因此，生态与经济之间存在相互制约、相互促进的紧密关系。

生态效益的提高就意味着经济效益的提高，人们对于精神层面的消费体验的追求以及人与自然关系的关注，使得经济效益与生态效益你中有我，我中有你，正如习近平总书记所说："保护生态环境就是保护生产力、改善生态环境就是发展生产力。"经济效益的提高也意味着生态效益的提高，在生态文明时代，提高经济效益的过程就是以最小物质和劳动消耗，取得尽量多的符合社会生态需要的生态产品和服务的过程。因此，生态效益与经济效益共同提高，才是合理之道。

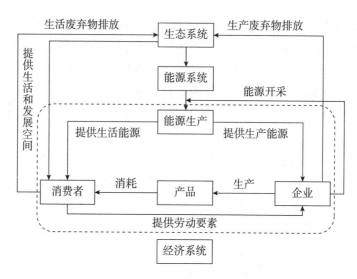

图 5-9　生态与经济系统良性循环

**（一）创新发展**

创新是一个民族进步的灵魂，是一个城市繁荣发展的不竭动力。榆林必须紧紧抓住我国经济向高质量发展的关键节点和世界产业变革的历史交汇期，激发民营企业的创新意识，为创新创造良好的外部环境，为生态经济的建设提供有力的智力支持。

**（二）协调发展**

在生态环境压力趋大的情况下，如果离开了社会和生态等方面的发展，单纯强调经济数量和速度的增长，必将导致增长陷入困境，无法真正地实现发展。因此，实现经济、社会和生态的协调均衡发展同样是生态经济发展模式的内在要义和发展理念。

**（三）开放发展**

地球村的形成使得一个地区经济的发展不可能完全靠自己，生态的保护同样离不开共同合作，开放发展，及时借鉴国外和国内成功或类似区域的发展经验是榆林生态经济建设的必然选择。因此，榆林在进行生态经济建设时必须牢固树立开放发展的理念，在生态建设中与周边省份加强联动、合作共赢，建设生态经济的系统化新格局。

**（四）共享发展**

经济发展是手段而不是目的，进行生态经济建设、发展经济的终极目的是促进社会的进步和人的全面发展。作为传统的资源型城市，榆林上下必须放开眼界、立足长远，坚持代际公平的原则，不能损害后世子孙发展的权利，真正贯彻共享发展的理念。

## （五）支持发展

政府作为榆林民营经济发展的"领头雁"，要一如既往承担起重任，综合施策，为企业走生态建设之路提供必要的条件，营造良好的氛围。

## 五、南北部经济协同发展

所谓区域经济协同发展是指不同区域之间或一区域内部各子系统之间协调共生，形成"互惠共生，合作共赢"的内生增长机制，合力推进大区域经济实现由无序到有序、从低级到高级的动态转变，最终促进大区域经济高效有序发展的过程。

### （一）立足比较优势，优化产业竞争格局

榆林市南北差异化特点显著，为避免重叠竞争导致的低效率，应立足于自身比较优势，参与市场分工，发展优势产业，实现南北地区差异化发展格局，促进区域形成具有相同价值体系的产业集群。

南六县人口密集，劳动力资源丰富，在劳动密集型产业中具有劳动力成本优势；北六县（区）城镇化水平较高，主要以能源化工业等资源密集型产业为主。根据比较优势原理，南部应以特色第一产业为主，培育以轻工业为主的第二产业，以文化产业为主的第三产业。北部六县（区）则应以资源导向的第二产业和服务导向的第三产业为主，同时推进能化产业的产业链延伸、循环模式建设与可持续发展。

### （二）"飞地合作"式协同发展

区域经济协同发展需要打破地域、行政区划界线，统筹融合发展，实现区域间的深度合作。所谓"飞地合作"是指空间上分离，优势上互补，产业上相关联，经济发展水平存在一定差异且发展时机相近的区域，以共建园区、共享成果的方式，通过整合机制、协调机制、利益共享机制、动力机制实现区域间要素流动，资源互补，互利共赢。榆林市北六县（区）经济发达，在资金实力、技术水平方面具有优势，但受到劳动力成本高、环境承载力下降等因素的制约，为"飞出地"；南六县为"飞入地"，在技术水平、产业规模方面较欠缺，但拥有丰富且廉价的劳动力、土地资源。南北双方应该打破行政区划界线，共建飞地园区，合作共赢，通过不存在行政隶属关系的产业园区，实现资源要素的合理流动和优化配置。一方面可以解决北部产业转型升级，向外转移产业的需要；另一方面为南部地区走出资金、技术、人才困境提供了新途径，有利于南部地区培育新的经济增长点。

在实地调研中一个真实的案例值得关注：绥德县如臻梦镁业作为金属镁业下

游企业，无论是基础设施还是技术水平都已达到现代化水平，但在发展中出现了资金困境，从神木采购原材料煤油的资金短缺，导致生产面临停工。若政府能发挥作用，协调神木煤业以原材料入股如臻梦镁业，缓解其资金困难，则能实现"飞地合作"式协同发展。

### （三）发挥政府引导作用

建立健全地方法规。通过制定协同发展章程，给予表现良好的地区奖励，变被动协同为主动行为，提高协同效应。同时，通过区域经济协同发展细则，明确利益分享和补偿机制，使得协同行为有章可循，营造良好的发展环境。

要持续优化营商环境，亲商、爱商和引商，千方百计服务企业、扶持企业，努力营造公开、公平、公正的市场环境，只要政府当好"店小二"，赢来优秀企业家的投资。

由政府牵头，提供技术型人才，支持南北企业家完成企业人才队伍建设，帮助南北企业家经常组织"同交流，同学习，共进步"的活动，支持民营企业技术创新和升级改造。

### （四）南北部人才资源共享

人具有创造性和主观能动性，是区域经济发展的重要支持和保障，是区域经济发展不可替代的资源。南北部人才分布不均是榆林地域差异的重要方面，也在一定程度上造成了两区域的经济差异南部则人才流失比较严重。榆林要缩小发展差距，就要建立人才资源共享机制。

## 六、优化政务服务功能、加强行业协会辅助功能

民营企业创造财富与政府营造出和谐环境是一个相互协作的过程。政府提高政务服务水平，是地方政府义不容辞的责任，更是推动地方民营经济发展的必然途径。

### （一）突出企业主体地位，优化政府保障功能

紧扣企业技术创新的重点和难点，从产业政策的高度理顺政府和市场关系，进行制度设计，强化政府应当发挥的引导、激励、服务、保障作用。横向包括产品质量、品牌培育、军民融合等系列活动，纵向包括新技术、新产品、新工艺等的研究开发、中间试验和市场化推广的整个过程，涵盖了企业技术创新全链条、全过程、全要素存在的短板和关键环节。

发挥市场导向作用，从促进的角度完善政府引导和激励功能，突出企业在创新决策、研发投入、科研组织和成果应用等方面的主体地位。强化企业在技术创新中的主体作用，有助于发挥市场在资源配置中的决定性作用，激发和释放技术

创新的内生动力。

加强创新资源融合发展是打通企业创新链条、促进企业创新发展的重要支撑，有助于整合不同主体、不同区域、不同环节的优势资源，实现创新要素最佳组合，推动技术创新要素向企业集聚。

良好创新环境是科技人员潜心研究和全社会创新创业最深厚的土壤，合理有效的政府服务、开放公平的市场环境、崇尚创新的文化导向有助于推动更多的企业投身创新。

### （二）利用大数据分析优化政务服务平台功能建设

数据是新的黄金，真正的价值来自分析大数据时产生的见解。这些见解可帮助政府发现新市场，优化流程，更快、更可靠地做出更好的投资决策，优化绩效。政府可以为企业量身定制服务，大大减少开销，缩短处理时间并提高信息安全性。

党的十八大以来，各级政府都十分重视政务服务平台功能的建设，这不仅关系到人民群众在办事过程中与政府进行沟通的效率，也关系到各级政府的政策在上传下达的过程中能否具体知会到每位群众。平台可以使党和人民群众之间的血肉关系在平台一点一滴的建设中更加亲密，党群干群关系循序渐进、更加和谐。

结合地方具体实践，政府可以推出类似"e政务"便民服务站，覆盖全市各区，运用互联网思维，凸显政务服务的核心理念，切实提升政务服务水平，赢得人民群众的普遍认可，打通为民服务"最后一公里"的问题，运用最好的资源，解决人民群众最需要解决的问题。"e政务"便民服务站可以让群众看到政府解决问题的可能性，看到时代的发展、科技的腾飞，也能充分反映出党和政府迫切希望为人民群众排忧解难的工作作风，体现党和政府作风的转变和行政服务水平的提高。

### （三）充分发挥行业协会的作用

行业协会的基本功能是维护、协调特定的社会群体利益，实现特定的社会群体的自身管理和自身服务。行业协会功能（见表5-7）是对政府职能的重要补充，行业协会的有效发展将促进社会资源配置手段从传统的"市场"或"国家"单极治理模式转向"市场调节—协会调节—国家调节"的三元模式，从而降低资源配置的政府成本，优化国家治理经济的手段。榆林民营经济行业协会可以参照国际行业协会的职能实现推动民营企业发展。发达国家行业协会功能分类如图5-10所示。

表 5-7　发达国家行业协会功能

| 协会职能 | 美国行业协会 | 日本行业协会 | 欧洲行业协会 |
|---|---|---|---|
| ①参考制定行业规划及技改前期论证 | | √ | |
| ②行业调研和政策立法建议 | √ | √ | √ |
| ③行业统计 | √ | √ | 自发 |
| ④办刊咨询 | √ | √ | √ |
| ⑤组织展销展览会 | √ | √ | |
| ⑥参与质量管理监督 | √ | √ | |
| ⑦帮助企业改善经营成果 | √ | | |
| ⑧受委托科技成果的鉴定和推广 | √ | √ | |
| ⑨国内外经济交流与合作 | √ | √ | √ |
| ⑩制定行规、协调价格 | √ | √ | |
| ⑪参与制定行业标准及实施和监督 | √ | √ | √ |
| ⑫参与行业许可证的方法和资质审查 | √ | √ | |
| ⑬政府委托的工作 | | | 少数 |
| ⑭市场建设（反倾销等） | √ | √ | √ |
| ⑮技术等培训 | √ | √ | √ |
| ⑯反映会员要求、协调维权 | √ | √ | √ |
| ⑰发展行业和社会公益事业 | √ | √ | √ |

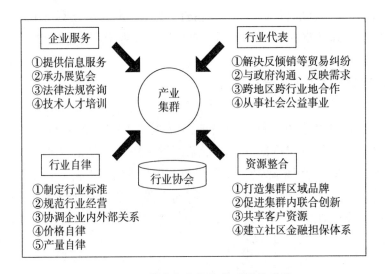

图 5-10　发达国家行业协会功能分类

　　行业协会与政府要产生协同效应，就要增强行业协会自身能力，行业协会必须通过增强行业代表性和树立足够的行业权威，改变企业对其冷落的态度，这样政府才会放心放手转移职能，让行业协会进行行业治理。行业协会只有在自身发展壮大，能够发挥行业协调、行业自律、行业服务、行业监督等功能的前提下，才能打破资源和制度的约束限制，地位合法性才能取得，才会吸引企业的积极主动、自上而下地有效参与。

# 参考文献

[1] 把握"三大任务" 务实推进改革 [N]. 榆林日报, 2013-06-10 (002).

[2] 本报评论员. 大胆地想 科学地闯 务实地干 [N]. 榆林日报, 2013-06-19 (4).

[3] 本报评论员. 来自榆阳区古塔乡黄家圪村的调查 [N]. 榆林日报, 2012-04-18 (1).

[4] 陈冠霖. 基于支持向量机的陕西煤炭产业循环经济发展水平预测研究 [D]. 西安: 西安科技大学硕士学位论文, 2017.

[5] 陈红亚, 谢铭, 施蕾. 陕西研发资源促进产业转型升级研究——模型与实证 [J]. 科技和产业, 2015, 15 (12): 1-6.

[6] 陈志强. 山西煤炭企业循环经济发展中存在的问题及对策分析 [D]. 太原: 山西大学硕士学位论文, 2017.

[7] 董良. 基于可持续发展理念的陕北资源型城市能源产业转型研究 [D]. 西安: 长安大学硕士学位论文, 2010.

[8] 高琴. 煤炭资源型经济转型发展战略研究 [D]. 长沙: 湖南农业大学硕士学位论文, 2017.

[9] 高新民. 陕西能源化工产业转型发展的思考 [J]. 陕西煤炭, 2014, 33 (2): 5, 9-10.

[10] 顾昕, 朱恒鹏, 余晖. "神木模式"的三大核心: 走向全民医疗保险、医保购买医药服务、医疗服务市场化——神木模式系列研究报告之二 [J]. 中国市场, 2011 (29): 4-8.

[11] 韩科峰. 我国资源枯竭型城市的现状及国家政策分析——以枣庄市为例 [J]. 商业经济, 2010 (9): 17-19.

[12] 惠九亮. 低碳经济背景下陕北能源产业发展问题研究 [J]. 知识经济, 2014 (5): 14-15.

[13] 贾腾. 榆林能源化工基地的产业结构调整分析 [J]. 延安大学学报 (社会科学版), 2008 (1): 71-74.

[14] 科学发展惠民生 全力打造新榆林 榆林民生 十件实事 [J]. 党建,

2011（6）：4.

[15] 雷正西. 民营经济是神木县域经济走出危机崛起的强大引擎［J］. 现代企业，2009（9）：22-23.

[16] 李博，李海波. 生态资源、能源环境绩效与经济发展的关系探讨［J］. 商业经济研究，2018（24）：182-185.

[17] 李后成. 对榆林能源产业链提升与创新能源融资模式的思考［J］. 西部金融，2007（9）：49-50.

[18] 李俊莉. 可持续发展实验区发展状态评估研究［D］. 西安：西北大学博士学位论文，2012.

[19] 李武斌. 新兴资源型城市的可持续增长——基于榆林市案例［J］. 资源与产业，2012，14（5）：1-6.

[20] 李潇洋. 张家峁矿业公司：给煤矿披上"绿衣裳"［N］. 榆林日报，2017-01-14（1）.

[21] 李煜. 陕西榆林生态经济建设研究［D］. 西安：西安工业大学硕士学位论文，2017.

[22] 刘飞耀. 榆林民营经济发展研究［M］. 西安：西安交通大学出版社，2017.

[23] 刘河，志雄，秉权. 靖边县中小企业创业园区［N］. 榆林日报，2011-11-24（4）.

[24] 刘钧，张志进，孟子清. 以循环经济为路径　打造榆林经济升级版［N］. 榆林日报，2014-05-26（005）.

[25] 刘学敏，敖华等. 榆林市区域经济跨越式发展研究［M］. 北京：北京师范大学出版社，2010.

[26] 路卓铭，胡国勇，罗宏翔. 资源型城市衰退症结与经济转型的中外比较［J］. 宏观经济研究，2007（11）：32-37.

[27] 吕晶. 传统产业闯出新天地——陕西羊老大服饰股份有限公司创新转型之路［N］. 榆林日报，2013-03-23（1）.

[28] 马进平，丁顶. 循环经济产业链模式下废渣的协同利用［J］. 中国氯碱，2018（11）：33-37.

[29] 马凯. 贯彻和落实科学发展观　大力推进循环经济发展［J］. 宏观经济管理，2004（10）：4-9.

[30] 彭方志，邵革军. 西部资源型城市民营经济发展研究——以攀枝花为例［J］. 生产力研究，2010（2）：142-144，147.

[31] 评论员. 民营经济发展的府谷新探索［EB/OL］. http：//sx. sina. com.

cn/yulin/economy/2015-03-31/104925014. html-2. html, 2015-03-31.

[32] 乔广奇. 陕西发展能源化工产业的思路和模式选择 [J]. 现代企业, 1995 (4): 27-29.

[33] 任谦, 董华智. 榆林市能源化工产业链分析 [J]. 科技信息, 2013 (1): 418-419.

[34] 任婷, 刘俊. 以本质安全为核心的南梁矿业"螺旋"契约化管理模式创新研究 [J]. 金融经济, 2013 (22): 217-219.

[35] 杉木. 信天游唱热黄土地——记南梁矿业成功的秘诀 [J]. 中国中小企业, 2005 (1): 20-21.

[36] 陕西榆林: 用现代民生经济提升人民幸福 [J]. 红旗文稿, 2011 (8): 2.

[37] 省决策咨询委员会调查组. 民营经济给府谷发展注入活力 [N]. 榆林日报, 2009-05-07 (1).

[38] 舒温. 靖边县民营林业经济异军突起 [N]. 榆林日报, 2007-05-22 (5).

[39] 宋歌. 民营企业产业链协同创新发展研究 [J]. 黄河科技大学学报, 2017, 19 (5): 31-37.

[40] 宋蕊. 资源型区域经济转型升级的路径及对策研究 [D]. 西安: 西安建筑科技大学硕士学位论文, 2013.

[41] 宋炜. 府谷民营经济系列报道之四——困难与希望同在 [N]. 榆林日报, 2013-06-19 (4).

[42] 宋炜. 一棵桑树  一个产业  一个家 [N]. 榆林日报, 2017-11-24 (1).

[43] 孙皓, 张阳生, 马晓. 榆林市各县域发展的空间失衡性评价及解决措施 [J]. 河南科学, 2015, 33 (2): 291-296.

[44] 孙世荣, 李刚. 我国民营经济发展中的困境及其对策 [J]. 山东煤炭科技, 2005 (6): 41-42.

[45] 汪淳等. 生态型能源化工产业园区规划研究——以陕西省榆林市榆横煤化工产业区为例 [A]//规划创新: 2010中国城市规划年会论文集 [C]. 2010.

[46] 王浩. 习近平生态思想与当代生态经济建设研究 [D]. 济南: 济南大学硕士学位论文, 2018.

[47] 王红茹. 新常态下府谷县民营经济的发展模式 [J]. 农家参谋, 2017 (17): 29-30.

[48] 王虹. 榆林市经济社会转型与非公有制经济发展研究 [D]. 延安: 延

安大学硕士学位论文，2014.

［49］王明华，高丹. 神华能源产业链协同发展多目标优化研究［J］. 煤炭经济研究，2016，36（11）：52-56.

［50］王宁. 振起促增长与保民生的双翼——陕西省横山县的经济社会跨越发展之路［J］. 今日中国论坛，2010（Z1）：122-123.

［51］王胜利，高鹤. 陕西省民营经济转型升级试验状况分析——以府谷县为例［J］. 商业经济，2018（4）：46-48，85.

［52］王延荣. 循环经济的发展模式研究［J］. 技术经济，2006（2）：7-9.

［53］王兆阳. 民生改善及民生经济的内涵及特征分析［J］. 现代经济信息，2018（6）：23.

［54］吴耀宏，高秀娟，宋金金. 循环经济园区协同创新模式构建［J］. 决策咨询，2018（1）：31-33.

［55］肖华茂. 基于系统论的循环经济发展模式的研究［J］. 工业技术经济，2007（7）：37-39.

［56］肖华茂. 面向区域的循环经济发展模式设计［J］. 统计与决策，2007（14）：119-121.

［57］肖建业. 资源型产业集群核心竞争力研究［D］. 西安：西安建筑科技大学硕士学位论文，2014.

［58］杨静. 抓住民企转型升级的契机［N］. 陕西日报，2015-05-22（010）.

［59］杨蕤. 历史视野下的"榆商精神"［N］. 榆林日报，2019-01-07.

［60］杨瑞兰. 新常态下资源型城市产业转型与优化路径研究［D］. 银川：宁夏大学硕士学位论文，2017.

［61］杨文岩. 边塞文化是榆林地方文化的历史坐标［J］. 榆林学院学报，2009-09-15.

［62］杨阳. 生态约束与能源化工基地建设影响下榆林城市规划研究［D］. 西安：西北大学硕士学位论文，2009.

［63］姚宏鑫，朱随洲，王根厚，董铁柱，刘其臣，张龙，闵祥吉，顾延景，孔令芝，王春. 资源型民营企业转型升级的决定因素［J］. 中国国土资源经济，2014，27（2）：69-72.

［64］叶薇，郭双成，李德军. 资源型城市现状及经济转型对策研究［J］. 市场研究，2009（10）：60-62.

［65］榆林日报.

［66］榆林市人民政府网，http：//www.yl.gov.cn.

［67］榆林网，http：//www.ylrb.cn.

［68］袁晓梅.新时期榆林能源产业发展研究［J］.价值工程，2012，31（13）：2-3.

［69］岳公正，朱国怀，熊德斌.民营经济"主体"化是西部民生的制度保障［J］.改革与战略，2013，29（2）：27-29.

［70］张国有，张雪松.资源型城市经济社会发展战略研究——以陕西榆林可持续发展为例［M］.北京：经济科学出版社，2008.

［71］张红芳，王凤君.北元化工 成熟企业的"动车管理模式"［J］.企业管理，2017（5）：86-87.

［72］张雄.西部资源富集地区发展生态经济的思考——以陕西省榆林市为例［J］.水土保持通报，2008（4）：178-181.

［73］张月昕，赵静.经济即生态 生态即经济——"绿水青山就是金山银山"的现实逻辑［J］.中国经贸导刊（中），2018（35）：28-31.

［74］赵都敏.民营企业产业链发展研究［J］.黄河科技大学学报，2017，19（3）：12-18.

［75］赵坤.榆林能源化工产业集群绿色转型模式与路径研究［D］西安：西安建筑科技大学硕士学位论文，2016.

［76］赵小军，张三林.渔歌欢唱产业兴——看横山如何推动渔业发展立起来［N］.榆林日报，2017-11-01（1）.

［77］赵小军."三分天下有其二"［N］.榆林日报，2013-06-10（002）.

［78］赵小军.从"星星之火"到"燎原之势"［N］.榆林日报，2013-06-06（4）.

［79］郑伟生，高洁，兰卓.榆林地区煤炭产业链的合理构建及分析［J］.陕西煤炭，2016，35（4）：28-30.

［80］郑文靖.山西民营经济的发展困境及其突破［J］.理论探索，2009（5）：80-82.

［81］中国城市规划学会，重庆市人民政府.规划创新：2010 中国城市规划年会论文集［C］.2010：7.

［82］周琳.习近平生态经济发展思想研究［J］.贵州省党校学报，2018（4）：19-27.

［83］周瑞.陕西"神木模式"［J］.决策与信息，2012（9）：38.

［84］周晓雯.榆林循环经济发展及优化研究［J］.知识经济，2017（4）：8-9.

［85］邹亚锋，刘娟.边疆民族地区生态经济发展模式探析——以"库布齐沙漠复合生态产业模式"为例［J］.新西部，2018（24）：25-26.

# 附录一 近年来部分受到省市表彰的 民营企业风采

## 一、神木市东风金属镁有限公司

神木市东风金属镁有限公司采用先进生产设备,现已建成年产 2 万吨金属镁、60 万吨兰炭、6 万吨煤焦油、2.25 万吨镁合金生产线。产品涵盖兰炭、焦油、金属镁等十几大类。东风公司率先转型升级,建成 2000 吨/年镁合金压铸项目,也是榆林市目前唯一一家生产镁合金及合金压铸件的企业。几年来,公司积极借助于外部力量,采用横向联合、内外结合的方式与省内外一些科研院所挂钩,利用技术嫁接等方式收到了较好的效果。发展到目前,公司已拥有一支专业的科研技术和生产团队,产品主要有暖气片、单车轮毂、电动车轮毂、家电配件、汽车配件等。在当地已形成一定的影响力,已经成为当地特色产业的代表,为当地的产业发展起到了引领作用。公司党组织和工会组织健全,坚决拥护党的领导,努力践行社会主义核心价值体系,公司先后获得"神木市优秀民营企业""神木市十大诚信民营企业""榆林市百强企业""榆林市转型升级示范企业""全国重质量守信用企业""全国市场合格用户满意双优单位""陕西质量服务信誉 AAA 级单位""陕西省金属镁产业技术创新联盟理事长单位""榆林市好产品企业"等。公司在发展的同时不忘致力产业扶贫和社会公益,近五年来累计为贫困村和困难户提供帮扶资金 400 余万元。未来在产业扶贫和社会公益的道路上公司将走得更远。公司科技创新使榆林地区的金属镁一方面可大大提高产品的附加值,使我国汽车轻量化、无人机型材挤压、摩托车行业、电子行业进一步提高质量、降低成本、在材料方面部分或全部替代其他进口等稀缺材料。另一方面树立标杆,带动周边企业形成产业集群,引导榆林镁企业掌握行业话语权、市场定价权,推动镁产业健康发展。

## 二、榆林市安通石化物资转运有限公司

榆林市安通石化物资转运有限公司是经市政府批准入经济开发区建设的重点

公司之一，同时也是政府为化工基地服务的配套项目。安通石化是一家集铁路货运、集装箱保税仓库、公路运输及仓储为一体的现代化铁路运输、中转物流企业，是陕北唯一契合"一带一路"构想，实现"五通"的窗口和平台。公司从2016年起陆续将兰炭、煤炭化工产品通过集装箱运装出口到德国、波兰、俄罗斯、印度尼西亚、西亚、东南亚、中亚等国家，解决了榆林市及周边各大化工企业的运输难题。从这里出发的货物可以通过铁路到达世界任何一个国家，世界任何国家的货物通过集装箱运装都可以来到榆林，不仅连接着"一带一路"的沿线国家，也连接着世界五大洲。公司从成立至2017年底，累计发运、到达货物达800万吨左右，产生的市值达9.6亿元，为榆林市的能源输出做了有益的创新，也为全市经济发展做出了突出的贡献。公司党组织和工会组织健全，始终拥护党的领导，努力践行社会主义核心价值体系，守法经营，诚实守信。秉承"服务至上、助人成己"的经营理念，以"立足榆林，面向西北"的服务标准，始终保持着敬责敬业、诚信务实的精神，为榆林市能源重化工基地的建设，架起一座通向广袤世界的桥梁，为榆林经济取得跨越式发展做出自己的贡献。安通石化物资转运有限公司荣获"AAA级重合同守信用企业""AAA级信用企业""陕西省诚信企业""榆林市非公有制经济十佳企业""榆林市百强企业"等60余项荣誉称号。

### 三、榆林市长运集团

榆林市长运集团主要从事道路旅客运输、汽车维修、汽车贸易等业务，以"智慧、跨界、合作"的资源整合思路，向现代物流、清洁能源、LNG加气站布局、镁合金生产等方面转型，逐步迈上多元化发展之路。2014年投资建成绥德城区沿无定河畔景观带，为打造生态城市贡献力量。在抗洪救灾中，积极捐款和提供志愿者服务。公司在追求自身经济增长的同时，不忘回报社会，积极投身社会公益事业，先后组织开展了资助贫困大学生、关注留守儿童、救灾抢险、保护环境等多项公益慈善活动，其中资助贫困大学生活动已持续开展了五年，累计资助七人逾13万元，采取学费全程资助方式，不仅帮助他们圆梦大学，而且关心他们的成长，经常与他们保持互动交流，每逢假期还邀请他们来企业分享在校学习及生活情况，为他们提供假期实习锻炼的机会。另外，公司大部分党员都加入了绥德县"慈善志愿者服务部"，每年定期组织开展学雷锋志愿服务、夏日送清凉、冬季送温暖等主题活动，带头倡导扶贫帮困、奉献爱心的良好风尚。

### 四、清涧县巨鹰枣业有限责任公司

清涧县巨鹰枣业有限责任公司是我国大枣行业的领军企业，也是陕西省特产生产商和零售商的第一品牌企业。公司现有资产 5394 万元，历年上缴税金 600 余万元，累计加工销售农副产品五亿元，公司品牌价值一亿元。现有各类员工 1000 余人。公司主要生产红枣系列产品和各类有特色的农林食品，主要经营陕西各类有特色的地方名优农林产品。公司现有滩枣、蜜饯、休闲、膨化、坚果系列、杂粮、糕点七条生产线。经过近 20 年的快速发展，公司已基本形成了以绿色食品、有机食品基地为基础，陕西特色农产品加工基地为中心，陕西各地名优特产集合生产经营为主脉，农业产业化为支柱，物流配送、冷冻冷藏、销售贸易、电子商务、特产连锁为龙头的综合性企业集团。公司自创建以来，恪守"枣赢天下"的发展理念，坚持"100-1=0"的质量方针，产品畅销北京、兰州等 50 多个大中城市，并曾出口美国、日本和东西亚等地区。目前，公司将基地建设为自己的第一加工车间，农林产品的加工占总销售额的 95% 以上。带动农户 3000 户，年收购农户红枣及陕西特产 6000 吨，年支付农民农林特产款 3600 余万元。累计向社会推出陕西农林特色产品 300 余种，为消费者提供各类特色产品四万余吨。公司党组织和工会组织健全，坚决拥护中国共产党领导，努力践行社会主义核心价值体系，守法经营，依法纳税，积极参与"万企帮万村"精准扶贫行动等公益慈善事业。完善的销售网络和丰富的资源优势，使公司不断发展壮大。2008 年公司被评为"中国食品工业龙头企业""中国著名品牌"；2009 年公司被评为"陕西省农业产业化重点龙头企业"，同年荣获中国食品博览会"食品行业突出贡献奖"；2011～2017 年度荣获"国家农业产业化龙头企业"称号，2016 年获"林业产业化国家重点龙头企业"称号。

## 五、榆林市鸿盛投资集团有限责任公司

榆林市鸿盛投资集团有限责任公司围绕建筑延伸产业链条，涉及建材（水泥）、房地产、物业管理、餐饮酒店。2015 年在"大众创业，万众创新"的号召下，联合 20 余名创业大学生搭建创业平台，组建成立陕西青创联盟电子商务公司（以下简称"青创联盟"），面向电商市场稳步转型、锐意进取、凸显优势。鸿盛集团创建以来在建筑领域中发展成长，坚守信念、传承精神，凝聚着一支有文化、有思想、有经验、有职业道德的建筑队伍。2012 年 6 月与唐山冀东水泥股份有限公司合资设立米脂冀东水泥有限公司，淘汰落后的高能耗硅酸盐水泥生产线，实现资源循环利用，节能环保、变废为宝，产生良好的经济效益，年均创利税 5000 万元，成为"政府的好帮手、城市的净化器"。公司多次荣获"守合同 重信用""安全文化建设示范企业""青年文明号""工人先锋号"等省、市荣誉称号。鸿盛集团一路走来历经风雨，离不开各界人士的关怀与支持。集团在发展壮

大中感恩回馈社会，在新农村建设、捐资助学、扶危济困、公益慈善活动等方面累计捐助 300 多万元。企业及高管先后荣获"榆林市非公经济综合实力五十强""光彩之星""红凤工程"先进个人等称号。精准扶贫的号角吹响后，在"万企帮万村"精准扶贫行动中，鸿盛集团携手青创联盟深入贫困村、贫困户实地调研，探寻切实可行的扶贫方法，创新"互联网+"思维模式，实践了沙家店"赠鸡生蛋"产业扶贫模式，即"鸿盛集团赠鸡苗—贫困户标准养殖—青创联盟回收销售"模式，为确保产业发展，调动养殖户发展养鸡产蛋的积极性，实现了从扶着走到放开走的产业创新扶贫模式。积极响应助力"爱心超市"扶贫模式，出资五万元扶持发展十个贫困村爱心超市；联合米脂中学，每年出资资助三名品学兼优的贫困大学生圆梦大学。

## 六、陕西榆林中田石油集团有限公司

中田石油集团公司是以新能源产业为主导，多元化发展，面向全国布局的企业集团。集团业务主要分清洁能源供热、LNG 加工与销售等五大板块。截至 2018 年，集团公司总资产达 8 亿元，集团在编员工 160 人，每年纳税总额超 1000 万元。先后被评为"榆林市非公有制经济优秀企业""榆林市光彩事业优秀企业""榆林市支持教育先进单位""榆林市爱心企业"。中田集团自成立以来，始终坚持以国家各项法律为准则，坚决贯彻执行党的路线、方针和政策。中田集团将"法治中田"作为发展目标之一，多措并举推进企业法治，中田集团公司高度重视企业的法治性，不断提高依法治企工作，培育企业良性经营环境。中田集团从成立至今，从未有过违纪和不良信用记录。公司长期执行各项再学习和培训规划，让员工都有条件成为本职业务的精英，通过目标管理和激励机制，给予员工最大的工作空间，充分调动员工的积极性和创造力。员工在公司既有充足发展空间，又有良好的待遇，员工的人生价值得以充分实现。"关爱员工，不是恩赐，而是义务，善待员工，就是善待企业"是中田集团一直坚持的企业用人理念。中田集团积极参与精准扶贫，定点帮扶子洲县电市镇张家沟村，在农村基础设施建设、文化教育、农村经济发展方面做了大量工作，赢得了良好的社会声誉。

## 七、靖边县鼎宏羊绒综合开发有限公司

靖边县鼎宏羊绒综合开发有限公司，是靖边县唯一一家从事羊绒、羊毛初加工、羊毛制品销售的企业。企业注册资金 2000 万元，2016 年和 2017 年销售总额

分别为 4170 万元、4703.6 万元，近两年累计纳税 73.26 万元，企业员工有 70 人，员工社保参保率达到 80%。近五年来捐赠财物折合人民币 166 万元。公司积极参与"百企帮百村"精准扶贫行动，共看望 61 户贫困户，发放价值近 2 万元的扶贫物资。鼎宏羊绒一方面鼓励养殖户将自产羊绒销售到公司，拓宽公司收购羊绒的渠道，另一方面帮助养殖户减轻其生活负担，公司 2017 年累计补贴 960 户养殖户，平均每户销售羊绒 105 公斤，合计 10 万多公斤，最终累计补贴养殖户 150 多万元。2018 年鼎宏羊绒对天赐湾镇的所有贫困户的羊绒以高于市场 10% 的价格包购包销，对签约村一般农户的羊绒产品也以优惠价格进行收购，并与黄蒿界镇七个村的所有贫困户签订合同，签订合同的贫困户到公司出售羊绒均以高于市场 10% 的价格进行收购，以此带动当地群众持续稳定增收。高价收购羊绒的做法可以鼓励养殖户培育出更加优质的白绒山羊，使优质羊绒实现增产增值，充分带动村集体合作社发展和贫困户受益。

# 附录二  做久做优的榆林企业之星

## ——调研分析概述及其附表

　　为了研究榆林企业寿命期的长短问题，探索企业发展规律，最近市非公经济发展研究会以做久做优做强、持续发展在 20 年以上的全市企业进行了调研摸底工作。据统计，寿命期 20 年以上的企业有 60 户。其中 20~30 年的有 18 户，占比 30%；30~50 年的有 31 户，占比 52%；50 年以上的有 11 户，占比 18%。寿命最长是定边盐化公司、陈家墕进选手工挂面、珠峰建筑公司、定边乳品公司，分别达 83 年、79 年、71 年和 70 年。这些企业大都是从个体家庭或小微国营（集体）企业创业起步，从小到大，从弱到强，从积累中滚动发展，从发展中不断积累、不断壮大；这些企业有的是从民营企业发展为国有民营混合所有制企业，有的是从国有企业改制成民营股份制企业，有的是强强合作成为生命力较强的企业；这些企业中有的依然保持着传统的手工工艺，生产规模不大，社会效益较大；有的企业已发展成为全新的自动化、现代化、规模化集团企业；这些企业有的建立了现代企业制度，有的通过股改实现了四板和三板挂牌。从行业看，这些企业涵盖了食品、医药、服装、金融、教育、文化、交通、建筑、建材、电力、化工等 10 多个行业。其中，轻工产业占比达 88%，能源化工产业占比 12%。

　　这些企业靠得是党的政策的指引与推动，靠得是一股忍劲、钉子精神和顽强拼搏、攻坚克难、诚实守信、依法经营；靠得是科学管理、科学决策、科技进步。企业在漫漫岁月的艰难困苦中崛起，在反反复复的经验教训中探索，在不断深化的改革创新中发展！无不是在一次次失败中勇敢地站立起来、走向成功。它们经过了经济下行的压力、金融危机、经济危机考验与挑战；经过了产品结构、产业结构、组织结构调整的自我完善与改造；经过了创新驱动、转型升级、两化融合的提升与变革。这些企业能够很好地履行社会责任，富有善心爱心，积极投入公益慈善事业，投身于扶贫脱困和乡村振兴战略，为地方财政、就业做出了贡献，为推动榆林经济发展、社会进步做出了贡献，成为榆林寿命最长、持续发展、做久做优的企业之星。

附表 2-1　做久做优的榆林企业之星名单

| 企业名称 | 现任企业主要负责人 | 创办经营时间（年） | 企业注册时间（年） | 发展期限（累计年） |
|---|---|---|---|---|
| 延长石油定边盐化有限公司 | 冯建亮 | 1936 | 1960 | 83 |
| 陕西省佳县陈家墕进选手工挂面商贸有限公司 | 陈青楠 | 1940 | 2014 | 79 |
| 榆林市珠峰建筑工程有限公司 | 胡永生 | 1945 | 2009 | 74 |
| 陕西省定边县乳品实业有限公司 | 马世平 | 1949 | 1978 | 70 |
| 清涧县东风水电站 | 王曦东 | 1969 | 1969 | 61 |
| 榆林市恒泰汽车运输集团有限公司 | 雷文廷 | 1958 | 1964 | 61 |
| 榆林市榆阳区双鱼塞上饭庄餐饮有限责任公司 | 史双鱼 | 1960 | 2002 | 59 |
| 榆林市纯蜂堂蜂产品股份有限公司 | 叶还聪 | 1967 | 2011 | 52 |
| 陕西医药控股集团天宁制药有限责任公司 | 冯泽海 | 1969 | 1969 | 50 |
| 陕西德福康制药有限公司 | 刘正东 | 1969 | 2010 | 50 |
| 定边县热宝锅炉机械制造有限责任公司 | 张春梅 | 1969 | 2005 | 50 |
| 靖边县芦河酒业有限责任公司 | 杨子良 | 1970 | 2005 | 49 |
| 横山香丰食品有限公司 | 朱金昌 | 1972 | 2010 | 47 |
| 绥德县鲍武文雕刻有限责任公司 | 鲍武文 | 1972 | 2005 | 47 |
| 陕西省天桥集团府谷电石股份有限公司 | 刘向飞 | 1976 | 1997 | 43 |
| 陕西米王服饰集团有限公司 | 赵竹芳 | 1978 | 1978 | 41 |
| 榆林市凤城集团 | 卜春亚 | 1979 | 1989 | 40 |
| 清涧县宏祥有限责任公司 | 惠进海 | 1982 | 1999 | 37 |
| 榆林神通集团有限公司 | 牛文儿 | 1984 | 1984 | 35 |
| 榆林市长运汽车运输集团有限公司 | 黄小波 | 1984 | 2006 | 35 |
| 榆林东方集团有限责任公司 | 贺金龙 | 1984 | 2004 | 35 |
| 横山县羊中王服饰有限责任公司 | 臧明山 | 1985 | 2004 | 34 |
| 陕西省神木银丰陶瓷有限责任公司（前银潮矿业公司） | 刘银娥 | 1985 | 2009 | 34 |
| 吴堡冀东特种水泥有限公司（前吴堡黄河水泥厂） | 宋国富 | 1985 | 2012 | 34 |
| 陕西恒源集团有限公司 | 孙俊良 | 1986 | 1993 | 33 |
| 陕西荣民控股集团有限公司 | 史贵禄 | 1986 | 2015 | 33 |
| 府谷县黄河集团有限责任公司 | 张继平 | 1986 | 2000 | 33 |
| 榆林市佳宝食品有限公司 | 吕治财 | 1986 | 1996 | 33 |
| 长安银行榆林分行 | 刘建芸 | 1987 | 2009 | 32 |

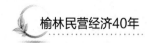

续表

| 企业名称 | 现任企业主要负责人 | 创办经营时间（年） | 企业注册时间（年） | 发展期限（累计年） |
|---|---|---|---|---|
| 榆林市新田源集团富元淀粉有限公司 | 高雯友 | 1987 | 2002 | 32 |
| 榆林市万源镁业（集团）有限责任公司 | 刘过门 | 1987 | 2002 | 32 |
| 米脂县银州石油运销有限公司 | 高东奇 | 1987 | 1993 | 32 |
| 榆林市文昌集团 | 王二虎 | 1987 | 2000 | 32 |
| 绥德县环保办公家俱有限公司 | 王宝玺 | 1987 | 2001 | 32 |
| 榆林市老闫家食品有限公司 | 闫磊 | 1988 | 2008 | 31 |
| 榆林市宏英制衣有限责任公司 | 米宏英 | 1988 | 2008 | 31 |
| 榆林市天龙镁业有限责任公司 | 陈明奇 | 1988 | 2001 | 31 |
| 榆林四海食品配送有限责任公司 | 贺聪明 | 1988 | 2008 | 31 |
| 榆林市天鹏畜禽有限公司 | 田飞雁 | 1988 | 1994 | 31 |
| 榆林市东洲大地集有限公司 | 马继洲 | 1988 | 1999 | 31 |
| 定边县付翔食品有责任公司 | 付翔 | 1989 | 2002 | 30 |
| 榆林市王成商贸有限责任公司 | 王成 | 1989 | 1989 | 30 |
| 陕西荣盛集团公司 | 王荣 | 1990 | 1990 | 29 |
| 陕西正大技师学院 | 任忠宽 | 1991 | 2007 | 28 |
| 榆林市德和厚酒店 | 马盛德 | 1992 | 1999 | 27 |
| 榆林市宏驼农业集团有限公司 | 乔俊宏 | 1993 | 2009 | 26 |
| 榆林通达路桥建设集团有限公司 | 张伟 | 1993 | 2002 | 26 |
| 清涧县巨鹰枣业有限责任公司 | 田和平 | 1993 | 1993 | 26 |
| 榆林市羊老大集团有限公司 | 王飞 | 1993 | 1993 | 26 |
| 榆林市七只羊服饰有限责任公司 | 贾君享 | 1994 | 2004 | 25 |
| 陕西龙华煤焦电集团有限责任公司 | 高杰 | 1994 | 1998 | 25 |
| 榆林市秦羊服饰有限责任公司 | 卜润成 | 1995 | 2000 | 24 |
| 榆林市兆举乳业有限公司 | 边兆举 | 1995 | 2006 | 24 |
| 陕西清涧县青涧石板文化艺术品有限公司 | 刘斌 | 1995 | 1999 | 24 |
| 榆林医学专修学院附属医院 | 李源 | 1996 | 2011 | 23 |
| 陕西上河实业集团有限责任公司 | 李双雄 | 1997 | 2007 | 22 |
| 榆林市佳玉化玻仪器有限公司 | 杨玉强 | 1997 | 2001 | 22 |
| 陕西老琪麦食品有限公司 | 张万虎 | 1998 | 2010 | 21 |
| 陕西想你来食品有限公司 | 杨小静 | 1998 | 2014 | 21 |
| 陕西广济堂医药集团股份有限公司 | 陈国良 | 1999 | 2001 | 20 |

# 附录三 2018 年榆林"四上企业"主营业务收入排行榜单

附表 3-1 2018 年榆林民营企业主营业务收入百强

| 排名 | 单位详细名称 | 辖区 | 行业 | 排名 | 单位详细名称 | 辖区 | 行业 |
|---|---|---|---|---|---|---|---|
| 1 | 西安朗意科技发展有限公司神树畔煤矿 | 榆阳 | 工业 | 51 | 府谷县亚博兰炭镁电有限公司 | 府谷 | 工业 |
| 2 | 陕西煤业化工集团神木天元化工有限公司 | 神木 | 工业 | 52 | 府谷县奥维加能焦电化工有限公司 | 府谷 | 工业 |
| 3 | 榆林市干树塔矿业投资有限公司 | 榆阳 | 工业 | 53 | 神木市瑞祥煤业有限公司 | 神木 | 工业 |
| 4 | 陕西奥维乾元化工有限公司 | 府谷 | 工业 | 54 | 神木市顺德煤化工有限公司 | 神木 | 工业 |
| 5 | 榆林市榆神工业区华航能源有限公司 | 神木 | 工业 | 55 | 神木市江泰煤化工有限责任公司 | 神木 | 工业 |
| 6 | 陕西黑龙沟矿业有限责任公司 | 神木 | 工业 | 56 | 府谷县宇超煤电化有限责任公司 | 府谷 | 工业 |
| 7 | 神木市惠宝煤业有限公司 | 神木 | 工业 | 57 | 榆林市正泰民爆物品专营有限公司 | 榆阳 | 批发零售 |
| 8 | 神府经济开发区海湾煤矿有限公司 | 神木 | 工业 | 58 | 神木市泰江洗煤有限责任公司 | 神木 | 工业 |
| 9 | 府谷县瑞丰煤矿有限公司 | 府谷 | 工业 | 59 | 神木市乌兰色太煤炭有限责任公司 | 神木 | 工业 |
| 10 | 陕西省府谷县国能矿业有限公司 | 府谷 | 工业 | 60 | 神木市恒晖科技能源有限公司 | 神木 | 工业 |
| 11 | 神木市麻家塔乡贺地山红岩煤矿 | 神木 | 工业 | 61 | 神木市大砭窑气化煤有限责公司 | 神木 | 工业 |
| 12 | 府谷县吴田煤电冶化有限公司 | 府谷 | 工业 | 62 | 府谷县飞马梁煤矿有限公司 | 府谷 | 工业 |
| 13 | 陕西双翼煤化科技实业有限公司 | 神木 | 工业 | 63 | 府谷县和谐煤矿有限公司 | 府谷 | 工业 |
| 14 | 陕西省榆林市大梁湾煤矿有限公司工业 | 榆阳 | 工业 | 64 | 神木市海鸿矿业有限公司 | 神木 | 工业 |
| 15 | 陕西省府谷县中能亿安矿业有限公司 | 府谷 | 工业 | 65 | 神木市来喜煤化工有限责任公司 | 神木 | 工业 |
| 16 | 神木市瓷窑塔矿业有限公司 | 神木 | 工业 | 66 | 神木市嘉元煤业集团有限责任公司 | 神木 | 工业 |
| 17 | 陕西北元集团锦源化工有限公司 | 神木 | 工业 | 67 | 横山区恒硕矿业有限公司 | 横山 | 工业 |

| 排名 | 单位详细名称 | 辖区 | 行业 | 排名 | 单位详细名称 | 辖区 | 行业 |
|---|---|---|---|---|---|---|---|
| 18 | 榆林市榆阳区白鹭煤矿 | 榆阳 | 工业 | 68 | 府谷县万泰明煤矿有限公司 | 府谷 | 工业 |
| 19 | 陕西众源绿能天然气有限责任公司 | 定边 | 工业 | 69 | 陕西恒源投资集团电化有限公司 | 神木 | 工业 |
| 20 | 陕西益东矿业有限责任公司 | 神木 | 工业 | 70 | 神木市孙家岔镇刘石畔村阴湾煤矿有限公司 | 神木 | 工业 |
| 21 | 神木市同得利煤化工有限公司 | 神木 | 工业 | 71 | 神木市瑶渠煤业有限责任公司 | 神木 | 工业 |
| 22 | 神木市鑫义能源化工有限公司 | 神木 | 工业 | 72 | 府谷县汇丰洗选煤有限责任公司 | 府谷 | 工业 |
| 23 | 陕西神木瑞玻璃有限公司 | 神木 | 工业 | 73 | 神木市兴万丰煤能源深加工有限公司 | 神木 | 工业 |
| 24 | 神木市恒升煤化工有限责任公司 | 神木 | 工业 | 74 | 府谷县宝山煤业有限公司 | 府谷 | 工业 |
| 25 | 神木市恒东煤化工有限公司 | 神木 | 工业 | 75 | 陕西神木银泉煤业发展有限公司 | 神木 | 工业 |
| 26 | 神木市四门沟矿业有限公司 | 神木 | 工业 | 76 | 府谷县中联矿业有限公司 | 府谷 | 工业 |
| 27 | 神木狼窝渠矿业有限公司 | 神木 | 工业 | 77 | 府谷县老高川乡恒益煤矿有限公司 | 府谷 | 工业 |
| 28 | 府谷县兴胜民煤矿有限公司 | 府谷 | 工业 | 78 | 米脂绿源天然气有限公司 | 米脂 | 工业 |
| 29 | 神木市大柳塔东川矿业有限公司 | 神木 | 工业 | 79 | 神木市联众煤化工有限公司 | 神木 | 工业 |
| 30 | 府谷县泰达煤化有限责任公司 | 府谷 | 工业 | 80 | 府谷县远大活性炭有限公司 | 府谷 | 工业 |
| 31 | 府谷县顺垣煤矿（普通合伙） | 府谷 | 工业 | 81 | 府谷县新民镇丈八崖联办煤矿 | 府谷 | 工业 |
| 32 | 神木市亿通煤化有限公司 | 神木 | 工业 | 82 | 德通建设集团有限公司 | 榆阳 | 建筑业 |
| 33 | 陕西三忻（集团）实业有限责任公司 | 府谷 | 工业 | 83 | 定边县众源三元天然气有限责任公司 | 定边 | 工业 |
| 34 | 神木市店塔镇石岩沟煤矿（普通合伙） | 神木 | 工业 | 84 | 府谷县华素煤矿有限公司 | 府谷 | 工业 |
| 35 | 神木市朝源矿业有限公司 | 神木 | 工业 | 85 | 陕西中承建工集团有限公司 | 榆阳 | 建筑业 |
| 36 | 陕西恒源投资集团赵家梁煤矿有限责任公司 | 神木 | 工业 | 86 | 神木市汇兴矿业有限公司 | 神木 | 工业 |
| 37 | 府谷县金川鸿泰镁合金有限公司 | 府谷 | 工业 | 87 | 神木市孙家岔镇海湾村河畔煤矿 | 神木 | 工业 |
| 38 | 府谷县融德洗选煤有限公司 | 府谷 | 工业 | 88 | 府谷县建新煤矿有限公司 | 府谷 | 工业 |
| 39 | 府谷县金万通镁业有限责任公司 | 府谷 | 工业 | 89 | 榆林市榆阳区新荣威煤业有限公司 | 榆阳 | 工业 |
| 40 | 陕西靖边星源实业有限公司 | 靖边 | 工业 | 90 | 榆林市怀远建工集团有限公司 | 榆阳 | 建筑业 |
| 41 | 西北舜天建设有限公司 | 榆阳 | 建筑业 | 91 | 府谷县东方瑞煤电集团西峰活性炭有限责任公司 | 府谷 | 工业 |

续表

| 排名 | 单位详细名称 | 辖区 | 行业 | 排名 | 单位详细名称 | 辖区 | 行业 |
|---|---|---|---|---|---|---|---|
| 42 | 神木市新窑煤业有限公司 | 神木 | 工业 | 92 | 榆林市煤炭科技开发有限公司 | 榆阳 | 工业 |
| 43 | 神木市五洲煤化工有限公司 | 神木 | 工业 | 93 | 陕西恒源投资集团焦化有限公司 | 神木 | 工业 |
| 44 | 府谷县煤化工集团有限责任公司 | 府谷 | 批发零售 | 94 | 华能定边新能源发电有限公司 | 定边 | 工业 |
| 45 | 榆林圆恒能源有限公司 | 榆阳 | 工业 | 95 | 府谷县通茂洗选煤有限公司 | 府谷 | 工业 |
| 46 | 府谷县煤化工集团亿隆矿业有限公司 | 府谷 | 工业 | 96 | 神木市东风金属镁有限公司 | 神木 | 工业 |
| 47 | 陕西元辰建设工程有限公司 | 榆阳 | 建筑业 | 97 | 榆林市银星洁净煤有限责任公司 | 神木 | 工业 |
| 48 | 神木市腾远煤化工有限公司 | 神木 | 工业 | 98 | 榆林市天龙镁业有限责任公司 | 府谷 | 工业 |
| 49 | 神木市三江能源有限公司 | 神木 | 工业 | 99 | 榆林市万源镁业（集团）有限责任公司 | 府谷 | 工业 |
| 50 | 府谷县麟瑞煤焦运销有限责任公司 | 府谷 | 工业 | 100 | 府谷县鼎园商贸有限公司 | 府谷 | 工业 |

**附表3-2 2018年榆林工业企业主营业务收入百强**

| 排名 | 单位详细名称 | 辖区 | 排名 | 单位详细名称 | 辖区 |
|---|---|---|---|---|---|
| 1 | 中国神华能源股份有限公司神东煤炭分公司 | 神木 | 51 | 陕西省府谷县中能亿安矿业有限公司 | 府谷 |
| 2 | 陕西榆林能集团有限公司 | 榆阳 | 52 | 陕西延长石油榆林凯越煤化有限责任公司 | 横山 |
| 3 | 陕西延长中煤榆林能源化工有限公司 | 靖边 | 53 | 神木市瓷窑塔矿业有限公司 | 神木 |
| 4 | 陕西北元化工集团股份有限公司 | 神木 | 54 | 陕西北元集团锦源化工有限公司 | 神木 |
| 5 | 陕西国华锦界能有限责任公司 | 神木 | 55 | 陕西煤业化工集团神木电化发展有限公司 | 神木 |
| 6 | 陕西有色榆林新材料有限责任公司 | 榆阳 | 56 | 榆林市榆阳区白鹭煤矿 | 榆阳 |
| 7 | 陕煤集团神木柠条塔矿业有限公司 | 神木 | 57 | 陕西众源绿能天然气有限公司 | 定边 |
| 8 | 中煤陕西榆林能源化工有限公司 | 横山 | 58 | 陕西益东矿业有限责任公司 | 神木 |
| 9 | 陕煤集团神木红柳林矿业有限公司 | 神木 | 59 | 神木市同得利煤化工有限公司 | 神木 |
| 10 | 陕西未来能源化工有限公司 | 榆阳 | 60 | 神木市鑫义能源有限公司 | 神木 |
| 11 | 神华榆林能源化工有限公司 | 神木 | 61 | 陕西神木瑞诚玻璃有限公司 | 神木 |
| 12 | 陕西有色榆林煤业有限公司 | 榆阳 | 62 | 神木市恒升煤化工有限责任公司 | 神木 |
| 13 | 陕煤集团神木张家峁矿业有限公司 | 神木 | 63 | 神木市鑫泰煤化工有限公司 | 神木 |
| 14 | 西安朗意科技发展有限公司神树畔煤矿 | 榆阳 | 64 | 神木市恒东煤化工有限公司 | 神木 |

| 排名 | 单位详细名称 | 辖区 | 排名 | 单位详细名称 | 辖区 |
|---|---|---|---|---|---|
| 15 | 陕西德源府谷能源有限公司 | 府谷 | 65 | 神木煤业石窑店矿业有限责任公司 | 神木 |
| 16 | 神木市隆德矿业有限责任公司 | 神木 | 66 | 陕西中太能源投资有限公司 | 横山 |
| 17 | 榆林神华能源有限责任公司 | 府谷 | 67 | 神木市四门沟矿业有限公司 | 神木 |
| 18 | 陕西业煤业化工集团孙家岔龙华矿业有限公司 | 神木 | 68 | 陕西省府谷县京府八尺沟煤矿 | 府谷 |
| 19 | 中国石油化工股份有限公司华北分公司榆林勘探开发指挥部 | 榆阳 | 69 | 神木狼窝渠矿业有限公司 | 神木 |
| 20 | 陕西煤业化工集团神木天元化工有限公司 | 神木 | 70 | 府谷县兴胜民煤矿有限公司 | 府谷 |
| 21 | 榆林市千树塔矿业投资有限公司 | 榆阳 | 71 | 神木市大柳塔东川矿业有限公司 | 神木 |
| 22 | 神东天隆集团有限责任公司大海则煤矿 | 神木 | 72 | 府谷县泰达煤化有限责任公司 | 府谷 |
| 23 | 陕西神延煤炭有限责任公司 | 神木 | 73 | 府谷县顺垣煤矿（普通合伙） | 府谷 |
| 24 | 陕西金泰氯碱化工有限公司 | 米脂 | 74 | 神木市亿通煤化有限公司 | 神木 |
| 25 | 神木汇森凉水井矿业有限责任公司 | 神木 | 75 | 陕西三忻（集团）实业有限责任公司 | 府谷 |
| 26 | 陕西东鑫垣化工有限责任公司 | 府谷 | 76 | 神木市店塔镇石岩沟煤矿（普通合伙） | 神木 |
| 27 | 府谷京府煤化有限责任公司 | 府谷 | 77 | 陕西小保当矿业有限公司 | 神木 |
| 28 | 陕西延长石油集团横山魏墙煤业有限公司 | 横山 | 78 | 神木市朝源矿业有限公司 | 神木 |
| 29 | 陕西奥维乾元化工有限公司 | 府谷 | 79 | 陕西恒源投资集团赵家梁煤矿有限责任公司 | 神木 |
| 30 | 陕煤集团神南产业发展有限公司 | 神木 | 80 | 府谷县金川鸿泰镁合金有限公司 | 府谷 |
| 31 | 榆林市榆神工业区华航能源有限公司 | 神木 | 81 | 府谷县融德洗选煤有限公司 | 府谷 |
| 32 | 陕西黑龙沟矿业有限责任公司 | 神木 | 82 | 府谷县金万通镁业有限责任公司 | 府谷 |
| 33 | 神华神东电力有限责任公司 | 神木 | 83 | 神木市电石集团能源发展有限责任公司 | 神木 |
| 34 | 神木市惠宝煤业有限公司 | 神木 | 84 | 陕西靖边星源实业有限公司 | 靖边 |
| 35 | 陕西清水川能源股份有限公司 | 府谷 | 85 | 陕西煤业化工集团神木能源发展有限公司 | 神木 |
| 36 | 神府经济开发区海湾煤矿有限公司 | 神木 | 86 | 神木市新窑煤业有限公司 | 神木 |
| 37 | 陕西新元洁能有限公司 | 府谷 | 87 | 神木市五洲煤化工有限公司 | 神木 |
| 38 | 府谷县瑞丰煤矿有限公司 | 府谷 | 88 | 榆林圆恒能源有限公司 | 榆阳 |

续表

| 排名 | 单位详细名称 | 辖区 | 排名 | 单位详细名称 | 辖区 |
|---|---|---|---|---|---|
| 39 | 兖州煤业榆林能化有限公司 | 榆阳 | 89 | 府谷县煤化工集团亿隆矿业有限公司 | 府谷 |
| 40 | 陕西省府谷县国能矿业有限公司 | 府谷 | 90 | 神木市腾远煤化工有限公司 | 神木 |
| 41 | 陕西神木化学工业有限公司 | 神木 | 91 | 陕西神木能源集团有限公司 | 神木 |
| 42 | 陕西延长石油榆林煤化有限公司 | 横山 | 92 | 神木市三江能源有限公司 | 神木 |
| 43 | 神木市麻家塔乡贺地山红岩煤矿 | 神木 | 93 | 府谷县麟瑞煤焦运销有限责任公司 | 府谷 |
| 44 | 府谷县昊田煤电冶化有限公司 | 府谷 | 94 | 府谷县亚博兰炭镁电有限公司 | 府谷 |
| 45 | 陕西双翼煤化科技实业有限公司 | 神木 | 95 | 府谷县奥维加能焦电化工有限公司 | 府谷 |
| 46 | 陕西陕北矿业韩家湾煤炭有限公司 | 神木 | 96 | 神木市瑞祥煤业有限公司 | 神木 |
| 47 | 榆林泰发祥矿业有限公司 | 榆阳 | 97 | 神木市顺德煤化工有限公司 | 神木 |
| 48 | 陕西省榆林市大梁湾煤矿有限公司 | 榆阳 | 98 | 神木市江泰煤化工有限责任公司 | 神木 |
| 49 | 陕西涌鑫矿业有限责任公司 | 府谷 | 99 | 府谷县宇超煤电化有限公司 | 府谷 |
| 50 | 陕西南梁矿业有限公司 | 府谷 | 100 | 神木市泰江洗煤有限责任公司 | 神木 |

**附表 3-3  2018 年榆林建筑业企业主营业务收入四十强**

| 排名 | 单位详细名称 | 辖区 | 排名 | 单位详细名称 | 辖区 |
|---|---|---|---|---|---|
| 1 | 陕西建工第九建设集团有限公司 | 榆阳 | 21 | 榆林市泰通建工有限公司 | 榆阳 |
| 2 | 西北舜天建设有限公司 | 榆阳 | 22 | 榆林华源电力有限责任公司 | 榆阳 |
| 3 | 榆林市长盛集团路桥工程建设有限公司 | 榆阳 | 23 | 榆林市中宇建设工程有限公司 | 榆阳 |
| 4 | 德通建设集团有限公司 | 榆阳 | 24 | 靖边建工集团有限公司 | 靖边 |
| 5 | 陕西中承建工集团有限公司 | 榆阳 | 25 | 榆林市电力建设总公司 | 榆阳 |
| 6 | 榆林市怀远建工集团有限公司 | 榆阳 | 26 | 榆林市惠民矿业建设有限责任公司 | 榆阳 |
| 7 | 榆林市文昌建工集团建筑工程有限公司 | 榆阳 | 27 | 榆林市成建路桥工程建设有限公司 | 榆阳 |
| 8 | 陕西建工神木建设有限公司 | 神木 | 28 | 榆林市中矿万通建筑有限公司 | 榆阳 |
| 9 | 榆林市天元路业有限公司 | 榆阳 | 29 | 陕西鑫阳建设有限公司 | 神木 |
| 10 | 榆林市华盛交通工程有限公司 | 榆阳 | 30 | 榆林神通集团建筑工程有限责任公司 | 神木 |
| 11 | 神东天隆集团工程建设有限公司 | 神木 | 31 | 榆阳市横山区第二建筑工程公司 | 横山 |
| 12 | 陕西铭茂建筑工程有限公司 | 神木 | 32 | 陕西达辉建筑工程有限公司 | 清涧 |
| 13 | 榆林市中民路桥有限公司 | 榆阳 | 33 | 陕西新荣工程建设有限公司 | 榆阳 |
| 14 | 陕西建士建设工程有限公司 | 神木 | 34 | 榆林金锐矿山建设工程有限公司 | 榆阳 |
| 15 | 陕西庆安建设集团有限公司 | 神木 | 35 | 榆林中科建设工程有限公司 | 榆阳 |

| 排名 | 单位详细名称 | 辖区 | 排名 | 单位详细名称 | 辖区 |
|---|---|---|---|---|---|
| 16 | 榆林四达建筑工程有限公司 | 榆阳 | 36 | 榆林市博泰建设工程有限公司 | 神木 |
| 17 | 陕西弘一建设工程有限公司 | 榆阳 | 37 | 榆林市宇路建设有限公司 | 榆阳 |
| 18 | 榆林胜利集团建筑工程有限公司 | 榆阳 | 38 | 神木市云海建设工程有限公司 | 神木 |
| 19 | 陕西远洋建设工程有限公司 | 神木 | 39 | 陕西瑞龙建筑工程有限公司 | 榆阳 |
| 20 | 榆林建工集团有限公司 | 榆阳 | 40 | 榆林市凤城路桥工程有限公司 | 榆阳 |

附表 3-4  2018 年榆林房地产开发经营业企业主营业务收入二十强

| 排名 | 单位详细名称 | 辖区 | 排名 | 单位详细名称 | 辖区 |
|---|---|---|---|---|---|
| 1 | 榆林市怀远房地产开发有限公司 | 榆阳 | 11 | 榆林市志科房地产开发有限公司 | 榆阳 |
| 2 | 榆林市城市投资房地产开发有限公司 | 榆阳 | 12 | 榆林市榆兴房地产开发有限公司 | 榆阳 |
| 3 | 陕西德通置业有限公司 | 榆阳 | 13 | 榆林市鸿顺房地产开发有限公司 | 榆阳 |
| 4 | 陕西兴亚集团房地产开发有限责任公司 | 榆阳 | 14 | 神木市华夏亿源房地产开发有限公司 | 神木 |
| 5 | 陕西美好置业有限公司 | 神木 | 15 | 榆林市恒得惠商贸有限公司 | 靖边 |
| 6 | 榆林市华瑞房地产开发有限责任公司 | 榆阳 | 16 | 靖边县军泽钰庭投资有限责任公司 | 靖边 |
| 7 | 榆林市树天房地产开发有限公司 | 榆阳 | 17 | 子洲县华盛房地产开发有限公司 | 子洲 |
| 8 | 定边县荣泰房地产开发有限责任公司 | 定边 | 18 | 榆林市文昌房地产开发有限公司 | 榆阳 |
| 9 | 榆林泰发祥置业有限公司 | 榆阳 | 19 | 榆林市长盛集团房地产开发有限公司 | 榆阳 |
| 10 | 榆林市丰茂置业有限公司 | 榆阳 | 20 | 榆林市兴亚达房地产开发有限责任公司 | 榆阳 |

附表 3-5  2018 年榆林新入统"四上企业"代表

| 排名 | 单位详细名称 | 辖区 | 行业 | 排名 | 单位详细名称 | 辖区 | 行业 |
|---|---|---|---|---|---|---|---|
| 1 | 榆能榆神热电有限公司 | 榆阳 | 工业 | 6 | 榆林市长盛集团公路养护工程有限公司 | 榆阳 | 建筑业 |
| 2 | 榆林市鹏飞盛业煤炭运销有限公司 | 榆阳 | 工业 | 7 | 陕西弘宝源房地产开发有限公司 | 绥德 | 房地产 |
| 3 | 陕西昭德环保型碳有限公司 | 神木 | 工业 | 8 | 榆林市榆阳区安达煤化有限责任公司 | 榆阳 | 批发零售 |
| 4 | 府谷县飞马梁选洗煤有限公司 | 府谷 | 工业 | 9 | 靖边县伟德实业有限公司 | 靖边 | 批发零售 |
| 5 | 府谷县京府特种合金有限责任公司 | 府谷 | 工业 | 10 | 陕西博远智慧信息科技有限公司 | 榆阳 | 服务业 |

附表3-6 2018年榆林批发零售业企业主营业务收入四十强

| 排名 | 单位详细名称 | 辖区 | 排名 | 单位详细名称 | 辖区 |
|---|---|---|---|---|---|
| 1 | 神华销售集团榆林结算有限公司 | 神木 | 21 | 府谷县煤产品经营公司 | 府谷 |
| 2 | 陕煤运销集团榆林销售有限公司 | 神木 | 22 | 神木市民爆物品专营有限责任公司 | 神木 |
| 3 | 陕西省榆林市榆阳区煤炭公司 | 榆阳 | 23 | 陕西广济堂医药集团股份有限公司 | 榆阳 |
| 4 | 神华神木清洁能源有限公司 | 神木 | 24 | 神木市煤炭有限责任公司 | 神木 |
| 5 | 陕西省烟草公司榆林市公司 | 榆阳 | 25 | 陕西神柳贸易有限公司 | 神木 |
| 6 | 中石油陕西榆林销售分公司 | 榆阳 | 26 | 榆林百泰汽车销售服务有限公司 | 榆阳 |
| 7 | 神木华电煤炭运销有限公司 | 神木 | 27 | 榆林大药房有限责任公司 | 榆阳 |
| 8 | 榆林华电煤炭运销有限公司 | 榆阳 | 28 | 定边县国泰贸易有限公司 | 定边 |
| 9 | 中国石化销售有限公司陕西榆林石油分公司 | 榆阳 | 29 | 陕西伟华集团有限公司 | 米脂 |
| 10 | 陕西省府谷县煤炭公司 | 府谷 | 30 | 神木市明新煤炭运销有限公司 | 神木 |
| 11 | 榆林矿业集团有限公司 | 榆阳 | 31 | 榆林市广济堂医药连锁有限公司 | 榆阳 |
| 12 | 神木能源煤炭运销有限公司 | 神木 | 32 | 陕西鸿业医药有限责任公司 | 榆阳 |
| 13 | 陕煤化集团府谷能源投资有限公司 | 府谷 | 33 | 榆林市庞大乐业汽车销售服务有限公司 | 横山 |
| 14 | 榆林市横山区能源运销有限责任公司 | 横山 | 34 | 陕西未来清洁油品与化学品销售有限公司 | 榆阳 |
| 15 | 府谷县煤炭总公司 | 府谷 | 35 | 榆林矿业集团新能源发展有限公司 | 榆阳 |
| 16 | 府谷县煤化工集团有限责任公司 | 府谷 | 36 | 神木市天博煤炭运销公司 | 神木 |
| 17 | 榆林市正泰民爆物品专营有限公司 | 榆阳 | 37 | 榆林航天九州汽车销售服务有限公司 | 榆阳 |
| 18 | 陕西煤炭运销集团中能红石峡煤炭集运有限公司 | 榆阳 | 38 | 榆林矿业集团鑫源煤炭运销有限公司 | 榆阳 |
| 19 | 陕西省府谷煤炭扶贫开发公司 | 府谷 | 39 | 榆林市生产资料公司 | 横山 |
| 20 | 陕西陕北矿业神木运销有限公司 | 神木 | 40 | 榆林白云汽车销售服务有限公司 | 横山 |

附表3-7 2018年榆林服务业企业主营业务收入三十强

| 排名 | 单位详细名称 | 辖区 | 排名 | 单位详细名称 | 辖区 |
|---|---|---|---|---|---|
| 1 | 中国神华能源股份有限公司神朔铁路分公司 | 神木 | 16 | 陕西神通路业发展有限公司 | 神木 |
| 2 | 中国移动通信集团陕西有限公司榆林分公司 | 榆阳 | 17 | 陕西延长石油榆林综合服务有限责任公司 | 靖边 |
| 3 | 神木市晟安煤炭运销有限公司 | 神木 | 18 | 神木市国有资产运营公司 | 神木 |

| 排名 | 单位详细名称 | 辖区 | 排名 | 单位详细名称 | 辖区 |
|---|---|---|---|---|---|
| 4 | 中国电信股份有限公司榆林分公司 | 榆阳 | 19 | 榆林市恒泰汽车运输集团绥德物流有限公司 | 绥德 |
| 5 | 陕西红柠铁路有限责任公司 | 神木 | 20 | 定边县华诚石油工程有限公司 | 定边 |
| 6 | 中国联合网络通信有限公司榆林市分公司 | 榆阳 | 21 | 榆林市广济堂综合门诊连锁有限公司 | 榆阳 |
| 7 | 榆林市恒泰汽车运输集团有限公司 | 榆阳 | 22 | 兖矿东华榆林物流有限公司 | 榆阳 |
| 8 | 府谷县国有资产运营有限责任公司 | 府谷 | 23 | 西部机场集团榆林机场有限公司 | 榆阳 |
| 9 | 中国邮政集团公司榆林市分公司 | 榆阳 | 24 | 榆林市电力检修有限公司 | 榆阳 |
| 10 | 中国铁塔股份有限公司榆林市分公司 | 榆阳 | 25 | 榆林文化旅游产业投资有限公司 | 榆阳 |
| 11 | 陕西省一八五煤田地质有限公司 | 榆阳 | 26 | 靖边县万达钻井工程服务有限公司 | 靖边 |
| 12 | 绥德县卡漠物流有限公司 | 绥德 | 27 | 陕西绿源石化运输有限公司 | 米脂 |
| 13 | 榆林市水务集团有限责任公司 | 榆阳 | 28 | 陕西国华锦能煤炭运销有限公司 | 神木 |
| 14 | 定边县森豪威油田钻井工程运输有限责任公司 | 定边 | 29 | 陕西省定边县泰安实业有限责任公司 | 定边 |
| 15 | 定边县东港污油泥土处理有限责任公司 | 定边 | 30 | 神木市和谐运输有限公司 | 神木 |

### 附表3-8　2018年榆林住宿餐饮业企业主营业务收入二十强

| 排名 | 单位详细名称 | 辖区 | 排名 | 单位详细名称 | 辖区 |
|---|---|---|---|---|---|
| 1 | 榆林市永昌国际大酒店有限公司 | 榆阳 | 11 | 榆林民生酒店集团管理有限公司 | 榆阳 |
| 2 | 榆林人民大厦有限责任公司 | 榆阳 | 12 | 榆林市榆阳区容大国际酒店有限公司 | 榆阳 |
| 3 | 定边县五洲餐饮服务有限责任公司 | 定边 | 13 | 绥德县阿林生态园餐饮服务有限公司 | 绥德 |
| 4 | 榆林市世纪精华大酒店有限公司 | 榆阳 | 14 | 绥德县天和长商务大酒店有限公司 | 绥德 |
| 5 | 华顿铂宫（清涧）酒店管理有限公司 | 清涧 | 15 | 子洲县银海酒店有限责任公司 | 子洲 |
| 6 | 神木市龙华府酒店有限公司 | 神木 | 16 | 陕西神木市五洲国际大饭店有限公司 | 神木 |
| 7 | 榆林市古城餐饮有限责任公司 | 榆阳 | 17 | 榆林市常兴国际大酒店有限公司 | 榆阳 |
| 8 | 府谷县滨苑酒店 | 府谷 | 18 | 绥德县世纪家美酒店餐饮服务有限公司 | 绥德 |
| 9 | 府谷县兴茂大酒店有限公司 | 府谷 | 19 | 榆林市金龙大酒店有限公司 | 榆阳 |
| 10 | 神府经济开发区亚华宾馆有限公司 | 神木 | 20 | 榆林市万国名园商务酒店有限公司 | 榆阳 |

# 附录四 榆林市政府对全市 68 个产品授予"榆林好产品"称号

为强化榆林企业全面管理，增强企业质量意识，培育、宣传、推销榆林好产品，打造品牌产品和品牌经济，榆林市政府出台了《"榆林好产品"认定管理暂行办法》等一系列引导、鼓励政策，严格认定好产品的标准和程序，榆林市委、市政府于 2017 年和 2019 年先后印发了《榆林市人民政府关于授予首批"榆林好产品"的决定》（榆政发〔2017〕48 号）和《榆林市人民政府关于授予第二批"榆林好产品"的决定》（榆政发〔2019〕8 号）等两个文件，共计授予全市企业 68 个"榆林好产品"称号。为了对好产品企业实行动态管理，在市委市政府的支持下，于 2017 年 12 月 16 日成立了榆林市榆林好产品进出口协会，皆在推动榆林市经济高质量发展。

附表 4-1 首批"榆林好产品"名单

| 编号 | 企业全称 | 产品名称 | 商标 |
|------|----------|----------|------|
| 201712001 | 靖边县芦河酒业有限责任公司 | 芦河大曲 | 芦河酒业 |
| 201712002 | 陕西闯府宏远酒业有限公司 | 老窑洞 | 闯府 CHUANGFU |
| 201712003 | 陕西兰花花生态农产品开发有限公司 | 小米 | 兰花情 LANHUAQING |
| 201712004 | 米脂县米脂婆姨农产品开发有限责任公司 | 小米 | 好婆姨 |

| 编号 | 企业全称 | 产品名称 | 商标 |
|---|---|---|---|
| 201712005 | 榆林市东方红食品开发有限责任公司 | 小米 | |
| 201712006 | 绥德县兰花花生态食品有限责任公司 | 小米 | |
| 201712007 | 佳县一隆农副产品购销有限公司 | 小米 | |
| 201712008 | 横山县通远综合服务有限责任公司 | 绿豆 | |
| 201712009 | 榆林市昌和工贸有限公司 | 富硒大米 | |
| 201712010 | 佳县泓源农产品开发有限责任公司 | 空心手工挂面 | |
| 201712011 | 榆林市七只羊服饰有限责任公司 | 羊毛防寒服 | |
| 201712012 | 榆林市宏英制衣有限责任公司 | 西服 | |
| 201712013 | 榆林市卡菲特葡萄酒股份有限公司 | 干红葡萄酒 | |

续表

| 编号 | 企业全称 | 产品名称 | 商标 |
|------|----------|----------|------|
| 201712014 | 陕汽榆林金帝润滑油有限公司 | 润滑油 | |
| 201712015 | 榆林市榆阳区御品农业科技有限公司 | 豆干 | |
| 201712016 | 榆林市纯蜂堂蜂产品有限责任公司 | 蜂蜜 | |
| 201712017 | 榆林市榆阳区好婆姨农业科技有限公司 | 蛋白杏仁粉 | |
| 201712018 | 榆林市老闫家食品有限公司 | 南瓜子 | |
| 201712019 | 榆林市可尚颖食品有限公司 | 南瓜子 | |
| 201712020 | 清涧县巨鹰枣业有限责任公司 | 九月红滩枣 | |
| 201712021 | 定边县塞雪粮油工贸有限责任公司 | 荞麦粉 | |
| 201712022 | 陕西通海绒业股份有限公司 | 羊绒围巾 | |

| 编号 | 企业全称 | 产品名称 | 商标 |
|---|---|---|---|
| 201712023 | 米脂县米金谷农产品有限公司 | 富硒小米 | |
| 201712024 | 榆林市兆举乳业有限公司 | 鸳鸯湖酸牛乳 | |
| 201712025 | 陕西富华油脂工业有限责任公司 | 乳化油 | |
| 201712026 | 陕西省定边县乳品实业有限公司 | 婴幼儿配方乳粉 | |
| 201712027 | 米脂县桂林果业有限公司 | 苹果 | |
| 201712028 | 榆林市榆阳区沙盖妹食品科技有限公司 | 沙盖菜 | |
| 201712029 | 陕西省榆林市绥德县天野绿色食品有限责任公司 | 苦菜茶 | |
| 201712030 | 吴堡县黄河红枣业生态开发有限公司 | 红枣薏米粉 | |
| 201712031 | 陕西华和实业有限公司 | 曼乔咖啡 | |
| 201712032 | 陕西陕北红枣业科技有限公司 | 枣酒 | |

续表

| 编号 | 企业全称 | 产品名称 | 商标 |
|------|----------|----------|------|
| 201712033 | 横山县香草羊肉制品有限责任公司 | 羊肉 | |
| 201712034 | 佳县益民现代农业开发有限公司 | 枣酒 | |
| 201712035 | 吴堡县张家山张世新手工挂面有限公司 | 张家山张世新空心手工挂面 | |
| 201712036 | 神木县东风金属镁有限公司 | 暖气片 | |

**附表 4-2　第二批"榆林好产品"名单**

| 编号 | 企业全称 | 产品名称 | 商标 |
|------|----------|----------|------|
| 201812001 | 榆林市广济堂中药开发有限责任公司 | 款冬花 | |
| 201812002 | 府谷县聚金邦农产品开发公司 | 果酒 | |
| 201812003 | 横山县羊中王服饰有限责任公司 | 秋冬商务两用服 | |
| 201812004 | 榆林市秦羊服饰有限责任公司 | 羊毛裤 | |
| 201812005 | 榆林市红安交通科技发展有限公司 | PE 波纹管 | |

续表

| 编号 | 企业全称 | 产品名称 | 商标 |
|---|---|---|---|
| 201812006 | 榆林市九边名木科技有限公司 | 原木家具 | 九边名木 JIUBIAN MINGMU |
| 201812007 | 定边县大牛装饰材料有限责任公司 | 实木复合门 | 富牛門業 |
| 201812008 | 靖边县华伟塑业有限公司 | 农用薄膜 | 劲绿 |
| 201812009 | 陕西省佳县陈家墕进选手工挂面商贸有限公司 | 手工挂面 | JINXUAN 进选牌 |
| 201812010 | 绥德县山丹丹农产品开发有限公司 | 苦荞茶 | 陕北郎 苦荞说 |
| 201812011 | 佳县兴盛牧业开发有限公司 | 山羊肉 | 宝兴源 |
| 201812012 | 靖边县旭日东升商贸有限公司 | 葵花油 | 谷香香 |
| 201812013 | 佳县富绿源生态农业科技有限公司 | 纯香葵花油 | 富绿源 |
| 201812014 | 府谷县天漠农产品开发有限责任公司 | 黄米 | 天漠农产品开发有限公司 TIANMONGNONGCHANPINKAIFAYOUXIANGONGSI |
| 201812015 | 米脂县益康农产品开发有限公司 | 小米 | 米益康 MIYIKANG |

续表

| 编号 | 企业全称 | 产品名称 | 商标 |
|---|---|---|---|
| 201812016 | 靖边县龙眼商贸有限公司 | 小米 | |
| 201812017 | 陕西省府谷县枣香情枣业有限公司 | 蜜饯 | |
| 201812018 | 陕西清涧人和仙枣业有限责任公司 | 芝麻果仁枣 | |
| 201812019 | 榆林市佳宝食品有限公司 | 红枣酱 | |
| 201812020 | 榆林市精粮绿色食品开发有限公司 | 荞麦羊肉面 | |
| 201812021 | 佳县走鸿运枣业有限责任公司 | 枣夹核桃 | |
| 201812022 | 清涧县火星石材有限责任公司 | 石雕 | |
| 201812023 | 陕西省神木市长青食品有限公司 | 月饼 | |
| 201812024 | 榆林市榆阳区占军食品开发有限公司 | 开口杏仁 | |
| 201812025 | 定边县付翔食品有限责任公司 | 炉馍 | |

续表

| 编号 | 企业全称 | 产品名称 | 商标 |
|---|---|---|---|
| 201812026 | 陕西老琪麦食品有限公司 | 土月饼 | |
| 201812027 | 子洲县双湖食品有限责任公司 | 馃馅 | |
| 201812028 | 靖边县琪淇乐食品有限责任公司 | 麻花 | |
| 201812029 | 清涧县京风食品有限责任公司 | 油茶 | |
| 201812030 | 横山县兴圆隆酿造有限公司 | 红枣<br>高粱酒 | 兴圆隆原浆酒 |
| 201812031 | 榆林市高新区永吉和食品有限公司 | 纯碱干馍 | |
| 201812032 | 陕西华西牧业有限责任公司 | 猪饲料 | |